SV

Ernst Bloch

Geist der Utopie

Erste Fassung

Suhrkamp

Geist der Utopie erschien erstmals 1918 im Verlag Duncker & Humblot.
Der vorliegende Text folgt der Erstausgabe.
Lediglich einige wenige offensichtliche Fehler (Orthographie, Interpunktion) wurden stillschweigend korrigiert.

Bibliografische Information der Deutschen Nationalbibliothek
Die Deutsche Nationalbibliothek verzeichnet diese Publikation in der Deutschen Nationalbibliografie; detaillierte bibliografische Daten sind im Internet über http://dnb.d-nb.de abrufbar.

Sonderausgabe
Erste Auflage 2018

Umschlaggestaltung: Brian Barth
Satz: Satz-Offizin Hümmer GmbH, Waldbüttelbrunn
Druck: CPI – Ebner & Spiegel, Ulm
ISBN 978-3-518-58722-5
www.suhrkamp.de

ERNST BLOCH

GEIST DER UTOPIE

MÜNCHEN UND LEIPZIG
VERLAG VON DUNCKER & HUMBLOT
1918

By

Else Bloch-von Stritzky
zugeeignet

begonnen April 1915, abgeschlossen Mai 1917.

Inhalt

Absicht.

Wie nun?

Es ist genug. Nun haben wir zu beginnen. In unsere Hände ist das Leben gegeben. Für sich selber ist es längst schon leer geworden. Es taumelt sinnlos hin und her, aber wir stehen fest, und so wollen wir ihm seine Faust und seine Ziele werden.

Was jetzt war, wird wahrscheinlich bald vergessen sein. Nur eine leere, grausige Erinnerung bleibt in der Luft stehen. Wer wurde verteidigt? Die Faulen, die Elenden, die Wucherer wurden verteidigt. Was jung war, mußte fallen, aber die Erbärmlichen sind gerettet und sitzen in der warmen Stube. Von ihnen ist keiner verloren gegangen, aber die andere Fahnen geschwungen haben, sind tot. Die Maler haben die Zwischenhändler verteidigt und den Seßhaften das Hinterland warm gehalten. Es lohnt sich nicht mehr, darüber zu reden. Ein stickiger Zwang, von Mittelmäßigen verhängt, von Mittelmäßigen ertragen; der Triumph der Dummheit, beschützt vom Gendarm, bejubelt von den Intellektuellen, die nicht Gehirn genug auftreiben konnten, um Phrasen zu liefern.

Und dieses allein ist wichtig. Wes Brot ich eß, des Lied ich sing. Aber dieses Versagen vor dem Kalbsfell war doch überraschend. Das macht, wir haben keinen sozialistischen Gedanken. Sondern wir sind ärmer als die warmen Tiere geworden: wem nicht der Bauch, dem ist der Staat sein Gott, alles andere ist zum Spaß und zur Unterhaltung herabgesunken. Wir bringen der Gemeinde nicht mit, weswegen sie sein soll, und deshalb können wir sie nicht bilden. Wir haben Sehnsucht und kurzes Wissen, aber wenig Tat und was deren Fehlen mit erklärt, keine Weite, keine Aussicht, keine Enden, keine innere Schwelle, geahnt überschritten, keinen utopisch prinzipiellen Begriff. Diesen zu finden, das Rechte zu finden, um dessentwillen es sich ziemt, zu leben, organisiert zu sein, Zeit zu haben, dazu gehen wir, hauen wir die phantastisch konstitutiven Wege, rufen was nicht ist, bauen ins Blaue hinein, bauen uns ins Blaue hinein und suchen dort das Wahre, Wirkliche, wo das bloß Tatsächliche verschwindet — incipit vita nova.

DIE SELBSTBEGEGNUNG

EIN ALTER KRUG

Ich sehe ihm gerne zu.

Fremd führt er hinein. Die Wand ist grün, der Spiegel golden, das Fenster schwarz, die Lampe brennt hell. Aber er ist nicht nur einfach warm oder gar so fraglos schön wie die anderen edlen alten Dinge.

Man hat ihn jetzt vielfach nachgeahmt. Das ist ungefährlich, aber es gibt auch kostbare antike Exemplare, glänzend erhalten, enghalsig, bewußt modelliert, mit vielen Rillen, schön frisiertem Kopf auf dem Hals und einem Wappen auf dem Bauch, und diese stellen den einfachen Krug in den Schatten. Doch wer ihn liebt, der erkennt, wie oberflächlich die kostbaren Krüge sind, und er zieht das braune, ungeschlachte Gerät, fast ohne Hals, mit wildem Männergesicht und einem bedeutenden, schneckenartigen, sonnenhaften Zeichen auf der Wölbung, diesen Brüdern vor.

Sie stammen zumeist aus der rheinfränkischen Gegend. Vielleicht sind sie schon römisch. Wenigstens erinnert der Ton, aus dem sie gebrannt sind, an billige römische Stücke. Auch klingt irgendwie eine italische Form in ihnen an, wenn auch noch so kräftig, zuerst soldatenhaft und dann nordisch vergröbert. Und nun sind sie weiter gewandert, aus der Taverne in die reichsstädtische Schenke, weingefüllt ringsum auf Regalen stehend, die Teniersschen Bauern mit den großen Nasen halten sie noch hie und da in den Fäusten, bis sie mit dem anderen verschwinden mußten, als alle gute bodenständige Handarbeit verschwand. Was an ihnen am meisten auffällt, das ist der Mann, der wilde Bartmann auf dem Bauch des soliden nordischen Gebildes. Damit spinnt sich ein seltsames Garn zu uns herüber. Denn die Toten sind trocken und müde, das mitgegebene Krüglein im Grab ist bald versiegt. Aber drüben verwahren wilde Männer neue Krüge, magische Krüge mit Lebenswasser. Sie sind zumeist an einsamen Hügeln zu treffen; noch heute heißen, verrufenerweise, einige solcher Stellen, vor allem in niederdeutschen Gegenden, Nobiskrug, und das Totenwirtshaus soll nicht weit davon gelegen sein. Die Männer weiden eine Herde, unfern dem Brunnen der Urd, dem das goldene Wasser entspringt, und geben auch wohl dem fragenden Toten Bescheid, damit er den Weg zur Heimat nicht verfehle. Derart ist der wilde Mann mit dem entwurzelten Tannenbaum in der Hand noch auf Gasthausschildern, desgleichen, da er die Geheimnisse des ewigen Schatzes behütet und kennt, auf Münzen und Geldscheinen, vor allem aber als Schildhalter niederdeutscher Fürstenwappen, auch des preußischen, allegorisch sichtbar geblieben. Doch hier, auf unserem Krug, blickt das Bärtige der Waldschratte noch unmittelbar heraus, die feuchten und dunklen Urwälder ältester Zeiten sind ganz nahe herangerückt, der Kopf des riesigen Troll spendet seinen faunischen, amuletthaften, alchimistischen Anblick. Sie sprechen aus der Zeit, die alten Krüge, da noch der Schlappohr und der feurige Mann auf den abendlichen Feldern der rheinfränkischen Gegend gesehen worden sein sollen und haben das Alte bäurisch, buchstäblich, unallegorisch bewahrt.

Es ist schwer zu ergründen, wie es im dunklen, weiträumigen Bauch dieser Krüge aussieht. Das möchte man hier wohl gerne inne haben. Die dauernde, neugierige Kinderfrage geht wieder auf. Denn der Krug ist dem Kindlichen nahe verwandt. Und zudem, hier geht das Innere mit, der Krug faßt und hat sein Maß. Aber nur noch der Geruch vermag einen feinen Duft von längst vergessenen Getränken mehr zu erraten als zu empfinden. Und dennoch, wer den alten Krug lange genug ansieht, trägt seine Farbe und Form mit sich herum. Ich werde nicht mit jeder Pfütze grau und nicht von jeder Schiene mitgebogen, um die Ecke gebogen. Wohl aber kann ich krugmäßig geformt werden, sehe mir als einem Braunen, sonderbar Gewachsenen, nordisch Amphorahaften entgegen, und dieses nicht nur nachahmend oder einfach einfühlend, sondern so, daß ich darum als mein Teil reicher, gegenwärtiger werde, weiter zu mir erzogen an diesem mir teilhaftigen Gebilde. Das ist bei allen Dingen so, die gewachsen sind, und hier hat das Volk daran gearbeitet, seine Lust und tiefere Behaglichkeit in einem Trinkkrug auszuprägen, sich auf dieses Haus- und Schenkengerät aufzutragen. Alles, was derart jemals liebevoll und notwendig gemacht wurde, führt sein eigenes Leben, ragt in ein fremdes, neues Gebiet hinein und kommt mit uns, wie wir lebend nicht sein könnten, geformt zurück, beladen mit einem gewissen, wenn auch noch so schwachen Symbolwert. Auch hier fühlt man sich, in einen langen sonnenbeschienenen Gang mit einer Tür am Ende hineinzusehen, wie bei einem Kunstwerk. Das ist keines, der alte Krug hat nichts Künstlerisches an sich, aber mindestens so müßte ein Kunstwerk aussehen, um eines zu sein, und das wäre allerdings schon viel.

DIE ERZEUGUNG DES ORNAMENTS.

Wir sind plötzlich streng geworden.

Jetzt mehr als je. Aber wichtiger bleibt es zu spielen. Wir hatten es verlernt, von unten herauf, die Hand hat das Basteln verlernt. So ungefähr wurde auch der Feuerstein geglättet. Niemand wagt sich vor, von allen diesen trocken gewordenen, einfallslosen Menschen. Es wird um uns gehämmert, gehobelt und geschnitzt, als ob niemals etwas gewerblich gekonnt und zu vererben gewesen wäre. Aber dafür malen wir auch wieder wie die Wilden, im besten Sinn des Frühen, Unruhigen und Barbarischen genommen. So ungefähr wurde auch die Tanzmaske geschnitzt, so ungefähr baute sich der primitive Mensch seinen Fetisch zurecht, sollte auch nichts als die Not des Aussprechenmüssens wieder dieselbe geworden sein. Derart fällt beides merkwürdig zusammen, der hoffnungslose Verlust alles dessen, was früher am kleinsten Stück gewerblicher Arbeit selbstverständlich war, und der ebenso hoffnungsvolle Verlust des Geschmacks, des Stilwollens in dem, was die Hand bildet und ausdrückt.

*

Nur ist das Erstere, das bloß Strenge, fast bedingungslos schlecht.

Hier ist alles gleich erkältend und langweilig geworden. Wie könnte es freilich auch anders sein, nachdem niemand mehr das dauernde Wohnen kennt, sein Haus warm und stark zu machen.

Aber das ist nicht allein an dem Niedergang schuld. Er ist nicht nur darin begründet, daß der Auftraggeber unbekannt oder namenlos geworden ist. Denn wenn wir etwa das Arbeitszimmer als Aufgabe nehmen, so ist in dem erwerbstätigen Mann, der nur abends zum Ausruhen, Lesen oder Empfang der Gäste männlichen Geschlechts sein Zimmer betritt, und in dem Schriftsteller oder Gelehrten als dem angestammten, sozusagen faustisch vorstellbaren Bewohner des Arbeits- und Bibliothekszimmers zum mindesten eine Doppelreihe des Bedürfnisses, Auftrags und zeichnerischen Problems gegeben. Aber was nun zum Verkauf angeboten wird, bleibt unrettbar in dem Generalnenner des sogenannten Herrenzimmers befangen. Man kann daher durchaus behaupten, daß es eine viel breitere Bereitwilligkeit im Einkauf gibt, als sie die Geistlosigkeit der Angebote und Auswahl gestattet. Es ist danach nicht so sehr der Verbraucher als der Erzeuger, auf den all das leblose, unansehnliche Zeug zurückfällt, und auch nicht dieser, sondern die Maschine, die er beschäftigt, hat das Elend und den durchdringenden Phantasiemord auf dem Gewissen, der den kunstgewerblichen Bestand jedes Museums mit den vierziger Jahren des vorigen Jahrhunderts abzuschließen zwingt.

Man soll gewiß lange genug bewegt und industriell denken. Aber das hat eben seine Grenze und seinen Umschlag, nicht ohne die alten Arbeitsformen wieder zu beleben. Man irrt, wenn man sozialistischerseits das Industrievolk als allein wesentlich festsetzt und gleichsam verewigt. Das mag dort erwünscht, ja taktisch notwendig sein, wo alles noch agrarisch zurechtgeschnitten ist, und der Arbeiter mehr als zu kurz kommt. Es mag auch insofern einen unleugbaren Sinn besitzen, als die alten Meister kaum noch aufzufinden sind und der schmutzigste kleinbürgerliche Schuft mit dem Wasser am Hals und allen Eigenschaften des sinkenden Mittelstands, dazu ohne eine Spur der alten Sauberkeit, Bedächtigkeit und Frömmigkeit des alten Meisters, den Handwerkerstand oder, wie man zutreffender sagt, den Stand der Kleingewerbetreibenden besetzt hält. Aber man darf nicht vergessen, die Maschine ist eine kapitalistische Erfindung. Sie ist, wenigstens im gewerblichen Gebrauch, durchaus nur zu den Zwecken billiger Massenproduktion mit hohem Umsatz und großem Gewinn und wahrhaftig nicht zur Erleichterung der menschlichen Arbeit oder gar zur Veredlung ihrer Resultate konstruiert. Wir wüßten nicht, was so erleichternd wirkte an dem Rasseln der Webstühle, an der Nachtschicht, an dem furchtbaren Zwang der gleichmäßigen Tourenzahl, an der verhinderten Werklust des Mannes, der immer nur Teile zu bearbeiten hat und niemals das Glück der ganzen und Fertigproduktion genießen kann —, wir wüßten nicht, was hier erleichternd wirkte gegenüber der früheren gemächlichen Herstellung (hier Haus, dort Werkstatt daneben) eines kleinen Quantums ehrlich gefertigter, kunsthafter Handgewirke. Sicherlich, der Bauer und der Handwerker sind fest vorgezeichnete, im Werkwesen selbst vorgedachte Typen der menschlichen Arbeit, und sie werden sich in ihrem Apriori wieder herstellen, wenn erst die kapitalistische Abirrung vorüber ist. Den großen Schwung in allen Ehren, aber alles, was er an Ergebnissen gebracht hat, die nicht selbst wieder wie die Lokomotive oder die Stahlproduktion dienend, funktionell und technisch sind, wird sich eines Morgens wieder einpacken lassen, und der mechanische Webstuhl wird mit der Kanone in dem gleichen sonderbaren Museum verderblicher Sagazitäten zu stehen haben. Wir wiederholen, man muß bewegt und industriell denken, um nicht nur einfach das Alte zu kopieren; denn hier, in diesem eratmenden Schritt, in dieser Beschleunigung, Unruhe und Vergrößerung unseres Aktionskreises liegen große seelische und gedankliche Werte verborgen; aber das bezieht sich nur auf die Maschine als einer äußeren Erleichterung und Willensform und nicht auf den feigen Massenkram der Fabriken oder gar auf die letzthinigen Typen und Resultate der heraufkommenden Welt von neuem bäuerlicher, frommer, ritterlicher Menschen.

Sie verstand es, die Maschine, alles so leblos, technisch und untermenschlich im einzelnen zu machen, wie es die Straßen des Berliner Westens im ganzen sind. Ihr eigentliches Ziel ist das Badezimmer und Klosett, die fraglosesten und originalsten Leistungen dieser Zeit, genau so wie die Möbel im Rokoko und die Architektur in der Gotik die eingeborenen Kunstarten dieser Epochen darstellen. Hier regiert die Abwaschbarkeit, irgendwie fließt überall das Wasser von den Wänden herab, und der Zauber der modernen sanitären Anlagen mischt sich als das Apriori der Maschinenware unmerklich noch in die entferntesten und kostbarsten Architekturgebilde dieser Zeit. Daran ist auch durch die vorübergehende Hoffnung einer Wiedergeburt der Form, sei es durch die neuen Stoffe des Glases, Stahls und Betons, sei es vor allem durch die neuen Form- und Konstruktionsmöglichkeiten auf Grund dieser Materialien, nichts gebessert worden. Denn alles, was die modernen Stoffe und Zweckkonstruktionen gebracht haben, um das, wie Ruskin sagt, mit Abkürzung zu tun, dessen Ehre gerade in seiner Schwierigkeit liegt, geht am Stil, dieser höchst schmuckfreudigen, fast nur aus Schmucksinn symmetrischen und »konstruierten«, luxuriös symmetrischen Angelegenheit vorbei, um bestenfalls in jener technischen Ähnlichkeit zu landen, die der Wolkenkratzer mit dem Birs Nimrud und die feierliche Kinofassade mit der ältesten, freilich aus einer anderen Geometrie heraus geometrischen Baukunst aufweist.

Nun ist dieses Versagen freilich nicht an allen Orten bedenklich; es gibt Gelegenheiten, wo man einer geschmackfremden Abstraktheit den expressionistischen Dank abstatten möchte.

Denn einmal ist das Auszieren trotz allem wieder erwacht. Man sucht mit Gewalt aus dem Trockenen heraus zu kommen. Man sieht allmählich ein, eine Geburtszange muß glatt sein, aber eine Zuckerzange mit nichten. So sucht man wieder farbig aufzulokkern, man drängt auch bewußter als je auf das Zeichnen und das Leben der organischen Linie.

Zum andern ist das Abhandenkommen aller gewerblichen Fähigkeiten vielleicht doch nicht ohne positive Tiefe. Darauf hat Marc zuerst und mit Glück hingewiesen. Es kann dieselbe Göttin sein, die hier Not und dort Überfluß schenkt, hier die völlige Unfähigkeit zur schönheitsvoll geschlossenen Form und einen Organzerfall, der in der Geschichte nicht seinesgleichen findet, dort das Aufblitzen feuriger und rätselvoller Zeichen jenseits alles Stilwollens, aller luxuriösen Kunstindustrie und aller bloß eudämonistischen Ausgeglichenheit, Eurythmie und Symmetrik des Stilbegriffs. Man hat gesagt, daß ein russischer Bauer ein Heiliger sein müßte, um überhaupt nur ein anständiger Mensch werden zu können. Oder nach Lukács, daß ein moderner Architekt, der die Begabung Michelangelos besäße, gerade ausreichte, um einen schönen Tisch zu konstruieren. Aber es läßt sich diesem Satz auch hinzufügen, daß, wie stets die Kinder oder die Bauern, so jetzt auch ein bedürftiger, von Lebensmühe bedrängter Dilettant, der an Geschicklichkeit nicht mit dem kleinsten alter Maler zu vergleichen ist, trotzdem in der merkwürdigen Luft dieser Zeit Gebilde, unwerkhafte, stillose, aber ausdruckshafte und symbolische Gebilde erzeugen kann, die keinen letzthinigen Vergleich mit den großartigsten Aussagen der griechischen oder neuzeitlichen Stilepochen zu scheuen brauchen. Das ist der Weg, den der Blaue Reiter ziehen wollte, ein verwachsener, unscheinbarer Seitenweg, der die Hauptstraße der Menschheitsentwicklung bildet. Das ist weiterhin, trotz alles Feindlichen, Bösartigen, Negativen, das sich ebenfalls aus dem Stilsterben der Mitte des neunzehnten Jahrhunderts ablesen läßt, der funktionelle Zusammenhang dieser Stilepidemie mit den positiven Kräften des Expressionismus.

Zum Dritten gibt es ein abstraktes Umsetzen tapetenhafter Art. — Man übt es zwar falsch und dürftig genug. Das macht, hier wird die Treppe von unten nach oben gekehrt. Darum bleibt alles so unaufgeblüht, daß sich trotz Farbe und Sehnsucht nach dem Schnörkel, nach der spielenden, überschüssigen, organischen kapriziösen Linie sämtliche Rippen des Grundrisses zählen lassen. Wer aber den Zierrat will, darf nicht kunstgewerblich auf seine Gewinnung ausgehen. Hier hält sich kein eigenes Leben, es ist durchaus eine Frucht von unterwegs, das Rudern und Kriechen in einem abgeschnittenen Teich, nachdem sich die Flut verlaufen hat, und im ganzen der unmögliche Versuch einer in die Hände des bewußtesten, immanentesten Kunstwollens gelegten Schönheit von unten. Es gibt keine Fruchtbarkeit aus der reinen Form heraus oder mit ihr, diesem bloß Reflexiven des Stilcharakters, als Ziel. Man kann also sagen, daß weder der organische Zierrat noch der halb organische, halb anorganische Symmetrieumriß, wie ihn die Stilmanieren zeigen, irgendwie sind, im Sinn des Bestandes; sie geschehen, und zwar als der Zustand einer unechten Beruhigung, das heißt als Kunstgewerbe und im Größeren als Stil, wie er lediglich als Ausmünzung eines außerhalb alles Schönheitswollens gelegenen Fonds von vordem hellseherischen und nunmehr expressionistischen Beschreibungen exekutierbar wird. Darum hilft hier nur, sich von oben her bescheinen zu lassen, erst im Oberen das Ungewollte, Unbedenkliche, Organische, Irrationale aufblühen zu lassen, um derart, wie es zu allen, sogar den ausgeprägtesten Stilzeiten geschah, die unwillige Beziehung zum Ornament von dem Bilder-, Formen- und Ausdrucksreichtum der unangewandten Kunst unterstützt zu erhalten. Denn wenn auch das Kunstgewerbe Geschmack und ruhevollen Abschluß braucht, so ist es doch mit Ausnahme des sogleich zu erwähnenden Barock-Kunstgewerbes nicht dazu verpflichtet, diese freilich letzthin nur ihm eigentümlichen Stil- und Wertkategorien in seinem eigenen Bereiche zu entwickeln. Es genügt und ist allein durchführbar, sofern der stets abgeleitete Stil zwar nicht zum Ausdruck steigen, wohl aber der Ausdruck jederzeit zum eudämonistischen Stilgebrauch fallen kann, die Formen, das sich in der hohen Kunst ergebende Unterwegs der Formvermittlung, von dieser auf das Kunstgewerbe zu übertragen. — Das ist nun freilich nicht für alle Fälle richtig. Irgendwo gibt es durchaus eine lehrreiche Abstraktheit aus dem Geist der Tapete. Denn es lebt noch etwas zwischen Stuhl und Statue, nämlich der Teppich, das Allegoriehafte, die echte, nicht abgestandene, sondern probierende, wenn auch ebenfalls nur »versetzte«, abgeleitete reine Form. Und diese kann allerdings direkt von unten an auf die Ausdruckskunst einwirken, ohne anzuhalten und dürftig oder streng zu machen. Ein Stuhl selbst ist freilich nur dazu da, um besetzt zu werden, er weist sichtbar auf den ruhenden Menschen hin. Und eine Statue ist dazu da, um besehen zu werden, oder vielmehr, da ihr auch dieses, wie alle familiäre Beziehung gleichgültig ist, sie ruht in sich, ihrer eigenen Herrlichkeit zugewendet. Es ist sehr leicht, die derart bestehende, einfache Grenze zwischen der kunstgewerblichen und der künstlerischen Form zu bestimmen. Sie läßt sich am schlagendsten dadurch demonstrieren, daß man den Drehungsprozeß des Beschauers als unterscheidendes Merkmal einsetzt. Dann wird sich alles, was gebraucht wird, was Boden und Sessel bleibt, also durch ein sich erlebendes Ich beherrscht wird, dem Kunstgewerbe zurechnen lassen; während alles, was den Aufblick hervorruft, was sich zum Gebälk und über uns gezogenen Bildwerk erhebt, mithin zum Stuhl oder Schrein für den Leib Gottes übergeht, auch lediglich durch das darin gesehene, sich optisch entgegenkommende Subjekt eines zweiten Stockwerkes beherrscht wird und insofern der hohen Kunst zugehört. Und weil uns die kunstgewerblichen Dinge nur umgeben, so ist es ihnen eigentümlich, behaglich zu sein, die elegante Vollkommenheit vor allem zu halten und den Stil anzuziehen. Oder genauer gesagt, aus einer darüber hinausschießenden Ausdrucksbewegung gewisse Elemente des Schmucks und der Konstruktion anzuhalten und als Takt oder Maß zu stabilisieren, wie sich denn das ganze mittlere Griechenland und die halbe, das heißt, abgesehen vom Barock, die durch Renaissance und Empire »klassisch« eingerahmte Neuzeit die Kunst wesentlich nur als freundliche, ungeistliche Lebensbegleitung, aber nicht als die Beschwichtigung seelischer Notzustände, nicht als den Trostgesang einer um Hässlichkeit und Schönheit unbekümmerten Ichexpression, nicht als die zu den Menschen heruntergestellte, sinnlich religiöse Abschilderung oberer Erlösungsgeschichte mithin wesentlich als maßvolles, eudämonistisches Derivat zubereitet haben. Aber schon das gebrauchende Ich sitzt an verschiedenen Orten. Den Sessel, den ein Bauer von ferne bewundert, wird der Edelmann unbedenklich benutzen. Denn die Kraft, die sich das Ich zur gebrauchenden Pointierung erlesener Gegenstände zutraut, bringt die Entscheidung, und vieles, was der Sonnenkönig als Kunstgewerbe empfinden konnte, ist späteren Zeiten, denen der sozial, gleichsam schon aktuell theologisch pointierende Ichpunkt gesunken ist, durchaus zur hohen Kunst geworden. Das mag gleichgültig sein, sofern der unterdessen über uns gedrehte Sessel doch seinen anfänglich wohllebig pointiert gewesenen Begleitungscharakter nunmehr geschichtslos beibehält. Aber, wie wir sagten, tertium datur; es gibt Stühle, die aus dem Sichhineinsetzen, aus der sonderbaren Haltung, aus der gleichsam abgenommenen Maske des sich Setzens ein Neues machen. Es gibt Stühle, die daraus etwas abstrakt Lebendiges entnehmen, bemalt, als ob auf ihnen die Haut, und ausgeschnitzt, als ob auf ihnen das Gestell eines Gespenstes, eines Geistigen abgezogen wäre, wie dieses an dem ganzen rätselvollen holländisch-englischen Barock-Kunstgewerbe mit seinen indisch-chinesischen Reminiszenzen zu studieren ist. Denn es lebt noch etwas zwischen Stuhl und Statue, ein Kunstgewerbe zweiter Ordnung, in dem sich statt des behaglichen, gleichsam abgestandenen, aus Rückständen zusammengesetzten Gewebes, statt der formhaften Geschlossenheit, transzendentalen Heimatlosigkeit und dem in sich bleibenden reflexiven Modellcharakter der unechten reinen Form, der echte, hinüberweisende Teppich der probierenden Allegorie ausstreckt. Hier ist keine Gefahr, daß das abstrakte Umsetzen tapetenhafter Art stilhaft macht, daß also die bewußte Qual der kunstgewerblichen Erfindungslosigkeit, wie sie sich in der sprödesten Strenge ihren Ausweg sucht, auf die ganz andersartige, unbewußte Qual des künstlerischen Expressionsdrangs einwirkt und dergestalt den Architekturwillen der Expression auf den ägyptischen Weg der abstrakten Strenge und des Raumes, des unterdessen ausgeglühten Raumes, statt auf den gotischen und barokken Weg der Seele und ihres Ortes hindrängt. Darum: indem man kräftiger als je auf das Zeichnen, auf das Leben der organischen Linie drängt, zieht von dem modernen, verzweifelten, barock sucherischen Kunstgewerbe cum grano salis ein Verändern und Umbiegen, eine neue Betonung des Umsatzmediums, ja sogar eine neue Betonung des Ruhezustands, der erschwerten, transzendental organischen Abstraktheit zur hohen Kunst herüber, die dem Schmuckwollen eben dieses Kunstgewerbes zweiter Ordnung einen gewissen heuristischen Anteil an der expressionistischen »Begriffsmalerei« zuerkennen läßt.

Kunstgeschichtlicher Exkurs.

Das ist wenig und viel zugleich.

Man will nichts als sich unabgelenkt sehen. Hier hilft aber nur schnitzwerkhaft zu denken.

Das Aussagen.

Dazu braucht man durchaus nicht geschickt zu sein. Das ist wohl dort nötig, wo man geschmackvoll, stilvoll, griechisch formt. Aber hier muß man mehr sein, und das andere, wie es ausgleicht und berechnet, wird statt des Zwecks zur Beigabe und zur bequemen Sicherheit, jedesmal das kräftigste Mittel zur Aussage finden. Nichts ist dienender, abgeleiteter als das Wie, nichts ist zeugender als das Wer und das Was, die letzthin dasselbe sind. Man muß von hier ab innerlich üppig sein und so weit als möglich zur Woge werden. Das scheinbar Wirre, das Winklige, Wunderliche und Schnörkelhafte ist ihr klarster, schlichtester Ausdruck.

Der griechische Stil.

So wurde von früh an durchwegs geschnitzt. — Man fing überall zuerst an in Holz zu arbeiten. Aber bald kam der Stein, und die Stämme wurden materialgerecht zu Säulen. Freilich, das griechische Lächeln geht um den Stein gleichsam herum. Denn hier sind wir lebendig und gebändigt zugleich geworden, allerdings um den Preis, sowohl im einen wie im anderen untief zu sein. Darum läßt sich hier eben nur ein Stück mehr oder minder ruhevollen Lebens auf den Sockel stellen. Darum ist es ebenso gleichgültig, ob die griechische Gestalt in Elfenbein, Silber, Bronze oder Marmor gearbeitet wird wie es der leichten, das Lächeln und das Wohlabgewogensein zugleich verherrlichenden Kunstart unwesentlich ist, auf die Wünsche des Stoffes zu hören und den Materialgeist zu treffen oder ihm fremdgesetzlich zu erliegen. Hier wird noch zwischen Säule und Gebälk das federnde, jonische Kissen gelegt; die Ranke, der Akanthus, das Fleisch triumphieren, und wenn auch der Eierstab oder der Mäander eine anorganische Linie vorzutäuschen scheinen, so ist dies alles schon von innen her so sehr gedämpft und gerade nach eigner maßvoller Wahl so konfliktslos rechtwinklig beschlossen, daß weder das Leben gegen den Stein noch der Stein gegen das Leben in diesem ebensowohl organischen wie »anorganisch«, aus Sophrosyne konstruktiven Stil einzuschreiten brauchen. Denn was bestimmt, ist ein kleines Leben, das nichts gegen rechtwinklige Ordnung einzuwenden hat, mit Baumstümpfen und ähnlichen zweifelhaften Stützen oder Bildsäulen, bei denen die Torsi besser wirken als die Originale, an denen eben erst alles abzuschlagen war, was abgeschlagen werden mußte, um die Blockeinheit der Statue zu erlangen. So hat der griechische Bildner weniger dem Stein als der weltlichen Gesellschaft einen bösen Zoll bezahlt. Indem hier nämlich der Künstler sein Werk völlig bewußt zum Genuß hin entwickelte, mischte sich das zwar Lebendige, aber auch nichtssagend Konstruierte in einer Weise, die es als vorzüglich zum »Stil«, zum familiären und luxuriösen Kunstgewerbe einer Nation geeignet machte. Es ist durchaus notwendig, die griechische Kunstweise so weit zu spannen, gemäß der übergreifenden, allein und absolut stilerzeugenden Grunderfassung dieser Kunst als eines Genußvollen, Geschmackvollen, das Leben Schmückenden und zugleich Symmetrischen, um derart in der griechischen Kunst das unumgängliche Muster der Neuzeit, der griechischen und auch europäischen Neuzeit, das heißt eben, mit einziger Ausnahme des Barock, der Stilzeit par excellence zu begreifen. Dreifach ist so das Stilwollen als solches bestimmt: einmal als Rücksicht auf die schönheitsvolle Wirkung, dann als bewußtes Arbeiten am Mittel, am Werk, an der Konstruktion und zuletzt als die Verdrängung der nur auf den Ichausdruck gehenden Vision durch ein selbstgerechtes Formleben, entweder der bloßen Symmetrie oder der reinen, homogenen, für sich ruhenden, abgeschlossenen, streng immanenten Formexistenz des Kunstwerks überhaupt. Freilich, das alles schlägt irgendwo einmal um, man kann nicht, auch im Kunstwerk nicht, aus dem wirklichen Prozeß der Dinge und ihren Zielen heraustreten, und da im bewußten Kunstwollen vor allem das Konstruieren herrschend ist, so droht auch am Ende jedes Stils die ägyptische Erstarrung als die transzendentale Gefahr des materialgemäßen Konstruiertseins überhaupt.

Ägypten und die Immanenz.

Nun muß man freilich jederzeit bauen. Das Bild braucht eine Wand, die Gemeinde ein Haus und eine tektonische Einheit. Es will jedoch kaum gelingen, warm zu wirken und zugleich lückenlos geformt zu sein. Dagegen scheint nichts leichter erreichbar als biedermaierliche Klarheit. Nichts scheint schon dem Gips, besonders wenn er sich zum Rang des Beton erhebt, so unverlierbar in die Seele geschrieben zu sein, als die Kraft seine Welten ägyptisch zu machen. Auch dort, wo man nur entlasten will, wo Glas, Stahl und Beton zusammenwirken und derart die reine Zweckform diesseits alles Stoffzwangs wie diesseits aller Auszierung ihr nüchternes Wesen treibt, drängt sich der Raum ein oder vielmehr, wenn auch noch so abgeschwächt und ohne die porphyrene Dichte, seine ägyptische Reminiszenz. Das ist erstaunlich; denn an sich könnte der Raum auch gotisch werden, und der englische Gruß im Chor der Nürnberger Lorenzkirche ist gerade dazu geschaffen worden, um den Raum zu singen, in dem er hängt, um den Raum singen zu lassen und in sich, gerade durch sein Hängen in der Mitte, den inneren Gesang seines Raumkörpers zu konzentrieren. Aber was die Glaswände angeht, die Stahlpfeiler, Betonvertikalen und die gleichfalls in der Mitte hängenden Bahnhofsuhren, so können sie über die bloße Atemfreude, die bloß angenehme Weite und völlig leblos bleibende, der Straßenreinigung verwandte Raumklärung nicht anders als vermittelst der Lüge der abstraktesten Konstruiertheit gegen Ägypten zu hinausgelangen. Allerdings, das Erstaunen hebt sich, sobald man erkennt, daß eben das Konstruiertsein das Tertium comparationis zwischen der Zweckform, Stilistik und Ägypten bildet, wenn auch im höchst verschiedenen Ausmaß der transzendentalen Beziehung. Beides, Zweck und Strenge, liegt dem griechischen Stil beständig nahe. Oder vielmehr, um homogen zu reden, wenn auch nicht die Zweckform als ein noch völlig unkünstlerisches, rein negatives Zufallsgebilde der Sauberkeit, so liegt doch sowohl das Nächste, das nach der Zweckform kommt und sie mit einem

Sprung im Kunstgemäßen vertritt: das Biedermaier, wie das Oberste, das nach der konstruktiven Stilistik kommt, die Strenge und Kubik Ägyptens, dem griechischen Stil, dem Stil überhaupt, beständig nahe. Das eine, das Biedermaierliche, ist schon an den frühesten Steinwerkzeugen zu bemerken, es zieht seine reinlichen, praktischen Linien in Renaissance, Regence, Louis XVI. und Empire, um zuletzt, nach dem Abbau der Stile am Beginn des neunzehnten Jahrhunderts, gleichsam auf dem Boden zurückzubleiben, als stilistisches Minimum überhaupt. Das andere, das Ägyptische, hat sich zuerst bei den Ägineten und zuletzt beim Empire, bei der formalen Möglichkeit eines Einflusses der Pyramidenexpedition auf das Empire, hereingedrängt und bildet, so wie das Biedermaier die untere Grenze gegen den amusischen Zustand darstellt, den obersten Raum der transzendentalen Beziehung des griechischen Stils und damit der Stilistik überhaupt. Aber, was sich dahinter auftut, ist das weitere Verratenwerden an Ägypten, das nur so lange zu vermeiden ist, als das Leben beibehalten, und das kühle Dreieck des Giebels, das reine, gewiß nur aus Weltfrömmigkeit gewählte, aber auch von der Todesstrenge mitgeformte Rund des Bogens, überhaupt die ganze zwiespältige Symmetrie des griechischen und klassischen Stils in jener unscharfen, heimatlosen, untiefen, ungegenständlichen Immanenz festgehalten wird, die nur aus Entscheidungslosigkeit nicht zu Ägypten, dem Winterland, Totenland, Weltwinter, wie es in den alten okkulten Schriften genannt wird, und dem Ort der rein anorganischen Wertsphäre übertritt. Nun ist allerdings auch nicht unbedingt zu begrüßen, was warm und deutsch gebaut wurde. Denn dieses ist zweifellos, schon soweit hier das kleine Leben, Sprossen und Blüte, eingemischt ist, die schlechtere Form. Wie sich hier, was auf den merkwürdigen Grabplatten im Wormser Dom klar zu sehen ist, das Gestrüpp der Baumzweige unmittelbar zum Maßwerk verschlingen kann, so ist alles Deutsche zunächst bloß lebendig, es ist scheinbar insgesamt eine kleine, an das Mittelgebirge erinnernde, noch organische Landschaft der Gotik. Anders steht es in Italien und zum Teil auch in Frankreich, wo sich das Gotische gerade in der Breite, im kristallinischen Maßwerk, in den Türmen ohne Helme und der kräftigsten, dabei höchst mystischen Horizontale objektiviert. Man hat zwar bisher diese dahingelagerte Bauart nicht besonders geschätzt. Auch wir sehen etwas Tieferes, aber wir dürfen es uns nicht zu leicht machen, dieses nicht nur über dem Stil, sondern gerade über der Form Tiefere zu lieben. Indem man freilich die befreiten Gemütszustände des Betrachters in das Werk selbst verlegte, wurde entweder der Tanz und die schöne Heiterkeit Griechenlands oder die andersartige Leichtigkeit der nach oben weisenden, der dreifach unterstrichenen und mit allem möglichen rezeptiv-organischen Espressivo versehenen Transzendenz der deutschen Gotik zu der obersten künstlerischen Werkkategorie erhoben. Ganz anders liegt der Fall, sobald die Schwere als der wesentliche Zustand der anima figurata erscheint. Seitdem es die französischen Maler verstanden haben, wieder mit Farbe zu modellieren, überhaupt gesinnungsmäßig auf Giotto zurückzugehen und das kräftig zurechtgesetzte Insichruhen zu gestalten, ist das kleine, leichte Leben schlecht oder als eine im vollen Schwanken des Geästs dahinrollende Welt zum Rätsel geworden, und Phidias wird so dunkel, wie es früher Mykene, Ravenna oder Assissi war. Hier muß sich selbst die scheinbar durchgehends abstrakte orientalische gleich der gotischen Kunst eine Unterordnung ihrer verwirrten, also japanisch-malayisch-chinesischen, rokokohaft rezipierbaren Elemente unter die große Horizontale von Ägypten, Babylon, Byzanz und der romanischen Gotik gefallen lassen. Die breite Gliederung ist demgemäß durchaus nicht, wie dies noch in den griechischen Bauten und dem völligen Equilibre der Renaissance ja sogar, um nichts zu verwischen, gewiß auch in zahlreichen gotischen Möbeln, vor allem tirolischer und rheinischer Herkunft, und in den weltlichen Bauten der flandrischen Gotik scheinen mag, der Ausdruck der Diesseitigkeit, sondern ganz im Gegenteil, der Ausdruck der vollendeten Ruhe und reinen, fertigen, unendlich endlichen Immanenz. Und zwar einer Ruhe, die selbst die herniederfahrende, segenspendende Madonna der byzantinischen Apsis noch als Abstandsbewegung und umgekehrtes Barock ablehnen könnte, und die als vollendetes, das heißt als ein im Schillerschen Sinn naives Besitzen der Transzendenz dem Nu der letzten Gegenwart der Mystik zu vergleichen ist. Derart also gibt die horizontale Bauart gewiß den einleuchtendsten Begriff der großen vollendeten Kunst wieder. Daraus erklärt sich auch die Geringschätzung, mit der noch Schelling von der deutschen Gotik als der bloßen rohen, »naturalistischen« Abbildung der Äste, Zweige, des Laubwerks und der unermeßlichen Krone eines gleichsam zur Stadt gewordenen Baumes spricht. Das liegt nicht nur an der klassizistischen Gesinnung, sondern es ziemt hier völlig ehrlich zu werden und zu bekennen, daß die organische Linie und der vertikale germanisch gotische Baugedanke zwar nicht dem Bauen als Äußerung, wohl aber jeder Begrenzung der Vision auf ihre Versinnlichung widerspricht und wie jeder Stilisierung, so auch jedem lückenlosen Formalismus, jeder Kunstdefinition der geschlossenen, material-formalen Immanenz, freilich nur dieser, zum Ärgernis und zur Torheit werden muß. —

Die Sehnsucht als Substanz.

Aber man will nichts anderes als sich selber unabgelenkt sehen. Und dazu hilft, wie wir sagten, aufs Kräftigste schnitzwerkhaft zu denken. Denn das griechische Leben ist flach und das ägyptische, der begriffene Stein, ist tot. Aber das innere Leben glüht und stampft. Es treibt hinüber und macht seine Gestalten verschlungen, winklig, voreinander, übereinander gestellt und aufgetürmt. Es ist dieselbe Kraft, die sich in der Lava, dem Bleisturz im kalten Wasser, der Holzmaserung und zuhöchst in der zuckenden, blutenden, fetzenartigen oder sonderbar geballten Gestaltung der inneren Organe ausgewirkt hat. Man kennt die Verschlingungen, Schlangenleiber, Seepferde und einander zugeneigten Drachenköpfe in der nordischen Linienführung. Sie lassen sich an Stuhllehnen, friesischen Schranktüren und anderen Bauernmöbeln noch bis zum Anfang des neunzehnten Jahrhunderts verfolgen, und es gibt nichts, das sich diesem unheimlichen, fälschlich aus der Verlebendigung des Anorganischen abgeleiteten Pathos vergleichen ließe. Wenn jetzt überhaupt noch eine Rettung möglich ist, dann kann sie nicht anders als durch eine Wiederaufnahme dieser fast völlig vergessenen nordischen Linien geschehen. Alles, was blühen und üppig werden soll, muß bei den nordischen Gebilden in die Lehre gehen, und es gibt keinen Wirbel, keine Ausschweifung und keine baumeisterliche Gewalt mit den tief organischen Gesetzen dieser Ausschweifung, die nicht mit ihrem Haupt in der wilden, wolkengesättigten, mit allem Wehenden, musikalisch Ahnungsvollen und Unendlichen erfüllten Luft dieser nordischen Organik atmete. Zudem unterliegt es seit Worringers glücklichen und beziehungsreichen Darstellungen keinem Zweifel, daß hier, in dieser Bandgeflechts- und Tierornamentik, die nordische Seele, der Weg und die Heimat der primitiven, expressiven Seele zugleich, ja die deutsche Renaissance, Barock und Gotik, die heimliche Gotik zugleich gegeben sind. Darin aber schlägt erst recht das Laubwerk zusammen, der wunderlichste Zierrat überzieht alle Flächen und beseitigt, überkraust die Wände, die leere, einfach nur raumschließende Kraft der Wände. Die griechische Linie traf nichts als das Lebendige in seiner äußeren Erscheinung, als die jedem sichtbare, geheimnislose, epidermale Organik und ihren leichten, geschmackvollen, vom inneren beseelten Gleichmaß her bestimmten Rhythmus. Die ägyptische Linie kennt überhaupt nur Strenge, und die Sophrosyne wird danach im Umschlag zur Geometrie, sofern hier im Stein nicht das Fleisch, sondern durchaus nur der Stein gedacht wird, gemäß dem Geist des Materials, der der Geist der Wüste oder der alpinen Landschaft und des ungeheuren Totentempels der anorganischen Natur ist. Dagegen die gotische Linie hat den Herd in sich; sie ist ruhelos und unheimlich wie ihre Gestalten; die Wülste, die Schlangen, die Tierköpfe, die Wasserläufe, ein wirres Sichkreuzen und Zucken, in dem das Fruchtwasser und die Brutwärme stehen und der Schoß aller Schmerzen, Wollüste, Geburten und organischen Bilder zu reden beginnt; nur die nordisch-gotische Linie trägt so das Zentralfeuer in sich, auf dem sich das tiefste organische und das tiefste geistliche Wesen zugleich zur Reife bringen. Das ist aber dem schwachen griechischen Leben so fremd als möglich, und zugleich das äußerste Gegenspiel zu den Ägyptern als den Meistern des Todes, als dem Blick, dem Gott noch mehr als Mauer wie als Hand erschien, als dem Land, in das Josef verkauft worden ist, als dem Geist des menschenleeren Astralmythos, den die Juden verlassen haben, um die große Traube aus Kanaan zu sehen. Also nicht die griechische, sondern die nordisch-gotische Linie ist das vollkommene organische Wesen, und nur mit ihr im Bunde konnte in allen überstilistischen Zeiten Ägypten, der konstruierte Stein durchgeschlagen werden, wobei das Romanische, Byzantinische, Gotische und vielleicht auch, von seiner ihm ja uneigentlichen Stilhaftigkeit abgesehen, das Barock den steigenden Triumph dieses organischen Überschäumens über den Kristall darstellt. Oder vielmehr, wenn man es nur an sich sieht, so ist das Barocke nichts als der neuzeitlich sentimentale Versuch zum Gotischen, aber wenn man es als ein noch nicht zu Ende Geführtes, Vorbehaltenes und Apriorisches wertet, so bildet das Barock eine neue, der Gotik überlegene, gegen den unbekannten, rein innerlichen Gott, gegen die Sehnsucht als Substanz und Ziel geöffnete Gegenstandsreihe und Objektivität. – Mithin: wir können nichts anderes als die endlose Linie wollen, ohne uns um uns selbst zu betrügen. Der Wald wandert an ihr in die Wüste, in den Kristall hinein und setzt diesen herab zu einem bloßen, längst schon ausgeglühten Hilfsmittel. Sie war als nordische Linie ein wirres Blühen und Drängen aus allem heraus, ohne zu wissen wohin; und ist erst als gotische Linie insofern zur echten, nicht nur organischen, sondern organisch-geistlichen Transzendenz abstrakt geworden, als über ihrer wild aufschwellenden Flut das große, sie ganz determinierende Gestirn des Menschensohns aufgehen konnte. So scheint uns hier über allem das Menschengesicht entgegen, Ornament und absoluteste Abstraktheit zugleich, sofern hier endlich das Ornament und nicht die Konstruktion transzendental wird, und der Geist des Schnitzwerks dergestalt statt des bloß Klaren endlich das Warme und Reine, statt des rein astralischen, von Mensch und Seele entblößten Sonnenumrisses endlich den Retter, Jesus, den Menschensohn, den Herrn und Führer des Seelenreichs, zum Prinzip seiner Deduktion gewinnt. In Summa: der Stoff ist gesprengt, das absolut Formmäßige, Konstruktive ist abgesetzt, der tiefste, freilich nur der tiefste Gegenstand regiert; und wenn man nicht dem Holz und der Holzkonstruktion des gotischen Steins, diesem ganz äußeren, nur erleichternden Vehikel, das nichts als bequem ist und auf dem nicht mehr wie bei der Steinkonstruktion Ägyptens der ganze Astralmythos fährt, eine völlig ungebührliche Bedeutung geben will, noch jenseits der geistreichen, schwierigen, aber durchaus nur heuristischen Anti-Steinlogik der gotischen Konstruktion: so wird nicht nur die stilistische, sondern auch die transzendentale Freude am Werk, an den auch gegenständlich brauchbaren Werkchiffren, als der prästabilierten Harmonie von Erlebnis, Stoff, Form und Dingmaterialität verschwinden müssen. Die Sucht nach dem Ausdruck erläutert gerade die wuchernde, vergewaltigende Ornamentkunst als die angemessenste Methode, den Menschen, diesen apriorisch aufgegebenen Gegenstand der gesamten Kunstgeschichte, zu treffen.

Methodisches. So zu urteilen, wie es bisher geschehen ist, heißt freilich nichts als für sich bestehend anzuerkennen. Es ist seit Riegl allerdings üblich geworden, das wertgemäß eingeordnete Nacheinander völlig auszuschalten. Das ist in vielem Einzelnen gewiß berechtigt. Selbstverständlich ist das kleine, schmale Verwerfen und Anerkennen der später Gekommenen nach dem, was ihnen gerade in den Gesichtskreis paßt, das beste Mittel, sich um den geschichtlich vorliegenden Reichtum zu betrügen. Aber ganz läßt sich das Auf und Ab nicht austilgen, wenn man nicht aus lauter Nachfühlung, aus lauter geschichtsloser Absolutheit in den skurrilsten Relativismus fallen will. Man weiß, wie häufig sich schon bei Kindern ein nicht anders Können als ein nicht anders Wollen verkleidet. Aber auch abgesehen von dem Fuchs und den Trauben braucht man hier durchaus nicht alles schön oder bedeutend zu finden, ja es ist sogar ein Zeichen, daß man von der wahrhaften Größe bisher fremder Zonen wenig verspürt hat, wenn man den Begriff des Verfalls und überhaupt jede Wertabfolge unterschiedslos aus dem neuentdeckten Gebiet verbannen will. Selbstverständlich ist das Kunstwollen nicht leicht durchschaubar, und die alten Robinsonaden oder die aufklärerischen Fiktionen der erwachenden Bildsäule, des sprachlosen Alalus oder des bewußt eingegangenen Staatsvertrags, überhaupt die fatalen Kategorien des Allmählich mit der genetischen Aufreihung in Vorstufen und klassische Muster werden von einem gewissen, aber nur von einem sehr hohen, als irrational hervorspringenden Punkt ab zur Banalität. Daß es aber nicht immer so ist, läßt sich beispielsweise sehr deutlich an den afrikanischen Schnitzwerken fühlen. Sie sind schön, sonderbar, bizarr, tief, aber doch zumeist nur so, daß man diese Schnitzwerke noch irgendwie begreifen kann, daß man genau so, wie man lebt und ist, all dieser Fremdartigkeiten sprunglos teilhaftig werden kann. Sie sind irgendwie gleitend, irgendwie untere Stufe und irgendwie einem afrikanischen Geist zugehörig, der, mag auch noch so viel Uneingeholtes zurückbleiben, doch im arabischen und ägyptischen Nordafrika nicht weniger laut geworden ist. Das läßt sich jedoch von den australischen Schnitzwerken nicht behaupten; hier sind Messergriffe, Trinkhörner und kleine, unendlich verkrümmte Schiffsgötzen zu sehen, dazu riesige, mehrere Meter hohe, zu den furchtbarsten Verkrampfungen ausgeschnitzte Gruppen, die die Begattung zwischen Menschen und Insekten darstellen, und die selbstverständlich jede Erklärung aus unserem Begriffskreis wie auch jedes Landenlassen oder Mediatisiertwerden durch China, durch den übrigen lemurischen Kulturkreis unmöglich machen. Man sieht, nur hier geht es echt zu, nur hier ist ein geistig Irrationales gegeben, das nicht in den Wechsel des Könnerischen, jederzeit Diskutierbaren in den Formen, in der Technik der Vermittlung fällt, das nicht zeitlich ist mit dem anderen, was zeitlich ist, sondern das unverwechselbar, einmalig, sprunghaft in sich vollendet vorliegt und so auch eine feste Grenze um jenes ganz eigentlich erst ungenetische Gebiet zu ziehen erlaubt, in dem allein die geschichtslose Absolutheit herrscht und sinnvoll ist. Hier erst hat man das unabweisliche Gefühl, dem Wesentlichen der primitiven Plastik gegenüber zu stehen. Jedenfalls aber lassen sich viele andere Gebilde bestimmten Anfangs- und Verfallszeiten zuordnen, wie sie in der Stümperei oder Schülerschaft ganzer Epochen, in verloren gegangenen Techniken und dem höchst genetischen Ringen mit dem Material deutlich zu verfolgen sind, gerade vom Standpunkt der immanentesten Kritik aus zu verfolgen sind, wenn anders nicht das Kunstwollen atomisiert und mit einem laxen Psychologismus und Positivismus sondergleichen von jeder kategorialen Gliederung, von jedem Bezug auf die ihm vorgesteckten phänomenologischen Spezies, von jedem Herrschaftsrecht immanenter, wenn auch unter sich unvergleichbarer Wertsysteme ferngehalten werden soll. Ja es ist sogar letzthin unmöglich, dem, was über dem Können und Technischen liegt, also dem jeweils Geistigen und Gegenständlichen der Kunst seine Geschichtslosigkeit zu garantieren. Auch das Feste wird wechselnd beleuchtet. Denn nicht nur vor, sondern auch in den Bildern bewegt sich das Licht. Gewiß, es ist richtig, was Kandinsky bemerkt: das Sprechenmüssen, das alles Unnötige, Äußerliche verwirft, gibt allenthalben den unveränderlichen Maßstab, um ein objet d'art, also eine Fälschung, auch wenn sie das Original, ihr eigenes Original ist, um dieses Errechnete, Untervisionäre, Ciceronianische oder auch Akribiehafte, wie es sich freilich dem nichts fühlenden, bloß denkerischen Ich empfehlen mag, von einem Kunstwerk zu unterscheiden; ganz gleich, ob das Bild noch naß auf der Staffelei steht oder ob es als jahrtausendalte Wandmalerei ausgegraben worden ist. Aber das hindert nicht, daß die großen Formen ein Nacheinander zeitlicher Art haben, jenseits dieses an sich noch künstlerisch leeren, zumindesten gegenständlich undeutlichen Bauhorizonts. Sie könnten aber nicht zeitlich sein, wenn es wirklich zeitlose Werte gäbe, wenn also ihre Gegenstände, jenseits der Formvermittlung, ein gänzlich zeitloses, weltüberlegenes Oben innehätten. So jedoch ist das Höchste, das zu erreichen ist, immer noch nicht das Letzte und bewegt sich deshalb auf dieses Letzte zu, trotz des Schopenhauerischen Satzes, daß die Kunst überall am Ziel sei. Dazu gibt es sogar in dem gegenständlich überlegenen religiösen Gebiet eine Parallele: ich wollte, es brennte schon, sagte Jesus; aber statt dessen konnte und mußte die Lehre Christi in die Zeit eingehen, Geschichte haben und in der Geschichte leben, entsprechend dem ebenfalls noch Zeitlichen, Prozessualen und Undefinitiven ihrer Verkündigung und ihrer nur erst relativen, »theogonischen« Apriorität. Hier spiegelt sich also durchaus eine obere Geschichte in der niederen Geschichte, sofern eben der alte Gegensatz zwischen dem Werden und dem Sein, zwischen der genetischen und der transzendentalen Methode, zwischen der Sinnenwelt und der Ideenwelt, zwischen der Geschichte und dem Apriori unhaltbar in seinem Panlogismus geworden ist und die Geschichte selbst in die Metaphysik als Stellungswert des Nacheinander und Geschichtsphilosophie des Apriori eingeführt zu werden fordert.

System des Kunstwollens.

Dieses aber läßt auf andere Weise teilen.

Es gibt ein Eingedenken, das jedem Abschluß hinderlich ist. Derart kommt aber auch in das einfach nur Abstrakte, wie es als Wertbegriff des gebundenen, geistig abgezielten Kunstwollens eingeführt worden ist, eine deutliche Bewegung. Und zwar gemäß dem Unstarren und doch Abstrakten der Gotik wesentlich mit dem Ergebnis einer Doppelform, eines ägyptischen und eines gotischen Inhalts dieser Abstraktheit.

Denn es gibt nicht nur entweder das Auszieren oder das Umreißen zu wollen. Sondern es sind mindestens vier Dinge, die der Wille zum Kunstwerk in sich trägt, und das Vierte ist das Wichtigste, wenn man auch im Bild die Tiefe sucht.

Man will sich selbst bezeichnen. Das ist das erste Streben. Aber dazu muß man sich von sich abhalten. Man will so wenigstens in der von uns abgehaltenen Form dorthin gelangen, wo wir nie hingekommen sind und alles Unerlebbare, wenngleich unserer allein Würdige auf uns wartet. Das ist das zweite Streben, der Wille zur Form. Aber der schwache Leib kann allein nicht leben und greift nach einer Schale. Was der Einsiedlerkrebs begonnen hat, führt der bauende Mensch in der Technik und in der dynamischen Komponente der bildenden Kunst weiter. Denn das bloß Lebendige zehrt und ist der geprägten Form nicht günstig. Es war niemals möglich, den Umweg über den Stein als das dem menschlichen Gegenstand fremdeste Material zu vermeiden. Nicht nur, weil es kein lebendiges Gewebe gibt, das als dauernder Träger dienen könnte, sondern weil der Träger, wie an jedem Bronzeschwert oder jedem Dialog zu sehen ist, um so mühevoller stilisiert werden muß, je näher sein praktisch reales Vorkommen dem künstlerisch realen Vorkommen steht, je weniger also schon das artfremde Material als Isolierschicht zwischen der wirklichen und der ästhetisch gereinigten Realität zu verwenden ist. Aber diese erste Mühe des Umbildens ist doch nur um den Preis erspart, daß sich dahinter die eigene Sprache des gegenstandsfremden Materials zu regen beginnt, um nun gerade das Blut und die Seele, diese dem Stein wesensfremdesten Inhalte, der Welt und den Formprinzipien des Steines zu unterwerfen. Alles, was man getan hat, um Blühen und Auftrieb hineinzubringen, die Pfeiler, die Wölbungen und die gesamte Reihe der geistigen Lösung des Baustoffs nach Kraftrichtungen kann zwar die Plumpheit der homogenen Mauermasse rechnerisch, aber unendlich viel schwerer auch metaphysisch durchdringen oder, genauer gesagt, so durchdringen, daß in der vollendeten Kunst das Heimweh und das von Jesus angezündete Feuer bewahrt bleibt. Nach außen geht hier der geheimnisvolle Weg, zu den Steinen oder in den Tod hinein, und es ist furchtbar zu sehen, auf wie weite Strecken hin das benutzte, emporgedrehte Material die Formen färbt, in die es mündet. Dabei zeigt sich letzthin in völlig eklatanter Weise, daß die Form, die kunstgewerblich zunächst nur dürftig streng macht, die in der Dichtung überwiegend nur den Stilcharakter, das untere Künstliche, Unwesentliche, selber Unfruchtbare, Unvisionäre, Hilfskonstruktive bezeichnet, und die nur in der Musik hie und da die Gefahren einer fremden, vergangenen Zahlenmystik, diesseits des sich selbst Zählens der Seele heraufbeschworen hat –, daß diese lückenlose Formhaftigkeit in den bildenden Künsten gerade den Stein wiedergebärt, ihn also nicht nur als Stoff bearbeitet, sondern vermittelst der Blockeinheit, konstitutiven Strenge und Konstruktions-»Wahrheit« dieses transzendental geladene Material auch als Gegenstand rezipiert. In keinem anderen Gebiet ist die Form so enge und bedenklich mit ihrem Material als dessen transzendentale Dingspezies, als Chiffre für seine Menschenleere oder für die architektonisch wiedergeborene Physis verbunden. Wo es lebendig zugeht, wird der Weg von dem Menschen bis zu dem, was des Menschen ist, unabgelenkt begangen. Wo es aber anorganisch zugeht (und es ist leichter im Stein bis zum Ende anorganisch zu bleiben), wird das mathematische Wesen zuletzt zu einer heiligen Mathematik emporgedreht, die die Sprache des Granits und Lichtes und aller dem physischen Material eingeschriebenen Ordnung überhaupt enthält und daher letzthin in dem Astralmythos landet. Hier schlägt der Stoff über die ziehenden Geschlechter einen Bogen, um letzthin eben mittelst dieses seines dauernden, toten Materialcharakters die Natur einzumischen oder herbeizutragen und sie, die darin gehobene anorganische Natur, als das Vehikel und Symbol der Ewigkeit oder des in sich ruhenden Weltkreises zu gestalten. Wenn wir zuerst, solange wir uns wollten, frei waren, so sind wir im Z w e i t e n , sobald wir das Werk wollen, Knechte geworden, und zwar die Knechte des Materials, das wir erst recht wollen müssen, wenn überhaupt feste Abszissen und Ordinaten für das Bild entstehen sollen. Damit werden wir aber nicht nur in eine öde, verrufene und durchaus nicht gesuchte Gegend gelockt, sondern die ganze erste oder auch zweite Absicht unseres Auszugs ist zugunsten eines aufgezwungenen Schalenziels, Stoffziels vergessen. Die ursprünglich organische Wegrichtung wird fast ohne die Spur einer Erinnerung aufgegeben oder vielmehr zugunsten des fremdgesetzlichen, uns strikt entgegengeltenden Ziels eines Dritten, einer anorganisch abstrakten Konstruktion verlassen. Es lastet überdies noch etwas in den menschlichen Gestalten und in der darzustellenden Welt, das nach unten sieht und mit dem Kopf in der Erde steckt, das von selber dem Stein entgegenkommt und ihm Recht gibt, ohne sich zu wehren, ja das in der baulichen, letzthin astralmythisch deduzierten Mathematik seinen viele Blätter zurückschlagenden, sich selbst gleichsam aufrollenden Glauben besitzt. Wo es also rein konstruktiv zugeht, wie in Ägypten, diesem ewigen Muster aller absoluten Formarchitektur, steigt ein längst vergessenes Grundwasser wieder auf, so daß sich, weit gründlicher als in dem leeren Ruhm der sogenannten Naturschönheit, eine Art Mineralogie höherer Ordnung, eine Art zweiter, über alles hinausgehobenen Naturphilosophie in der Sphäre der Ästhetik zu instituieren droht.

Aber das Ich treibt weiter. Denn es besitzt den Wechsel auf das Ende. Das ist freilich nicht aus den griechischen und italienischen Einfühlungen zu gewinnen. Hier ist, wie deutlich genug zu erkennen war, alles gedämpft oder aus beidem zugleich pflanzlich und symmetrisch so lange gemischt, bis das ruhige Wetter der begleitenden Schönheit, der Schönheit als Ordonnanz entstand. Daher sind überall dort, wo man den eigentlich organischen Zug sucht, Griechenland und die Renaissance als die bloß auf Freude, Takt, Maß gestellten Stile zu überschlagen. Das Gesetz hat noch keinen großen Mann gebildet, aber die Freiheit brütet Kolosse und Extremitäten aus. Und darum muß der Zierrat als Umriß, der erreichte organische Sättigungsgrad, die Bereitschaft zur organisch-dynamischen Funktion, die bewahrte organische Bindungskraft oder Valenz in oder vielmehr jenseits der Konstruktion — im Nordischen, Gotischen und Barocken als den reinen Aussagen der Subjektivität an ihr selbst gesucht werden. Es gibt also noch ein anderes Zieren zu wollen. Es treibt und gärt hier in den Steinen, mit uns zu blühen, unser Leben zu haben. Denn es geht nicht an, sich auszulassen, wenn man mit den Kräften des Menschensohns in sich baut. Und es gibt nichts, das krankhafter und unseliger wirken könnte als das bewegungslos Typische in den ägyptischen Gesichtern und Statuen. Wenn uns auch die ägyptische Form noch so beruhigt und streng erscheinen mag, so ist es doch ein Leichtes, das Furchtsame und Nervöse aus ihr herauszufühlen, das aus dem sich verschweigen Müssen der Seele und aus dem namenlosen Schrecken Ägyptens vor dem breiten, erdrückenden, in der Quantität verschlossenen Gott des Weltalls spricht. Denn von einem völligen Opfer des inneren Buchs konnte keine Rede sein: man war schon dadurch, daß man Pyramiden baute, weil man noch keine Menschengeschichte besaß, auf dem Wege zu einem Aufstand, zum Ausspielen gegen den unendlichen Druck der Natur. Dazu kommt, daß schon damals die Seele den astrologischen Ring zu sprengen suchte, daß Nebel, Feuer, Wanderungen, Luzifer, Totenrichter und Moralprobleme in fernen, fremdartigen Zirkeln heraufkamen, ja daß das Leben der Gestirngötter allein schon durch das Bewußtsein seiner als eines Vorgangs vor der Erschaffung des Menschen und eines astralischen Mythos bereits als geschehen, durchschritten, unwahr oder wenigstens als keineswegs endgültig wahr erscheinen mußte. So führt dies hin auf die Gebilde, in denen endlich das Vierte, wieder Organische, organisch Abstrakte geschieht. Ob das ein Auszieren oder ein Umreißen ist, wird hier, wo beides zusammen in einem geschieht, belanglos. Es ist der endlich frei gewordene Zierrat, das geschehende Ornament mit seinem ihm eingeborenen organischen Wesen als Konstruktion zugleich, wie es allen Umriß einverleibt, überflügelt und sich wie die Konstruktion aus dem sich selber Sehenwollen als dem rezipierten Ersten im Vierten deduziert. Wenn man also dennoch namentlich entscheiden soll, ob hier das Auszieren oder das Umreißen vorherrscht, so wird man sich an das Überwiegende in diesem Zusammen zu halten haben und dann allerdings sehen müssen, es ist noch mehr Ornament als Konstruktion darin, es ist die Einfühlung auf einer ganz neuen Stufe, es ist die Herabsetzung der gegenstandslos gewordenen Konstruktion zum bloßen Hilfsmittel der Äußerung und Werkäußerlichkeit überhaupt, es ist die Erzeugung der Konstruktion aus dem Ornament und die Erzeugung des Ornaments aus dem sich selber Sehenwollen als jenem letzthin organischen Konstruktionsprinzip, von dem alles Formen vor der materialen Ablenkung ausging. So kann damit das nach außen gebrachte Innere, mithin das Organische höherer Stufe, das Organische in Abstraktheit und das leise Wiedersehen des Ich mit dem Ich, der Ich sein werde, als gotische Entelechie der ganzen bildenden Kunst geschehen. Die Steine blühen hier und tragen Früchte, der Atem der Lebendigkeit, lange verschwiegen, reicht bis an das Ende und darüber hinaus. Hier wird endlich der Mensch, in seinen Toten noch, wie Jean Paul sagt, das eingelegte und in seinen Lebendigen das erhabene Bildwerk der Erde, als Pointe des Alls gepriesen. Hier herrscht jene schöne Wärme, in der die lebendige Seele nicht erstickt, die Wärme der Geliebten und das Licht, das von der Blume, von aller Mägde Luzerne ausgeht, die schöne Wärme, in der die lebendige Seele durch Demut und Andacht die beiden Hüter der Schwelle besiegt und gleich dem Jesuskind selber von der gotischen Maria in die Arme genommen wird. Denn es jagt und wuchert in diesen Steinen, nirgends werden wir verleugnet, nirgends wird der einschließenden Kraft des Materials ein mehr als reflexiver Tribut gegeben, die Mauer ist geschlagen, die bunten Fenster führen in endlose Landschaften hinein, wir stehen mitten in der Liebe, von den Heerscharen umstellt, ja die Gewänder und Mienen der Heiligen nehmen selber alle raumschließende Kraft an sich, es ist ein steinernes Schiff, eine zweite Arche Noah, die Gott entgegenfliegt, die Spitze des Turmes verwandelt sich zur Kreuzesblume als dem mystischen Kehlkopf, der das Wort des Sohnes empfängt, und über all diesen Wundern — »wie führt mich jeder Schritt so weit!« »Das ist ein tief Geheimnis, zum Raum ward hier die Zeit« —, über all dieser unendlichen Verwirrung der Linie lächelt Maria so süß und weise, daß sich die Gräber erhellen, daß sich die fernen mystischen Kammern bereiten und auch dem niedrigsten der Brüder die restitutio in integrum erleuchtet steht. Gewiß ist vieles unförmlich an diesen Domen, an diesen Dombildungen aus menschlicher Gestalt, aber es ist die Unförmlichkeit zwischen unserem Herzen und unserer Welt. Was sich zuerst so dunkel gab, die ganze Unruhe, Mischung und Unentschiedenheit der normannisch-germanischen Bauweise, jene Sucht, in der sich das Niedere erhöht sehen will und eine aus dem organischen Gestaltungsprinzip stammende Ornamentreihe gegen die aus dem kristallinischen

Gestaltungsprinzip stammende Konstruktionsreihe rebellierte: dieses ganze große Überschäumen des Klangs über das Licht und des Geistes über die Welt besitzt, wenn nicht in der geschlossenen Werkkategorie, so doch in der nach oben offenen, ichhaften Ausdruckskategorie ein unkündbares Dasein und Recht. Damit ist der Durchbruch gelungen; hier wirkt das künstlerische Eingedenken, das jedem Abschluß feindlich ist, und die Kraft zum Formen enthüllt sich als die bloße Kraft zum von sich Abhalten, zum Aussagen und Werkmachen, zu einer letzthin nichts Fremdes mehr einmischenden Indirektheit der Vermittlung. Das Wollen des Stils, ja sogar das Kunstwollen der Kunst als eines schönen, geschickten oder gar in sich weiterzeugenden Formkomplexes verschwindet in allen künstlerisch relevanten Gebilden gegenüber der Treffkraft des inneren Eindrucks, der Vision auf die verborgene, noch innerweltlich enthüllbare Seele als dem allein weiterzeugenden ästhetischen Gegenstand, wonach also auch jene Einheitlichkeit Ägyptens oder der Gotik, die man wohl auch noch »Stil«, Stilprinzip zu nennen pflegt, nicht in diesem als einer formalen Konvention und Bewußtheit, sondern im Gegenstand, im jeweils geschichtsphilosophisch herrschenden Prinzip begründet liegt. Wenn aber selbst die ägyptische Gestalt nicht aus formalem, sondern ganz eigentlich nur aus gegenständlichem, deskriptivem Anlaß geschlossen ist, so erhellt, wie viel mehr erst die Bildsäule und das Haus des menschlichen Herzens, als welches die Gotik und mehr noch das Barock erscheint, den formalen Schluß verabschiedet und ungeschlossen, völlig ohne formale Immanenz, Stilimmanenz als Fragment aus Christi Gnaden besteht. Die Sucht nach dem Ausdruck erläutert damit gerade die Gotik und das Barock, als einen bilderstürmerischen Weg, der nicht stilistisch und deshalb auch nicht formend, nicht formal, sondern wesentlich was-be-stimmt und deskriptiv ist, der seinen Reichtum aus keinem technischen Mittelwollen, sondern aus dem allein intendierten »Was« des Werkes, aus der gegenständlichen Winkligkeit des Ziels gewinnt, der mittelst der direktesten, um alle Material-, aber auch Form-, Werks- und Konstruktionspoesie unbekümmertsten Ichsymbolik zu dem eigenen Anblick gelangen läßt und derart unter und erst recht über allen Konstruktionen die Lebensformeln des Ornaments bewahrt.

Dorthin mag es also nach Hause gehen, und darum scheint es uns sehr wünschenswert, daß der Punkt nicht verschleiert wird, auf den die neue Strenge wirkt. Vor allem nicht dadurch, daß man alles, was zuletzt gebildet wurde, das Unruhige und Nervöse der impressionistischen Art, völlig verwirft, um sowohl aus der Abstraktheit der Strenge einen Selbstzweck zu machen, als auch, um wieder auf eine rettungslos vergangene Weise fromm und gebunden zu werden.

Denn eines trennt. Und zwar gerade das, was uns sonstwie, seinem Unmittelbaren nach, primitives und gotisches Empfinden nahebringt. Wir sind ichhafter geworden, fühlender, ungenauer formend, weiter »räumlich« dahinter gehend, das Selbst steigt auf. So strömt das Blut der neuen Werke bewußt aus ganz anderen Quellen als denen des Formlebens. Gewiß, was nicht geformt ist, ist nicht da. Das bleibt richtig, aber das Formen ist nicht mehr das, was allein herbeibringt oder gar allein wesentlich ist. Darum ist selbst die Farbe, der eigentliche Ehrgeiz des Malens, gut in Farbe zu erzeugen, umzusetzen, zu modellieren, irgendwie gleichgültig geworden. Man liebt zwar wieder mehr als zuvor die ganz reine Palette. Aber das ist nicht ausschlaggebend, Kokoschka malt grau, braun, trübviolett, mit allen Erdfarben, und ist doch ein Expressionist. Und wenn Marc und Kandinsky zu lauteren Farben greifen, ja der letztere sogar auf eine Harmonielehre der Malerei ausgeht, und im ganzen anstelle des atmosphärischen Verschwommenseins ein Schwelgen in blanken, hautlosen Lokalfarben zur Mode wird, so freut man sich hier doch nicht mehr an der Farbe an sich und an den eigentlichen Malerfragen, etwa an dem alten Breughelproblem: bunt und doch unteppichhaft, dinglich schwer zu malen, sondern es ist der Erregungsgehalt, um dessen willen hier allein die reinste, krasseste Leuchtkraft gewählt und zusammengestellt ist, jener eigentümliche, sowohl der einzelnen Farbe wie ihren Kompositionen zukommende Emotionswert: Haß, Glut, Zorn, Liebe, Geheimnis, um die ganze Aura, in der die Seelenlandschaft liegt, wiederzugeben. »Ausfälle aus Heftiggelb langen in blaue Unabwendbarkeiten.« Das ist die farbige Kraft und zugleich die Grenze ihres Erwähltseins; denn hier muß die Farbe dienen wie noch nie, sie kann beliebig oft in ihrer eigenen Lust, in ihrem eigenen Formleben gebrochen werden, und das rein Malerische, das wiedergefunden zu haben, den Stolz des Impressionismus bildet, tritt im Expressionistischen mit Notwendigkeit zurück. — Zwar sehen wir andererseits, daß mehr noch als die Farbe die Zeichnung vorzuherrschen beginnt. Aber was allein darin wiedergegeben werden soll, ist das, was ich fühle, wenn ich ein Ding ansehe und als Gesehenes zeichne, wobei entschieden das innere Gesicht und sein Umriß das Prius der Zeichnung ist. Das Malen gegen sich, wie es den Impressionismus auszeichnete, ist vorüber. Oder vielmehr Kandinsky, den man den intensiven, Pechstein, den man den extensiven Expressionisten genannt hat, und Marc, der große, allersubjektivste und zugleich allerobjektivste Künstler des »Begriffs« der Sache, ihrer nicht natürlichen, sondern durch mich geschehenen, wie sie sich in mir sehen kann, metapsychischen Abstraktheit, — alle diese malen nur insoweit gegen sich, als es notwendig ist, das Flüchtige des Gefühls zu verankern und in fester Zeichnung, fester Raumbeziehung rein ökonomisch zu verkörperlichen. Es ist freilich nicht zu leugnen, daß seit Marées das Denken in Zeichnung, das neue Gedachtwerden in Fläche weiterzustreben scheint. So wenn es bei Rousseau oder Kandinsky das Zittern oder das Reiten auf eine kurze, eindrucksvolle Kurve führt oder das Rachegefühl als zackiges pfeilartiges Gebilde oder das Wohlwollen als eine sich öffnende Blume »symbolisiert«. Nicht minder bei Archipenko oder wie Däubler Boccionis schreitenden Menschen sprachlich übersetzt, also nicht mehr den ruhenden Menschen, der zufällig ausschreiten kann, sondern das Schreiten als solches, das den Leib beherrscht, sich selbst als Leiblichkeit einnimmt: »Knöchel möchten hervorbrechen, Sohlen schleppen Raum mit sich, Brüste symbolisieren ein Sichschmiegen des Mikrokosmus Menschen zwischen Sternenbildern, im Haupt wälzen wir eine ganze Welt durch unsere Bahnen: ein Vielzuviel ist der Mensch, aber mit unseren Bewegungen brechen wir unaufhaltsam in beseelte Geometrien ein, auf Schulter und Schenkel tragen wir noch nicht ausgesprochene Raumkristallisierungen in unsere Schreitungsrhythmik hinein.« Überdies geht das Denken in Fläche nicht nur für das Einzelne weiter, derart, daß so wie die Farbe den verborgenen Schein um die Dinge wiedergibt, so auch die Zeichnung die räumlichen Gebärden im Odlicht zurückspiegelt. Sondern die Beziehung, die

Trunkenheit der Beziehung geht auch weiter, auf das Ganze, auf die restlose Auftragung der Dingseele, Menschenseele zur Geheimnisdistanz ihrer innersten Sternbilder, und der Kubismus ist der konsequente Ausdruck dieser neuen, neualten Raummagie. Er begann mit dem einfachen Zerlegen der Dinge und dem Aufklappen ihrer nicht sichtbaren Flächen in die Bildebene. So führt noch ein frühes Gemälde Picassos den verräterischen Titel: »Zerlegte Geige«; aber bald ging das, was bloß gespielt und versucht war, in ein wirkliches Erlebnis über, es zeigte sich der seltsame Reiz, wie er der geteilten Fläche an sich zukommt, wie er sogar schon an Lage- und Bebauungsplänen zu verspüren ist, der Reiz des tätigen, hintergründigen Geteiltseins, der sich gewichtsmäßig ausgleichenden Wagverhältnisse und des nackten, aktiven Lineargeschöpfs an sich, der bewußte Wille, sogar noch gegen die leicht ertötete Flächenarabeske die Kenntnis von Maß, Volumen und Gewicht, die Kenntnis der geheimen Anziehung, Ordnung und Statik wiederherzustellen, die den Raum als ein Zusammengesetztes von quadratischen und kubistischen Equilibrierungen regelt. Die Spuren solcher Darstellungsart führen weit zurück und zeigen überraschende Verbindungen: nicht nur Marées, nicht nur, worauf ja schon sein berühmtes Wort vom Kegel, dem Zylinder und der Kugel im Bildaufbau hindeutet, Cézanne sind raumdenkende Maler; auch die sixtinische Madonna, wie sie von fernher klingenden Raumbeziehungen und gleichsam mitgenommenen, mit zu uns her überführten himmlischen Raumhaftigkeiten umgeben scheint, ist ein kubistisches Bild oder enthält wenigstens nach Fechters richtigem Hinweis manches Wesentliche aus dem kubistischen Darstellungsprinzip; und zwar ist es nicht etwa das bloße gut Gestelltsein, das kubistisch macht, wonach allerdings jedes Bild der Vergangenheit und das der absoluten Stilepochen erst recht als kubistisch auszugeben wäre, sondern der merkwürdig gemischte Rafael macht das Meiste in dieser Richtung klarer, als es selbst bei dem so sehr viel bedeutenderen Lionardo zu studieren ist, bei dem alles nur eben räumlich geklärt ist, bei dem die Dinge im Raum, aber der Raum nicht in den Dingen steht, bei dem der Raum nur ausgefüllt, aber nicht tätig ist, nur geschaffen zwischen der Decke hängt wie in der Peterskirche und der gesamten Renaissancearchitektur, aber nicht selbsttätig schwingt und arbeitet wie im römischen Pantheon oder gar in den gotischen Kathedralen. Aber nun freilich, vieles steht dahinter zurück, denn die Gefaßtheit und Strenge kann sehr wohl gar nichts bedeuten und nur ein Zeichen der geringen Reihe des zu Ordnenden, des leichthin gelegenen Formens sein. Zudem, wie Kokoschka oder Picasso den vorhergehenden Glauben an die Farbe durchbrechen, so stört die futuristische Bewegung, also die Sucht nach Rausch, Dynamik und alldurchströmender Zeitlichkeit, oft auch im kubistischen Werk die Kreise der Kontemplation und setzt damit, als vielsagende Gegenwirkung gegen alle transzendentalen Kontrapunkte der Malerei, auch den Kubismus nur zu einem Glied in der Reihe der expressionistischen Ichgestaltungen, Ichprojektionen herab. Überdies, wenn man sonst den Eindruck hat, daß gewisse bekannte Reste, ein Auge, ein Violinschlüssel oder auch nur eine Zahl, gleichsam wider Willen in dem kubistischen Bild stehen geblieben sind, so scheinen gerade Braque, Derain und andere, jüngere Maler aus der Picassoschule zu zeigen, daß man diese gegenständlichen Bezüge auch durch alle Entführungen des Kubismus hindurch, also nicht nur im Anfang, als letzte Zeugen eines gerührten Weltvalets, nicht nur im Subjekt, sondern gerade im abstraktesten Prädikat des Kunstwerks anzutreffen wünscht, derart also, daß sich diese sonderbaren Bilder wie Übungen im Mittel, wie gewaltige qualvollste Hilfskonstruktionen begreifen lassen, deren rein formale Spannung sich in einer neu erlangten Gegenstandsbeziehung und Gegenstandssymbolik wieder lösen wird. Wenn man daher aus dem Malen in sich hinein, in die räumliche Stille hinein, wie es die Kubisten gegen die Aufregung und Naturhaftigkeit des Impressionismus kultivieren, eine übergehende, chiffrehafte Form machen will, so ist dies im Buchstäblichen, als reiner Bildbau aus Flächen und Gewichten, völlig unmöglich und im ganzen nur insofern denkbar, als sich die Beschwichtigung, Abstraktheit und Raummystik des Kubismus nur mehr lückenhaft und intermittierend zu jenem anderen Raum hinüberstreckt, der sich über allen Werken der Kunst als Heimkehr und Einordnung, als Zimmer der Seele, als logischer und metaphysischer Ort des Geistigen, als Einbauung der Welt in die Weite der objektiv gemachten Subjektivität ausspannt. Auch hier läßt sich also beschwören, es ist das rezeptive Gefühl und nicht die Form, die derart hinübergreift; denn die eigentlich malerische Sorgfalt geht zu Ende, und über allem bloß vermittelnden, pädagogischen, heuristischen Formleben steht das gleichsam werklose Dasein einer ekstatischen Gesamtanschauung, die mit der Formverwirklichung nur anhebt, ohne sich mit ihr zu decken oder auch nur einigermaßen lückenlos von ihrer Stilhaftigkeit, von der noch im Impressionismus vorhandenen, neuzeitlich transzendentalen Sorgfalt ihrer Stilistik begleitet zu werden.

Aber läßt sich dann überhaupt noch »bauen«? Hier muß sich endgültig die Einfügung eines oberen kunstgewerblichen Denkens bewähren. Es ist wahrscheinlich, daß gemäß dem außerordentlichen Suchen nach Ausdruck gewisse kunstgewerbliche und dann plastische und architektonische Umsetzungen über das bisher Malerische als einer dagegen überwiegend naturalistischen Beziehung triumphieren. Wonach also, unter zukünftigem Aspekt, jenseits des Kunstgewerbes im engeren, gesellschaftlich dominierten und Stilsinn, also auch jenseits des Ornaments im einlinearen, untranszendentalen Sinn, ein Sheratonstuhl mehr Ästhetisches enthalten kann als der süßeste Perugino oder noch berühmtere Illusionismen der Kunstgeschichte. Vieles weist schon in diese Richtung, und längst Vergangenes oder nie Verstandenes taucht auf: die Tanzmasken, die Totems, die ausgeschnitzten Hausbalken, die Bandornamente, die Sakramentshäuschen, der Begriff einer auch von innen her ausgeschnitzten Plastik negroider, nordischer, gotischer, barocker Art, der namenlose Leib einer Plastik als Architektur, mithin der Begriff eines Dritten, Abstrakteren jenseits des Reliefs und der verschiedenen Formen der Rundplastik, das nicht nur das Gehäuse oder undeutliche Antichambre des Leiblichen, Menschlichen, Seelischen, sondern den besten Ort seiner paradox ähnlichen, metapsychischen Abstraktheit darstellt. Es ist uns also möglich, dem Bauen das Seine zu geben, ohne ihm zugleich alles Seelische zu opfern. Freilich, die Gefahr des kleinen, behaglich nachfahrbaren Geschlossenseins liegt aller raumrhythmischen Begabung nahe. Jedoch es ist eigentümlich, gerade in das Bauen vermag sich noch ein Anderes einzumischen, das nichts mit dem bloß modellhaften Konstruieren gemeinsam hat. Darum stehen alle alten Schränke da wie Helden, darum läßt sich aber auch unter dem Alten jene Unterscheidung, jene einerseits griechische, ja sogar, wenigstens gemäß dem abgelaufenen äußeren Raumglauben, ägyptische, und andererseits barocke oder gotische Einteilung treffen, wonach ein verkleinerter Tempel von Pästum immer noch genießbar bleibt, während ein verkleinerter Dom von Regensburg, um parallele Ausmaße zu wählen, überhaupt jede Beziehung zu seinem Urbild aufgegeben hat. Denn hinter allem schicklichen Maß und auch hinter aller überholten, ungöttlich gewordenen Strenge steht noch die Seele, ihr Ornament und ihr lebendiger, ewig konstitutiver Ort, und dieses Jenseits von Stil, von lückenloser Form und stereotropischer Konstruktionsmystik läßt uns eben die Architektur als das bildnerisch wohlzubestellende, wohlanzunähernde Innere des Heimatsraumes, mithin der eigentlichen, selbst bei Plato deutlich dem gähnenden Weltraum entgegengestellten Sphaira der Ideen weiter erforschen. So wird es zur reinen Fähigkeitsfrage, nachdem das beherrschende Dasein der Architektur gerade in den stillosen Zeiten Ägyptens und vor allem der Gotik entschieden ist, ob man den Bautrieb, das Ornament als Konstruktion und noch hinter der Konstruktion, als Pointe der bildenden Kunst festhalten kann. Denn die Malerei braucht die Fläche und die Bildhauerei die Nische, ganz außerhalb des schlechten, ungebundenen Wucherns im Rahmen oder auf dem Sockel; und die gesamte Bewegung zum Bauen gegen die Erde, zur Verschmähung und Vernichtung der Welt und aller irdischen und vergänglichen Scheinherrlichkeit, zur Einbauung unserer innersten Umgänge, unserer reinsten Durchblicke und Wölbungen mitten in den vielfältig beschmutzten Weltraum, — all dieses, das mit dem maßvollen, abgestandenen Sowohl-als auch der Manier und des klassischen Baustils nicht das Geringste gemein hat, findet erst in der Architektur die Krone seines Gegenkönigtums gegen den Naturalismus und seiner erhabenen metapsychischen Abstraktheit. Wir sagten freilich, daß uns eines trennt von allem, was war, und zwar gerade die innere, unmittelbar sich gebende Gebärde und Direktheit, wie sie uns sonstwie primitives und gotisches Empfinden nahebringt. Aber nun sehen wir noch gründlicher zurück und erkennen, womit in der großen geschichtlichen Arbeit nichts vertan bleibt, auch dieser neue expressionistische Gedanke läßt sich historisch definieren, sofern man nur der gegen die bisherige Neuzeit veränderten Einstellung des Weitersehens, der Übersichtigkeit des Kunstwollens als eines eigentlichen nicht-Kunstwollens, und dann der gegen die religiös gebundenen Zeiten total veränderten Einstellung des erzeugenden Lebens, der Unruhe und Aktivität im Begriff der unvollendeten, menschlich zu vollendenden Welt, der bevorstehenden, über allem Neuen schwebenden Ichmetaphysik, schließlich, der nur mehr subjektiv, aber nicht mehr objektiv transzendenten Gegenstandsreihe das Ihre an Ehrlichkeit und Notwendigkeit gegeben hat. Dann besitzt gerade die neue Kunst eine unerwartete Kraft wiederzugebären, im ganzen Umkreis der Architektur wiederzugebären: und zwar das Barokke unmittelbar, in geradliniger Erbschaft, das Gotische entfernter, in wesentlicher Entfernung von seinem befriedenden Welt- und Himmelsbild; nämlich das Barocke in seiner Buntheit, Bewegungsfülle und Plastizität, jedoch ohne seine bewußte, noch stilhafte Virtuosität, und das Gotische in seinem völligen Gemüt, in seiner noch tieferen subjekthaften Bewegung als Gegenstand, in seinem nicht nur unteren, weltlichen, sondern transzendentalen Espressivo, jedoch ohne die ihm bekannte Welthierarchie, die in der Seele nur einen Übergang der untersten, noch materiell inhärierenden Form zur obersten, rein geisterhaft oder ideell separierten Form erblickt und darüber hinaus den Abgrund des Unbekannten mit der seitdem erloschenen Kontinuität unmenschlicher, übermenschlicher Stufenfolgen ausfüllt. –

So suchen wir den magischen Bildner, der uns uns selbst entgegenkommen, uns uns selbst begegnen läßt. Nur an ihm geht es hier noch weiter. Gewiß, wir haben das Hören und vieles zieht darin herauf. Aber dieses, und wenn es noch so gewaltig ansteigt, ist doch, wenigstens in der Art, wie es bis jetzt vorliegt, noch unglaubwürdig gleich dem Gedanken. Dagegen das Sehen wendet sich an den alten Sinn und an die alte, vertrauenerweckende Gewohnheit, daß das Gesehene auch wirklich ist. Nur eines stört darin: der neue Blick knetet unkenntlich um und fährt wie ein Schwimmer, wie ein Zyklon durch das Gegebene. Es war und bleibt zwar erfreulich, benennen zu können und deutliche Dinge um sich zu haben. Es ist eine schöne Sache um fließendes Wasser, um einen alten Baum oder gar um einen dunklen hochgelegenen

Bergsee. Aber es genügt eben, dies alles zu sehen, wobei man ja auch das nicht Wiederzugebende von Luft, abschätzbarer räumlicher Weite und anderes genießen kann, besser als alle Kunstwartfreuden jemals vermitteln können. Zudem haben hier Lichtbild und Kino in vortrefflicher Weise ersetzt, ja man kann sagen, für den, der den Natureindruck ohne jede deformierende Störung durch das Bildmedium wünscht, ist der Kinematograph die beste Gemäldegalerie, der Ersatz für sämtliche große allgemeine Kunstausstellungen der Welt. Das sollten sich alle diese vor Augen halten, die bei jedem expressionistischen Bild zu fragen haben, was es darstellt, durch welche Mittel also ihrem Auge, das einer bloßen photographischen Platte gleicht, eine Hölle nun wieder zu einer Straßenecke zurückschrumpfen kann. Denn bereits seit van Gogh wird es deutlich anders; wir sind plötzlich mit darin und gerade dieses wird gemalt; es ist zwar immer noch sichtbares Gewühl, immer noch Geländer, Unterführung, Eisenbalken, ziegelsteinerne Mauer, aber das überschneidet sich plötzlich sonderbar, der verworfene Eckstein schlägt mit einem Male Funken und das Gezeichnete in allen Erscheinungen, das unbegreiflich uns Verwandte, uns Verlorene, Nahe, Ferne, Saishafte der Welt tritt in van Goghs Bildern wie sonst nur noch bei Strindberg ans Licht. Aber auch bei Cézanne, verborgener und durch die kräftige, rein malerische Fassade etwas überdeckt, die Cézanne zu dem letzten großen neuzeitlichen Stilistiker macht, jedoch vielleicht noch tiefer als bei van Gogh, ist der expressionistische Umschwung deutlich: denn das sind keine Früchte mehr, auch keine aus der Farbe heraus modellierte Früchte, sondern hier ist alles nur denkbare Leben darin, und wenn sie herunterfallen würden, müßte ein Weltbrand entstehen, so sehr sind diese Stillleben bereits heroische Landschaften, mehr noch, so sehr sind diese Bilder mit mystischer Schwere geladen und einer noch unbekannten, namenlosen Mythologie. Und nun geht es an ihm weiter, sich selbst entgegenzusehen, umbrennend weiter. Gras ist nicht mehr Gras, das Vielfältige verschwindet und das Gesichthafte siegt. Das Ding wird zur Maske, zum »Begriff«, zum Fetisch, zur völlig deformierten, denaturalisierten Formel geheimer Zielerregungen, das menschliche Innere und das Innere der Welt rücken zusammen, Eckehartisch, Kantisch, und das Sinken, sich Entäußern vom malenden Ich zum malerisch dargestellten Ding geht vorüber. Plötzlich sehe ich meine Augen, meinen Ort, meinen Stand: ich selbst bin diese Schublade und diese Fische, diese Art Fische in der Schublade zu liegen; denn das Gefälle verschwindet, die Strecke hebt sich zwischen dem malerischen Subjekt und dem malerisch dargestellten Objekt, das nun zu einer anderen als zu seiner bloßen Dingmaterialität wiedergeboren werden soll; meine Morgensterne singen, und alles derart transparent Geformte erlangt wie den gleichen ichhaften Bauhorizont, so auch das gleiche subjekthafte, »ornamentale« Deduktionsprinzip seiner Entelechie: eine Spur, ein Teil des Makanthropos zu sein. Hier gibt es nichts mehr von außen zu leihen, die Seele braucht sich nichts mehr von außen vorschreiben zu lassen. Sondern die eigene Not ist stark genug, um sich anzuziehen, was sie an Rinden und Merkpunkten zu ihrer Vision gebraucht. Wies van Gogh noch aus uns heraus, sprechen bei ihm noch die Dinge, so heftig sie auch sprechen, doch scheinbar nur von sich und nicht als Echo des Menschen, so hallen wir plötzlich von ihnen zurück, so ist umgekehrt von dem neuen Expressionismus ab allein noch der Mensch eine Kaspar Hauser-Natur, wie sie die Gegenstände lediglich als Erinnerungszeichen ihrer verstockten Abkunft oder als Schriftzeichen zum Behalten und Aufbewahren ihrer fortschreitenden Wiedererinnerung verwendet. Die Dinge werden so zu den Bewohnern des eigenen Inneren, und wenn sich die sichtbare Welt ohnedies schon an eigener Seele zunehmend zu entleeren scheint, unkategoriell zu werden beginnt, so wollen danach in ihr und an ihr die Klänge der unsichtbaren zur Bildhaftigkeit werden; verschwindende Vorderseite, Füllesteigerung, ein Waldwerden, ein Einfluß und Rückfluß der Dinge in den Ichkristallwald, wobei der äußere Gegenstand in dem Maße verschwindet, als er gleich einem der fünfhundert Götter im Tempel des verborgenen inneren Kanton wiederkehrt. Hier können uns die Bildwerke, fremdartig bekannt, wie Erdspiegel erscheinen, in denen wir unsere Zukunft erblicken, wie die vermummten Ornamente unserer innersten Gestalt, wie die endlich wahrgenommene, adäquate Erfüllung, Selbstgegenwart des ewig Gemeinten, des Ichs, des tat twam asi, unserer im geheimen schwingenden Herrlichkeit, unseres verborgenen Götterdaseins. Das ist dasselbe wie die Sehnsucht, endlich das Menschengesicht zu sehen; und so kann es auch für das magische Bildwerk keine anderen Traumstraßen mehr geben als solche, auf denen das Sesenheimer Erlebnis des sich selbst Entgegenreitens geschehen kann, und keine andere Gegenstandsbeziehung als eine solche, die den geheimen Umriß des Menschengesichts in aller Welt widerspiegelt und derart die abstrakteste Organik mit der Sehnsucht nach unserem Herzen, nach der Fülle des sich selbst Erscheinens verbindet.

DER KOMISCHE HELD

Es ist sonderbar, jung zu sein. Der eine träumt nur und bleibt in sich. Der Bessere handelt, schafft, schlägt um sich und geht nach außen. Aber wenn er gut handelt, hat er ebenfalls seinen Traum. Er setzt, was innen gewonnen ist, seine Wünsche, sein Geheimnis, naiv nach außen um, nach außen ein. Das schlägt oft ins Leere, weil wir nicht allein sind, weil es mit uns nicht anfängt, und weil wir nicht das Alter, das Ausgeglichensein mit dem, was ist und werden will, in den Kräften der Jugend besitzen.

Darum mag hier ein sehr eindringlicher Blick auf Don Quixote geworfen werden.

Was dieser nur angreift, fällt um. Er schläft nicht, er steht Wache, auch dort, wo niemand als die Hähne kämpfen. Er sieht überall, unterschiedslos und ob es Galeerensträflinge sind, die dann nachher das ganze Land unsicher machen, Bedrängte, die zu befreien sind und seines Beistands bedürfen. Freilich, er steigt dadurch auch auf, der Junker. Er reitet ruhelos an den heißesten Sommertagen in seiner schweren, rostigen Rüstung umher, um Witwen und Waisen beizustehen und um den Jungfrauen seinen mächtigen, mitleidsreichen Schutz angedeihen zu lassen. Aber sonst bleibt der Ritter den Frauen gegenüber blind. Nur eine einzige ist ihm erwählt, die er aber ernsthaft nie zu sehen wünscht, Dulcinea, die Herrin seines Herzens, die seiner allein würdige große Dame und Beschützerin seines Rittertums.

Wer leben will, muß sich irgendwie stets belügen. Es gibt keinen Menschen, der ohne die wohltätigen Folgen des Träumens auch nur einen Schritt gehen könnte oder gar imstande wäre, sich zu seiner Tagesarbeit zu erheben. Zunächst daher übertreibt sich Don Quixote. Er gibt sich vornehm und unerschütterlich gleich drei Grafen übereinander, sofern ihn nicht der geringste Zweifel an sich selber plagt. Trotzdem sucht er sich dauernd an anderen zu messen und an Hindernissen zu bewähren, nicht als ob er sich erst noch beweisen müßte, sondern weil er handeln muß, weil seine ebenso heftige als monomanische Art darin besteht, beständig sich selbst und anderen fühlbar ins Leben eingesetzt zu werden. So konnte er nicht anders als ausreiten, sobald der närrische Punkt in seinem Gehirn zu glühen anfing, und so mußte er sterben, als er dem Ritter vom blanken Mond, der ihn aus dem Sattel gehoben hatte, das Gelübde gab, die Waffen abzulegen und sich auf ein Jahr wieder auf sein Dorf zurückzuziehen. Des weiteren aber hat Don Quixote endlos gelesen und erschöpft sich deshalb auch in den fremdesten Nachahmungen. So überlegt er sich, als ihm in einem Tal die gute Gelegenheit einfiel, sich gleich Amadis für seine Geliebte zu kasteien, ob es besser sei, Amadis in seiner Schwermut oder Roland in seiner Raserei als Vorbild zu nehmen, und beschließt zuletzt nach den spitzfindigsten Unterscheidungen, doch Amadis und seine elegische Einsamkeit zu wählen. Aber das endlose Lesen allein würde nicht ausreichen, wenn es nicht bei dem Junker auf dauerndes Träumen aufgetroffen wäre und nun lediglich dazu diente, dieses an sich kahle Feld mit anschaulichen, niemals begreiflichen Bildern zu bevölkern. Man muß annehmen, daß in Don Quixote mit fünfzig Jahren, nach dem erbärmlichen und entbehrungsreichen Leben eines kleinen Landjunkers, plötzlich eine späte, bisher verdrängte, furchtbare, verzweifelte Jugend erwachte: so empfand er mit einem Male den Schrecken des zu Ende gehenden Daseins, ja tiefer noch, das nicht Begreifenkönnen, daß dieses sein Dasein gewesen sei, und unternimmt nun mit ähnlichen Gefühlen wie Cäsar in Gades den phantastischen Austritt in seinen Wachtraum von Welt. Quixotes Blick ist von dem süßen und gefährlichen Gift der Ritterbücher getrübt worden, sein Verstand ging in den Fehden, Bezauberungen, Schlachten, Herausforderungen, Wunden, Zärtlichkeiten, Liebeshändeln, Seestürmen und anderen Tollheiten der unendlichen Lektüre verloren, und was er in seinem bisherigen Leben als Wirklichkeit erfahren hatte, blieb hinter der geahnten, bessergewußten Wirklichkeit derart zurück, daß sie erlosch und, wie bei allen Schwärmern aus dem Affekt des nicht Entsagenkönnens, jedes Eindruckswerts entkleidet wurde. So werden die Esel zu Rappen und die Wolken zu Bergen. Die Maultiere der Geistlichen werden Dromedare, und ein halbes Barbierbecken glänzt dauernd als der Helm des Mambrin. So hat der Junker auch sein Mädchen, das namenlos verklärte, niemals zu sehen gewünscht. Er reitet sogar in dem tiefem Wahn, von ihr verbannt und ihrer Schönheit noch nicht würdig zu sein, von ihr fort und läßt nicht nur den gräulichen Anblick der wirklichen Dulcinea in Toboso selbst, sondern auch die glänzende Erscheinung unter Schleiern und im Fackellicht, die ihm in den Wäldern des Herzogs vorgespielt wurde, gänzlich außer acht, während ihm die bloß gehörte und seinen Wachtraum treffende Lüge von Dulcineas Verzauberung zur Häßlichkeit und Niedrigkeit sofort zum tiefsten Erlebnis wird. Hier wohnt alles im Inneren; und wenn man hört, wie Tieck den Troubadour Jeoffroy sprechen läßt, dann vernimmt man Don Quixotes Bekenntnis: daß er seine Geliebte nie gesehen hat, aber wenn er sie sehen wird, dann muß die Wirklichkeit seine Ahnung noch übertreffen, wie es mit aller Schönheit sein wird, wenn sie sich einst schleierlos unserem entkörperten Auge zeigt. Was hier allein in Don Quixote glüht, ist eine schmerzliche, unreife und reflexive Liebe zu dem Weib, das er sich denkt, ein halluzinatorisches Meinen von schauerlicher Irrealität, und eine unermeßliche Kraft, dieses apriorische Gewerbe mit all seiner empirischen Idealität und transzendentalen Realität unverrückt, monomanisch, unabgewandelt in ein leeres Unendliches rasend und ohne jedes sich Schicken ins irdisch Wahre zu betreiben. Das ist der Unterschied zwischen Quixote und dem scheinbar kalten Sammler Don Juan, der als der weniger protestantische und trotzdem nicht weniger idealisch gesinnte Typus nur deshalb so viele Jungfrauen verführte, weil er keiner erlaubte, sich ihrer Liebespflicht zu entziehen, und weil er sich aus den vielen einzelnen Frauen erst synthetisch die Gattung zusammenlesen mußte, statt in einem einzigen Weib, wie es von den Engeln berichtet wird, das Individuum und die Kategorie zusammenfallen zu sehen. Deshalb aber zum weiteren, weil in Don Quixotes vollendeten Wachtraum jede Einsprache von der Welt her ausgeschaltet ist, wird auch die übrige Welt so phantastisch verbrannt und verwandelt, so daß kein einziges Element in diesem Gemenge an sein freies, natürliches Vorkommen erinnert oder in die alten Geleise zurückkehren kann. Einmal wurde dermaßen der Junker aufs Übelste zugerichtet. Kaum noch, daß er sich vor ein Haus schleppen konnte, wo er am ganzen Leib mit Pflastern bedeckt werden mußte, so daß er sich in dem armseligen Bett auf der Dachkammer der Herberge vor Lendenweh kaum rühren konnte. Es war aber dieselbe Schenke, die er tags zuvor als ein Schloß mit vier Türmen und silberstrahlenden Zinnen angesehen hatte, dem auch die Zugbrücke und die tiefen Gräben und all der Zubehör nicht fehlten, mit dem man dergleichen Burgen immer darstellt. Nun erschien in der Dachkammer eine Viehmagd, die zu einem Eseltreiber schlich, mit dem sie sich nächtlicherweile der gewohnten Kurzweil ergeben wollte. Aber kaum war sie zur Tür herein, so bemerkte sie auch schon Don Quixote und zog sie auf sein Bett. Er bekam sogleich ihr Hemd in die Hand, das ihm, obgleich es von Packleinen war, doch als der feinste und weichste Battist erschien. Ihre Haare, die Pferdemähnen nur wenig nachgaben, waren ihm Fäden des feinsten arabischen Goldes, deren Glanz die Sonne verdunkelte, und ihr Atem, der nach altem übernächtigen Salat roch, brachte ihm Gewürzduft und Wohlgerüche in die Nase. Kurz, seine Vorstellung malte sie ihm gerade so wie jene Prinzessin in seinen Büchern, die von Liebe überwältigt in eben dem Schmuck und Aufzug ihren verwundeten Ritter zu besuchen kam. Da er nun dort am scharfsinnigsten wird, wo er am meisten unrecht hat, geht Don Quixote auch nachher, als die erneuerte, furchtbare und unendliche Prügelfolge seine Verwechslung offenbar genug machte, von den Phantasien nicht ab, sondern erfindet die Gestalt eines verzauberten Mohren zu dem verzauberten Kastell und dem weitgespannten, alles einbeziehenden Wahnsystem hinzu. Man erinnert sich weiterhin, wie glanzvoll die Kämpfer der beiden fremdländischen Kriegsheere ausgestattet werden, zu denen sich die Schöpsenherde in dem weithin erleuchtenden Raum seiner Phantastik verwandelt, und wie souverän ihnen die Wappen, Farben, Sinnbilder und Wahlsprüche ihrer Herrlichkeit zuerteilt werden. Hier zeigt sich nun der Wahn des Junkers, das Apriori dieser synthetisch erweiternden Urteile, im ganzen Umfang seiner logisch höchst interessanten Verkehrtheit erhellt. Denn als Sancho nichts als das Blöken von Schafen und Hammeln hört, setzt dafür Quixote die Furcht als ein Mittel ein, das die Sinne betäubt und die Dinge nie so erscheinen läßt, wie sie wirklich sind. Als aber der Ritter selbst im ärgsten Zustand auf der Erde liegt und dergestalt auf die unangenehmste Weise von der Existenz des Nicht-Ich, von der Unhomogeneität des Wirklichen zu dem Gedachten überzeugt wird, setzt dafür Quixote wiederum einen Zauberer als Trübungsfunktion ein, der neidisch ist und die feindlichen Geschwader in Schafherden verwandelt hat, der aber trotzdem nicht verhindern kann, daß sie nicht weit von hier wieder ihre vorige, wahre, wirkliche Menschengestalt, ihre mit dem Wachtraum übereinstimmende Existenz erhalten. Was also den Träumen widerspricht, darf nicht einmal als Entzauberung, sondern nur, mit unerschütterlicher, durch nichts zu enttäuschender, völlig problemloser Monomanie des Guten, als Verzauberung der einzig wahren, durchaus seienden Vollkommenheit und ihrer nur durch die anormalsten Dämoneneinbrüche vorübergehend zu störenden Allexistenz betrachtet werden. Wenn mithin jeder der leben will, sich irgendwie belügen muß, so hat Don Quixote zwischen der Monomanie seiner Tapferkeit und gänzlicher Hingegebenheit an die Sache einerseits und der zweiten, aus der gotisch-transzendenten Zeitepoche herübergeretteten Monomanie des überall bereits durchschimmernden, dem Helden mystisch zugetanen Himmelreichs andererseits eine Wachtraum-Beziehung hergestellt, die nichts lernt und nichts anerkennt, die nirgends vermittelt ist, die übersieht, daß sich die Zeiten verschoben haben, sofern unterdessen die Neuzeit und mit ihr ein anderer Himmel, eine trübere, festere Erde gekommen sind, und die deshalb, wegen ihres völlig abstrakten Apriori, nur die Karikatur seines phantasma bene fundatum und seines konstitutiven Geistes darstellt.

Das Ich und die Situation, in die es gerät, ergeben das Geschick. Daraus, aus diesem Zusammenstoß eines wegelosen, rücksichtslosen Ich- und Weltbilds mit einer dagegen mehr als je unempfindlichen geschichtsphilosophischen Situation der Umwelt und Überwelt, stammt auch Don Quixotes Versagen, sodann sein Irrsinn und zuletzt vor allem sein traurigkomisches Schicksal.

Denn für sich selber will er nichts. Sondern wir sehen, er verschwendet sich und gibt sich ohne Gegengabe aus. Er ist voll verzerrter Güte, die nicht mehr fordert, sondern die die anderen von sich fordern läßt. Was ihm das Leben verspricht, das will er, der Aktive, Vornehme, dem Leben halten. Hier ist ein Mensch von dem Lesen nicht satt geworden. Er hat sich mit dem Blick durchs Schlüsselloch und dem Lauschen an der Domestikentür nicht zufriedengegeben, sondern brach aus, es selbst zu sein und zu bringen, das Gute, Strahlende, Reine, die Welt ohne Enttäuschung, den strahlenden Sonnenriß des Seinsollenden und überall Wiederherzustellenden. So sah sich Don Quixote gezwungen, in der immer motorischer werdenden Fülle seiner Wachträume die bloß kontemplative Sperre zu überschreiten. Damit hat er nun draußen freilich wenig zustande gebracht. Er setzte Tun für Dichten und Dichten für Tun, er blieb der nutzlos Reine, der keinem helfen konnte, obwohl er auch die schmutzigste Sache mit dem siebenarmigen Leuchter bestrahlte. Nicht nur, daß er kein Maß, auch keinen Kompromiß kennt, er hat in dem Überschäumen seiner Unbedingtheit auch keine Grade und kein Relief, er raste sich an den kleinsten Hindernissen mit viel zu großem Kraftaufwand unnüanciert zu Tode.

Freilich ist dieser Irrsinn außerordentlich tief in dem Gegensatz zu seiner Zeit begründet. Es soll unbeachtet bleiben, daß der Junker ein halbgescheiter Narr mit lichten Zwischenräumen ist. Ebenso, daß viele Fähigkeiten seines klugen Geistes völlig ungestört funktionieren und nur eine einzige Insel von der Monomanie des erneuerten Löwenrittertums besetzt gehalten ist. Denn wichtiger ist die Tatsache, daß Quixotes Narrheit gegen die lächerlichen und törichten Maskeraden gehalten, mit denen sich die Liebenden oder die Fürsten, denen er begegnet, die Leere ihres Inneren vertreiben, tiefsinnig erscheint, von dem Tiefsinn der vollen Seele inmitten der sie lächerlich findenden, lächerlich machenden, unpassenden Welt. Man steht derart – und tatsächlich bekommt des Cervantes Sprache an vielen Stellen, gemäß den bald kalt, bald heiß übereinanderliegenden Schichten dieses Lebens, etwas von dem wehmütig ironischen Tonfall der Hauptmannschen Chronik Emanuel Quints –, man steht derart bei Don Quixote sehr oft einem rätselvollen nil relativum der Psychopathie gegenüber. Wenn ein Affe bedauert wird, weil er in den Käfig eingesperrt ist, dann schiebt sich alles so deutlich auf den diskutierbaren Vorteil der größeren, äußeren Ebene und der konvexen Krümmung der sie begrenzenden Stäbe oder der kleineren, inneren Käfigebene und der konkaven Krümmung der sie begrenzenden Stäbe, mithin auf einen solch ausgeprägten Relativitätscharakter der Wertungen zusammen, daß man genau so gut die Beschauer als eingesperrt und den Affen als frei betrachten könnte. Zudem gibt es zwei Sorten von Irrsinn: den des bloßen Verfalls, in dem nichts anderes als die lückenhaften und durcheinandergeworfenen Inhalte des vorhergehenden gesunden Lebens vorkommen, und den des neuen Glanzes, wie ihn alle Naturvölker, auch die spätantiken und mittelalterlichen Menschen verehrten. Er ist schwer vom anderen zu unterscheiden; es ist auch nur sehr schwankend festzustellen, ob etwa die Flagellanten oder die späteren erotisch-mystischen Sekten der »Züchtiger des Heilands« mehr zur einen oder zur anderen Reihe gehören; vielleicht jedoch dürfte hier das Geöffnetsein zu vollkommen neuen, dem bisherigen gesunden Leben völlig unzugänglichen Inhalten, vor allem religiöser und spekulativer Art als Kriterium dienen. Außerdem kann sich nach der anderen Seite der fruchtbare Irrsinn, besonders oft in Paranoiafällen, auffallend formal und inhaltlich mit Philosophischem berühren, wenn er auch, was die langanhaltenden, durchgearbeiteten Zusammenhänge, sowie vor allem die letzte kanonische Durchschlagskraft der Evidenzen angeht, den großen Gedankenwelten der Philosophie noch so entschieden fernsteht. Doch sei dem, wie ihm sein wolle, Quixotes Irrwahn ist ganz entschieden höchst relativ, mit deutlichen Relationen zu seiner Zeit, ein anzeigender Irrsinn mit großem, geschichtsphilosophischem Hintergrund. Der Ritter muß überholen und endlos vergolden; doch früher wäre dieses nicht aufgefallen, als der Held noch von drübenher sicher geführt wurde. Quixote ist nur deshalb problematisch, weil er übriggeblieben ist und nicht weiß, wo er steht; nicht, wie dieses Jensen einmal ausdrückte, die Brüder sind weitergezogen und roden in Connecticut und Rhode Island Wälder aus, und nur Don Quixote ist einsam und ohne die alte hochgemute Umwelt als letzter Gote zurückgeblieben; sondern gerade, daß die Brüder Wälder ausroden und mehr auf die Kalkulationen als auf die transzendentalen Wege vertrauen, macht Quixote einsam und problematisch, wahrhaft zum letzten »Gotiker«. Der Ritter ist irrsinnig im Vergleich zu seiner Zeit, irrsinnig geworden an der Gottleere seiner Zeit und freilich deshalb in letzter Hinsicht, sofern in Quixote der objektive Geist, der Standindex des Geistes nicht begriffen wurde und sicher steht, auch real, absolut irrsinnig im Sinn des »Exzentrischen« seiner Wege. Man erinnert sich an den trägen Ritter Zendelwald, dessen innere Ausmalungen ebenfalls alles Schöne überholen und vollkommener darstellen, als es sich in der zähen und ungefügen Masse der Welt ausprägen könnte. Aber nun läßt Keller diesem Träumer, als er zu spät am Hof der schönen Gräfin zum Turnier und zur Hochzeit erscheint, durch Maria helfen, die unterdessen sein bloßes Phantasieren in den Verlauf der Realität eingebildet hat. Was jedoch Quixote angeht, so fehlen in seinen Gesichten die himmlischen Kräfte; auch hat Cervantes, wie bereits Lukács einleuchtend gezeigt hat, nur deshalb Ritterromane zu parodieren vermocht, weil genau damals, in Quixotes Zeitalter, der beantwortete, also drüben wohlbegründete Idealismus aus der Welt verschwand. Es fehlt dem Ritter die helfende Kraft des Wunders, es fehlen die sonst jederzeit frisch vorhandenen magischen Steine zum Abschluß des schadhaften Bogens halluzinierter Vollkommenheit, es fehlen alle die transzendenten Nachhilfen und halben, abkürzenden Vorwegnahmen des tausendjährigen Reichs, sofern Don Quixote in der beginnenden Neuzeit lebt, sofern also die transzendenten Wege ungangbar und die bisherigen transzendentalen Bedingungen eines von drüben her konkret gehaltenen Idealismus aufgehoben, von einer geheimnisvollen Realdialektik aufgehoben worden sind, ohne daß es dem späten Ritter gegeben gewesen wäre, mit all seiner innerlich festen, aber draußen haltlos, antiquarisch, abstrakt gewordenen Monomanie des Guten den neuen Gott, seine Entferntheit und seinen Realitätsgrad zu erkennen.

Der Junker bleibt darum zu fliehen und zu vermeiden. Nicht als ob er uns so fremd und feindlich wäre. Im Gegenteil, er ist unser ärmerer Bruder, dieser mutig ausgreifende Mann, weiter als alles, was ihn umgibt. Es ist leicht zu sehen, wie die meisten noch viel zu still für seine Geschicke sind. Sie haben nicht einmal den Aufruf zum Handeln verstanden, den ihre vermeintlichen Gesichte enthalten. Darum bleiben sie so enge, so leer feurig, so übel gehalten oder so unangemessen alles begreifend in Ruhe. Aber dafür folgt jeder, der überschlägt, um dadurch schneller zur letzten Seite zu kommen, dem so übel sinnreichen Junker nach. Hierin berühren sich allerdings die stillen Selbstpfleger mit den Quixote-Naturen. Dafür also folgen alle jene, die das Hohe in das Niedere zerren, um derart moralisch zu heilen oder umzustürzen, was nur wirtschaftlich, im vollen homogenen Schmutz der Sache selbst, anzugreifen ist, Don Quixotes abschreckenden sozialdilettantischen Spuren. Es ist gleichgültig, ob die edlen Inhalte Rittertum oder wie anders sonst heißen: sie sind immer veraltet, wenn sie nicht an jene rechte obere Stelle gesetzt werden, wo sie erleuchten, statt zu taumeln und beliebig oft durch die anders reale Welt »widerlegt« zu werden. Wenn das Wort Balzacs von den großen Männern gilt, in deren Kopf sich die Brüste des Weibes der Kraft eines Gottes einen, dann kann dieser Kraft des Annehmens, Ernährens, Erfüllens und dieser Kraft des zeugenden Sohnestums oder Logostums nichts ferner stehen als die unreif phantasierende Abstraktheit. Auch Faust war ruhelos, überdrüssig und voll unsicherer Ahnungen. Aber er suchte sich vorher zu erfassen, mit den Gegenden auszugleichen, an ihnen zu kräftigen, zu bilden und dann erst, um vieles aus seiner eigenen Geschichte in der Welt belehrt, wieder aufzutauchen. Er kommt immer nur zu sich, um wieder in neuen Bezirken zu verschwinden, um gänzlich die Welt über sich zu drehen und derart nochmals, beschleunigend, von sich aus das Ganze bereichernd, die begonnene Reise des Ich und Wir durch die Welt zu wiederholen. Gewiß bleibt auch Faust zuletzt unaufgenommen und unerlöst übrig, denn seine Frage, so voll sie auch von Anweisung auf das »Seiende« und die diesseits sachliche Figur war, hält länger an als die Beantwortungen des Daseins, die vorzeitig ausgehen. Aber dadurch, gerade insofern nichts verwischt wird, und jeder Stelle das Ihrige an Hilfe, Erlernung und fehlendem Ortsgeist geschieht, bringt es Faust zustande, daß die Würde des Sollens gerettet, und daß — ein »vermittelter« Don Quixote — das Apriori genau dort gesucht wird, wohin es der nach allen Standindexen des weltlichen Geistes erst folgende Standindex des Überhaupt und der Glorie verweist. Hier wird trotzdem niemals nachgegeben, niemals der Geist mit seinen Fußspuren im Schmutz, ja nicht einmal mit seiner Kathedrale verwechselt, und doch ist das Geheimnis konkret geworden. Hier wird, wie zu fürchten wäre, durchaus nicht das Wirkliche dazu benutzt, um die Utopie zu begraben, und niemals, obwohl der faustische Kreis, das vermittelte, konkret-abstrakte, marxistische Land Fausts und der Propheten und dann erst, aber dann erst recht der Propheten, weiter ist als Quixotes Parabel – niemals bei der Einstellung jedes Gegenstands in seine Sphäre auch die Idee in Rationen aufgeteilt, sondern das Apriori strahlt stärker als je, und die bodenlose Wunschgeographie Quixotes hat nur Länder, Hierarchie und System dazu bekommen. Gewiß brennt bei Quixote stärker als bei Faust das eine, erschütterte und vollkommen religiöse Gewissen, daß dieses, was es gibt, nicht die Wahrheit sein kann, und daß es über der vorliegenden Tatsachenlogik noch eine verschollene und verschüttete Logik geben muß, in der erst die Wahrheit wohnt. Aber es brennt bei ihm falsch, es brennt zu frühe, zu überschlagend, also frivol in seiner Reinheit. Denn hier wird der letzte Sprung, der dabei gar keiner ist, dem kein Gott der Paradoxie beisteht, bereits an allen Ecken und Enden probiert; und indem Don Quixote das Leid, die Krankheit der Welt nicht eigentlich kennt, bleiben auch seine Messiasgedanken reflexiv, fehlt auch seinen Vollkommenheitsträumen die eigentlich erst wirklichkeitshaltige Paradoxie des Panlogismus. – Niemals kam daher Quixote dazu, die anderen das Auftauchen seiner Fahnen erleben zu lassen. Sein Leben blieb fruchtlos, sein Opfer wurde verschmäht, und die Leidenschaft der Reinheit, die sich eine ihr angemessene Welt erschaffen wollte, sank unaufhörlich wieder ins Harmlose, Aufgespreizte, Unwesentliche und Reflexive zurück. Aber um sein Sterben liegen alle Schrecken des inneren Vergehens ausgebreitet. Da die wohltätige Narrheit verschwunden ist, sieht Don Quixote, wie er schutzlos allen Quälern und Enttäuschungen preisgegeben war, doch auch er selbst steht in vollem Dunkel, obwohl er sich wehmütig wiedererkennt als Alonzo Quixano, den Guten; nirgends scheint eine das vergebliche Leid fruchtbarmachende Substanz, nirgends lassen sich die Widersacher zu den Henkersknechten eines Gottes umlügen, dem zum Schimpf der Tod mit dem Sieg verflochten ist, und dem zum Trotz das große umschlagende Schicksal des tragischen Helden vor der ungereinigten Transzendenz vollzogen werden kann. Man sieht sich bei Don Quixotes traurig-komischem Geschick vergebens nach solchen theologischen Ornamenten um. Er kann, da er zu ersetzen ist und alles anders gemacht werden kann, ja durch die früheren echten Ritter im Einklang mit der damaligen Weltsituation alles bereits besser gemacht worden ist, irgendwie fallen gelassen werden;

zweifellos ist dabei nur trüb zu lachen, angesichts dieser gemischten und sonderbaren Erscheinung, auch ist kein Anlaß vorhanden, um die Tierstimmen der Hämischkeit und der Schadenfreude beim Unglück und Untergang eines problematisch bedeutsamen Typus ästhetisch mit herüberzunehmen, aber sofern alles, was Don Quixote verfehlt hat, nicht von einer schlechthin unersetzbaren, repräsentierenden, kanonischen Gestalt und darin von der Menschheit überhaupt verfehlt wurde, wird hier doch die Komik als ein sittlich bedenklicher, jedoch logisch einwandfreier Fanatismus des »Erfolges« oder der Objektivität berechtigt.

*

So muß man hier weinen und lachen zugleich. Und zwar derart, daß das Lachen darüber steht. Gewiß, es ist schön, mutig und edel sein zu wollen, wo man zurückhaltend oder vorsichtig sein müßte. Hier sieht man mit wehmütigem Respekt auf diese traurig erhabene Gestalt. Gewiß, es ist erschütternd und bis zu Tränen qualvoll, wie hier am Ende der Wahn abfällt, und Don Quixote vor sich selber ruhmlos verendet. Aber man ist das, was man für sich am Ende ist, und der phantastische Streiter steht nicht nur deshalb zuletzt im Dunkel, weil ihn die Welt geschlagen. Sondern er geht aus und ist zu ersetzen. Er ist lächerlich, aber nur das ist lächerlich, das sich auf einen bedeutenden Hintergrund zu bewegt und zurückbleibt. Deshalb sind etwa Äpfel nicht zu karrikieren, wohl aber schon Tiere und erst recht halb heroische Menschen. Das sich Bewegen und schließliche in sich Zergehen vor dem unbewegten Hintergrund ist das Entscheidende. Darüber lacht man, es lacht ein gemeiner, letzthin freilich auch ein sich anders sicher fühlender, wenn man will, ein frommer Zug in uns. Denn die Träume an sich können nichts bedeuten, sondern es kommt darauf an, daß sie rufend, zeugend sind und dem Weltlauf, der geht, ohne zu wissen, wohin es geht, tätige, vertretende, pragmatistisch wahre, konstitutive Phantasie einverleiben. Das heißt, wenn es gestattet ist, eine Reihe zu bilden, die sich unter Absehung der sehr verschiedenen Werte ihrer Glieder etwa von Beckmesser über Don Quixote zu Niels Lyhne hinzieht, so ist Beckmesser zufällig und purchaus reparierbar, er kann fallen gelassen werden, denn es läßt sich besser machen und sein Untergang hat keine Schwere, denn dahinter leistet ja der frische Stolzing sogleich das Verfehlte; aber Niels Lyhne ist schon ein typischeres Versagen des ernsten Menschen überhaupt, und wenn er untergeht, im vollen Zusammenbruch seiner höchst »vertretenden«, höchst realen Weltanschauung, so brennt das eigene Haus, nicht nur, daß keinem Menschen das Lachen dabei ankommt, sondern auch das wie immer überlegene, mitleidsvoll, nur zum Teil selbstbetroffene gütig Komische steht still, alle leichten Vorzeichen kehren um, der Mensch sieht sich als Menschheit selber ins Gesicht, wie sie versagt, und so tritt am Ende statt des unschädlichen Spiels der deutliche tragische Augenblick und mit ihm der sittliche Erkenntnisernst der Kunst in Funktion. Wir sehen, Don Quixote steht beliebig in der Mitte; und die gemeinen oder wenn man eben will, die transzendenten Anlässe, aus denen sich künstlerisches Wohlgefallen erheben kann, erlauben so, daß sich lachen läßt, wenn ein Mensch zugrunde geht, mit jenem zu ästhetischem Glanz erhobenen Lachen der Schadenfreude oder des Vergnügens, nicht selber in dieser Haut zu stecken, oder auch mit dem Lachen jener bürgerlichen Empörung über ein Individuum, das seine Ungewohntheit nicht sogleich durch »Bedeutung« entschuldigen und dadurch auf der Stelle mit einem kanonischen Index versehen kann, – mithin, daß sich auch Don Quixote nur komisch und nicht tragisch fassen läßt, im vollen lieblosen Messungsvergnügen des Kontrastes zwischen Wollen und Können, der hier einen sich herrlich, heroisch gebärdenden Menschen in der Blamage seiner Transzendenz, seiner allzu reflexiv und unkanonisch gebliebenen Transzendenz zugrunde gehen läßt. Indem es der hilfreiche Junker also treibt, indem Don Quixote nichts beherrscht, von den kleinsten Bagatellen zermahlen wird und trotzdem zuletzt nichts anderes erfährt, als daß sein übertriebenes Ich in der bloßen Wahrheit seiner Leere, seiner bloß punktuellen Abstraktheit untergeht, vermag dieser zurückbleibende, von der Erde wie dem Himmel zurückgestoßene Charakter nichts anderes als ein ungefährliches, niemand vertretendes, komisches und darin beschämend geschontes Agieren vor dem unbewegten Nichts, vor dem nicht einmal blinzelnden Löwen des Schicksals vorzuführen.

Aber, so könnte man fragen, wird denn der ernste Held jedesmal zerrissen? Oder, anders gesprochen, ist es denn wesentlich zum Ernstwerden, daß er sichtbar zerrissen wird?

Ja, es ist wesentlich. Einige sagen zwar nein. Sie leugnen das Blutenmüssen. Auch Lukács schließt sich dem in gewisser Weise an. Wir stehen anders, uns ist der Held der Blutende und erst in ganz anderem Sinn der Vollendete, der bedingt Vollendete. Es ist ein bitteres Spiel, das Tragische. Man hat zwar gesagt, die tragischen Menschen seien schon lange tot, bevor sie sterben. Denn hier begegnen sich Menschen und jeder kann dem anderen sein Schicksal werden. Nur derjenige Augenblick ihres Lebens wird, wie es Lukács dargestellt hat, aus dem Ganzen herausgerissen, welcher Schicksal geworden ist, und nur derjenige knappe, strenge und atmosphärenlose Dialog wird aus der Fülle der Sprechbarkeit herausgelesen, der die lyrische Reife des Schicksalsbewußtseins seiner Menschen wiedergibt.

Hier gibt es, sagt man, überhaupt nichts, das zeitlich geschieht. Nur der Zuschauer braucht Vorbereitung, ein Vorbereiten seiner Seele für den Sprung der großen Umkehrung, und auch diese Vorbereitung wird nur unter der Beschränkung auf die Einheit der Zeit und des Ortes als dem Ausdruck des Stehengebliebenseins inmitten des immerwährend wechselnden Lebens technisch erlaubt. Selbst das Sterben, das scheinbar heroische Untergehen ist lediglich für die menschlich-psychologische Betrachtung da, das tragische Erwachen selber, das sich Selbstenthüllen und wesentlich Werden ist nur ein Augenblick, ohne jede erlebbare Dauer. Nun läßt sich zweifellos das alles, die Schuld wie der Tod wie das Schicksal, nur als von hier gesehen, gleichsam formal-ethisch entwickeln. Der Held wird schuldig. Das bedeutet, er empfindet in sich hinein, nichts kommt ihm von außen, er erlebt seine Tat als etwas, das ihm geschehen mußte. Er sagt Ja zu allem, was ihm geschehen ist, und weil er es als seine Tat und Schuld empfindet, so erobert er es, so weiß er um sein Schicksal und umreißt mit starker Kontur alles in sich, was zufällig in den fließenden Umkreis seines zufälligen Lebenskomplexes geraten ist. Weiter, der Held muß sterben, er zerschellt am Ausgang seines Kampfes und seiner Anspannung und erleidet den Tod. Aber alles ist ja schon vorher auf das Ende gerichtet gewesen, nicht als Unglück oder Strafe, denn Gunther kann bei Paul Ernst leben bleiben, wo Brunhild und Siegfried untergehen, und noch weniger als etwas schreckenhaft Drohendes, Sinnloses, den Lebensfluß plötzlich Abschneidendes. Sondern das tragische Sterben ist das Vorrecht der Größe, sofern es dasselbe ist wie die Form des tragischen Wunders, und zwar indem es das Leben fertig macht, die Form des diesseitigsten aller Leben und Wunder. Daß man stirbt, bildet die Sichtbarmachung des Wesens, das formell geöffnete Tor zum Saal des Richters, des Selbstgerichts als der platonischen Idee des Menschen. So kann der tragische Tod nach dieser Betrachtung nicht anders definiert werden als der durchaus von hier geschehende, zurückkehrende, immanente, durchaus unmystische Zwang zur Form, zum Horos, zur Gestalt und dem endgültigen Terminus des Ichs, wie denn die tragische Psychologie von vornherein nur eine Kunde von Todesaugenblicken ist, und ihre Ethik das bis in den Tod-Treiben alles Begonnenen als kategorischen Imperativ besitzt. Endlich, argumentiert Lukács, der Held erlangt sein Schicksal. Er nimmt alles äußerlich Niederdrückende und Unklare an, schweigend und ehrfürchtig, als das, was ihm geworden ist, worin ihm Recht geschieht, worin er sich erfüllt, am sichtbarsten in dem deutlich zweistoffigen Geschehen des »geschichtlichen« Dramas. Man sieht, hier wird wesentlich, daß letzthin doch nur die Menschen ihr Schicksal bestimmen, so fremd und eigengesetzlich es ihnen auch zu nahen scheint; und nicht wie noch in Shakespeares Macbeth verkündende Hexen und erwartete Wunder, nicht wie im alten indischen, spätgriechischen oder spanischen Märchen- und Gnadendrama, Gott selbst, der die Hände im Spiel hat und so die Menschen wie die Schicksale lenkt. Sondern nackte Seelen halten hier mit nackten Schicksalen einsame Zwiesprache. Oder: erst wenn wir ganz gottlos geworden sind, werden wir wieder eine Tragödie haben. Sie ist ein Gottwerden, eine Enthüllung des nur noch im Menschen lebendigen, schlafenden Gottes, ein Monologisieren Gottes in der Kreatur, eine Enthüllung Gottes vor sich selbst, aber der immanente Gott erweckt darin den transzendenten zum Leben. Und weil, wie Lukács mit erkennt, nie die Seelen der Menschen so allein ihre verlassenen Wege betraten, weil die Natur und das Schicksal nie so schreckenhaft seelenlos waren wie heute, darum ist für uns wieder die Geburt einer Tragödie zu erhoffen. Anders gesagt, Gott muß die Bühne verlassen (denn, so fügen wir hinzu, er ist nicht, er gilt, es soll nichts als Gott sein), doch Zuschauer muß er noch bleiben: das ist wie die noch einzig mögliche neue Frömmigkeit, so auch die historische, die utopische Möglichkeit tragischer Zeitalter. — Wir haben es mit Absicht und Verneigung ausführlicher dargestellt, dieses uns letzthin, aber auch nur letzthin wohlentsprechende Begründen. Man sieht, wie kräftig sich darin Lukács, in seiner »Metaphysik der Tragödie«, aller Fragen von Schuld und Gerechtigkeit, aller zum Schulbegriff vergangenen aristotelischen Begriffe, leider auch aller transzendierend metaphysischen Gedankenformen entschlägt, mindestens im Zusammenhang der klassischen Tragödie, wie sie von Ernst zu Hebbel, zu Alfieri, Corneille und Racine bis zu Sophokles als ihrem apriorischen Höhepunkt hinaufreicht. Es ist freilich auffallend, daß in dieser Zeichnung des Untergangs sämtliche dunklen Farben fehlen. Sie sind an das Leben vorher abgegeben, dort geht alles durcheinander, nie blüht etwas zum wirklichen Leben, aber das Drama läßt zur Fülle kommen, es gestaltet endlich »wirkliche« Menschen und die Anarchie des Helldunkels hat ein Ende. Das Dämmern teilt sich auf, nicht indem der Zufall ausgeschlossen wird, was nur das platteste und aufschwungloseste Leben ergäbe, sondern die Tragödie braucht keinen Zufall mehr, nirgends oder überall ist er in ihr da, und sie hat ihn ihrer Welt, der Welt der freischwebenden Homogeneität, des notwendigen sich Begegnens am Anderen, des notwendig aus und zu den Charakteren hinrollenden Schicksals, für immer einverleibt.

Aber, so muß man fragen, wo sind hier Mord, Tod und tragische Finsternis geblieben? Und damit ist der Punkt getroffen, an dem sich Lukács oder der immanente Weg von der transzendenten Fragestellung unvereinbar scheiden. Keiner bliebe uns noch sichtbar, der sich völlig selbst begegnete. Der Mensch kann nicht diesseitig zu Ende leben, wenn anders die Bühne ein Ernstfall ist. Er kann sich nicht innerlich vollenden oder die äußeren Umstände, sei es auch nur als das, was der Held mit ihnen anfängt, zum peripheren Gerüst seiner Gestalt gutheißen oder gar das Elend zu einer Selbstvermittlung, zum Schicksal, zur Lebensäußerung oder sichtbaren Lebensmöglichkeit umformen, bloß um der Bühne ihre diesseitige Art zu halten und der Kunst die Definition des reingewordenen, des Lebens ohne Enttäuschung in völlig immanenten Formen zu bewahren. Gewiß geschieht, wenn ich tragisch untergehe, meine Stunde, ich kann sie mir einbeziehen, der tiefe Mensch hat diesen begrenzenden, besiegelnden Tod als seine Gerichtsstunde. Danach käme das Ich mit dem Schicksal in Deckung: hat man Charakter, so hat man auch ein Ereignis, das immer wiederkommt, heißt ein tiefer Satz von Nietzsche, und nach Hegel pflückt das tragische Individuum immer nur die Früchte seiner eigenen Taten. Aber wenn man das alles nun wirklich denkt, außerhalb des feinen, tiefen Einbeziehens, außerhalb auch der sonderbaren Bühnenimmanenz, geschichtlich und religiös zugleich eingestellt, wozu ja Lukács dadurch, daß er mindestens sittlich transzendiert, daß bei ihm die Probleme der Selbstvollendung und der äußeren Gottferne von der als Chiffre benutzten Form der Tragödie überhaupt ablesbar sind, selber intendiert: dann wird der weitere Zusammenhang aller Möglichkeit des bedeutsamen Sterbens, des Tods als sublimer innerer Zeremonie des Abschließens, der immanenten Selbstvollendbarkeit überhaupt merkwürdigerweise nur als eine Art von Karmalehre denkbar, wonach dann allerdings jedes Leben immanent sinnvoll und homogen gemacht werden kann, sofern hier eben der gesamte gleichgültige, sinnfremde Kausalnexus des Schicksals auf unseren präexistenziellen Kern hin sinnhaft vertieft und bezogen werden kann. Das ist sicher nirgends so gemeint; aber das Eine bleibt unbestreitbar, daß der tragische Mensch nur dann festbleiben kann, ohne in die Welt, die ihn umgibt, überzugleiten, wenn ihm diese Welt, die ihn, nach der Lukácsschen Definition von formal-ethischer Immanenz des Tragischen, so ganz in sich, in seine enthüllte, strenge, statuarische Geschlossenheit und Selbstheit zurücktreibt, im Grunde nichts zu tun vermag, sofern sie blind und gleichgültig ist, sofern sie ihre Sonne über Gerechte wie Ungerechte scheinen läßt und über die Gerechten nicht weniger. Das Freigelassenwerden zum Selbstgericht ist so ungeheuer viel, daß es an sich schon, eben durch die fehlende Macht der äußeren oder oberen Welt: unkonvergent zum tragischen Schicksal zu sein, diese Welt als leise positiv gottgeladen voraussetzt, daß also, was unausweichlich ist, die geschichtlich und religiös gesprengte Lukácssche Immanenz der Tragödie in eben dieser scheinbaren Selbstvollendungsform irgendwie zu einer ihr ganz unadäquaten Transzendentalphilosophie der Freundlichkeit und Gottfülle des Daseins hinausführt. Aber der, der Gott geschaut hat, kann nicht nur nicht leben, sondern er kann auch nicht sterben, sichtbar untergehen, sich sichtbar vollenden. Könnte er dieses, handelnd, sich erreichend, moralisch, als der, der er ist, also nicht nur wie in der bildenden Kunst oder in der Musik, als von ferne geformt, noch *vor* dem Sprung, symbolisch: dann wäre nicht nur er, sondern die ganze Welt am Ziel, und die Frage, die Schopenhauer so viel Besorgnis hätte machen müssen, die Frage der Gesamterlösung bei einer einzigen, moralisch real gelungenen Selbsterlösung, wäre aktuell. Denn das handelnde, tragische Spiel ist nach allen Seiten offen. Es ist keine hermetische Retorte, in der sich die Essenzen des Lebens ungestört ordnen und Metaphysik auf Abschlag bilden können, nichts durchdringende Enklave von reinlichster Metaphysik mitten im Weltprozeß. Sondern man erkennt in der Tragödie jene gleichsam sauerstoffreichste, verdichtete, wohl gedichtete Stelle im Prozeß, die das wirkliche, äußerlich-innerliche Leben, die verwirklichende Moral, den apokalyptischen Kern selber und nicht nur sein virtuelles Symbolbild stärker aufglühen läßt, weshalb eben die Tragödie völlig im Gegensatz zur übrigen Kunst nicht so sehr die Ichbegegnung als die Hemmnisbegegnung, die Satansbegegnung aus den Gründen der drohenden *realen, absoluten* Ichbegegnung darstellen kann.

Darum: der Tod muß als das Furchtbare und Finstere bestehen bleiben. Es regt sich gefährlich um uns herum. Gewiß, man braucht das nicht alles plakathaft zu malen. Es mag sich jetzt stiller verkörpern als in früheren, prächtig großen Zeiten. Wir sind uns näher geworden, es regt sich ineinander, was innerlich und drüben ist. Denn auch das Andere rückt näher, wird stiller, unplakathafter und ist doch genau dieses, was man stets unter den Namen des Bösen und des Gottes verstanden hat. Ein Tonfall, ein Gespräch, eine angehaltene Stockuhr läßt uns den Donner des jüngsten Gerichts vernehmen. Oder es macht so müde zu leben, und das klappernde Fenster, der immer wieder rauchende

Ofen, der sonst sehr schöne Schreibtisch, der aber jeden Morgen eine Korkscheibe unter den Fuß braucht, um gerade zu stehen, die furchtbare Feindes- und Vampyrgestalt der Köchin aus Strindbergs »Gespenstersonate«, alle diese kleinen, peripheren und deshalb in nichts zu erschlagenden, uns total unhomogenen Gifte sind imstande, die Quintessenz des Blutenmüssens, das Ermordetwerden alles Lichts in diesem Zuchthaus, Irrenhaus, Leichenhaus Erde an sich zu ziehen. Aber dafür schließt sich auch das Erhabene, der über Wolken thronende Christus enger zusammen; und die Worte, mit denen man uns die Augen zudrückt: »Schlafe ohne Träume und wenn du wieder erwachst, möge dich eine Sonne grüßen, die nicht brennt, mögen dich Verwandte ohne Schmach, eine Liebe ohne Gebrechen grüßen« —, dieser unscheinbare Todesgesang kann uns dasselbe Wachstum des Himmels vor die Seele führen, wie er sich sonst nur in der prächtig größten, uneingesenktesten Abstraktheit des Hintergrundes auftat, gemäß der neuen, tieferen, endgültig ins Moralische eingerückten Transzendenz des Endes. So wirft jetzt also auch das Wort den vollen innerlichen Schein vor sich hin. Es gräbt sich die Kanäle des ungehemmten Ausdrucks vor sich zurecht und trifft so gleich der Malerei allmählich an jenem Punkt ein, wo die Musik schon seit vierhundert Jahren steht. Wir brauchen keine formale Ferne mehr, keine blühende Vermittlung oder auch strenge Statuarik des Horos, um das Seltsame, Ichenthüllende, von weither Hineinscheinende, den völligen Symbolwert des Menschenlebens geschehen zu lassen. So verwirrt und unscharf es auch noch eingestellt ist, so geht hier doch gerade das Strindbergsche Todesdrama einen tiefen, expressionistischen, rein ausdruckshaft gegenständlichen Weg. jenseits aller veralteten Stilalternativen zwischen Shakespearescher Lebensfülle oder Sophokleischer Abstraktheit, freilich auch jenseits aller inhaltlichen Ferne, aller inhaltlichen »Abstraktheit« und Objektivität des Jenseitigen in der gotischen Gnadendramatik. Und wenn auch das Wort dem Letzten des Ausdrucks nicht benachbarter ist als der Klang, so kann es doch vielleicht verständlicher als die Musik eine Brücke zur anderen Gegenstandsreihe der Philosophie und vielleicht sogar der wiedergeborenen Mystik bilden. Es regt sich gefährlich um uns herum. Der Held steht in einem geladenen Raum, es gibt ein Dahinter und seine blitzartige Tätigkeit entscheidet. Das ist ja der schon formal sichtbare Grund, weshalb Don Quixote als der bedeutendste komische Held nicht von Molière, sondern von Cervantes gedichtet ist, ganz im Gegensatz zu den tragischen Helden, die nicht im Roman, sondern im Drama am adäquatesten zu gestalten sind. Denn wo es komisch zugeht, darf freilich alles gefahrlos zerfallend und episodisch werden. So kann des Cervantes Witz dort aufs Angenehmste über Einzelzügen spielen, wo im Drama das Episodische zu aneinandergereihten Possenszenen entarten könnte. Überdies darf es der komische Held allmählich, gegen Schluß und ohne Sprung, selber merken, daß er komisch ist: nicht nur, weil das Komische ein Zustand und das Tragische ein Augenblick ist, sondern weil der tragische Held grundsätzlich unbewußt-notwendig einem letzten Akt als Nische oder Apsis entgegenschreitet, in der der einmalige Blitz des dunklen Gottes wartet; einem dramatisch verdichtet zusammengezogenen Hintergrund entgegen, an dem gemessen überhaupt erst Komisches als Reflexives, Tragisches als Konstitutives und auch Gnadendramatisches, das möglicherweise noch zu findende untragische Drama beginnender religiöser Ordnung, formal-ethisch wie transzendental möglich werden. So zu beziehen, bedeutet durchaus nicht, daß sich das Sterben zum wesenlosen Übergang zwischen Hier und Dort verwandelt, um übertragisch das Dort schon in das Hier hereinscheinen zu lassen. Deshalb kann man auch durchaus zugeben, daß die große Tragödie in diesem Zeitalter der Gottferne und des darin wirksamen heroischen Atheismus am echtesten erwachsen kann; nur bedeutet das nicht zugleich, wie bei Lukács, daß die Leere des äußeren Lebens kraftlos sein müsse, daß also das Menschenfeindliche, zum mindesten aber das Schlammartige, Gallertige, Unberechenbare, beliebig Steckenbleibende, falsch Komplizierte, launisch, bösartig Fortunahafte und Intermittierende des äußeren Kausalnexus schlechterdings als einfach und wahllos Alogisches übersehen werden dürfe. Vielmehr, das Nichts der gottleeren Welt kann sehr wohl zum real mitspielenden Hintergrund werden; dergestalt, daß all dieses verzweifelte Schlagen in den um uns rinnenden Sand, all dieses dunkel sich Sperrende im Umsatz, in den Prinzipien der Menschenbegegnung, in der Kruste des innerlich-überinnerlichen Lichts zu jenem tragischen Kampf und Prozeß um die Herrschaft verdeutlicht wird, wie er zwischen Mensch und dem Ersten, das nicht vergangen ist, zwischen Luzifer und dem Demiurgen seit Seelenbeginn anhängig ist.

Freilich, irgendwo werden wir auch darin schon frei. Und solcherart erscheint hier noch einmal die ganze weitumspannte Reihe. Denn wir können lachen, allein von allen Geschöpfen, wir werden im Humor gelöst als der ebensowohl leichtesten wie, wenn er überwindend genug einbezieht, erhabensten künstlerischen Gesinnung. Ganz unten steht der Witz, der oberflächlich ist und nichts meint, der feucht und scharfsinnig und nicht aus Tiefe Fremdes spielerisch zusammenbringt. Dann folgen der humoristische Roman und die noch uneigentliche Komödie; das heißt, alles ist nicht so schlimm, aber cs wird uns hier nicht deshalb leicht ums Herz, weil irgend etwas darin böses Leben, Gericht und Obrigkeit überschlägt, sondern weil der Amtsvorsteher eben kein König ist, obwohl er es sagt, ja noch nicht einmal ein guter Amtsvorsteher; denn es ist die Komödie der Verkleinerung, der bloß quantitativen Erleichterung, der Herabsetzung des Sinnlosen oder gar des offen ausgebrochenen Tragischen zur Bagatelle. Von ihr wesentlich unterschieden, auch schon durch gewisse humorlose Züge (da man das Humoristische durchaus nicht ohne weiteres mit dem Komischen verwechseln darf), ist die eigentliche Komödie, das komische Drama und vor allem der große komische Roman. Hier ist der Held dazu gehalten, nichts als sich vor sich zu haben, er lebt durchaus in seiner falschen, unkräftigen, für sein Können wenigstens und an Ort und Stelle unrealen, unkonstitutiven Illusion, wobei er freilich mittelst dieser möglicherweise edlen, ja erhabenen, aber niemals konstitutiven Monomanie Versagen über Versagen, Unglück über Unglück, jedoch klanglos, vermeidbar, resonanzlos, Blamage über Blamage in der Welt wie Überwelt selber erfährt. Das schlägt um, sobald der Held kanonisch wird, also im Sterbenmüssen der echten Tragödie, wie sie trotzdem jedem ihrer zerschmetterten Heroen den Schimmer des Prometheus gibt, der irgendwann einmal gegen Zeus triumphieren wird; oder die Erinnerung an den Moses der kabbalistischen Sage, der sterben soll wider seinen Willen, aber nun, nachdem er noch den Engel des Todes mittelst des großen Gottesnamens zurücktreiben konnte und Jehova selber erscheinen muß, diesem erst noch, unbegreifend, nicht begreifen wollend, ins Gesicht schlägt und dann erst statt ins gelobte Land ins Schattenreich zurückkehrt. Damit wäre das dargestellte Menschenleben zu Ende, wenn sich nicht noch eine höchst bedeutsame ironische Spur von unten heraufschmiegte, die als Humor in der echten Komödie langsam entwich und in der Tragödie überhaupt keine Stelle hatte. Aber in ihm ist alles, was auch den untergehenden Menschen erhält. Daß er möglich ist, der Humor, bedeutet nicht, unter Tränen zu lächeln, in dem Sinn, daß man, jederzeit aufs Neue in Träumen eingesperrt, sein Leben glücklich und vornehm führen könne, indes der Grund der Welt unverändert, real traurig sei. Sondern sein Leichtmachen, Hinausheben bedeutet gerade — und hier blitzt ein feiner, rätselhafter Lichtstrahl, ein nur von innen genährtes, unerklärliches, in nichts gestütztes, mystisches Wissen ins Leben herein —, daß darin etwas nicht stimmt, daß die Tränen nicht ganz ernst zu nehmen sind gegen unsere unsterbliche Seele, so entsetzlich real sie auch mitsamt dem Weltgrund erscheinen mögen, dem sie entstammen; daß der Goethesche Satz: gut Gedicht wie Regenbogen ist auf dunklen Grund gezogen, wohl für die tiefen, aber nicht für die wesenhaftesten Äußerungen gilt; daß mithin das Träumen, das scheinbar so völlig illusionshafte Hoffenkönnen, das bedeutsame, zwar beantwortete, aber in nichts garantierte Leichtsein, das unbegreifliche sich Freuen an sich, — der Wahrheit und Realität, die ja nicht der Weltgrund zu sein braucht, näher steht als all das Drückende, Belegbare, Unzweifelhafte der faktischen Umstände mit ihrer gesamten sinnlich realsten Brutalität. Und nun, der bloße Wahn kann zur Ahnung übergehen, der große komische Held kann geliebt und der große tragische Held begriffen werden. Dann regt sich wieder ein Lächeln, aber das namenlose Lächeln einer neuen Ergriffenheit. Es kann sich sogar leise mit dem Komischen berühren, das Humoristische kann an diesem Punkte in eine neue Komik hineinstrahlen, aber im ganz anderen Sinn, sofern nämlich das geschundene, verkannte Ich die Dinge und Menschen fühllos durch sich hindurch passieren läßt und dergestalt am Ende nicht mehr, wie in der Komödie, das Ich zur Welt, sondern die Welt zum Ich in die komische Spannung, in die Komik der sich in den Weg stellenden Wesenlosigkeit gerät. Irgendwann geschieht es, daß gerade um diesen belustigenden Helden das Lachen jäh verstummt, das Lachen der Verfolgung, aber nicht das Lachen der Freiheit; und vom Narren bis zu dem armseligen alten Mann, den keiner von allen bemerkt, obwohl er jahrelang in der Stadt gelebt hat, aber der furchtbare Meister des Schwerts kniet vor ihm nieder, denn siehe, es ist der verborgene Meister des Gebets, — von hier bis zu Jesus zieht sich eine einzige, uns erschauernd bewegende Reihe von Paradoxie. Irgendwie steht der so verstandene »komische« Held, mit neuer, bald umgekehrter Komik, dem Erhabensten näher als der tragische, der untergehende Heros mit dem Leiden des allzu ernst Genommenhabens von Welt und demiurgischem Weltgeist und seiner anschlußlos, bloß mittelst einer punktuell trostreichen reservatio mentalis siegenden, wenn auch metaphysisch eingestellten Subjektivität. Wie es denn bei aller Einfachheit einen großen scholastischen Tiefsinn bedeutet, daß Dantes Werk, weil es nicht gut beginnt und schlecht ausgeht, sondern von der Hölle zu einem allerdings noch garantierten, »unkomisch«, ohne Daseinsironie gegebenen Himmel führt, eine Komödie genannt wurde, eine wiedergeborene Komödie gleich allen Gnadenepen und Gnadendramen, wodurch eben der Humor als ein schöpferischer und realitätssetzender Pragmatismus des Seelenhaften endlich objektiv, ja absolut erhoben werden kann. — Was gedichtet ist, ist wirklich, die poetischen Menschen sind wir, im Abstand des Gestaltetseins, Herausgeführtseins zu sehen. Sie bewegen sich nicht nur über die Bretter oder im Begriff oder in dem künstlerischen Blendwerk einer immanenten Formvollkommenheit, die keine andere Dissonanz mehr kennt als eine klingende, ästhetisch fruchtbare, sondern in einem merkwürdigen, gegenstandstheoretischen Zug des Soseins durch die Geschichte, über der Geschichte, auf der wirklich unwirklichen, verdichtet, utopisch wirklichen Ebene des von uns als wesenhaft Gesehenen überhaupt. Das ist nicht weniger, nicht anders real als die Heiligenlegende, wenn auch durch charakteristische utopische Gegenstands- und Sphärengrade von dieser verschieden, und so wird die letzthinige Beziehung des tragischen Problems auf den Tod Christi als dem Inhalt der paulinischen

»Gnadendramatik« in der religiösen Sphäre unausweichlich. Denn der Held geht nicht unter, weil er wesenhaft geworden ist, sondern weil er wesenhaft geworden ist, geht er unter; erst dieses macht das ernsthafte zu sich selber Gekommensein zum Heroismus, zur Kategorie des gewaltigen Schicksals und der Tragödie, die den Menschen erhebt, den sie zermalmt, indem sie ihn zermalmt; und erst dieses übersubjektiv Bezogene stellt das Tragische in unvollendet-vollendete Zusammenhänge, in die auf halbem Weg vernichtete Selbstvollendung, Selbstinvention, als der alten gnadenlosen Prometheusspannung zu dem Erhalter der Welt und dem bösen Gewissen des Endes.

PHILOSOPHIE DER MUSIK

Inhalt.

Traum.

Wir hören uns nur selber.

Denn wir werden allmählich blind für das um uns herum.

Was wir sonst auch gestalten, führt wieder nach außen. Es ist nicht genau so ohne weiteres ichhaft, nicht genau so dunstig, schwebend, warm, dunkel und unkörperlich wie das Gefühl, immer nur bei mir, immer nur bewußt zu sein. Es ist Stoff und fremd gebundenes Erlebnis. Aber wir gehen im Wald und fühlen, wir sind oder könnten sein, was der Wald träumt. Wir gehen zwischen den Pfeilern seiner Stämme, klein, seelenhaft und uns selber unsichtbar, als ihr Ton, als das, was nicht wieder Wald werden könnte oder Stoff und Sichtbarkeit. Wir haben es nicht, das, was dies alles um uns an Moos, sonderbaren Blumen, Wurzeln, Stämmen und Lichtstreifen ist oder bedeutet, weil wir es selbst sind und ihm zu nahe stehen, dem Gespenstischen und noch so Namenlosen des Bewußtseins oder Innerlichwerdens. Aber der Ton brennt aus uns heraus, der gehörte Ton, nicht er selbst oder seine Formen. Dieser aber zeigt uns ohne fremde Mittel unsern Weg, unseren geschichtlich inneren Weg, als ein Feuer, in dem nicht die schwingende Luft, sondern wir selber anfangen zu zittern und den Mantel abzuwerfen.

Zur Geschichte der Musik.

Anfänge.

Was war zuerst?

Davon ist uns nur wenig noch bekannt. Nicht einmal die griechischen Lieder sind umfänglicher erhalten geblieben.

Was uns hier vor Augen kam, ist zumeist reizlos und leer. Ebensowenig kann man sich von dem Klang der griechischen und frühmittelalterlichen Kapellen eine besonders günstige Vorstellung machen. Alle Spieler mußten sich auf den einen Gesang beschränken. Höchstens daß es erlaubt war, unten den Grundton und die Quinte, die Dudelsackquinte, zu der Tonart anzuschlagen und weiterklingen zu lassen. Auch der Kirchengesang verharrte in der Enge der Einstimmigkeit. Er wurde zwar schon frühe durch die Responsorien der Gemeinde gegliedert. So mag er, in dem eindringlichen Psalmodieren, in den zahlreichen Vokalisen und Jubilationen des ambrosianischen und gregorianischen

Melodienbuchs, in der Verzierung seiner einfachen, feinen melodischen Linie, nicht zuletzt in der wahrhaft basilikenhaften Festigkeit dieser Choräle, für die Gemeinde mehr bedeutet haben, als dies außerhalb der religiösen Verzückung noch nachzuerleben ist.

Denn im ganzen ist das alles erloschenes Gut. Nicht viel anders steht es mit der späteren mehrstimmigen Musik des Mittelalters. Nur die fahrenden Sänger beginnen neu zu erfinden. Sie sind ungelehrt, auch darin, daß sie zuerst von allen mehrstimmig zu setzen wagen. Es war wenigstens ein Harfenschlag, der dem Troubadour auch in den Zeiten der strengsten Einstimmigkeit zur erlaubten Verfügung stand. Dazu kommt, daß die Harfe, die zum freien Umspielen als einem gesondert hörbaren Figurieren der Melodie nicht tauglich ist, von selber zu akkordlichen Verschmelzungen hinleitet. So lebt hier nicht nur die freiere Bewegung und das Bedürfnis des Ausdrucks, sondern auch unabhängig und weit entschiedener als bei den bloß verständigen Versuchen der damaligen Harmonisten, die die Troubadours aus der Schule verbannten, eine deutlich erkennbare Annäherung an die Dur- und Molltonarten und Ausweichungen der späteren Zeit. Aber das Gute daran ist verloren gegangen oder durch die späteren, verwandten, durchaus großartigeren Meister der italienischen Cantilene überflüssig geworden. Was andererseits die gleichzeitigen Versuche der Mehrstimmigkeit angeht, so kommen sie im wesentlichen, auch in der Musik des späteren Mittelalters, über den Zustand der bloß theoretischen Vorarbeit außerhalb aller künstlerischen Werkgesinnung nicht hinaus. Wenn die gelehrteren Mönche auch allerlei gefunden haben; Hucbald und die erste Ahnung des Zusammenklingenlassens der Töne, Guido von Arezzo und die Anfänge der genaueren Notenbezeichnung, Franco von Köln und die aus der Gewohnheit, mehrere Töne beim Diskantus gegen einen zu singen, stammende Mensuralnotenschrift; so bleibt dies alles doch bloßer Schulkram, dessen innere Verdienste nicht mehr recht zu ermessen sind, sofern die Einfühlung in die damaligen sachlichen Schwierigkeiten nicht mehr zu leisten ist, und die eigentliche Kunstfertigkeit, auch im Sinn der Theorie genommen, durch die nachfolgende, bereits neuzeitliche Epoche der Niederländer weit überboten wird.

Aber auch bei ihnen ist der Blick noch leer. Man denkt hier vor allem an den bedeutenden Josquin. Es gibt von ihm gewiß kleinere Stücke voll überraschend inniger, durchaus auf das Beseeltsein der Stimme gestellter Wirkung. Aber wie trocken wird überall dort das Brot, wo es anspruchsvoller zugeht, wie hart bleibt die Stimmführung, wie unsangbar, ausdruckslos und melodienlos ist noch Dufays oder Ockenheims künstliche und bewunderungswürdige Satzkunst; einflußlos steht der Text da und fruchtlos bleibt die ungeheure Verstandesarbeit in sich selbst verschlossen. Es ist der Bleistift, der selbst rechnen möchte, und der verschlungene Achter, der nichts trifft. Es ist eine Schaupartitur von unerhörtem Rang, die beim Anhören einer gewissen schwierigen Macht nicht entbehrt haben mag, die aber im wesentlichen nur die technische Zurüstung zu einem ganz andersartigen Barock bedeutet. Hier mußte ein Stoß von unten kommen, der einfach werden ließ und den eitlen Kalkül der Partituren auf die Orte der seelischen und textlichen Notwendigkeit zurückführte. Erst dadurch konnte Luthers Wort: »Die anderen Sangesmeister müssen's machen, wie es die Noten wollen haben, aber Josquin ist der Noten Meister, die haben's müssen machen, wie er wollt« — in dem schönen, gegenabstrakten Sinn dieses Satzes erfüllt werden.

Der neue Einfluß kam vom Volkslied. Wurde es drei- bis sechsstimmig gesungen, so erschien es als Madrigal. Da auch dieses leichten, meist erotischen Inhalts blieb, so wurde das ursprünglich Liedmäßige daran stark in die sangvolle Oberstimme getrieben. Bald darauf werden auch die alten Tonarten chromatisch durchbrochen. Es war der Niederländer Willaert, der bezeichnenderweise unter italienischem Einfluß zuerst chromatisch und in der neuen Teilung des Dur- und Mollakkords schrieb. Er setzte an die Stelle des bisherigen, feinen, vielfach sich verschlingenden Stimmengewebes den deutlich als gleichzeitig fixierten Akkord und entdeckte so, wie die Venezianer sagten, das »aurum potabile«, also die neuen Möglichkeiten einer harmonischen Musik mitten in der noch rein kontrapunktischen Zeit. Nicht viel später brachte Haßler den neuen harmonischen Ton mit nach Deutschland, um seinen Glanz in die mehrstimmige Bearbeitung des protestantischen Kirchenliedes einzufügen. Hier trat der Gesang endgültig an die Oberfläche, das heißt, der cantus firmus, der früher im Tenor, also in einer Mittelstimme stand, wurde in die Oberstimme gesetzt, um so die übrigen Stimmen, die nun zu Füllstimmen wurden, immer entschiedener dem Diskant als dem Träger der sangvollen Hauptmelodie unterzuordnen. Das geschah vorerst am zweckmäßigsten, indem die begleitenden Stimmen möglichst gleichmäßig mit der Oberstimme in einer gleichzeitigen Harmonie weiterschritten, anstatt daß jede Stimme ex cantus firmi una voce plures faciens ihre selbständigen, durch Nachahmung, Umkehrung, Krebsgang oder die anderen kanonischen und kontrapunktischen Vorschriften geforderten Wege ging. Und nun, von Orlando ab, ist die volle Freiheit gewonnen. Er beherrscht das Trinklied nicht weniger meisterlich wie den Ernst seiner erschütternden Bußpsalmen, alles ist in größter Breite zum Ausdruck bereit geworden, das tonale Haus ist gebaut, die einzelnen italienisch melodischen und niederländisch kontrapunktischen Stilweisen verschmelzen miteinander und geben dem dadurch erst mit Leidenschaft und absichtlicher Subjektivität erreichten Ausdruck die erwünschten Mittel an die Hand. Von hier ab ist jede Härte, Einseitigkeit und Alternative vorüber: der Kampf des trouver mit dem construer ist auf lange Zeit ausgekämpft, so völlig und entscheidend, daß von nun ab alle Stimmen singen und Troubadour und Schule vereinigt sind. Dadurch können sowohl das Erste, das Melodische, das hier noch überwiegend aus der Tonleiter und nicht aus dem Akkordleben stammt und deshalb wieder weniger nach der Harmonie als nach der vielfachen Einreihigkeit des Kontrapunktierens verlangt, wie das Zweite, der Kontrapunkt selber, dieser alte, ehemals um die Schönheit seines melismatischen und thematischen Materials so unbekümmerte Kombinationskalkül, ihre völlige Vereinigung in der Freude des Musizierens erleben. War Orlando eine Rembrandtsche, so ist Palestrina eine Rafaelsche Natur. Bei ihm sind die Töne stiller geworden und mit der herrlichsten Neigung zum mehr akkordischen Zusammentreffen und Ausruhen geführt. Wie hier die wenigen Menschenstimmen gruppiert werden, bald, wie in den römischen Chorälen, zur innigsten harmonischen Schlichtheit zurückführend, bald wieder, wie sein Stabat Mater und noch mehr die berühmte Missa Papae Marcelli beweisen, in die unendlichste Raumgewalt der Tongänge, der sich selbst homophon kolorierenden Tongänge hineinführend: das ist bereits so außerordentlich harmonisch, nicht harmonisch dramatisch, sondern harmonisch im Sinn des noch rhythmuslosen Seraphischen gedacht (ein Teppich für Bruckner und Wagner), daß nur mehr das akkordische Hören, also das unten vertikale und allein nach oben, wo sich der Gesamteindruck des Melodischen zuträgt, horizontale Vereinheitlichen als die adäquate Erfassung dieser Kompositionen gelten kann. Damit haben Orlando di Lasso und Palestrina als die ersten musikalischen Genies den Aufbau der Schule als Selbstzweck widerlegt. Der melodische Ausdruck, die Melodie ist zum einzigen Inhalt, bei Orlando der leidenschaftlicheren, überwiegend linear schreitenden, bei Palestrina der frömmeren, überwiegend akkordisch zusammengehaltenen Kontrapunktik erhoben.

Das Verfahren.

Man darf von hier ab nicht mehr gelehrt tun wollen. Denn alles, was handwerklich ist, rückt jetzt in die zweite Reihe. Der Ton steht fest, der Herd ist gegründet. Was nunmehr kommt, ist nicht damit erledigt, daß man es technisch beherrscht. Es kann einer ein tüchtiger Musikant sein, und alles bleibt trotzdem tot, weil der bloße Handwerker gerade vor dem konfus wird, was das Handwerk erst lohnt.

Das handwerkliche Nacheinander.

Dazu kommt ein anderes. Es ist klar, daß es auch bedeutenderen Künstlern gegenüber nichts geben kann, das so sehr abschwächt als das Einlegen oder Hineinrichten in irgend ein Nacheinander der handwerklichen Entwicklung. Wie endlos langweilig ist dem, der das nicht kennt und vielleicht noch, mehr dem, der es kennt, jetzt die Hoffmannsche Undine geworden, nachdem Weber dieses alles, mag er noch so viel von dem früheren Werk instrumental gelernt haben, im Freischütz so sehr viel besser macht. Wie unangenehm können aber auch bei Weber selber die damals neuartigsten Harmonisierungen klingen, vor allem in der Euryanthe, sofern man nicht beim Anhören den aufdringlichen, sinnlosen Gedanken an ein Plagiat aus Lohengrin unterdrücken kann. Es nützt hier wenig, gerecht sein zu wollen und an das Verdienst des Früheren zu denken. Denn daraus entsteht gerade ein Umgekehrtes, das Frühere wird gerade in der geschichtlichen Betrachtung mit Notwendigkeit zu einer gleichgültigen Vorstufe mediatisiert, die am wenigsten durch das Bestätigtwerden in der weiteren Entwicklung an Würde und eigener Bedeutung gewinnen kann. Die bloßen Mohren können gehen. Sie sind so reizlos geworden, wie die Dampfmaschine mit Schieber und Schwungrad, deren Modell in der Newcombschen Zeit von allen Akademien Europas gesucht wurde, und das jetzt für wenige Pfennige in jedem Spielwarengeschäft zu kaufen ist. Was einmal erfunden ist, hat für spätere Zeiten jedes Interesse und jede Nacherlebbarkeit des ursprünglichen Interesses im Problemzustand oder frischen Geburtszustand verloren, sofern es nicht mehr als ein technisches Problem war. Denn der Weg von fünf zu fünfzehn ist weiter und geisterfüllter als der umgekehrte Weg, den die geschichtliche Betrachtung der Nachgeborenen als Nacherleben oder als begriffliche Anordnung des historischen Nacheinander der Entwicklung zurücklegt. Soll man erst eigens sagen, daß Mozart ohne die Mannheimer und die opera buffa nicht denkbar ist? Ist es die Regel oder nicht vielmehr dies, was er daraus machte, wodurch Gluck der altflorentinischen und altfranzösischen Oper überlegen ist? Muß man noch gesondert hinzufügen, wie sehr gerade Bach am Alten hing, wie deutlich er sich von der immer weicher gearteten Harmonie der neapolitanischen Schule nur abkehrt, um statt Scarlatti die alten Niederländer und Italiener zu rezipieren? Auch dieses geschah übrigens durchaus mit Bewahrung eines gewissen bel canto, die Tänze und Chansons spielen formell eine große Rolle, und was das andere, das Satztechnische angeht, in dem Bach mit einer fast an Brahms erinnernden Reaktion auf die Vergangenheit zurückgreift, so ist er nur der Art der Verwendung und nicht der Satztechnik nach irgendwie der kontrapunktischen Gelehrsamkeit der alten Meister überlegen. Noch sonderbarer sieht es bei Beethoven aus, dessen neue Art durchaus nicht technisch neu ist. Denn es sind viele Flüsse gewesen, aus denen die Sonate zusammenfloß, und mag auch Haydn zuerst dieses mehrthematische Gebilde als Werk geschaffen haben, so ist es doch ein lehrreicher Witz, daß gerade dieser objektiv stillste Meister als Vater des Umsturzes weiterlebt, genau so wie er weit mehr als Beethoven die technischen Experimente liebte. Es ist bekannt genug, daß Beethoven selber, der Schüler Haydns, überhaupt nichts Technisches vorfand, gegen das er aus Gründen seiner bestimmten musikalischen Art zu revolutionieren gehabt hätte.

Hier gibt es nichts einzuordnen und irgendwie »fortschreitend« aufzubauen. Die großen Ichs sind unvergleichlich und wahrhaft zu anderem als der technischen Schnur geboren. Man braucht nur an das hämische Geschwätz Hanslicks zu erinnern, etwa über Gluck, gegen den Mozart, oder über Mozart, gegen den Rossini, oder über Rossini, gegen den Meyerbeer ausgespielt wird. Dann wird man begreifen, wie in diesem immer nur technisch gehaltenen gegeneinander Ausspielen der Musiker die einfachste Formel der Gemeinheit und der flachsten Respektlosigkeit gegeben ist, vor allem dann, wenn, wie hier, der Kritiker an dem Punkt, wo es am entschiedensten modern zugeht, plötzlich den Wagen anhält, den Grundsatz des banalen Fortschritts bricht und in seiner allein konsequent gebliebenen Gemeinheit zu dem Ausspielen aus der Geschichte greift. Wenn niemals ihrer zwei zugleich singen, so hat das im Rheingold seine Gründe, die nur hier vorkommen; und Tristan geht so wenig in dem, was er wesentlich ist, auf die altflorentinische Monodie zurück, wie umgekehrt Don Juan ein mäßiges Musikdrama ist. Denn die Anderen, gegen Hanslick, waren nicht viel besser, und wenn man sieht, auf welche Weise die ärmlicheren Wagnerianer alle alten Meister der rezitativischen und ariosen Oper nur als mehr oder minder unbegabte Vorgänger des Wagnerstils zu rangieren beliebten, der selbst und gerade die neunte Symphonie überflüssig gemacht haben soll, dann wird man aus seinem Widerwillen erkennen, daß das geschichtlich handwerkliche Einreihen vor allem Wesentlichen der Musikgeschichte versagt, ja sogar das Unvergleichliche der sich vermittelnden individuellen Lebendigkeit noch eindringlicher sichtbar macht, als dies ohne den Versuch dieser niedrigen Art historischer Kontinuität möglich gewesen wäre.

Der soziologische Zusammenhang.

Es gilt hier vielmehr, jedem wahrhaft großen Meister ein ichhaftes Haus zu bauen, in dem er für sich als bestimmter »Zustand« noch jenseits seiner Talente wohnen kann. Hierin ist er frei. So ist das selbstredend auch etwas anderes als das, was gerade unter den Menschen lebt und woran sie zeitgenössisch teilnehmen. Es ist aussichtslos, hier etwa, nachdem das Handwerkliche versagt, mit Kettenbildungen, mit dem, was einmal ähnlich war oder anderen vergleichenden Hilfsmitteln vorwärts kommen zu wollen. Wir wollen dabei noch ganz davon absehen, daß das späte Auftauchen der Musiker an sich schon alle geschichtlichen Verbindungen verwirrt. Denn gerade hier geht fast nichts mit den Anderen zusammen. Nur die kleinen und mittleren Meister haben gewisse malerische oder dichterische Kollegen. Vielleicht ist Nicola Piccini rokokohaft, aber es wäre oberflächlich zu sagen, daß Gluck dem Louis seize oder Mozart dem österreichischen Rokoko oder Beethoven dem Empire oder Wagner — nun, wem oder was könnte Wagner mitfolgen oder nachfolgen? Es bleibt sonderbar genug und die universalhistorische Anomalie überhaupt, daß die Griechen und mittelalterlichen Menschen fast stumm geblieben sind, daß plötzlich Bach in den Tagen Watteaus oder auch Tiepolos als der Erbe einer siebenhundertjährigen Vergangenheit erscheint, ein dunkler, üppiger, verwirrender, ganz und gar gotischer Meister, und daß die so sehr junge Musik, die fortdauernde Synkope selbst der neuzeitlichen Geschichte, ganz sichtbar einem andern Rhythmus als dem des Gesamtgeschehens des menschlichen Geistes zu gehorchen scheint. Diese besonderen Ausnahmen verstärken jedoch nur die generelle Ausnahme, in der sich jede geschichtlich-soziologische Darstellung der Wertreihung überhaupt befindet. Denn was geschichtlich und noch mehr soziologisch, also in den Überblicken und Sammlungsabschnitten eines Zeitalters überhaupt erscheint, ist entweder die Reihe der ökonomischen Bedingungszusammenhänge, unter denen dieses oder jenes Gebilde allein eintreten kann, oder aber der Abdruck, in dem die menschlich gesellschaftliche Umwelt eine Wertrealisation übersozialer Art aufnimmt, verändert, einordnet und bewahrt. Aber das Zahlen und danach Bestellen hört irgendwo auf zu wirken. Es ist nicht leicht, das, worin etwa Haydn er selber ist, aus seiner Stellung zu entnehmen. Sie erläutert weithin und ungebrochen; so hängen das ritterliche Leben und die Minnesänger, die Vorherrschaft der Kirche und Bach, die Hauskapellen der Adelsfamilien (erhalten im Hoftheater) und Haydn oder Mozart, schließlich auch die bürgerlichen Konzertgesellschaften (erhalten im Leipziger Gewandhaus) der Mendelssohn- und Schumannzeit mit diesen ihren einzelnen Musikern stofflich wie formell unleugbar zusammen. Aber es ist doch letzthin nur scheinbar der Wille der dergestalt herausgehobenen Gruppe, der über das Schaffen des Musikers entscheidet. Es ist uns wenigstens nicht möglich gewesen, das, worin gerade Haydn haydnisch ist und nachwirkt, aus der Bedientenrolle beim Fürsten Esterhazy abzuleiten. Vielleicht mag es noch gleichgültig sein, wenn es beispielsweise als notwendig erkannt wird, Mozart gerade strukturell und in seinem Gegenstand vor statt nach Bach zu behandeln. Wichtig und als Tatsache selber sprechend ist jedenfalls die Beobachtung, daß Wagner ebenfalls in der bürgerlichen, ja sogar in der Epoche protzigster und unduldsamster Bourgeoisie lebte und trotzdem so wenig davon determiniert wurde, daß man ihn nicht einmal in einen asketischen Gegensatz zum Geschmack der großen Oper bringen kann; etwa gemäß dem Grundsatz, daß man eine Sache noch mehr anerkennt, wenn man sie bekämpft, als wenn man sie mitmacht. Wie Beethoven nur aus sich rollt, wie Mahler schon äußerlich seine achte Symphonie für eine andere Gesellschaft gewissermaßen vorausgeschaffen hat, so erdenkt sich auch Wagner Evchen und das Volk auf der Festwiese, ein selbstgewähltes, sich vom Künstler selbst als inspirativ gesetztes, utopisches Bayreuth, fernab von aller zeitgenössischen Soziologie, ihren Inhalten und ihrem Formwillen. Wenn sich aber ein Musiker von dem Willen seiner Zeit derart unabhängig fühlen konnte (und es ist etwas Großartiges und Geheimnisvolles, daß gerade die beiden größten Musiker des neunzehnten Jahrhunderts Sozialisten waren), dann ist es sicherlich auch nicht das Wesentliche, das, was über Mendelssohn, Schumann und das bloß Formelle hinausliegt, welches an der Musik ökonomisch und soziologisch eingeordnet werden kann. Der irrt also, der die in allem Anderen so wohltätige wirtschaftliche Betrachtungsweise auch nach dieser Seite hin festhalten möchte. Was dem Wasser nützt, muß dem Feuer schaden, ja es kann sogar dieselbe Kraft sein, die im wirtschaftlichen Staatsleben alles zur Höhe treibt und in dem reinen Werkleben Unheil über Unheil stiftet. Wer es anders meint, wer das Verschiedenste in den einen historisch-soziologischen Fluß einschmelzen möchte, um zwanzigspännig zu fahren und das Ungleichzeitige, ja sphärisch Unvergleichbare dennoch in einem einzigen epochalen Zügelgriff zu vereinigen, der wird desto oberflächlicher werden müssen, je energischer sich die Sache anläßt und je überraschender sich jene Bewegungen gegenseitig zu erläutern scheinen, die so homogen in den genetisch polyhistorischen, in den universalhistorischen Begriff eingegangen sind. Wir sagen also, daß weder das Erste, die einzelnen negativen, das heißt nichts zwingenden, inhaltlich kausal unkräftigen Bedingungszusammenhänge ökonomischer Art, noch das Zweite, die zwischenmenschliche Beziehung mit dem Staatsleben als der einzigen Objektivität und der deutlichen inneren Kompetenzbeschränkung ihrer ewigen »Soziologie des —«, irgendwie die Geschichtsabschnitte und Soziologien der Musik so geben kann, daß darin etwas aus der eigentlichen Entwicklung und Sachlichkeit dieser Kunst, als eigener Sphäre genommen, ausgesagt wird. Es ist nur dort möglich, sozial herzuleiten oder gar einzuschließen, wo die zwischenmenschlich, das heißt sozial interessierte Betrachtungsweise mit ihrem Gegenstand, also etwa der Sitte als einer geschehenden zwischenmenschlichen Beziehung oder der Wirtschaft, dem Recht und dem Staat als einer Form der zwischenmenschlichen Beziehung, zusammenfällt. Wo es nicht so steht, wo es unmöglich ist, mit dem Staat zu schließen und die anderen Werte, wie Kunst, Religion, Wissenschaft und Philosophie als die höchsten Blüten des Staatslebens zu homogenisieren, bleibt das wesentlich Intendierte daran außer Spiel, um gleichsam nur vor einem apriorischen Zuschauer zu leben, und so für seine großen Vertreter, Stoffe und Werke, die einsame, geschichtlich völlig exzentrische Typisierung nach apriorischen Wirkungs- und Sachproblemen zu fordern. — Gewiß ist auch das einzelne geniale Tun nicht völlig unableitbar. Der große Mann ist oft genug als der Führer entwicklungsgeschichtlich nahe gelegten Zielen gefeiert worden, und der Bismarcksche Satz, daß unda fert, non regitur, bleibt auch der tieferen Manier großer Werke gegenüber in Richtigkeit. Aber was daran gilt, läßt sich nicht aus jener Geschichtsschreibung erweisen, die in ihren Zusammenfassungen von wirtschaftlichen oder staatlichen Komplexen her diktiert worden ist, um dann mühsam und nachträglich genug das ewig Außerstaatliche der Werke trotzdem als Variable in diese subalternen Kollektiva einzufügen.

Es ist etwas anderes als das Kaufenwollen oder Nichtkaufenwollen, ja sogar etwas anderes als die Gesinnung einer mehr als gegenwärtig vereinheitlichten Menschengruppe, wenn, wie hie und da in Griechenland und im Mittelalter, der Zeitwille und der Geniewille wie durch geheime Verabredung zusammenstimmen; wenn sich die großen Individuen plötzlich in einem sonderbaren Auf und Ab der gleichen Linie befinden; wenn sich über ihnen Einflüsterungen vernehmen lassen, denen ihr Ich gehorcht, und überindividuelle Botschaften, die die Formung ihres Werkes determinieren; wenn sich die geniale Sobestimmtheit zu einer Chiffre für einen übergeschichtlichen kanonischen Diapason verwandelt; wenn sich also eine aller geschichtlichen Pragmatik weit entlegene, »geschichtsphilosophische« Beziehungsreihe auftut, in der die großen Individuen zu Kategorien werden und die ganze Geniefolge, vorab die der Musik, zu einem das Bewußtsein unser, das Bewußtsein Gottes von sich selbst betreffenden Kategorialsystem überzugehen beginnt.

Die sprengende Jugend der Musik.

Der neue Ton ist an sich schon der bessere. Er ist fertig und alt, sobald er gebildet ist. Er wird auch nicht edler durch das Altwerden, weder fühlbar ferner noch von dem fatalen Kalkgeruch des Neuen befreit, sofern dieser ja schon von vornherein fehlte. Man ist hier seit langem immer wieder jünger geworden, aber es ist nicht das Können und die Reife, sondern nur die Schule, die dabei verschwunden ist. So scheint es, als ob das gewöhnliche, vor allem handwerkliche Lobpreisen der alten Zeit in allen musikalischen Angelegenheiten zuschanden gehen müßte. Zwar pflegen selbst die neuartigsten Bilder nachsichtiger beurteilt zu werden als die jeweils modernsten Satzarten. Aber das Entsetzen ging bald vorüber, die Ohren, die man sich beim ersten Anhören des Figaro allen Ernstes mit Eisenblech gefüttert wünschte, fanden bald die neue Gewöhnung, und der Streit um die Grundsätze des Schönen und Melodischen war rasch geschlichtet, sobald man der eigenen Spur vergessen erst einmal die Regeln des neuen Gebildes aufgesucht und verstanden hatte. Das Handwerk ging weiter und der Ausdruck stieg, so deutlich, daß etwa der Verfall und der dann kräftig einsetzende Aufschwung des Malenkönnens im neunzehnten Jahrhundert für die Musik überhaupt nicht gilt. Wie wenig hier das bloß Alte bedeutet, läßt sich an zwei Fällen genügend erkennen. Wenn ein junger Mann den Zauber finden soll, der ihn von dem Selbstmord abbringt und alle verlorenen Lebenskräfte zurückgibt, dann braucht Balzac als Umgebung dieses wunderwirkenden Chagrinleders einen ganzen Antiquitätenladen mit dem endlosen Gewoge von Moden, Erfindungen, Möbeln, Gebilden und Trümmern der Vergangenheit. Wenn es sich dagegen um drei Wüstlinge handelt, die sich mit einer Menge verwogenen Gesindels zusammengetan haben, um die Nonnen zu schänden und daneben Bilderstürmerei zu treiben, und nun die heilige Cäcilie selber zur Rettung ihres Klosters erscheint, so wirkt es ziemlich sinnlos, ja eigentlich musikalisch laienhaft, wenn Kleist dort eine uralte italienische Messe aufführen läßt, wo ein zeitgenössisches Stück von Palestrina besser genügt hätte, ja sogar, falls man das Anachronistische ausschaltet, ein Satz aus einer Brucknerschen Symphonie noch magischere Dienste geleistet hätte. Dies eben ist das Wesentliche: daß man alles, was gegenwärtig bildnerisch gestaltet ist, verlassen oder wenigstens ins Atemlose, Unkenntliche überstürzen muß, soll es als Folie zu bedeutenden Dingen fungieren, während die tönende, musikalisch gegebene Gegenwart jedem nur denkbaren Abenteuer und Wundergeschehen beliebig nahe verwandt sein kann. Insofern fließt hier nicht nur im selbstverständlichen Handwerk, sondern auch in der Kraft des persönlichen Ausdrucks ein einziger Strom von Ebenbürtigkeiten, der unberührt von allem Auf und Ab bleibt, der Bach und noch in ganz anderer, erstaunlicherer Weise Wagner unzeitgemäß macht, und der im Ganzen der Musik mindestens den gleichen hohen, sonst nur in der Vergangenheit auffindbaren Grad der Phantastik bewahrt. Aber geht dieses bessere Neue an Ton richtungslos weiter? Ist das blühende Klangleben, wie man vielfach glauben möchte, nicht gerade der Ausdruck dafür, daß man das obere, das sich ans Objektive knüpfende Band verloren hat, dessen flatternde und fallende Enden nun freilich in der Subjektivität noch einige Zeit zu sehen sind? Und zwar desto deutlicher zu sehen sind, je näher sie zum Boden kommen, je enger sich also der Fall, Lebhaftigkeit und Ende benachbart sind? Liegt vor allem in der ganz rätselhaften Tatsache, daß die Musik immer jünger, immer ungebundener und weiträumiger geworden ist, eine Garantie für ihre Unerschöpflichkeit und zeitgeistige Immunität? Vieles scheint sich zu vereinigen, um gerade diese letzte Frage zu bejahen, aber freilich nur um den Preis, daß damit auch zugleich eine Reihe von Bedenken eingeführt wird, die, wenn sie auch keineswegs das gewöhnliche Lobpreisen der alten Zeit in den musikalischen Angelegenheiten rechtfertigen, so doch das bloße leere Jungsein der Musik problematisch macht. Es geht nicht an, daß jeder immer wieder von vorne beginnt, ohne mit den geerbten Mitteln über sich hinweg zu bauen. Wir sagten schon, das Können des Schöpfers nimmt durchgehends an der hier selbstverständlichen Sorgfalt des Handwerklichen teil, ja man kann sogar behaupten, daß die Kraft der melodischen Erfindung und die Liebe zum Einzelnen in der kammermusikalischen Stimmführung seit Beethoven gestiegen ist. Aber das alles steht immer wieder nur auf zwei Augen, auf zwei bildlosen Augen, es gibt weder eine Schule noch die feste geistige Schönheit eines musikalischen Stils, des einzigen uns noch möglichen Stils, und die Musik will keinen letzten Anfang nehmen. Es gibt hier nur Künstler und keine Kunst, was entschieden etwas anderes und methodisch weniger Fruchtbares ist als der Fiedlersche Satz: es gibt keine Kunst, es gibt nur Künste, der die Einschränkung der schönen Künste auf einen einzigen Grundsatz schon deshalb unmöglich macht, weil das Prinzip der Gartenbaukunst ersichtlich nicht zugleich das Prinzip einer Metaphysik der Tragödie sein kann. Jedoch die einzelnen Künstler selber haben nicht ohne weiteres das Recht, für sich schon kategoriell zu sein oder wenn auch, so doch nur in der Weise, daß die dagewesenen und als Kategorien stehenden großen Individuen einen kategorialen Zusammenhang gebildet haben, der den Spätergeborenen unerachtet all ihrer herrlicheren Jugendlichkeit den Druck und Halt einer das Jungsein, Zukünftigsein, Subjektivsein erst substanziell fundierenden Sphäre vermittelt. Weil sie tiefer gehen, besitzen die Tongebilde das Jungsein nicht einfach als Eigenschaft, sondern sie werden jünger, indem sie älter werden und auf sich ruhen und das Neualte des Verborgenen dieser Ruhe erlangen. Sie schreiten also als Künstler wie als Kunstwerke nicht sinnlos fort im leeren, formalen Marsch der Zeit, sondern das Neue rundet sich, um daran sein

Maß und seine Strenge zu finden, es wird eine Würde, zuletzt eine Heimkehr und am Ende ist es gerade das Waghalsigste, Schmerzlichste, sich am meisten Loslösende und Paradoxe, das dem Alten, urältest zugrunde Liegenden, Einfachsten, Gegebenen, vorweltlich Ersehnten und in der erwachsenden Welt Verlorenen am nächsten steht. So bringt hier der nicht sterbende, nicht entsagende Jüngling, der sich unaufhörlich erneuernde Jüngling im Genie erst die Reife mit sich, und das Zerbrechen der Tonalität, das Schweifen der Dissonanzen, das Anwachsenlassen der Steigerungen, mithin die ganze Fülle des musikalischen Impressionismus bildet allerdings und in Wahrheit nur die untere Gegenbewegung eines oberen, darin sich durchsetzenden Expressionismus und der freilich kaum erst in den Anfängen erreichten Wesenschau seines gotischen Überschwangs. Aber das alles ist das, was es ist, eben nur vermöge seiner Richtung. Wenn der neue Ton an sich schon der bessere ist, so ist er es gewiß nicht wegen seines glatten Gesichts oder wegen seiner nur die Abwechslungsbedürftigen reizenden Überraschung, sondern weil die Zeit, die sich entwickelnde Neuzeit als Begriff gefaßt, den Musiker braucht und liebt.

Das Problem einer Geschichtsphilosophie der Musik.

Deshalb muß um alle ein Bogen geschlagen werden. Er ist wohl ziehend, zielend, fortschrittlich gearbeitet, aber nicht nur zeitlich, sondern mehr noch räumlich gefaßt. Er ist so gearbeitet, daß die einzelnen Punkte, die er als Form berührt, durchaus als seiend fixiert werden. So kommt es hier darauf an, bestimmte geniale Ichzustände zu fassen, die für jeden, der mozartisch, bachisch oder beethovenisch begabt ist, kanonisch werden. Aber dazu muß hier alles bloß geschichtlich Zusammengefügte aufs gründlichste zugunsten eines neuen Ganzen des Überblicks getrennt werden. Das Gegebene und scheinbar so different Gegebene ist umfangreich genug geworden, um genau so, wie sich die großen Meister der verschiedenen Formen des Lieds, der Fuge oder der Sonate nach Belieben bedient haben, sofern es der »Geist« der einschlägigen Stelle forderte, um genau so auch Mozart vor Bach zu setzen oder aus den Mozartschen, Bachschen, Wagnerschen Formen eine zeitlich unüberholbare, jeweils wieder zu postulierende Reihe der Komposition und ihrer Gegenstände zu bereiten. Rein zeitlich, also dem totschlägerischen Nacheinander gemäß genommen, sind freilich die Unterschiede ganz ungeheuer. Nirgends ist der Wechsel so eindringlich und vor allem der Zeitraum, in dem dieser Wechsel geschieht, von einer solch vehementen Schnelligkeit und Kürze als in der Musik, und nirgends ist die Straße so hoffnungslos, oder wenn man will, so endlos hoffnungsvoll geradlinig als in dieser Kunst. Überall sonst gibt es Bögen, das weithin, zerstreut Verwandte überwölbend, einmalige Erfassungen des Absoluten und Rezeptiven. Die griechische Säule, aber auch die gotische Säule, das homerische Epos, aber auch das alte Testament sind solche Bögen, nicht minder die platonische Philosophie, aber auch die kantische Philosophie; das heißt, es genügt hier als Erster das Gebiet mit Bedeutung betreten zu haben, um damit in dem ersten zugleich ein unzerstörbares, mindestens teppichhaft erschöpfendes Muster, einen gewissen Ring oder eine erste Umzirklung und Inventarisierung gegeben zu haben. Erst seit kurzem vollzieht sich, ohne daß dadurch das große, eigene Können untergraben würde, dieses neue Ganze des besseren Überblicks auch in der Musik. Der Meister kann sich nach wie vor als das aus sich rollende Rad fühlen, aber die sinnlose Turbulenz des Fortschrittsmäßigen ist verschwunden, aus der Eitelkeit und der möglichst anarchischen Konkurrenz mit dem Vorhergehenden hebt sich ein Bau und eine Stelle aus dem Bau heraus, so daß jeder Gedanke im geschichtlich gegebenen Formkomplex seinen bestimmten Ort erlangen kann, der ja an der Stelle seines historischen Vorkommens selbst durchaus noch nicht erledigt zu sein braucht und sehr wohl das noch Bessermachen, die glühendere Phantastik und das utopische Weiterdenken seines Gehalts verträgt. Erst seit kurzem, seit Brahms und noch viel mehr seit Bruckner, scheint der letzte Anfang gemacht zu sein, scheint die rastlose Neuheit mitsamt der schlechten Unendlichkeit ihrer geraden Linie zum Bogen, zum prototypischen Ort, zum offenen System und den besetzten oder, wenn das Genie neu wie ein metaphysischer Einbruch ist, zu den projektierten Feldern in diesem periodischen System von Formen der Musik übergehen zu wollen. Es gibt hier ein deutliches Meinen. Für das, was sich darin gestaltet, führe ich den von Lukács zuerst gebrauchten Hilfsbegriff des Teppichs als der reinen Form und der Wirklichkeit als der erfüllten, auftreffenden, konstitutiven Form ein. So lassen sich, halb verdeutlichend, halb eingedenkend ergänzt, je nach dem Schwung der angewandten Kraft drei Schemen unterscheiden. Das Erste ist das endlose vor sich Hinsingen, der Tanz und die Kammermusik, herabgesunken, unecht teppichhaft geworden. Das Zweite nimmt einen größeren Anlauf. Es ist das geschlossene Lied, Mozart oder die Spieloper, weltlich klein bewegt, das Oratorium, Bach oder die Passionen, geistlich klein bewegt, und zuoberst die Fuge, die freilich hinsichtlich ihrer unendlichen Melodie schon in die Ereignisform übergeht, von der sie aber andererseits durch ihren rein architektonischen, undramatischen Kontrapunkt entscheidend getrennt ist; mithin durchgehends die Gebilde der geschlossenen oder wenigstens ungestört erblühenden, einthematischen Melodie. Das alles ist nicht irgendwie von obenher ins Gegenstandslose herabgesunken, sondern es hat seinen Gegenstand in einer gewissermaßen leichteren, leichter erreichbaren, tiefer gelegenen Region des Ich, jedoch nur so, daß es jeder gewaltigeren Bewegung, also der entsprechenden Ereignisform gegenüber wie ein Vorspiel, wie ein allerdings echter Teppich, wie reine Form und wie ein Korrektiv erscheint, das nun mit seiner schönen, stillstehenden, das heißt rein lyrisch bewegten und sonst nur zusammengefügten Geschlossenheit in den Aufruhr der schwereren, chaotischeren, dynamisch symbolischen Symphonie hineinleuchten soll. Das Dritte ist das offene Lied, die Handlungsoper, Wagner oder die transzendente Oper, das große Chorwerk und Beethoven-Bruckner oder die Symphonie als den losgebrochenen, weltlich, wenn auch noch nicht geistlich großen, durchaus dramatisch bewegten, durchaus transzendental gegenständlichen Ereignisformen, die alles unecht und echt Teppichhafte rezipieren und im Hinziehen auf das Tempo, auf das Brausen und Leuchten in den oberen Regionen des Ich erfüllen. Es liegt nahe, hier an den dreifachen, syllogistischen Aufbau der Form in den anderen Künsten zu denken. Das Stilleben, das Porträt und die große Landschaft; die Novelle, die Lyrik und darüber die große Epik und Dramatik; ja, wenn man den Syllogismus der bloßen Komposition noch weiter ziehen will, auch die eigentümliche religiöse Formenfolge der schwärmerischen Wundersucht, des Protestantismus und des gebauten, vermittelten Kirchenglaubens — alle diese abstrakten Anfänge, individuellen Mitten und konkreten Erfüllungen der Abstraktheit gehorchen einem Rhythmus, der dem der musikalischen Formen ähnlich ist, und einem verwandten Syllogismus vom behaglich schönen Spiel, als der Stufe des Gemüts, zur vollen, in sich wandelnden Individualität, als der Stufe der Wärme und der Seele, bis zur leuchtenden Härte des Systems als der Stufe der Macht, der Tiefe und des Geistes sich zugeordnet zeigt. Das ist, im Ganzen genommen, der dialektische Stufenbau, ja (und dabei kann der Teppich der Übung weggelassen werden, ebenso wie die Tatsache, daß auch der an sich unteppichhafte, reale Untersatz Mozarts und Bachs relationell wieder zum Teppich, Obersatz und Korrektiv werden kann) —, ja die Ähnlichkeit ist insofern noch gesteigert, als der Untersatz auch in der Musik das kleine, entweder, bei Mozart, das natürliche oder, bei Bach, das bloß lyrisch christliche Ich aufzeigt, während es der symphonischen Ereignisform vorbehalten ist, bei Beethoven, Wagner und Bruckner das dramatische und zuoberst, weiter Bach rezipierend, in einem utopischen Gebilde das ontologisch christliche Ich klanglich zu objektivieren. Was noch tiefer geht und darin allerdings das bloß formelle Spiel der dialektischen Anordnung sprengt, das ist eine hier nur anzudeutende Beziehung des griechischen Mozart, des gotischen Bach, des barocken Beethoven und Wagner und des unbekannten seraphischen Musikers zu den entsprechenden Standindexen einer Geschichtsphilosophie der Innerlichkeit.

Die Fülle und ihr Schema.

Was aber war zuerst?

Das endlose vor sich Hinsingen und der Tanz.

Diese beiden sind noch namenlos. Sie leben nicht an sich und niemand hat hier persönlich geformt. Sie besitzen, wo man sie vorfindet, den Reiz des ursprünglichen Anfangens. Aber wir können sie erst dort eigentlich sehen, wo sich ein Künstler auf sie besinnt.

Es sind Rückstände, Hoffnungen, gleichviel. Sie mögen hier

noch liegen bleiben, mitsamt der Kammermusik, die halb abgestandenste Übungsform sein kann, halb fruchtbarste kontrapunktische Feinheit und Erretten der Sonate vor ihrem allzu schludrigen, allzu schmißhaften Dahinstürzen. So wird auch noch rückwirkend zu erkennen sein, welche Bedeutung bei Bach und Wagner das endlose vor sich Hinsingen und dann vor allem der Tanz erlangen.

*

Aber noch ist alles still.

Man liebt darum gleich fertig zu singen. Das müssen die Jungfrauen, Schulknaben und Männerchöre wissen. Es klingt im Freien echt, aber bei Silcher wird es falsch. Es ist die totgeborene Art des falschen Volkslieds oder Bürgerlieds. Das so Gesungene ist leider früh aus Schrei, Tanz und Zauberweisen herausgetreten. Wenigstens scheinen bereits die Minnesänger aus einem anderen heraus erfunden zu haben. Aber erstaunlich ist, daß selbst so späte Künstler wie Schumann, der frühe Schubert, ja noch Brahms an diesem Ort Bedeutendes gewirkt haben. Durch sie ist das geschlossene Lied als weiche, homophon melodiöse Form mit einfachstem Zeitmaß fixiert worden. Sie schwelgen, man fährt auf diesen Liedern, sie klingen überhaupt nicht anders aus als in Stimmungen, sie sind deutsch und dennoch widerspruchsvollerweise endlich, manierlich, wenn nicht gar strophenhaft melodisch geschlossen. Es mag sein, daß die stille und bald so sehr verdorbene, so sehr liedertafelhaft gewordene Sangeslust des Biedermaier viel zu diesem Sieg des Bürgerlichen beigetragen hat, mitten in einer Zeit, die zwar nicht bei Zelter, wohl aber bei Schubert nach ganz anderen Zielen aussah. Klar ist nur die Arie, die leicht nachsingbare, wohlig geschlossene, wahrhaft volksmäßige und noch ungebrochen auf die Laute gestimmte italienische Cantilene. Alles darin ist leicht, angenehm klingend und oberflächlich. Sie lebt in der Oper, lebt davon, daß jedes Kabinettsstück einen Anfang und ein Ende nimmt, und hat insofern von Pergolese bis Offenbach ihre runde, ebensowohl vom Sänger wie von der Oper aus wohlverständliche, teppichhafte Formung. Das Lied.

Mozart ist das Haupt dieser glänzenden Reihe. Er vermag am Mozart berückendsten zu singen, geschlossen zu singen. Aber er ist ein deutscher Meister und leistet insofern das Wunder, hier wirklich von sich, von uns, soweit wir darin erreichbar sind, gediegener zu sprechen. Bei ihm wird es still, die Nacht geht auf und holde Gestalten ziehen uns in ihre Reihen. Aber es ist nicht jene Nacht, in der es sich verwandelt, in der das Licht auslöscht und die Bergfee erscheint und ein Schimmer wie Morgenrot, wenn die Sonne nicht mehr fern ist, überzieht alle Wände. Vielmehr, die Kerzen brennen weiter, alles bleibt von ihnen beschienen, liebenswürdiger, verklärender als es dem Tageslicht gelingt, hier und da rokokohaft dem Drüben benachbart, aber sonst perlmuttern und nur von außen her beleuchtend. Es gibt keinen Taumel und keine Sprengung, nicht einmal in den bewegteren Ensembleszenen des Figaro, es gibt überhaupt keine andere als die lediglich rezitativisch gemeinte und erreichte Handlung. Die Lieder sind ruhig und plastisch, so sehr, daß die reizvoll an- und absetzende, reinlich antwortende, sich in reinlichen Antworten verschlingende Melodie zwischen dem heiteren Gastmahl und dem mystischen Untergang Don Juans keinen Unterschied zu machen wünscht, im Hinblick auf die gleichbleibende Geschlossenheit und Plastik ihrer Linie und Form. Es ist der lebendige, sprunglos gelöste Mensch, der sich hier mit schöner, in sich herrlich bewegter und doch maßvoller, melodisch lyrischer Gebärde gibt. Alles bleibt freilich irgendwie porzellanhaft; und wie sich das Rezitativ teppichhaft genug verschließt, so geht auch die Zeichnung des inneren Lebens, seiner allein rezitativisch dargestellten Handlungen und der Ergießungen seiner lyrisch ausgeschöpften Fülle nicht so tief ins aufgewühltere, wirklichere Ich, ins dramatisch ausbrechende oder gar mystisch erkannte Ich herein, daß die Mozartsche Oper den Kreis des Puppenspiels, der Spieloper, Märchenoper, oberstenfalls des Teppichs zum musikalischen Gnadendrama verlassen könnte. Freilich, es gibt Stellen, die man nicht vergißt: das Zwiegespräch mit dem Priester und der plötzlich einbrechende Ernst der priesterlichen a-moll-Melodie, oder der fugierte Satz und wie sich darüber der steinerne cantus firmus der beiden geharnischten Männer vor dem Tempeltor gleich einem Tauf- und Prägesiegel aufgerichtet erhebt; diese beiden gewaltigen Tongestalten aus der Zauberflöte sind wie ein zweites Gesicht, sie zerreißen den Teppich gleich einer ungeheuren starrenden, gorgonischen Vision aus der Mozartschen Präexistenz, die sich ihrer erinnert über allem Spielerischen, Spielmäßigen und flacher Paradiesischen der sonstigen reinen Form. Aber auch dieses ist Kindheit und im Grunde unbewährter Traum, es ist siebzehnjährige Musik, hinter der sogleich das Sinken des Erwachsenseins droht, und die diese teppichhaft immanente Kunst an anderen Stellen nicht entscheidend wirklich, zum Ernstfall machen konnte. Es ist klar, wie wenig daher Mozart melodisch gestört und rauschend werden wollte. Hier ruht auch symphonisch alles in der kleinen, untereinander bewegungslosen Stimmungsfolge. Es wird so verständlich, wie rasch sich bei Mozart selbst in dem breiten und atmosphärenhaften Werk der Sonate die Seele zusammenfaßt. Man erlebt diese Gebilde mit melodischem, oft, wie in der unvergleichlichen Ouvertüre zur Zauberflöte oder im Finale der Jupitersymphonie mit kammermusikalischem, aber selten oder niemals mit symphonischem Gewinn. Sie sind durchaus anmutig erfunden, oft mit einem unerhört großartigen Bogen edelster Intervalle, und in allem Einzelnen so blühend und reich, daß nur noch Schubert diesem melodischen Reichtum nahekommt; aber es ist nichts geschehen, wenn das Thema wieder auftaucht, es ladet sich nichts und entladet sich nichts, es gibt keine verschneiten Wege, keinen Nebel, keinen Wald, kein Verirrtsein und kein warmes Licht in der Ferne, es ist ein liebliches Sichergehen und perlenartig gereihtes Vorüberziehen, und der Gegensatz zeugt weder Licht noch Wärme, noch jene Musik des Durcheinander, die doch selbst die italienische opera buffa meisterlich beherrschte. So hat die Durchführung keine Spannung und keinen Willen zur großen Linie, wie sie aus dem expansiven, mit Notwendigkeit expansiven Feuer ihrer thematischen Gegensätze hervorgehen müßte. Das Ganze weist bei Mozart einen toten, unleidlich arithmetischen Zug auf, der der bewegten Beethovenschen Symphonie als einer gewählten, sich sichtbar und organisch zusammenfügenden Bildung prinzipiell widerspricht. Das ist dasselbe, was Wagner zu der richtigen Bemerkung veranlaßte, daß sich bei Mozart die empfindlichste Grazie mit einer erstaunlichen Begabung für Arithmetik verbunden hat, und daß sich aus dem naiv bleibenden Zusammenstoß dieser idealen Extreme der Musik auch manches bis zur

Banalität Regelmäßige, oder, wie anders zu sagen wäre, bloß Gemachte, Unentwickelte und hart, ja leblos Hingestellte im Umriß seiner melodisch so außerordentlichen Sonaten und Symphonien erklären läßt.

Man wünschte auch sonst nicht sogleich bewegt zu werden.

Die Sehnsucht war bei Bach kein hinausbrennendes Feuer, sondern in sich bleibende seelische Tiefe.

Die Passionen.

So war es ihr nicht wünschenswert, sich sogleich bewegt und offen zu geben. Auch bei Bach geschieht das Erzählen überwiegend gleichbleibend rezitativisch. Erst dort. wo die Stimme gleichsam erstickt und vor Tränen nicht weiter kann in dem sich Vorerzählen der heiligen Ereignisse, werden die erregteren Töne lyrischer Einkehr frei. Diese lyrischen Gebilde werden jedoch, statt bewegt und wie es bei Keiser und der gleichzeitigen Hamburger Schule üblich war, ins Opernhafte auszuschweifen, durchgehends unter die Herrschaft des alten evangelischen Chorals gestellt. Derart schlägt also das Meiste wieder in einen geschlossenen lyrischen, mithin undramatischen Zusammenhang zurück, freilich mit dem letzten Zweck, bereits zu diesem als dem auch überdramatischen, hinüber zu schlagen. Wenn Jesus sagt: »Einer unter euch wird mich verraten«, und die Jünger im heftigsten Allegro aufgeregt durcheinander schreien: »Herr, bin ich's?«, und nun nach einer wunderbaren Pause die Gemeinde den Choral singt: »Ich bin's, ich sollte büßen«, so hallt das Innerste in diesem Augenblick der Matthäuspassion wieder, und Kierkegaard selber könnte für das von mir Gesprochenwerden, für das christliche Tun und Subjektivieren des Christlichen keine gewaltigere Predigt finden. So überschlägt das lyrische Gestimmtsein des Chorals sowohl die bloß private Lyrik der Personen wie auch die sogleich zu besprechende äußere Dramatik der eigentlichen Chöre. Denn gleich einigen, der Betrachtung geweihten Arien ist der Choral wesentlich die Ausdrucksform einer oberen oder Zionsgemeinde, die gleichsam jenseits des Geschehens wohnt und in dem überschlagenden Teppich ihres nicht mehr privaten oder, was ja an sich unmöglich ist, bewegten, prozessualen, dramatischen, sondern wahrhaft *ontologischen* Lyrismus jener obersten Bühne entspricht, die die mittelalterlichen Mysterien über der Erde und der Hölle als Himmel aufgebaut hatten. Ganz anders stellen allerdings sich die Chöre dar, in denen nun, wie der kräftige epische Händel, so auch Bach nicht mehr in der, wenn auch vierstimmig gegliederten, so doch homophonen Gestalt des alten evangelischen Chorals, sondern wild, zackig und mit aufgeteiltem Rhythmus kontrapunktiert. Hier wird zumindesten gehandelt und wir sehen in eine leidenschaftliche Bewegung hinein. So bei dem »Kreuzige!«, bei dem wütend herausgestoßenen Verlangen nach Barabbas, bei dem rasenden Chor: »Sind Blitze, sind Donner in Wolken verschwunden«, überhaupt bei allen Juden- und irdischen Gemeindechören, in denen die Menge fordert oder anklagt, um derart ganz anders als das erzählende Rezitativ in die Handlung einzugreifen, ja eine leidenschaftlichere als die biblische Handlung selbst zu erzeugen. Damit wird jedoch zugleich ebenso das Wort verlassen wie der stille und geschlossene Formtyp im engeren Sinn gesprengt. Die menschliche Stimme kann sich im Chor nur noch als musikalisches Instrument verwenden lassen, wie ja auch die ausgebildetere Vokalmusik von selbst danach drängte, ihr Bewegtwerden auf das zugleich reichere wie festere Kolorit der Instrumente zu übertragen, ja sich dorthin aufzulösen oder wenigstens nur noch als der oberste, ausdrucksmächtigste Teil des Orchesters zu figurieren. Es war die selbstverständliche Folge, als Bach den alten Vokalismus auf die Orgel und das Orchester übertrug, daß hier wirklich die »Stimmen«, die schon vorher im verwickelten chorischen Gebrauch alles spezifisch Lyrische verloren hatten, unter den Rhythmus eines neuen, aus ihrer Vereinigung und kontrapunktischen Entwicklung resultierenden Stils gebeugt wurden. Dieser mußte freilich als melodische oder besser gesagt melismatische Erfindung unter erschwerten Bedingungen das ungestörte, geschlossene, vordem nur begleitete, wenn auch mehr oder minder durchbrochen begleitete Solo der Melodie erheblich schwächen, so kräftig sich auch bei Bach die Fuge und bald nach Bach das Ungeahnte, die Sonate, aus dem Zerbrechen der geschlossenen Melodie ergeben hat.

Bach, seine Form und sein Gegenstand.

Das Lied wird weit, unendlich, aber gleichsam nur intern unendlich in der Fuge. Hier ist alles durchaus sangvoll zu spielen und deutlich durchbrochen. Aber ist Bach deshalb rein tonleiterisch anzusehen, mit Scheu vor der klanglichen Mischung überhaupt? Es ist freilich dieses, was dem oberflächlichen, schulbeflissenen Kopf am leichtesten zugänglich ist. Darum gibt es auch keinen besseren Vikar, der sich nicht als Bachtrompete fühlte und nicht bemüht wäre, die unbegreiflich hohen Werke zur rechten Küstermusik zu verwandeln. Man hat mit Recht gesagt, daß der spitze kurze Ton des Kielflügels keine einzige der Bachschen Voraussetzungen erfüllte. Es ist auch keineswegs im ganzen Umfang wahr, daß für Bach immer nur die Orgel, die Stimmenorgel, die Orchesterorgel das entsprechende Klangbild bedeutet hätte. Und es unterliegt keinem Zweifel, daß uns erst unsere Flügel, und die unvergleichlichen, für den neuen Bach geborenen Steinway-Flügel, die klaren, dröhnenden, silbernen, an der Spitze, darauf gebracht haben, wie der Meister zu spielen sei, was man von den vielen Verzierungen, aber auch, was man von der scheinbar unentwegten Stimmigkeit halten müsse, und wohin, zu welcher sangvollen, also nicht einfach harmonischen, aber auch nicht der Harmonie fremden Blüte das Wohltemperierte Klavier aufzugehen habe. Bach hat sowohl das endlose Singen wie den alten, rhythmisch vielfach geteilten Tanz aufgegriffen; der früheste Teppich beginnt damit eingeholt zu werden. Was dem Meister des inneren Auflebens aber am Herzen liegt, ist der thematische Keim dieses singenden Geteiltseins; er liebt sein Thema, in dem er wie keiner sonst das Kommende, Spannung und schärfsten Umriß der Spannung, verdichtet hat, und er sieht das Thema mit dieser Liebe so lange von allen Seiten und Hoffnungen her an, bis es aufblüht und in den großen Abwandlungen der Fuge zu einem aufgeschlossenen Schrein, zu einer intern, das heißt eben vom Lebenskreis des Themas begrenzt, zu einer intern unendlichen Melodie, zu einem melismatischen Universum hinsichtlich der entwickelten Individualität seines Themas geworden ist. Deshalb gerade ist Bach nicht rein tonleiterisch angelegt, so deutlich auch alles durchbrochen ist. Selbstverständlich wird bei Bach, wie übrigens auch bei Beethoven und Wagner, wenngleich in geringerem Grade, das Harmonische an sich gleichgültig, sofern es als zufällige Gleichgültigkeit der Stimmen am Kontrapunkt erscheint; aber doch nicht in dem Sinne gleichgültig, daß die Bewegungen dazu und ihr Ganzes, also eben der Kontrapunkt, nun auch das Überragende und schlechthin Pointierte wäre. Er ist, sofern er die völlige horizontale Durchsichtigkeit bedeutet, gewiß das Bachische Wesen. Und doch gibt es hie und da schon ein Wollen und die hindurchströmende, beziehungsreiche Flut eines thematischen Nacheinander, einer zweifachen, unter sich schon spannungsreichen Thematik, die sich auf die Durchgangs-, Wende- und Eckpunkte, vor allem aber auf die rhythmisch betonten Haltepunkte der Harmonie: wie man sieht, keiner einfältigen, homophonen, sondern einer anderen, erwählten, unterstreichenden, mit ihrer Masse pointierenden Harmonie, — weitaus kräftiger angewiesen sieht als auf die entscheidungslose Stimmigkeit der beständigen Polyphonie. Und dieses scheint in das andere herein, auch wenn Bach der Meister der einen Stimme bleibt, der Verdoppler oder Verfünffacher der alten Einstimmigkeit. Es hat seinen Einfluß und verhindert das Schwelgen im Apparatlichen und Formalen, auch dort bei Bach, wo die weite Entfernung der Stimmen voneinander wesentlich dazu beiträgt, die vertikale Verschmelzung, also das Dasein und den Wandel von ganzen, wie immer rhythmisch verkleinerten oder dominanthaft verschlungenen und wieder losgelösten Tonsäulen zu verhindern. Dadurch, daß nichts als das Lied, das Thema weit, unendlich werden will innerhalb der gleichsam intern unendlichen Melodie der Fuge, sinkt das Kontrapunktische zum bloßen Mittel herab, zu einem Reflexiven, das nur deshalb zugelassen wird, weil sich die Tonleitermelismen am Nebeneinander schärfer profilieren, und weil sie ihr bewahrtes, unzerrissenes Zugleichdasein, ihre nichts Einzelnes mehr betreffende, sondern einfach Seele, entwickelte Seele bedeutende Lyrik — das trotz aller dramatischen Gemeindechöre Zentrale der Bachischen Kirchenmusik — am besten im kontrapunktischen Gleichgewichtssystem darstellen können. Wo sich dieses Gleichgewicht verselbständigt, ist es ein Leichtes, gleichwie sich in der unebenen Fläche des Reliefgrundes Luft, Anordnung der Figuren in der Landschaft, ja die ganze, im Auf und Ab des unebenen Grundes untergegangene Landschaft selbst verspüren läßt, so auch im Gefüge des Bachischen Kontrapunkts die untergegangene, zusammengebaute, übereinandergebaute, in die Nischen der dreidimensionalen Kontrapunktik eingebaute Lyrik der Passionen zu erkennen. Wenn man also will, ist auch die lebendig, melismatisch gespielte Fuge ein Teppich oder ein Korrektiv. Sie läßt sich als der Teppich v o r allen Wirrungen der aufgeregten, chaotischen, melodisch gestörten Symphonie, mithin als der zugleich mit der Spieloper und den Chorälen der Zionsgemeinde dritte Teppich der Vollendung, der noch »primitiven« Vollendung bezeichnen. Es scheint hier jedoch angemessen, um nicht, unserem Grundsatz entgegen, zum Übergleiten gezwungen zu werden, bei zweierlei Halt zu machen und zweierlei bei Bach als prototypisch zu betonen; zunächst die innere Seele (nur mit dem Unterschied, daß sich jetzt, in den Klavier- und Orchesterwerken, die Gestalt wie die Grenze dieser Lyrik durch die Anlehnung an das wesentlich architektonisch kontrapunktische Gebirge deutlicher macht als in den Passionen) und dann den Körper des Lyrischen, also die Mischung und das Gleichgewicht des Lyrischen und Gestalteten in einer wesentlich architektonischen Harmonie und Kontrapunktik, die das eigene Haus, das gewissermaßen räumlich konstitutive System dieser Lyrik darzustellen scheint. Es darf danach sehr wohl von einer auftreffenden Beziehung innerhalb dieses Kreises gesprochen werden, wenn auch die lyrische Geschlossenheit, in der sich letzthin bei Bach das Ganze seines Zusammenklangs, seiner Symphonie aufbaut oder einbaut, den konstitutiven Gegenstand dieses Kreises deutlich zum leichter vollendbaren Teppich oder Korrektiv eines Schwierigeren, Wirklicheren, Absoluteren einschränkt.

Es ist bei Mozart das weltliche, bei Bach das geistliche Ich, das gegenständlich wird. Wie Mozart auf eine bewegte Art, leicht, frei, beschwingt, gelöst und glänzend die Gefühle klingend machte, so zeigt Bach auf eine gemessenere Art, schwer, eindringlich, gebunden, hart rhythmisierend, glanzlos tief das Ich und sein emotionales Inventar. Es ist mithin bei Mozart das (noch kleine) weltlich luziferische; bei Bach das (ebenfalls noch kleine) geistlich christliche Ich, das durch die sich nähere, subjektivere, protestantische Gesinnung erreichbare Ich der Güte oder des gelösten Adams, mithin noch nicht das hinter einer ganz anderen Dynamik verborgene Ich des Blicks der Versammlung, der Glorie oder des gelösten Luzifer. Es ist das von innen her erleuchtete Gehäuse des christlichen Tunwollens, in dem Sinn, daß die Bachsche Musik das Ringen um das Heil der Seele zum Ausdruck hat, das vierte Leben im siebenfachen Aufbau des inneren Menschen, die Stufe des Hoffens und der Liebe, hinter der sich –

Bach parallel, aber unzugänglich — die drei oberen Lebendigkeiten: die Stufen des Glaubens, der Erleuchtung und der Apokalypse, innerhalb einer nicht erhabeneren, aber schwierigeren und endgültigeren religiösen Phänomenologie erheben.

*

Was aber sei zuletzt? Nun, bald wird uns freier zumute. Denn der Ton will sich auch zum Handeln drängen.

Er kürzt sich ab und sitzt lockerer. Das Dritte, sich völlig Hinauswagende zieht herauf. Das frühe Kloster bricht, die wirre Welt vor dem echten Kloster scheint herein.

Carmen.

Nun treibt es weiter zu atmen. Das heißt noch nicht, daß die einzelnen Gesänge strichlos, abschnittslos in die Ferne schweifen. Wenn wir etwa Carmen nehmen, so sind die jeweiligen Lieder noch geschlossen. Aber ist es für sie bezeichnend, daß sie nicht einfach nur aneinander gereiht sind, sondern sich, ohne gebrochen zu sein, insoweit wenigstens geöffnet und bereit zum Zuzeigen, als sie dem Gang der Handlung, statt ihn lyrisch auszuzieren und aufzuhalten, blitzschnell zu folgen imstande sind. Derart geht der Ton ins Weite, um nicht nur dem schwärmenden, spielenden Menschen, sondern auch dem Helden Platz zu geben, wie er sich im raschen Abenteuer verliert und bewährt, freilich noch nicht eigentlich »findet«. Man braucht sich hier nur an die vorbildliche Veränderung zu erinnern, die das wechselnde Tempo des Carmenmotivs in dessen Ausdruck hervorbringt. Auch wie Escamillo und Don José vor und nach dem Zweikampf zu einander singen, gibt in seiner glühend wechselnden Folge, die sich wegen der einfachen Melodien trotzdem in runden, kurz, kupiert gerundeten Formen abzielen kann, ein gutes Beispiel bewegt geschlossener Einfälle.

Offenes Lied und Fidelio.

Anders steht es freilich mit dem offenen Lied. Es ist vom letzten Schubert ab vor allem begonnen. Nichts bleibt herkömmlich, an die Strophe gebunden, die unteren Stimmen sind reich gelöst, schmiegsam und zu jeder Untermalung bereit, die Gesangslinie ist ausdrucksvoll sinngemäß und der Fluß der Steigerung wird zur wesentlichen Art des Ganzen. Das gilt vor allem für Wolf, weniger für Strauß, der überall dort, wo er mit weichen Tönen rühren will, seicht, biedermaierlich und trivial geworden ist, aber dort, wo es gilt, herb zu schreiben und glühende, ernste, groß geschwungene Texte, Klopstock und ähnliches, zu vertonen, wird Strauß sogar zum größeren Meister. Aber auch, wo es zu handeln gilt, rettet das offene Lied. Besonders nachdem es steigend begann, reich, durchbrochen, voll gefüllter Sorgfalt zu werden. Der Ton war rezitativisch zu farblos, und er war zu langatmig im Lyrischen. Jetzt gehen die klingenden Ausrufe mit und verwandeln den Gesang zu einem kürzer gehaltenen melodischen Geschehen, das wechselnd genug ist, um auch die Empfindungen und Ausbrüche handelnder Personen, das ganze Geladensein der Luft mit Raschheit, Schicksal, Entscheidung wiedergeben zu können. Darum wird es überall dort, wo sich die Person in die Handlung und diese wiederum in die Person ernsthafter einmischt, notwendig, die gesangvolle Form entschiedener zu brechen und aufzulassen. So schon bei Weber und mehr noch bei dem höchst bedeutsamen Marschner des Hans Heiling, mit der herrlichen Arie und dem einzigartigen Melodram, vor allem aber beim Beethovenschen Fidelio und dem Rätsel seiner Melodie. Das hat sich freilich allmählich so sehr verbreitet und ist so sehr das Mittel geworden, Kleines aufzudonnern und statt melodisch geschlossener Einfälle melismatisch zusammengerührten Ersatz zu bieten, daß es überhaupt keine Spieloper mehr gibt, sondern alles auf ein Gebiet herübergezogen wird, das nur für die heftigste Leidenschaft und Handlung reserviert bleiben sollte. Denn hier allein ist diese Bewegung erlaubt; formell immer noch Handlungsoper, aber irgendwie bereits mystisch gesteigert und von dem Carmentypus deutlich durch den symphonischen Charakter unterschieden: so bei den kostbaren Werken des späten Verdi, ja selbst der Holländer, Tannhäuser, Lohengrin und vor allem die Meistersinger, die überdies einen vollkommenen Opernaufbau wahren, sowie große Teile des Rings zählen zu den Handlungsopern, als welche die ichauflösende dramatische Bewegtheit und nicht etwa bereits die darüber wieder hervorbrechende persönlich lyrische Tiefe zum wesentlichen Ziel haben. Wie bei Beethoven alles Gesangvolle überhaupt gleichsam trächtig wird mit einer endlosen, ausbrechenden Bewegung, so bleibt auch im Fidelio, als dem apriorischen Muster der symphonisch dramatischen Gattung, kein einziges Lied und erst recht nicht die tobenden Ensembleszenen in dem festen Raum der wie immer bewegten Melodie beschlossen. Der ausschweifend gehandhabte Ton, das Gewoge der Töne und der andauernde Zuschuß aus Spannung, Chaos und Schicksal schäumt zu einer überwiegend unmelodischen, rezitativisch melismatischen, motivisch thematischen und sich im ganzen rein symphonisch entwickelnden Musikart über, die von selber schon jedem überlegten Text zum Spott, nicht nur der Handlung folgt, sondern selber Handlung, noch unbestimmte, namenlose Handlung erzeugt, in die nun die bühnensinnliche Anwendung und textliche »Begründung« einzusetzen ist.

Das alles steigert sich noch in dem Beethovenschen Chorgebrauch. Gemeinsam zu singen, das war früher das Bedürfnis, sich in Gemeinschaft zu bekennen. Es waren einsame Stimmen, die im Dunkeln riefen, die sich antworteten und so zum Einklang im tieferen Sinn gelangten. Wir sahen freilich, wie sich die menschliche Stimme chorisch nur mehr instrumental verwenden läßt, aber wir stellten zugleich fest, daß sie auch dann immer noch als der oberste, ausdrucksmächtigste Teil des Orchesters gerettet bleibt. Das vordem so wichtige Wort tritt allerdings zurück; es wird zum Netz und Stramin, in das die Töne hineingestickt werden, und das in deren Verschlingungen natürlich durchaus nicht mehr gemeint, angedeutet oder nachgezeichnet ist. Gewiß hindern die vier, äußerstenfalls acht Stimmen eine allzu große Beweglichkeit, aber es sind menschliche Stimmen, die nicht nur verstehen, vor allem seit Beethoven, alle Steigerungen mit dem furchtbarsten Ernst herauszuarbeiten, sondern die erst recht dort, wo es auf Wucht, Ruhe, Geistigkeit, Geheimnis, also um die Erholung, die Höhepunkte und das Fazit des dramatisch symphonischen Stils ankommt, den vollen überdramatischen Rätselschimmer des Rufes, wenn nicht schon der Erhörung einer anbetenden Gemeinschaft auszubreiten in der Lage sind. Nun, die alte Gemeinde ist zersprungen und wir können den Chor, ihr Werk, nicht mehr als daseiende, sondern nur mehr als ersehnte Glaubensmacht und Glaubenseinheit genießen oder gar schaffen. Es ist ein anderes sich Versammeln gekommen, ein anderes Suchen und Finden der darin fest zusammenstehenden Seelen, eine andere Sehnsucht nach Organisation und vor allem nach dem Ge-

Missa solemnis.

halt einer Organisation, die die Menschen zusammenführt, die ihnen im Chorwerk tausend Stimmen schenkt, um nach dem Einen zu verlangen, um nach oben hin von dem Wachen zu verkünden, um mit einem tausendfältigen, musikalisch transzendent gewordenen Schrei den Messias zu rufen. Dazu ist der Chor ein Mittel, er bietet sich dazu dar, stürmisch und kathedralisch, mit der steigenden Linie der neuen Gläubigkeit, die sich von der Bachschen h-moll-Messe über die Schubertsche es-dur-Messe, dieser leuchtenden, gewölbten, mit den weiten Hallen der Jesuitenkirche, bis zum »pater omnipotens« der Missa solemnis und zuletzt zur Brucknerschen Kirchenmusik, vor allem zu dessen f-moll-Messe, in immer leidenschaftlicherem Barock hinzieht, in immer entschiedenerem und nicht minder philosophisch zu verfolgendem Bewußtsein, daß die Gemeinde den heiligen Geist weniger zu preisen als zu bekennen hat.

Die Geburt der Sonate.

Vieles andere hat sich schon gezeigt, das neues Leben bringt. Nun trägt das bewegte opernhafte Denken auch seine eigenste Frucht, die Sonate herbei. Es war kurz nach Bach fast selbstverständlich, so weiterzuarbeiten, als ob die Fuge nie gewesen wäre. Sie ist uns seitdem völlig fremd geworden. Sie ist fern und alt und doch möchte man so gerne wünschen, sie wollte morgen wieder sein. Wie sehr viel anders, lockerer, haltloser ist alles geworden! Zieht sich von ihr zu uns überhaupt noch ein Weg oder gar derselbe Weg? Soll überhaupt noch einer sein? Darf man sich aber, wenn einer ist, seinem gleichviel bedenklichen Zug entziehen? Man weiß, wie entscheidend sich kurz nach Bach die Schreibweise geändert hat. Er selber stand ja nur wie ein fremdartiger, waldmäßiger Riese mitten unter den übrigen galanten Meistern. Schon sein Sohn Emanuel half die neue Spielweise zu begründen; und Haydn ist dessen größerer Nachfolger im Sonatensatz, wie er in Scarlattis dreisätzigem Opernvorspiel sein bezeichnendes Vorbild hat. Hier läuft der Gesang, wenigstens anfänglich, endlich wieder seinen freien, die ganze Sonate beherrschenden Gang. Alles ist ungezwungen, blumenhaft, guirlandenmäßig geworden. Die anderen Stimmen sind dazu da, die Melodie von allen Seiten zu umgeben, sie in sich unterzutauchen und scheinbar auflösen zu lassen, um dann desto bereitwilliger wieder in den untergeordneten, bloß ausschmückenden, durchführenden Stand zurückzutreten. Es gibt also nicht mehr ausschließlich durchgeführte Stimmen, sondern Haydn verwendet Füllstimmen und besonders Gruppen von Instrumenten, die beliebige Massenwirkung und ein beliebiges harmonisches Kolorit ermöglichen. So wird, schon äußerlich angesehen, das Thema gleichgültiger; es will die Entwicklung nicht mehr erzeugen, sondern umgekehrt durch die Entwicklung zu immer größerem Leben und Glanz erzogen werden, — ein leichteres Gewebe mit der bei der Fuge ganz unmöglichen Ungeduld im Einschlag, derart, daß man mit Recht gesagt hat, ein schlechter Takt verderbe die Fuge, aber ein einziger guter Takt rette die Sonate. Trotzdem gibt es hier kein Zurück, nachdem der freie Eintritt der Stimme endlich zum Ereignis geworden ist, und es geht nicht an, nach so viel teuer erkauftem Positiven die neuen, leider am Ende sehr »poetisch« gewordenen Blätter zurückzuschlagen oder auch nur zu überschlagen, um wieder die bedächtig, schwunglos gute Satzarbeit der Fuge Takt für Takt zu gewinnen. Hier bleibt es so, durchaus so, auch für den, der das neue Überrumpeltwerden nicht liebt, daß man nach dem Dasein der Eroica seine feste Marschroute, den unwiderrufbaren Befehl des Perserkönigs zu dieser Marschroute erhalten hat, wobei es übrigens auch dem sorgfältigeren Geschmack ein Leichtes werden mag, sich Beethoven, der ja ebenso voll von demagogischen Mitteln wie von Verheißungen, von wahrhaften Höhepunkten und weithinschwingenden Dominantspannungen ist, anders, aber so stark wie der Bachschen Fuge, bis ans Ende hinzugeben. Es ist also zunächst die Farbe, die gegen die Zeichnung siegt. Was uns daran so sehr erschüttert: die blitzartig wechselnden Tonstärken, das Wunder der Hörner, dieser blühenden, sättigenden, hallenden, dem Pedal vergleichbaren Füllungen des Klangs, bittere Kälte — Schlaf — Schritt der Nachtwachen — Glaube und Unglaube — der Stern — und nun erscheint's, das Gespenst oder der Geist, mit allen Mitteln des Schlagzeugs, der Posaunen, der Orgel und des vollen, im äußersten Fortissimo ausgehaltenen Orchesters: es ist eine neue Daseinsweise des instrumentalen und dynamischen Ausdrucks, die gleichsam aus der Farbe und Beleuchtung heraus die neue Zeichnung erfinden, harmonisch dramatisch erfinden läßt und so venezianische Glut in das zuerst so dünne und volumenarme Wesen des thematischen Wandels hereintreibt.

Freilich benutzt Haydn nur erst insofern das reißende Nacheinander der Farbe, als hier nicht mehr einfach gesungen wird, sondern im oberen, von unten her so vielfach melismatisch durchbrochenen Gesang etwas geschieht, als mithin eine zweite Melodie, ein Gegensatz und der Durchführungs- wie Vereinigungsreiz dieses Gegensatzes hinzukommt. Das scheint wenig, zumal da die zweithematische Form von Haydn nicht eigentlich erfunden wurde. Auch Bach läßt bereits deutlich, vor allem in den Einleitungssätzen seiner Partiten, das in einem zweiten Thema ausgedrückte Prinzip des Gegensatzes als Urbild der Sonatenform erkennen. Aber was hier nur gelegentlich auftauchte, wird von Haydn immerwährend behauptet und einer förmlichen satztechnischen Weltanschauung von Polythematik zugrunde gelegt, die unmittelbar zu der Abenteuerwelt des gelockerten, dramatisch symphonischen Stils der Sonate prädestinierte.

Brahms und die Kammermusik.

Freilich blieben die Rechtschaffenen nicht aus. Sie lebten bis vor kurzem noch in den musikalischen Bildungsanstalten fort, als eine unwürdige, wenn auch nicht ganz unverdiente Nachfolge des bösartigen Durchschnitts hinter seinem Brahms. Nun liebt dieser gewiß alles andere eher als zu säuseln oder auch nur verschwärmt zu sein. Brahms zeichnet eher zu viel als zu wenig, aber auch dieses ist nicht die Beethovensche Spur. Es wiederholt sich hier das gewöhnliche Schicksal, daß Nachfolger und Mischtypen entstehen, die die fortzeugende Kraft des Originals in der Nachahmung seiner kleinen, nicht seiner inneren, wenn auch romantisch zurechtgemachten Form festhalten wollen. Wir lassen dabei die bloßen geschlossenen Liedersänger des Biedermaier und zweiten Rokoko beiseite. Vor allem den letzten Schubert, der hier aus allem herausfällt, der seine homophone Liedvergangenheit haßte, und der fast genau in dem Augenblick starb, als er seine eigentliche Begabung begriff, das Schwelgen in Längen und den Aufbau zugleich, die ihm seinen Platz bei Bruckner anweist. Aber die anderen, so verschieden sie auch unter sich sein mögen, der armselige Mendelssohn, immerdar heiter und gewandt, Schumann, dieser unglückliche Möchtegern, Chopin, der brillant gewordene Klavierist des ancien régime, und der männliche, unvergleichlich viel großartigere Brahms, ein Riese dagegen, — so einheitlich ist ihnen doch jener fatal sittige und subaltern gemäßigte Zug, der nur Chopin hier und da freiläßt, so in seiner höchst interessanten, Wagner verwandten Chromatik, um ihn dafür an anderen Orten in den leeren Gegensatz des Salonglanzes, edler, aber zumeist nichtssagender Fioriturenkunst einzustellen; und der Brahms, den heißen, dunklen, tiefen Brahms, immer wieder zum Sprecher und Parteihaupt einer züchtigen mitteldeutschen Bourgeoisie herabsetzt. Damals war die Musik ernsthaft in Gefahr, weiblich zu werden, aus einer Weltsache zur Angelegenheit der deutschen Bürgerstube und Sentimentalität zu werden. Es ist sehr zu beklagen, daß sich gerade Brahms so kanapeehaft in die Scheu vor allem Feuer zurückzog. Er hat Farbe, wie man denn auch sein Klangbild nicht übel mit der norddeutschen Heide verglichen hat, die aus der Ferne wie eine weite, eintönige Fläche erscheint, aber wir treten in sie hinein und mit einem Male löst sich das Grau in ein Vielerlei von kleinen Blüten und Farbigkeiten auf. Freilich will Brahms nicht malen oder Stimmungsmusik schreiben, sondern, er will und kann es durchaus, den melismatischen Gehalt zusammen zu drängen mit der Lust am organischen Bilden, mit den sorgfältigeren alten polyphonischen Mitteln und der organisch plastischen Gliederung als Ziel, erschwert durch ein dichtes Kreuz- und Quergeflecht tonleiterlicher Linien. Aber es geht nicht an, noch so hoch im Gedanken drin die Disposition zu spannen und dort in Plastik zu schwelgen, wo doch selbst das gut Geformtsein unwichtiger wird als das rhythmisch emotionale gut Gestelltsein. Nichts kann darum uneigentlicher und Beethoven gegenüber eine schlechtere Nachfolge sein, als so wie es dem Brahmsschen Konservatoriumstrieb entspricht, den Meister, den Weltgeist der Musik, der die Klaviere zertrümmert, bei dem es Mühlsteine regnet und der das stärkste Orchester noch zu einem schwachen Bettelkram vor der apriorischen Übermäßigkeit seiner Partituren verwandelt, zur wohlerzogenen Klavier- und Kammerkunst zu verkleinern. Wir haben sie deshalb schon vor allen Ernst als teppichhaft herausgesetzt. Man sieht daran, was einer kann oder gelernt hat, und die paar Stimmen bringen alles an den Tag. Vieles mag hier außerdem schwankend sein und stark nach Übergängen zum Wirklichen suchen. Es ist möglich, daß es einen eigenen vier-, fünf- und sechsstimmigen Satz gibt, der nicht nach mehr Stimmen verlangt, und der jene

Selbständigkeit für sich behauptet, die er anderen, deutlich ins Symphonische gleitenden Gebilden, wie etwa dem Oktett, selber abspricht. Aber das alles ist nichts für sich und in sich, bevor es nicht die Verwendung seiner Sauberkeit und Durchsichtigkeit im größeren Zusammenhang erfährt. Es gibt keine guten Zuhörer, die dem Streichquartett eine eigene Seele in einem seine aufdringliche Geformtheit wie immer erleuchtenden Ausdruck zubilligen wollen oder können. Wo es sich anders verhält, wie in den letzten Beethovenschen Quartetten, ist es ein Kleines, das Licht nicht mehr davor, sondern dahinter zu stellen, wie es die ganze nach innen, nach rückwärts ausgedehnte, hintergründige Struktur der großen Tongestaltung überhaupt verlangt. Man darf hier die bemalte Fensterscheibe nicht bei Tag beleuchten, wobei sie freilich vor den echten, den bildenden Formkünsten überhaupt nicht bestehen kann, sondern Beethoven stellt nach dem ausgezeichneten Wagnerschen Gleichnis das magische Glasgemälde in das Schweigen der Nacht, zwischen die Welt der Erscheinung und die tiefinnere, verschlossen leuchtende des Wesens aller Dinge, wodurch sich erst das verschlossene Bildnis belebt und von einer Welt Kunde gibt, zu der nicht die angeordnete, sondern nur die geprägte Form, die lebend sich entwickelt, also die organisch abstrakte Transparenz der Musik Zugang hat. Aber überall sonst bleibt nichts als das kalte, schulmäßige Vergnügen an der Verflechtung der Themen, an ihrem Eintreten, Treffen, sich Grüßen, Abschwächen, Steigern, mit einander Gehen und Vereinigen, als ob und nicht einmal als ob sie wirkliche Menschen wären, die sich begegnen und dadurch die Schicksale des Dramas anheben lassen. Wenn sie überhaupt bestehen dürfen, alle diese Freuden und Selbstbestätigungen des Kenners, der ja allzu oft schon snobistische oder pedantische Mittelstandspolitik getrieben hat, dann doch nur insofern, als sich die Kammermusik völlig auf den Ort der reinen Form zurückzieht, des Reservoirs der Sauberkeit und melismatischen Schönheit des Einzelnen, des einfallsreichen, blühenden Solospiels aller Instrumente, aus dem dann nach Beethoven Bruckners wahrhafte, sich ins Tätige, »Effektvolle«, Wirkliche hinauswagende Symphonie die Nahrung ihrer Einzelheiten gezogen hat. Insofern also ist, wie hier nachtragend spruchreif wurde, der Quartettstil ein Teppich und Korrektiv; zwar nicht bei den schlechteren Stücken, die einfach nur Rückstand sind, aber desto mehr bei den besseren, kontrapunktisch neu aufgeblühten Kammermusiken, an denen fast alles Durchsichtige einzuholen bleibt, um ihre Sophrosyne dem ebensowohl demokratischeren wie transzendentaleren Gebilde der Symphonie mitzuteilen.

Beethoven. seine Form, sein Gegenstand und der Geist der Sonate.

Aber nun fällt völlig alles Falsche und Muffige ab. Das Blei entweicht, das Zerrbild verfliegt und Beethoven folgt bis ans unbekannte Ende. Wie erhebt sich das Herz, wenn es dich, Unendlicher, denkt! Wir ahnen gewiß, daß noch Herrlicheres erscheinen wird, aber das ist Wunsch und nicht Werk und so lassen wir widerstandslos dieses sprechende Meer über uns zusammen schlagen.

Es zerteilt, was geschieht. Mit dem Singen ist es freilich zu Ende. Auch in seiner thematischen Verkürzung, wenigstens bei den großen Sätzen. Ausgenommen ist nur die Art des Variierens. Selbstverständlich auch das langgezogene Adagio, das freilich schon nicht mehr leidet oder ruht, sondern überredend sentimental wird. Das Variieren ist, wie es Bekker gut bestimmt hat, die Zerfaserung oder innere, widerspruchslose Entfaltung, mithin die überwiegend passive Ausbreitung des hier noch als Lied und Melodie gegebenen, als Gefühlsreihe auseinandergelegten Themas. Durch die grundsätzliche Aufstellung mehrerer Einfälle unterschieden, schließt sich ihm das Rondo an. Es ist so gearbeitet, daß sich in ihm das lose Aneinander der Variationen unter Vermeidung der strengeren Sonatenform zu einer fast rhapsodischen Mannigfaltigkeit von Stimmungen steigert, gewissermaßen als der Mittelglieder zwischen Gefühl und thematischen Gedanken. So stellt das Rondo eine Mischform aus Variations- und Sonatenelementen dar. Strenger wird die Anknüpfung schon im Scherzo. Es ist die eigentümlichste Beethovensche Form, sofern es das alte Menuett rezipiert, im Schein einer rätselvollen, aus Lachen und Verachtung gemischten Freude, ihrer wütend ausgelassenen oder ironisch leichtschwebenden Tanzrhythmen. Dementsprechend rückt es auch sonatentechnisch an die Stelle des alten Menuetts. Leidenschaft, Schmerz, Heiterkeit und Gelöstheit sind und bleiben die Teile der Sonate, der eigentlichen und sammelnden Beethovenschen Form. Ihnen entsprechen, freilich gelegentlich mit starkem Bedeutungswechsel, im Allgemeinen die Vortragsbezeichnungen des Allegro, Adagio, Scherzo und Finale. Gerade der erste Satz ist zumeist alles andere als ein Allegro und der letzte, das Finale, nimmt auch das Rondo, ja selbst die Variation gelegentlich mit herein, die doch sonst der strengen, gegensätzlichen Durchführung durchaus entgegengesetzt ist, und die sich trotzdem, eben weil sie beliebig, locker, gelöster expandiert, neben dem ersten Satz zum bedeutendsten Glied der Sonate am Ort des Schlußsatzes ausbildet. Vielleicht bleibt das Beethovensche Klavierkonzert noch als eigene Form zu erwähnen. Es spiegelt gewissermaßen die übliche Ordnung von dumpferen Irrgängen und befreitem, leichtem Spiel auf der Hochebene wieder. Denn bei Mozart war das Klavier noch eingeordnet, das wohl das Thema anschlägt, aber sonst nur unterhalb des Orchestersatzes figuriert. Dagegen Beethoven kennt keine Bewegung, die nicht vom Klavier wieder aufgenommen würde, und keinen Weg, der nicht das Orchester am Ende verlassen müßte, um im Klavier, in dem wieder aufrauschenden, prachtvoll krönenden Instrument, seine volle Herrlichkeit zu finden. Der übrige, vor allem spätere sonatentechnische Klaviersatz ist nicht ganz eindeutig. Es liegt nahe, einzelne Sonaten, wie vor allem die für das Hammerklavier, zu instrumentieren und man hätte eine Symphonie. Beide sind sich nahe verwandt; es lebt in Sonate wie in Symphonie die gleiche organisch gegliederte Handlung, mit genau disponierter Szenenfolge und streng begründetem Auftreten der Charaktere, von der ja auch die Zeitgenossen glaubten, es seien verkappte Opern, wie denn eine dramatische Aufbauregel Beethovenscher Symphonien in der Tat nicht zu leugnen ist. Wir wollen freilich hier schon dem beliebigen Ausdeuten dieser Dinge entgegentreten. Es ist besser, wenn man es nicht anders versteht, handwerklich zu bleiben, also sich an das nur allgemein »stimmungsmäßige« Es des Tongeschehens zu halten, statt seinem imaginären Helden läppische Geschichte zuzudichten. Was da ist und wirkt, zunächst, das sind Themen und Gegenthemen, im ersten Satz, dem sogenannten Allegro, dann das Adagio, dann das Scherzo und am Ende die erneute Entladung, die Wiederkehr der alten Thematik im scheinbaren Spiel des Finales, die Kuppel oder bunte, polyphonische Abrundung, das Ganze der Symphonie, mit dem schließlichen Sieg des hellsten Themas dazu. Es kracht zwar in allen Fugen und muß sich im einzelnen viele Umgestaltungen gefallen lassen, aber im ganzen hält dieses alte Sonatenschema dem Beethovenschen Ansturm stand. Wir sagten nun, Beethoven zerteile das Geschehen. Und von hier aus greift Bach entscheidend, wenn auch noch nicht rettend, das Einzelne völlig melismatisch erwärmend, in dieses freie Getriebe ein. Er bringt innere Fülle, Stimmigkeit und vor allem beim späteren Beethoven gewaltige, wieder reich durchbrochene Polyphonie, hinleitend zu kammermusikalischer Feinheit, unbeschadet des ganz anderen, um thematisches Leben unbekümmerten Zuges zum Sturm. Aber der geschlossene Gesang stirbt, ohne daß der offene auflebt. Nun wird es allerdings zur Frage, was denn in die Tiefe des Ganzen hineinführt, wenn es nicht das entfaltete Thema ist. Das ist insgesamt seit dem Augenblick, da Beethoven seiner führerischen, kommandierenden, hinwegreissenden Begabung inne ward, dem Brausen gewichen, dem Drang nach Überredung, dem Zug eines innern Rhythmus, der Ereignisform und der unhörbaren, abstrakteren Musik. So ist das Thema weit davon entfernt, als Individualität zu gelten. Es gibt keinen größeren Abstand in seinen symphonischen Werken als den zwischen der Haltlosigkeit des Einzelnen und der gewaltigen Standhaftigkeit des Ganzen. Darum geht es auch nicht an, hier alles Heil aus der oft gerühmten Schärfe der Beethovenschen Themen herzuleiten, die, wie Halm gerade an der bilderreichen d-moll-Sonate gezeigt hat, wo ein Doppelschlag die Oberstimme, eine Tonleiter das Allegrothema und ein Akkord das Largothema bildet, häufig nur auf den ungepflegten Urtatsachen von Dreiklang, Dominant und Tonika beruhen. Und diese stellen sich tausendmal im musikalischen Verlauf von selber ein. Daß sie so scharf umrissen sind, liegt am Rhythmus, der sie überhaupt erst thematisch kenntlich macht, und dann, nach den langen Irrgängen der Durchführung, am Jetzt, am plötzlichen wieder-Da des alten, zusammenhaltenden Grundtons und Gesichts. Hier wird der Nebel in das Feuer gegossen, es gibt dunkle Schächte, man fährt in der Durchführung wie in einem Bergwerk und aus diesem heraus, dem Schein des ersten Themas entgegen, das zuerst wie eine ferne Bogenlampe aussieht, bis es sich plötzlich zum vollen Tageslicht des Freien weitet, der sehnsuchtsvoll erstrebten und nun erst, nachdem sie genommen war, mit Gewinn wieder erreichten Tonika dieses ersten Themas. Aber das alles keimt aus einem anderen als dem Thema; es stammt aus weniger oder mehr, aus dem An- und Abschwellen der Erregung, aus Schwanken und Zaudern, Nachlassen, Erlöschen, Zweifeln, Aufsteigen und all den anderen dynamischen Ausdrucksmitteln eines wild hinstürzenden, sich rückhaltlos hingebenden, hinauswagenden Affekts, seiner Beleuchtungswechsel und dem weltlichen Spektakulum seiner Durchführung; es stammt aus dem harmonisch-rhythmischen Denken, aus dem richtig gesetzten, wohlvorbereiteten, zur rechten Zeit eingetroffenen Akkord, aus der begriffenen Kraft der Kadenz, aus dem Jetzt, dem wieder erlangten Grundton und der *Organisation* seines Eintritts, die als Machtfrage ebenfalls eine Rhythmusfrage ist. Es stammt aus der abstrakten Spannung der zwei Themen als der beiden verschiedenen Zeugen eines dynamischen Zustands, als der zwei entgegengesetzten Prinzipe, und so werden bei Beethoven sowohl die Schätze der Durchführung wie die Mächtigkeit der Höhepunkte von einem neuen, beziehungsreichen *Nacheinander*, mithin von einem Vertikalismus des *Ganzen* und seinem dazu ausgeprägt *dramatisch formbildenden Kontrapunkt* geboren. Derart sieht man hier völlig in das bewegte und zeugende, weltlich ausbrechende Innere herein. Der Durchblick auf das Geschehen wird frei, so sehr, daß man sogar jene Art des fast-Nichts, des vierundfünfzigmal im mählich veränderten Zeitmaß angeschlagenen e der siebenten Symphonie und anderer Zeiten der bald losbrechenden, endlos in sich brütenden Sammlung antreffen kann, die die Sonate oder Symphonie braucht, um gleichsam in einem Stoß aus dieser mit Kristallen trächtigen Lösung das Ereignis und seine dann freilich vollendete Durchführung anheben zu lassen. Es ist noch nicht das höchste Schaffen, vieles bleibt abstrakt, nicht als Zusammengehöriges respektiert, sondern aufgelöst, analysiert und wieder zusammengefügt, als ob trotz aller leidenschaftlichster Hingebung nur ein Modell der Welt bewegt würde, als ob man, wie Halm sagt, dem Weltengott zuhörte, –

dem Demiurgen, nicht dem höchsten Gott, nicht dem Logos –, wie er seinen Engeln den Plan der Schöpfung klarmacht, also die ganze, abstrakte, noch vorweltliche, vor dem konkreten Kosmos liegende Metamorphose der an sich seienden Logik entwikkelt. Aber eben derart sieht man hier völlig in das bewegte und zeugende, weltlich ausbrechende Innere herein. Es spannt sich hinüber, es schlägt durch die rohe, taube, gleichgültige Stille des Lebens hindurch, das Ich bricht die kleinen Zelte ab. Der Held treibt hinüber in der vollen Kraft seines synthetisch erweiterten Wesens, seine Stimme wird an sich schon zu Hilfe- und Empörungsrufen mitten in eine Nacht hinaus, in der sich kaum mehr die ertrinkende Seele erleuchtet sieht, ja in der allmählich alle noch so weiten Sternen- und Engelsräume in Vergessenheit gesunken sind. Laut und rücksichtslos hebt sich der Schrei des Beethovenschen Subjekts heraus, dem nichts in dem scheinbaren Leben Genüge tut, das noch über dem höchsten Niveau jeder weltlich realen Umschließung steht, das gleich dem Genius der Musik selber nirgends in der Welt vorgebildet ist oder empfangen wird, das durch alle Skalen der Leidenschaft und Phantastik hindurchfährt und doch stets wieder am Ende auf sich, auf die Sehnsucht nach dem Bruder und dem visionären Vater zurückgetrieben wird. Es ist hier eine Leidenschaft, das bloß innere Leben, die geschlossene Stille der Innerlichkeit zu verlassen, die das Ich zu einem wahrhaft kosmischen, überkosmischen Gebilde verwandelt, so hoch und tief, daß in ihm, ohne sich anzustoßen, Sonne, Mond und Sterne auf- und untergehen könnten, und der ganze Umkreis der Menschlichkeit seinen Platz findet. Mag auch noch Herrlicheres kommen müssen, dieses sind die Wogen des äußeren mystischen Meeres, bis über die Sterne brandend, und dieses ist das große römische Reich, der Hellenismus mit seiner Entdeckung des Geschehens, des Magiertums und der Geschichtsphilosophie, in dem Wagner und Bruckner geboren sind und allein dereinst der Prophet der Musik erscheinen kann. Oder anders gesagt: mag Beethoven auch wesentlich nur Umriß sein, noch ohne Fülle; mag man allein schon beim Anhören der nach wie vor ganz unwahrscheinlichen Tannhäuser-Ouvertüre, wenn das Ohr in das glühende Nebelreich der Unterirdischen hineinblickt und zuletzt baut sich dagegen, darüber, aus den riesigen

Säulenschäften des Pilgerchors der siegreiche Tempel der Kirche auf –, mag man dann auch versucht sein zu glauben, Beethoven sei wesentlich nur ein sterbender Moses, Strategie, Staatsgründung ohne Kultur, und hier winke von ferne das gelobte Land, das lyrische Melisma im trotzdem dramatischen Kontrapunkt: so ist dieses doch alles bereits übersehbar, aber Beethoven ist nicht übersehbar, und er liegt nicht weniger über Wagner, wie Kant über Hegel liegt, und wie das unruhvolle Apriori im Menschen über jeder Art von allzu früh erfülltem Objektivismus. Denn das Ich schreitet allein bei Beethoven weiter in der Entdekkung jenes sicheren Grundes, der sich vielleicht bis in den letzten Gott hineinerstreckt, und die Beethovensche Symphonie, das Händeringen, das in ihr, durch sie erlebte Wühlen von Urgefühlen, der Makanthropos, dieses sprechende Meer, dieses in einem einzigen distrahierten Gebilde eingefaßte Meer der Menschlichkeit, wirft den kräftigsten Lichtschein des heroischen Atheismus, aus Verzweiflung und nicht in Permanenz, gegen den zögernden Himmel. Hier wird in dem: sich zu vermindern, damit Er wachse, nicht mehr das vernichtende Allgemeine des Begriffs gesehen. Sondern endlich treffen das Wir und das Überhaupt im Geiste der Musik zusammen; ein Gedränge von Gesichtern, wie es sich auf den Schnitzwerken der majestas Christi darstellt, und jener wahrhaft symphonisch ausgeweitete Raum, in dem sich das Wir vernimmt, in dem der zur Brüderlichkeit aufgeteilte Weltgrund wiederklingt und das Es dieses musikalischen Geschehens zum individuellen Multiversum definierbar wird. Das alles erscheint freilich bei Beethoven, diesem größten Erwählten des dynamischen, luziferischen Geistes, noch durchaus im Abstand, als bloße gespannte, heroische, synthetische, geistlich luziferische Vision und nicht in gesicherter christlicher Ontologie. Aber während Bach nur erst von dem lyrisch gewonnenen Ich des Hoffens aus redet, wenn auch vollendet redet und als ewiges Korrektiv für alles Jenseits der Ereignisform, rührt Beethoven ganz anders den Schutt und Zauber des Endes auf, mit einer Gewalt, die die drei oberen Stufen, den Glauben, die Erleuchtung und die Apokalypse als die Stufen des vollständigen Ichs, wohl betreten kann, genau in demselben Maße, als hier Beethoven nicht mehr den ersten und noch nicht den zweiten Jesus, sondern Luzifer, den Vorkämpfer, den Keim des Parakleten, die aktive menschliche Wesenheit selber, zum Schutzherrn und Gegenstand hat.

*

Die Neuen.

Noch ist hierzu alles frühe daran. Aber es träumt und brütet darüber, anders zu sprechen.

Vielleicht nicht so sehr bei denen, die jetzt leben. Pfitzner, eine feine, bunte Blume, Reger, ein leeres, gefährliches Können und eine Lüge dazu. Er weiß nicht recht, ungebildet wie er schon ist, ob er Walzer oder Passacaglien schreiben soll, ob er die Toteninsel oder den hundertsten Psalm zu vertonen hat. So sehen Ton und Sprache nicht aus, wenn man morgens an ihrer Quelle sitzt. Wie leer bleibt alles, wenn sich Reger, die unbachischste aller nur denkbaren Erscheinungen, auch noch gläubig gibt, weil der geborene Anlehner und Variationenkünstler gerade formal in diesem Geleise läuft. Er ist nichts, er hat nichts als eine Fingerfertigkeit höherer Ordnung, und das Empörende daran bleibt, daß er doch nicht nur nichts ist, ein Quell der beständigen fruchtlosen Irritierung.

Ganz anders wird uns bei Mahler zumute, diesem heftigen, strengen, jüdischen Mann. Noch immer reichen die Ohren nicht aus, um mit diesem Großen zu fühlen und ihn zu verstehen. Er gilt immer noch wesentlich nur als der bedeutende Dirigent, und mancher elende Zeitungsschreiber wagt durchaus ohne Schamröte zu fragen, ob Mahler überhaupt dazu berufen war, zu komponieren, als ob es sich hier um die fünf oder sechs schwankenden Leistungen eines Harmonieschülers handelte. Fast keines der symphonischen Werke wird aufgeführt; und wenn es geschieht, dann bleibt das Ergebnis zumeist ein verlegenes Schweigen oder aber jenes bodenlos gemeine Geschwätz vom Mahlerschen Jüdeln oder Scheintitanentum, mit dem sich die sonst alles genießenden Strohwische vor der ihnen freilich artfremden Reinheit des Ernstfalls zurechtfinden. Gewiß, er ist nicht mühelos, auch wollen wir nicht sagen, daß der gesucht simple und deutschtümelnd sentimentale Kram vieler Mahlerscher Lieder, vor allem die aus des Knaben Wunderhorn, erfreulich oder leicht erträglich wäre. Aber das ist eine Sache, eine kleine Sache für sich und ganz ohne Zusammenhang mit dem übrigen Mahler, mit der ausschlaggebenden Mehrzahl der Mahlerschen Art. Man höre nur die Kindertotenlieder, den letzten Gesang aus dem Lied von der Erde, die zweite, dritte, siebente Symphonie oder auch nur die kleine Einleitungsmusik zum Schlußteil des Faust, die keiner vergißt, den sie irgendwie nur zu der hochgelegenen und terrassenförmig gebauten Berglandschaft der Eremiten mit hinaufgeführt hat. Wie oft auch die Achse am Wagen, die bloße Talentgabe, bei dieser ungeheuren Belastung brechen mag: niemand ist bisher in der Gewalt seelenvollster, rauschendster, visionärster Musik dem Himmel nähergetragen worden als dieser sehnsuchtsvolle, heilige, hymnenhafte Mann. Wie ein ferner Bote kam dieser Künstler in seine leere, matte, skeptische Zeit, erhaben in der Gesinnung, unerhört in der Kraft und männlichen Glut seines Pathos und wahrhaft nahe daran, das letzte Geheimnis der Musik zu spenden.

Es ist, als ob das Blut vertauscht wäre. Mahler ist deutsch oder will wenigstens durchaus als deutscher Meister gelten, was ihm freilich nicht gelingt, denn das ist wahrhaftig Judentum in der Musik, jüdisches Weh und jüdische Inbrunst; und der Andere muß es sich gefallen lassen, mit Meyerbeer verglichen zu werden. Es hält sehr schwer, über Strauß ins Reine zu kommen. Er ist gewöhnlich und man sieht in ihm einen neuen Künstlertyp, der Schiller entsetzt hätte und dem er die Würde der Menschheit nicht in die Hand gegeben hätte. Aber dafür und trotzdem ist Strauß im höchsten Grad gute Gesellschaft. Er ist auch dort, wo er nichts als schlau ist und Modeerfolge komponiert, mitten im entsetzlichsten Kitsch, durchaus Oberschicht mit freien, spielenden, souveränen, weltläufigen Manieren, aus denen jede Spur des alten deutschen Kleinbürgertums verschwunden ist. Er ist weiterhin gesinnungslos und nimmt es, wo er es findet; aber zu Zeiten findet er auch etwas Gutes, in dem Vertrauen auf seine mühelose, unbedenkliche und an sich völlig naive Freude am Musizieren; hier einen neuen weichen Gesang, dort die intervallreichsten Bögen, hier die neue Art, klein geschlagene Motive wie

Metallstaub einzumischen (wobei Strauß durch Liszts Vorbild vor dem bloßen knochenlosen Klangvibrato Debussys geschützt bleibt), dort die Kraft und den Glanz einer thematischen Geprägtheit, eines Sturmwinds um die thematischen Blöcke herum und eines rhythmischen Aufschwungs, die selbst bei seinem Lehrer Liszt nicht ihresgleichen finden. Dadurch gewinnt Strauß, wie gemein, gehetzt und reißerisch, wie lüstern, süßlich und eudämonistisch auch immer sein feuerwerkendes Orchester spielen mag, eine Fügsamkeit des Ausdrucks, die ohne Zweifel ein künstlerisches Plus gegen die Sucht des ewigen Feiertons und die Pilotysche Erhabenheit der drohenden Wagnerschule bedeutet. Strauß überrascht freilich zum großen Teil nur deshalb, weil er sich im Grund nicht entwickelt und immer wieder auf andere Art stehen bleibt. Er hat keinen Kern, der anders reifen müßte als vom Ständchen beliebig hinauf bis zur Elektra und dann wieder herunter, für die Bedürfnisse des neuen Geldadels nach geschlossener Melodie, zum Rosenkavalier, um zuletzt, wie es scheint, das Heil in einer sehr wohlklingenden, sehr erotischen Märchenmystik zu versuchen. Strauß triumphiert überwiegend nur mit Schmiß und Sinnlichkeit, den Erbschaften eines frühen, kräftigen Überbrettlstils, die er mit einem außerordentlichen Verstand in seiner Art fruchtbar gemacht hat. Dadurch klingt alles ganz vortrefflich und es jubelt oft wundervoll in dieser Musik auf; der Schmiß steigert sich zum kontrastierenden Humor, und wie Eulenspiegel schellt, wie das Licht in der Sendlingergasse erlischt, wie die Tänze im Zarathustra pfeifen, wie der taumelnde Narraboth verführt wird, wie die silberne Rose aufglüht, wie die dunklen Akkorde des Orestes aller vorhergehenden Unruhe der Weiberstimmen entgegengestellt sind, wie die Wiedererkennungsszene der Elektra aus dem Motiv des Trauerboten emporsteigt, wie sich der Gott auf Ariadne niederläßt, wie überhaupt im ganzen aus der Straußschen Sinnlichkeit eine zwar niedere und eudämonistische, aber doch immerhin eine gewisse soi disant-Mystik anhebt, das will gemacht sein, auch noch übertechnisch gemacht sein, und es gehört ein außerordentlich kräftig aufpeitschender, ausnützender Kunstverstand dazu, so mit seinem Pfund zu wuchern. Aber was hier ausgenützt wird, sind doch wesentlich nur nervöse Gaben; die Seele fehlt, so lyrisch-erotisch auch alles durchwegs gestimmt ist, allein schon das elende, Mendelssohnsche Jochanaan-Motiv spricht Bände, und die Straußische Musik hat an ihren tiefsten Stellen bestenfalls die Melancholie genialer Hohlheit in den Augen. Sie ist bewegt genug, um Kampf und nervösesten Gegensatz zu tragen, aber doch nicht so mit Ernst bewegt, daß daraus auch wirkliche Weite und mehrsätziges Geschehen entstehen könnte. Das alles wagt sich nicht vor, trotz der gewaltigen, jubelnden Geste, es bleibt ein farbiger Schatten, der allen, auch den undramatischen Einzelheiten des Programms, ja diesen am eindringlichsten nachfolgt, und wo es gilt, dramatisch zu schreiben, zehren die Straußischen Räucherkerzen jede wahrhafte Wirklichkeit in ihrem Wohlgeruch und in der bloß spiegelnden Phantasie untiefer Charakteristik auf. Was also dauernd wirkt, werkhaft prinzipiell, und überdies das Blut ist, aus dem bei Strauß System und Methode quellen, das liegt in der außerordentlichen deskriptiven Kraft dieser Musik, die den malenden Ausdruck auch des Kleinsten, hier und da sogar der Fassade des Tieferen, fördert und überdies mit einem alle Einzelheiten wieder zusammenschmelzenden Schwung das Wunder einer rein lyrisch, »heidnisch« lyrisch deskriptiven, undramatischen Symphonik erzeugt. Es ist derart nicht zufällig, daß Strauß die einsätzige, die Berlioz-Lisztsche Form bevorzugt, während nicht nur Schumann und Brahms, sondern was wesentlicher ist, auch Schubert, Mahler und Bruckner als echte Erben des Beethovenschen Geistes die mehrsätzige Form der Symphonie, die Form der dramatischen Weite, die Beethovensche Urform beibehalten haben. Mag dieses, das so snobhaft und gemischt ist, bleiben? Oder wird es, wie alles bloß Interessante, bald dessen ermüdeten, sich auskennenden Gegenschlag, die Langeweile groß ziehen? Es kann jetzt schon scheinen, als ob aus Strauß vieles entwichen wäre, das beim ersten Hören anders, kräftiger, weniger artistisch schien, und zwar nicht infolge einer veränderten Beurteilung, sondern eben vermöge des fließenden, kurzdauernden, an die Zeit gebundenen Inhalts. Man denkt an Simmel, und Rodin oder Bergson sind die genialischen Reagenten dieses Zustands. So liegt es nahe, Strauß mit diesen beiden anderen Verkündern einer aufgeregten und dissoziierten Zeit den Platz zu geben, den die drei widerlegten arabischen Philosophen in dem

Fresko der spanischen Kapelle zu Florenz zu den Füßen des hl. Thomas innehaben, wobei es freisteht, Bruckner, der seine neunte Symphonie dem lieben Gott gewidmet hat, zumindestens als den praecursor S. Thomae zu verehren.

Endlich ist mit Bruckner wieder Gesang in die Welt gekommen, und ein gutes Gewissen dazu. Er ist so sorgsam als er wechselreich und tief ist. Was wir an ihm lieben, das ist seine Wärme, Wohligkeit und die ganze verloren gewesene Freude am Unterwegs. Freilich geht dabei die äußerliche, bloß nervöse Erhitzung verloren. Aber wir haben genug an überhetzter Spielart, an Bluff und falsch verstandenem faustischen Wesen, das nur deshalb die wilde Gebärde absolut machen möchte, weil sie die am leichtesten kopierbare Außenseite des Könnens ist. Man kann auch zu kurz werden oder zu leer in den Spalten und hat nicht Wagner selbst das Adagio als spezifisch deutsches Tempo gepriesen? Zudem verlangt ja Bruckner gar kein Opfer des echten Temperaments oder gar der echten, gehaltvollen, objektiven Steigerung. Ganz im Gegenteil, sie ist dafür viel zu kräftig in seinem gläubigen Trieb nach oben und zudem, allen sichtbar, in dem glühenden, süddeutsch barocken Prunk seiner Orchestersprache begründet. Was hier getan wird, das ist nur Sorgfalt und Sauberkeit. Damit ist also einer der ersten, der kammermusikalische Teppich, eingeholt. Was Bruckner leistet, das ist, kurz gesagt, daß er wieder melismatische, kammermusikalische Kultur des Einzelnen eingeführt und damit allerdings den symphonischen Körper entgiftet, das heißt, von aller äußerlichen, bloß mit dem Willen und nicht mit dem Werk aufsteigenden Fiebertemperatur befreit hat. Hier ist, wie Grunsky richtig hervorhebt, jede klangliche Steigerung der rechtmäßige Ausdruck musikalisch streng vorbereiteter und festgehaltener Spannungen, nicht nur, wie bei Beethoven in überwiegend rhythmischer, sondern in der ausgearbeiteten, modulatorisch und kontrapunktisch durchdachten Form. Man hat freilich gerade deshalb Bruckner allerlei Bösartiges, schwerfällige und disparate Diktion, Längen und dann wieder Sprünge und Risse mindestens in den Ecksätzen zum Vorwurf gemacht. Wo das nicht einfach an den Ohren liegt (denn Brahms hat es freilich leichter, zusammenhängend zu sein, und die Lisztschule nicht minder, denen allzuhäufig die stimmungsmäßig oder einfach deskriptiv leitende Kraft des Programms jede strenger musikalische Entwicklung ersetzt), dort wird sich dieser Vorwurf, abgesehen von einigen wenigen unerheblichen, mehr auf Auslassungen beruhenden Verstößen, mühelos auf das Brucknersche Finale beschränken lassen. — Hier webt es sich allerdings oft merkwürdig weit und formlos, lückenhaft zusammen. Aber der Ausgang ist an sich schon, auch bei Beethoven, ein sehr schwieriges Kapitel. Während die Einfälle im ersten Satz durchaus gezügelt und ihre Aufeinanderfolge nach genau eingehaltenen Regeln geschieht, ist das Ende der Symphonie, der alte fröhliche Kehraus, die überlieferte Form der Ungebundenheit, weit lockerer gestaltet, auf Sprung und Flug bedacht, mit beliebig prallenden Gegensätzen und ausschweifender Phantasie in der Durchführung, die durch nichts als die Forderung einer möglichst glänzenden oder niederschmetternden Sieghaftigkeit des ersten Themas irgendwie geregelt wird. Das war so bei Beethoven und ist bei Bruckner vermehrt geblieben, der das Finale unbewältigt und wie eine nur extensiv vollzogene Synthese bestehen läßt. Denn dieses ist zumeist so gearbeitet, daß es den Zuhörer lärmend, wieder auflockernd, formlos entläßt. Mag er nun wieder vors Tor gehen, das Steigern selber hat sich vor der Welt draußen verbeugt, die allein letzthin das Konzert beendet. Hier wird der Abschluß zwar äußerlich an den Schluß des Adagio angeknüpft, aber er bestätigt nur das Scherzo, dieses wiedergefundene Gleichgewicht und den weltlichsten Teil der Symphonie. Es ist furchtbar, wie hetzend und fast absichtlich das Finale in Mozarts sechster Symphonie den kühnen Traum des Adagios zerstört. Dadurch, daß der Sieg am Schluß steht, erweckt selbst das Finale von Beethovens c-moll-Symphonie den Eindruck, als ob die Wetter, die einherfuhren, die Süßigkeiten, ja der unersättlich genug ausgekostete Sieg selber nicht ganz als wirklich zu nehmen wären; wenigstens läßt die Musik allzudeutlich das Ende merken und führt eigenhändig durch ihr eindringlich verkündetes Fertigsein von sich ab. Immerhin kommt Bruckner in Einem weiter als Beethoven und das klassische Kapitel des Abgesangs. Bei ihm soll das Finale die Menschen nicht auseinandertreiben, es wird vielmehr als Entrücktwerden zur Musik entwickelt, als ein Eintritt in den räumlichsten und objektivsten Teil der Musik überhaupt.

Man sieht den Bildern der Erinnerung zu und ist vom Drang des Zeitlichen befreit, im kontemplativen Zug über die Leidenschaften, Länder und die erklärte Grundfarbe des ganzen gespielten Werks hinweg, mit der Erwartung visionärer Ausblicke und im Ganzen mit dem Bewußtsein, an dem geborenen Ort für lyrisch Ontologisches in der Symphonie zu stehen. Das ist gewiß nicht mehr dramatisch, nachdem es so stark ins Epische zurücksinkt, aber es ist wahrscheinlich in der Ordnung, daß sich das Dramatische nur im ersten Satz ausgebärt, und daß der letzte Satz, das Finale, nun keine neuen Entladungen mehr einführt, für die ja vorher Zeit und Exposition genug war, sondern andere Erhöhung, ein neues Adagio (das ja bekanntlich schon in der lyrischen Form die am schwersten zu schreibende Musik ist, nur jenseits von Schnell und Langsam, also auch nicht dezidiert langsam, überhaupt jenseits aller Alternativen der Zeitfrage gedacht), mithin geistliche, Brucknersche Epik in der höchsten Gelöstheit und eucharistischen Beendigung hinzubringt. Dazu kommt noch die tiefere und bei dem gegenwärtigen Stand der Tonkraft nicht aufzuhebende Schwierigkeit des musikalischen Abgesangs als eines freudigen Schlußkapitels überhaupt. Es ist notwendig zu steigern und aufzuhören, aber sehr oft steht deshalb das Jubeln einfach nur gutvermittelt da. Das ist so bei Beethoven und freilich auch bei Bruckner, ein einfach nur formelles, nicht bewiesenes Streifen der Himmelsnähe. Der Jubel kommt gewiß aus dem letzten Erlebnis Beethovens und ist hier kein bloßes Appendix der Steigerung, keine herkömmlich verbürgte Klimax. Aber er kommt nicht aus dem Musizieren selbst oder vielmehr dieses spricht nur einfach aus, was den auch ohne Musik bestehenden Menschen Beethoven wechselnd bewegt, in dem jähen, maßlos vergrößerten Auf und Ab einer gewiß bedeutenden, jedoch für dieses Ethische nichts bedeutenden Existenz. So kann das angehängte Jubeln rein musikalisch gar nichts besagen, und wenn man sich nicht mit den Redensarten zufrieden gibt: wie sollte es anders sein? Durch Nacht zum Licht! oder Beethoven sei nicht der Mann, der –, nun, der es lange im Düsteren, unheroisch Gedrückten aushielte, wenn man derart nicht zu den heiteren Panlogisten zählt, bei denen es unter allen Umständen gut ausgehen muß, und für die das Leiden nur eine Würze, eine prächtig spannende Zeremonie des verlängerten Unterwegs bedeutet: dann kann auch rein musikalisch nichts gleichgültiger sein als dieser einfach nur biographisch vorhandene Jubel, der dadurch, daß er formell gut plaziert und mit Tonikawirkung am Ende steht, nichts an eigentlich musikmetaphysisch überzeugender Würde hinzugewinnt. Die Freude ist stets paradox in allem Großen; sie wird auch musikalisch durch die Durchführung, Dominantsteigerung nicht eigentlich erzeugt, das heißt, in einem tieferen Sinn herbeigeführt, notwendig herbeigeführt, sondern es müßte hier ein eigenes Sprechen, eine »produktive« Durchführung, eine Musik des Sehnens, Rufens, Glaubens, eine Geburt des Glaubens aus der Musik geben, die irgendwie von der leisesten, innersten, fernsten Tiefe der Musikseele her zuletzt das »sed signifer sanctus Michael« anstimmen könnte – ein Ziel, das auch den bislang größten Musikern nur selten zu erreichen gelungen ist und dann zumeist derart, daß sich die produktive Vision lieber im Adagio als im Finale mit seiner phantastisch epischen Gestaltung einzustellen pflegte, sofern diese dem brennenden seelischen Kern, der auf einen einzigen Punkt hinwirkenden reinen Selbstvision, dem eigentlich lyrischen Ontologismus zu fern liegt. – Seit kurzem hat Bruckner in Halm einen hingebungsvollen und bedeutenden Apostel gefunden. Er hat gezeigt, daß Bruckner leistet, was Beethoven nicht mitleisten konnte, bei dem der Gesang in dem großen Wurf, in dem energieerfüllten Motiv und in der Kraft, über Massen zu herrschen, verloren ging. Dadurch, daß Bruckner solches leistet, wird zugleich der unreine Stachel poetischer Anlässe für immer überflüssig; vielmehr, es ist dieses Meisters Tat, den Gewinn des Wagnerstils, die »sprechende« Musik, vom Erziehungszoll des Programms oder Musikdramas endgültig losgelöst und derart die Musik als Tatsächlichkeit, als Form und Stoff zugleich, als Weg zu anderen Meeren als denen der Poesie begründet zu haben. So bezieht sich Bruckner, der Erbe Schuberts, gleichmäßig auf Bach und Beethoven, die er beide wiederum aufeinander bezieht, sofern hier die wohlausgebildete Individualität des Einzelnen und des Bachschen Themas in der Form der Beethovenschen Strategie und sozialen Organisation zugleich und aufs Liebevollste aufrechterhalten wird.

Wagner.

Niemand kann schlechter als er begonnen haben. Er war bedenklich und geschmacklos, und manches davon ist nicht ganz gewichen. Und nun: was vor ihm war, ist durch Wagner fast völlig eingeholt. Er wühlt und schäumt alles bisher Gestaltete zusammen, und hinter ihm oder über ihm leuchtet fast nur mehr ein ferner, letzter Traum von Tönen. Aber wir schwimmen hier zuviel; die Hand, die Faust ist zu vermissen, die uns die innerste Tür öffnet, wo nicht gar einschlägt.

Kurz vorher herrschte öffentlich durchaus noch das geschlossene Lied. Aber nun kam von neuem wieder das vor sich Hinsingen zu Ehren. Wagner brachte eine völlig neue Art von Melodie, oder richtiger gesagt, einen neuen Weg in Wald und lange vergessenes Gebirge. Bis zu ihm war nur mehr die einfache homophon gesetzte Liedweise mit bescheidenem Taktschlag als Melodie bekannt. Die minderen italienischen Gesänge oder noch besser, denn wir reden hier von deutscher Linie, die Mendelssohnschen Lieder ohne Worte und die Meyerbeerschen Arien machen diese verarmte Art völlig klar, die die homophone Begleitung unter sich hält und deren stabiler, synkopenarmer Rhythmus fast jede anders geschlossene Mehrstimmigkeit unterdrückt. So auch, obwohl es hier zum leichten Ernst der lyrischen Spieloper notwendig war, bei Mozart als dem größten Meister der überwiegend homophon umspielten Lyrik. Nur bei Einem, bei Schubert, scheint der Fall anders zu liegen. Hier ist es scheinbar möglich geworden, daß die alte geschlossene Gesangsmelodie auch im symphonischen Gebrauch bestehen bleibt. Aber wenn man genauer hinsieht, so ist, wie übrigens hier und da auch in den begabteren Liedern Schumanns, zum Beispiel in dem erstaunlichen »Zwielicht«, — so ist bei Schubert, dem Zeitgenossen des übelsten Liederfanatismus, ein Doppeltes zu bemerken. Es ist ein weiter Weg vom »Wohin?« bis zum »Erlkönig« oder zur »Nonne«, überhaupt von seinen nur auf eine Stimme angewiesenen und jenen anderen, nicht minder schwelgerischen und langgezogenen Melodien der Instrumentalwerke, die nichts mehr mit der allzu weich gearteten, sentimental melodiösen Homophonie zu tun haben. Das ist alles durchaus melismatisch und polyphon gedacht,

Vorgänger.

mag ihm auch noch, wie selbst bei Weber, dem Vorahmer, oder dem phantastischen Berlioz und dem frühen Wagner selber, Kraft und Kampf der Gegenstimmen fehlen. Bald darauf kam das Neue, Sonderbare und doch nur für den damaligen elenden öffentlichen Musikzustand Unerwartete: der Sprechgesang und die unendliche Melodie.

Falsche Polemik.

Das war freilich nicht mehr so leicht zu behalten. Es war weder mitsummbar noch überhaupt irgendwie transportabel. Der damalige Bourgeois war allerdings gewohnt, sich an dem gerne und gründlich trivialisierbaren Zeug der damaligen homophonen Liedmacherei als der »Melodie« schlechthin zu vergnügen. Nur so war es möglich, daß die Beziehungen zu Bach so bösartig verkannt werden konnten, die sich schon in der Romerzählung hinüberspannten, mitten in dem noch so unleidlich homophon gehaltenen Tannhäuser. Was wurde nicht alles dagegen vorgebracht und an Gemeinheit ausgegraben! Und heute ist man wieder dabei angelangt, daß sich die verlogensten Schwätzer dort zu moralästhetischen Richtern erheben, wo selbst Beethoven nur mit dem Hut in der Hand getadelt hätte. Was wurde nicht alles dagegen vorgebracht, zuerst von den kleinsüchtigen, blicklosen Schuften, die an allem Bedeutenden, das ihnen erscheint, immer nur ihre eigene Gemeinheit erlernen, und dann von den Liebhabern der florentinischen Landschaft und alles dessen, was den Garten statt des gotischen Waldes erwählt, – gegen das fortwährende Modulieren, gegen die Wagnersche Erfindungslosigkeit und Gestaltungsschwäche, gegen die sich in ewigen Trugschlüssen aufreibende Melodie, gegen die extreme Irritabilität ohne Komma und das langweilig nüchterne Psalmodieren, zu dem die Sänger über einem gestaltlos wogenden, bestenfalls realistisch malenden Orchester gezwungen werden. Wahrlich, wenn je etwas einfach und alt war und das angestammte Erbe bewahrte und mehrte, so ist es dieser Sturz der geschlossenen und die Geburt der unendlichen Melodie gewesen. Und zwar nicht als ob hier bloß verbunden worden wäre. Denn was könnte darin vorher zerbrochen gewesen sein? Sollen es, etwa weil er sie nicht anfertigen »konnte«, die alten Opernpiècen sein? Die hat Wagner sicherlich nicht zerschlagen, um sie dann mit kalt berechnetem pêle mêle, mit ängstlicher Vermeidung aller Halb- und Ganzkadenzen ins

Endlose wieder zusammenzusetzen. Wie oder wo könnte sich hier, wie es bei Weber wohl noch scheinen mag, ein bloßes Konglomerat bemerkbar machen, nachdem es keinen Ton in diesen gerade Bach so nahen »Präludien« gibt, der aus der andauernden Dominantspannung herausfallen könnte oder möchte? Es ist die reinste melismatisch-polyphone Form überhaupt, so sehr, daß der Meister nur mit Gewalt nach dem Auftreten Webers, nach der Erscheinung der Beethovenschen Symphonie und der Rezeption der Bachschen Polyphonie vor dieser immanenten Entwicklungslogik hätte Halt machen können. Gewiß ist das alles, wie wir sagten, nicht mehr so leicht zu behalten und in der oberen Stimme, vor allem wenn es sich um das einfach erzählende Rezitativ handelte, auch nicht immer mit Gewinn gelungen. Ferner ist die Form der hinausgeschobenen Entscheidung ihrem buchstäblichen Sinn nach immer nur am Ende als Gestalt, Überblickbarkeit und »Form« zu erkennen, mit der ganzen Tugend ihrer riesigen Bögen, ihrer sparsamen Kadenz und der Dominantspannung eines ganzen, selbstverständlich nur poetisch gegebenen Aktes. Aber daraus ergibt sich noch nicht das Recht, die weiten und berechtigten Bewegungen der unendlichen Melodie mit der davon völlig verschiedenen und allerdings sachlich bedenklichen Verschmelzung des Gesamtkunstwerks in einem einzigen Atemzug zu nennen und mit zu verwerfen. Es ist ersichtlich etwas anderes, ob die kleinen Formen des alten Opernschemas mittelst einer neuen großen Form aus ganz anderen Reihen abgelöst werden oder ob etwas halb verwandt nebeneinander bestehen bleibt, um gegenseitig seiner Struktur und Sphäre abzuschwören und so in dem Austausch musikalischer und poetischer Bestandteile dieses Mischgebilde des Gesamtkunstwerks zu erzeugen, wie es nur durch Wagners Genie zu einer lebensfähigen, wenngleich prinzipiell unkanonischen Kategorie werden konnte. Zudem brauchte Wagner Beides, sowohl die offene Zuordnung des Sprechgesangs und arios gewordenen Rezitativs wie die ungeheure, problematische Hilfskonstruktion des Gesamtkunstwerks wider alle Sphäre und Plastizität, — um so, mittelst dieser trüben, unendlich dahinziehenden, unruhigen, maßlosen, von allem Spieltrieb befreiten Schicksalsmusik die nur in ihr möglichen transzendenten Gegenstände: Kraft, Liebe und Erlösung zu gewinnen.

Wir gehen hier in uns selber.

Der Sprechgesang.

Schon der Sprechgesang stammt aus dem Schrei. Nun wird das Singen nur zur einen Stimme unter vielen. Das kann bei Loge schmiegsam, kurz und bloß erzählend sein. Der Gesang kann auch arios aufblühen, mit Breite und aller nur wünschenswerten Ausladung, erhoben, klangvoll und pathetisch genug. Freilich, es ist oft schwerfällig und ermüdend, wie Wagner oben durchkomponiert; es fehlt ein Ab- und Zugeben, zuweilen wünscht man wieder die Trennung zwischen Teig und Füllung, Gespräch und Gesang zurück. Immerhin, jetzt klingen alle Stimmen, und der Gesang taucht beliebig oft unter, von den anderen Stimmen, wenn sie mehr zu geben haben, reich überflutet im wechselseitig verflochtenen Spiel. Man kann derart sagen, bei Wagner verzichtet die menschliche Stimme, die vorher alles trug und nun ihre ganze Entwicklung zur vokalen Mehrstimmigkeit dem Orchester abgegeben hat, auf den dürftigen Rest, dem Gange allein noch melodisch zu präsidieren und zieht sich, völlig frei geworden und unbelastet, wieder auf das vor sich Hinsingen, auf ihren Ausgang und ersten schweifenden, psalmodierenden Zustand zurück.

Tanz und synkopischer Rhythmus.

Das Weitere wurde durch Tanz und synkopische Wirkung erleichtert. Sie ist von Beethoven wesentlich erfunden und von Wagner so sehr zur vollen Ausbildung gebracht worden, daß man bei ihm, so in dem fast durchgehends synkopierten Tristan, alle ihre Fälle erlernen kann. Es ist ein Schleppen oder Vorwärtsdrängen, ein Retardieren oder Antezipieren des melodischen Zugs; oder wie Grunsky die Synkope gegen Riemann zum ersten Mal richtig bestimmt hat, ein neuartiges Herausholen und Neubetonen taktmäßig unbetonter Stellen, ein Neues im Takt, ein Spannen und sich Messen des Betonten am Unbetonten wie des Unbetonten am Betonten, wodurch es vermittelst der Reibungen, die durch das Nebenher verschieden geteilter Zeiten entstehen, möglich wird, mehrere Rhythmen, wenn auch nur am Stoß beim Taktende fühlbar, gleichzeitig durchzuführen. Dadurch, freilich nicht dadurch allein, wird der Takt vielhaltig und gestopft, ja man kann mit lehrreicher Übertreibung sagen, jetzt wandelt sich ein Takt in tausend Takte, und der Platz für jede Mehrstimmigkeit ist mit der unstabilen, synkopenreichen Polyrhythmik bereitet. Jede der vielen zugleich erklingenden Stimmen hat wieder etwas zu spielen, ihr Solo zu spielen; das Melisma bindet sich an die Harmonie, die Harmonie an den Rhythmus, und dieser an das Insgesamt des jetzt nicht mehr nur leer, unverschmolzen, außerharmonisch, sondern rein harmonisch und darüber noch musikdramatisch gehörten neuen Kontrapunkts der Synkope. Darunter ist also nicht mehr das leichte Schweben zu verstehen. Eher noch dürfte hier der Bauerntanz die kräftigere Bewegung erhalten haben. Noch heute gibt es bei allen wilden Völkerschaften ein furchtbares, geheimnisvolles Wirbeln, und von da zum Tanz der Derwische und Davids Tanz vor der Bundeslade ist es vielleicht nicht einmal ein Schritt. Aber das alles ist von den frühchristlichen Gemeinden als heidnisch abgelehnt worden. Das heißt, der Gesang, der den Tanz begleitete, blieb als religiöses Erregungsmittel, aber wie der buhlerische Klang der Instrumente verabscheut wurde, so schienen auch die lebhaft und wechselvoll geteilten Zeitmaße des alten Tanzes der Meeresstille des Gemüts zu widersprechen. Derart entstand der bloß harmonisch angedeutete Taktwechsel des Chorals. Er ist frei von jeder Spannung, wenn man nicht schon in der ruhigsten Bewegung zur Tonika eine Spannung sehen will. Wahrscheinlich ist auch, so wenig wir jetzt darum herum können, die Auffassung der betonten Note vor dem Atemzeichen als einer rhythmisch gliedernden Fermate geschichtlich unhaltbar. Anders wurde erst das Bild, als die italienischen und französischen Meister der galanten Musik erschienen. Sie griffen jedoch in ihrer Sucht nach lebhafterer Bewegung nicht zu den alten Bauerntänzen zurück. Sondern wie die steif gewordenen Menschen auch heute noch nichts anderes als den Walzer tanzen können, so machte man sich damals (es war zwar ein graziöses Geschlecht und, wie die Gigue beweist, bedeutete der Sprung von der Kirmes zum Ball nicht unbedingt den Verlust aller raffinierteren Zeitmaße) eine gewisse leichte, federnde und doch wieder höchst reizvoll gehemmte Schwebung in Gleichmäßigkeit zurecht, die den Tonschritt ebensosehr im Schwung erhält wie sie die weitere Konsequenz, das mehrstimmige Durcheinander der Synkope verbietet. Freilich war schon früher durch die Einführung der mensurierten Notenschrift der Weg zum geteilteren Takt frei geworden. Aber das alles hing maßlos ins Unausführbare, klanglich und künstlerisch Gleichgültige, in die Schaupartitur und bloße Theorie herüber. Darum konnte es erst anders werden, als vor allem durch Bach der alte Volkstanz mit rezipiert wurde, der ja weit zurückreicht, vieles Primitive treu bewahrt hat und, wie noch jede ungarische Zigeunermusik bezeugt, dem vielfältigeren Rhythmus polyphonischer Musik nicht allzu fern steht. So hat Bach in einer Weise rhythmisiert – wir erinnern hier nur an die Arie »Erbarme dich mein« aus der Matthäuspassion oder an die zahlreichen »Umarbeitungen« der französischen Tanzformen in den Partiten –, die völlig wie die wiedergewonnene, selbstverständlich ungewollt und ungewußt wiedergewonnene primitive, heidnisch-kultische Steinschlag- und Trommelrhythmik wirkt. Aber nun zieht gerade dieses ein sonderbares, ungerufenes sich Berauschen mit herüber, das nicht nur seelisch ist. Man weiß, wie zutreffend Wagner Beethoven durch den Tanz, durch das Packen, Atmen, Pulskurve erläutert hat. Das hindert ihn freilich nicht, inkonsequenterweise, die Tanzform, weil er sich nur an ihr gesellschaftliches, banal eurhythmisches Vorkommen hält, aus dem Tonzusammenhang letzthin herauszudenken. Es ist merkwürdig genug, daß Wagner, nachdem er das bekannte Wort von der achten Beethovenschen Symphonie als der Apotheose des Tanzes geprägt hat, nun doch wieder der Beethovenschen Kunst, und zwar eben wegen dieser ihrer Tanzgebundenheit das Vermögen abspricht, gewisse Grenzen des musikalischen Ausdrucks zu überschreiten. Denn der Tanz zieht nach Wagner herunter und stimmt demgemäß auch die leidenschaftliche und tragische Tendenz so tief herab, daß die Frage nach einem Warum, nach einem dem Tongeschehen an sich vollkommen fremden empirischen Kausalzusammenhang unvermeidlich wird. So war Wagner nie geneigt, das rhythmische Moment besonders hoch einzuschätzen, in dem er, selbst unermüdlich in der Aufstellung rhythmischer Probleme und dazu noch der erklärte Liebhaber der tönenden Gebärde und aller theatralischen Versinnbildlichung, dennoch nur eine Berührung, ein Tertium comparationis mit der anschaulichen plastischen Welt sah, wodurch, wie das Licht am Körper, so auch die Musik gemäß dem niederen Sinn einer empirischen Realität erst wahrnehmbar würde. Jedoch wichtig ist hier nur das Eine, Ausschlaggebende, daß Wagner im Grunde gegen den Tanz und sein Warum nichts einzuwenden hat, ja daß er sich selber widerspruchslos als den Beschwörer und Erneuerer des orgiastischen Dionysos definieren ließ, sobald dieser nur in einer völlig idealischen Form als dramatische Aktion erscheint und demgemäß auch der Beziehung auf die leidenschaftlichen, tragischen und transzendenten Tendenzen der Musik fähig wird. So ist also zugleich mit dem vor sich Hinsingen, mit der Rezeption des Tanzes und mit der kammermusikalischen Feinheit, die in Wagner ihr Vorbild und Urbild fand, der ganze erste, noch namenlose, echte Teppich des primitiven und des korrekten Reichtums eingeholt. Aber gerade indem die synkopische Wirkung von dem neualten Tanz Unterstützung erfährt, bleibt dieser feurige Rhythmus nicht nur wie ein Teppich mit sachlich und gegenständlich zu nichts verpflichtendem Korrektivwert zu den Füßen der Wagnerschen Polyphonie liegen, sondern irgendwie geht das uralt darin inkarnierte Heidentum mit, sowohl um seinen dionysischen Charakter mitzuteilen, als auch um der Musik allerlei rauschhafte Selbstvernichtungen, Diktatur des Unterleibs, physiologisch erdgebundene, »allgemeine«, subjektlose, molochartige, brahmahafte Transzendenzen vorzuschreiben.

Die akkordische Polyphonie.

Das Dritte und Wichtigste, das zum bunten, vielstimmigen, dabei dramatischen Gewebe unendlicher Melodie führte, ist die Harmonie. Schon im Gesang ist jeder Ton bewegt und tätig. Das heißt, schon in der einstimmigen Reihe ist der Ton auf den Akkord hin tätig. Überall stammt der Tonschritt aus dem Dominant- und Kadenzgefühl, und wenn auch die Homophonie den weiteren Zug zu Akkorden schwächt, so nimmt sie doch nachträglich nichts hinweg, was nicht schon eben in der kurzen Melodie auf sie hin schwach gewesen wäre. Solange man daher auch ohne alle harmonischen Kenntnisse gesungen haben mag, so entschieden ist doch von jeher die Tonleiter und dann die überspringenden Verwandtschaften in ihr, also zuletzt die Harmonie, treibende und verborgene Ursache gewesen. »Die überraschende Wirkung, welche viele nur dem Naturgenie des Komponisten zuschreiben, erzielt man oft genug ganz leicht durch richtige Anwendung und Auflösung der verminderten Septimakkorde.« Das ist von Beethoven selbst gesagt und, wie noch zu zeigen sein wird, zweifelsohne wohl imstande, im Bund einer anders rhythmischen Harmonie, weite Strecken seiner Praxis, so den ganzen Hauptsatz seiner letzten Sonate zu erleuchten. Jedenfalls gehen und bewegen sich alle Töne, es ist ein Schreiten in ihnen, ein Leiten und Geleitetwerden, die Terz will aufwärts, die Septime will abwärts gehen, bis sich der Wille der Tonart durchsetzt und die schlußförmige Konsonanz erscheint. Aber auch sie ist nicht eigentlich da: wo sie zuerst noch ohne harmonische Vorbereitung klingt, ist sie das denkbar Gleichgültigste, und wo sie zuletzt, und sei es selbst nach den Schauern der grandiosesten Generalpause, wahrhaft »erscheint«, sind doch, wie Bruckner am glänzendsten gezeigt hat, vor allem im ersten Satz seiner siebenten Symphonie, immer noch solche unendliche Spannungswirkungen, solche unendliche Steigerungen auf der Dominant und den Dominantwirkungen vor der Konsonanz möglich, daß Halm mit Recht sagen kann: sie geschieht nicht, die Konsonanz, sie lebt nicht denn als Forderung, die Geschichte der Musik ist die Geschichte der Dissonanz. Wo sollte sich also sonst noch ein Anlaß, ein Zwang oder eine Leitregel des Findens aufzeigen lassen als im Akkord und der Harmonik? Bach ist groß und die Fuge ist eine unvergeßliche Mahnung. Aber worin er fort wirkt, das ist bei Beethoven wie bei Wagner wesentlich Bach als reich durchbrochener Harmonist. Er mußte sich trotz des erstaunlichen Vergessens seiner Werke in dem Maße selber wieder in Erinnerung bringen, als man die homophon melodische Satzweise aufgab und wieder zum polyphonen Geschehen überging, das von neuem streng wurde und alle Stimmen brauchte, um polyphones Akkordleben zu erlangen. Es ist ja, wie wir bei Beethoven gesehen haben, gar nicht der oben oder auch nur der innerlich blühende Gesang, der nach der kurzen, unverständlichen Bachperiode von neuem zum Sieg gelangt wäre. Stünde es so und könnte Beethoven mit Recht als der Musiker betrachtet werden, bei dem alles, sogar die Pause zur befreiten »Melodie« wurde, dann müßte Bach allerdings als der verspätete Erbe und unwiderruflich letzte Summist des strengen Stils bezeichnet werden. Gewiß sind die homophon melodiösen Meister von der außerordentlich reich gestuften Stimmführung der alten Zeit weit entfernt, aber wenn man einzelne Gebilde Haydns betrachtet, der oft rätselhaft ernst und tief werden kann, etwa den Chor des Höllengeistersturzes oder die Ouvertüre zur Schöpfung, dann zeigt sich eine so überraschend kühne, durchaus schon romantische und gleichzeitig restlos aus Bachs harmonischen »Zufälligkeiten« gezogene Harmonik, daß man geneigt wird, alles, was nachher kam, die ganze romantisch-klassische Chromatik und Polyphonie als das bewegliche, interessant gewordene Arbeitenlassen der bei Bach auf kleineren Raum gespannten Feder und als den bloß scheinbaren Fortschritt seiner Desintegration zu betrachten. Das wäre gewiß zu viel behauptet; aber das Eine ist daran unverkennbar richtig, daß sich eher noch zu wenig als zu viel innerliches Solospielen, innerlich-einzelnes Musizieren und Melisma in Haydn-Beethovens Sonatensatz ausgebildet hat, und daß der, wohlverstanden: harmonisch-rhythmisch mit dem Akkordziel gebrauchte Bachsche Kontrapunkt deutlich in der Wagnerschen Polyphonie, in einer Polyphonie höherer Ordnung als der nicht mehr architektonischen, sondern dramatischen Kontrapunktik fortwirkt. Nicht nur, daß die neue orchestrale Farbe abhebt, abstuft und wieder von selbst schon sinnlich kontrapunktiert, auch die Durchführung rückt bei Wagner an die oberste Stelle und erlangt in ihrer rastlosen Harmonie — über allem nur mehr vorübergehend und keineswegs als Ziel fixierten Motiv oder Thema erbaut — eine Bachs verschwiegenen Vertikalismus rezipierende, das heißt dem Akkord mehr zu- als abgewandte Form aufsteigender dramatischer Polyphonie. Mithin: das akkordische Leben ist kein Produkt, sondern ein Prius, und zwar keineswegs nur eines theoretischer Art. Gegen das Harmonische gehalten, ist der Kontrapunkt, wenigstens der auf das Lesen und Komponieren der Fuge eingestellte, eine Arbeitsweise zweiter Ordnung, die in der getrennten Stockwerkbildung ihrer Melodien auf Schritt und Tritt die akkordischen »Resultate«, Dissonanzen und Ähnliches, berücksichtigen muß. So mag es auch dasselbe bedeuten, nur in einer anderen Ausdrucksweise, ob man den Bau eines Wagnerschen Gebildes unter dem Gesichtspunkt der harmonischen Ökonomie betrachtet, die freilich noch sehr der Ergänzung durch eine Rhythmik bedürfte, oder ob man die noch völlig ausstehende Bautheorie des Wagnerstils unter dem Gesichtspunkt eines neuen, nicht sowohl nebeneinander, das heißt übereinander als nacheinan-

der entwickelten Kontrapunkts zu entwerfen sucht, der alles nur »zufällig« Harmonische der Fuge abgestreift und eben das Plus der harmonischen Spannungen, rhythmischen Kontraste, thematischen Durchführungen und breiten melismatisch gestützten Geschehnisse der »Symphonie« hinzugewonnen hat. Was darum bei Beethoven zuerst auflebt und bei Wagner bis jetzt wenigstens kulminiert, das ist in erster Linie Bach als reich durchbrochener, polyphoner Vertikaler, während allerdings letzthin die kontrapunktische Arbeit mittelst des kammermusikalischen Teppichs immer noch weit kräftiger, und das Ontologische mittelst des Palestrinensischen, seraphischen *Akkordteppichs* bei Wagner immer noch weit sinnfälliger einwirkt als mittelst des Teppichs der Bachschen Fuge, des lyrisch kontrapunktischen Gleichgewichts oder der schlechthinigen Gegenwart, sofern deren Erfüllung nicht mit der bloßen Kopie verwechselt werden darf, sondern als letzte musikalisch mögliche und postulierbare Rezeption erst an dem noch unsichtbaren Ende der Musik steht. Es gibt ein doppeltes Singen und Stürmen, das in der Tonleiter und das im Akkordleben, also das des linearen Bach, der kräftigen Landluft, und das des übergreifenden, vertikalen Bach, hineingeführt in die Gegensatzreihen der Symphonie; und Wagner hat, so vehement oder feierlich er auch die Tonleiter meistert, doch vorab der durchbrochenen akkordischen Vitalität zum Vorrang vor dem linearen Kontrapunkt verholfen, insoweit sie am meisten das Feuer der Melismen gegenseitig steigert, verschmilzt und behütet und derart zugleich das *beziehungsreiche Nacheinander des neuen harmonischen Kontrapunkts* am fruchtbarsten gliedern läßt.

So ist das sonatenhafte Stürmen auch wieder schwer und düftereich geworden. So haben also die drei Kräfte: Schrei oder eingeholter Teppich des vor sich Hinsingens, Synkope oder eingeholter Teppich des primitiven Tanzes, dramatisch verwendete Harmonie oder eingeholte Teppiche kammermusikalischer Feinheit und seraphischen Akkordscheins – die Melismatik, das heißt die menschliche Seele, die unendliche Melodie im symphonisch-dramatischen Gebrauch letzthin sichergestellt. Es ist erstaunlich, wie sehr das Symphonische dazu neigt, zuerst zu morden und dann zu beschenken; wie überraschend sich Blüte,

Schwäche und dann wieder Lorbeer als die verschiedenen Zustände der Melodie in den verschiedenen Mozartschen, Beethovenschen und Bruckner-Wagnerschen Stadien der Symphonie erwiesen haben; und wie kräftig erst die Lust am Melisma zur wahrhaft handelnden Musik, zur wahrhaften Beseelung und Menschwerdung ihres Mechanismus geführt haben. Erst indem Wagner keinen Ton schrieb, der nicht auch als Zeichen eines Bachschen Lyrismus inmitten seiner dramatischen, metadramatischen Sonatenform hätte gelten können, ist, wie Nietzsche sagt, begonnen worden, das unbewußte Gebiet nicht nur mit Ethos, sondern auch mit transzendentalem Pathos, also mit mystischem Gewinn zu erschließen.

Die transzendente Oper und ihr Objekt.

Noch aber steht Mozarts Erfüllung aus.

Auch er, der Linde, zart Bewegende, schäumt hier fertig auf. Wir sprechen dabei nicht vom Holländer, Tannhäuser oder Lohengrin, auch nicht von dem Wunderbau der Meistersinger, die trotz mancher Übergänge allesamt Handlungsopern auf dem von Beethoven im Fidelio beschrittenen Weg darstellen. Noch weniger ist hier der Ring gemeint, der dem heidnischen Tanz unterliegt und derart vielfach ins Leere und trübgewordene Tierische hineintreibt. Sondern dafür kommen vor allem Tristan und Parsifal als Erfüllungen der Mozartschen Märchenoper in Betracht, als Steigerungen des Linden, zart Bewegenden, das typisch ist und keine Schicksal fordernden Menschen braucht, zum großen weltlichen Ich und zu seinem Umschlag in dem Akt der Erlösung. In dieser aber treten die Menschen aus dem Schicksal wieder hervor, um im heimat-, mythosbildenden musikalischen Raum die Erlösung als den Gegenstand der transzendenten Oper zu gewinnen.

So gehen wir hier leise in uns selber. Die anderen sind bewegt und führen nach außen. Tristan und Isolde handeln nicht. Es ist unser eigenes tiefinneres Träumen, dort zu finden, wo die Worte und die Schritte nicht mehr eilen. Wir sind es, die mitgehen, wir trüben uns chromatisch. Wir bewegen uns in Sehnsucht und schwimmen dem Traum entgegen, der in der vorrückenden Nacht sich bildet.

Das ist schon am Vorspiel zu ersehen. Denn dieses spinnt nur das eine geschichtslose, außerzeitliche Sehnsuchtsmotiv, völlig berührungslos, freischwebend, jedoch bereit, zu fallen und sich zu verkörpern. Aber auch dann bleibt alles fern und ruhig. Nur der erste Akt ladet, er führt die beiden Menschen vom Tag hinweg. Hier geht es schrill und höhnend zu, allzubewußt, und der Todestrank bringt vor das falsche Tor. Aber weder Isolde noch auch Tristan bedürfen dieses Tranks, um sich zu finden. Sie gehen nur scheinbar aneinander vorüber, äußerlich, im ungewissen Schimmer des Tages, der ihnen, den Nachtsichtigen, das allbereits Erschienene noch verschleiert. Isolde glaubt zu hassen, wo nichts als verratene Liebe durchbricht, und Tristan ist so starr, so ungemäß auf Sitte bedacht, so sonderbar weich, dabei ungelenk und verstellt, daß den Beiden der Trank nur das gibt, was sie längst besaßen, was Schicksal ist und nun auch in die Zeit einbricht, Geschick wird, vermittelt durch ein Symbol des Sprungs. Hier biegt sich nichts nur wieder zusammen wie im Ring, wo Hagen für Siegfried den umgekehrten Trank würzt, damit ihm Fernes nicht entfalle; als ein Fernes, das in der Handlung liegt, das wiederholt werden kann und nur deshalb Wiedererinnerung ist, weil der Siegfried der Handlung die Stelle kennt, wo Waldvöglein, Brünhildenstein und Feuerzauber wirken. Aber das, was an oder hinter dem irischen Trunk geschieht, ist niemals Handlung; er ist nicht einmal ein Schlüssel, nicht einmal ein Katalysator, nicht einmal jener Zufall, der keiner ist und den die tragische Notwendigkeit als Helfershelfer des Schicksals einbezieht, sondern, wenn anders auch dieses, wo man niemals war, Heimat sein kann, nur ein zeitlicher Anblick, eine zeitliche Distrahierung dessen, was ewig geschieht, im Überzeitlichen, Mythischen der Liebe geschieht. Zwei Menschen schreiten hier in die Nacht; sie gehen von einer Welt in die andere über, sonst begibt sich nichts, schließlich auch im ersten und vollkommen in den beiden letzten Akten erkennbar, und nichts erklingt als die Musik dieses Schreitens und schließlichen Entschwindens. Das wollte Wagner zu erkennen geben, als er Tristan eine bloße »Handlung« nannte; es ist ein namenloser Zug, ein ungeheures Adagio, in das kaum ein

Gegensätzliches von außen in der Weise hereindringt, daß es Tristan und Isolde überhaupt als Konflikt, als Katastrophe bewußt werden könnte; und dieses eben ist der Sinn der »Handlung« auf dem Titelblatt, nicht als ob sie eine wäre, sondern nur zum Unterschied von der eigentlich dramatischen Bewegtheit und Wichtigkeit, von den Tagesgeschicken des antithetischen, symphonischen Satzes oder auch Musikdramas. Nur die letzten Bilder sind noch bewegt, sich äußerlich sichtbar beendend. Vielleicht ist das bühnentechnisch notwendig, aber man kann sich mit Pfitzner des Eindrucks nicht erwehren, daß damit wieder Tag hereinfällt, und zwar gerade dort, wo man am empfindlichsten dagegen geworden ist. Es ist überdies nach dem Gesagten klar, daß hier die Wiederholung nicht diejenige Wirkung ausübt, die ihr sonstwie symphonisch sicher ist. Man fühlt, wie es hier zu sinken beginnt, wie hier der reine Seelenweg verlassen wird, der nichts wiederkehren lassen kann, und daß man dieses alles im großen Schlußduett des zweiten Aktes schon um so vieles schöner gehört hat wie im Orchestersatz am Schluß des dritten Aktes, der eben unterwegs nichts erlebt haben k a n n , sofern jedes eigentliche Fortschreiten fehlte, und der deshalb auch nicht als das wiedererreichte Jetzt, als Reprise und Schlußstück einer symphonischen Durchführung zu figurieren vermag. Wie denn überhaupt bei aller Verehrung gesagt werden muß, daß das so sehr bewußt und finalehaft, gleichsam transportierbar eingefügte Orchesterstück »Isoldens Liebestod« in ein unleidlich Weiches, in ein amystisch Süßes zu sinken beginnt, das ähnlich wie bei den aufgelösten Dreiklängen, bei der sechzigfachen, nicht endenwollenden Feierlichkeit am Schluß des Parsifal um so jäher von der ungeheuren Höhe herabzufallen droht, je schwieriger sich der gute Theaterschluß mit dem ganz anders Definitiven einer Geburt der Erlösung aus dem Geist der Musik verbinden will. Es wurde so wenig mehr gesprochen, und die Nacht der Liebe ist im zweiten Akt so welterlösend tief über uns hereingebrochen, daß wir nicht mehr das Sterben selber auf der Bühne zu sehen wünschen, als welches uns dort die Leichen und Umstehende und gerührte Einsegnung zu bewundern gibt, wo das freilich undarstellbarere sich Begegnen in der Weltennacht seinen Ort hätte. Wenn Siegfried stirbt und die Mannen seine Leiche über die Felsenhöhen langsam davon tragen, dann klingt solange Trauermusik, als der Zug noch sichtbar ist. Aber bald steigen Nebel auf, aus dem Rhein, die uns die Szene verhüllen, und nun erklingt der merkwürdige, überschwängliche Jubel eines Zwischenspiels, das mit dem Herkömmlichen eines Trostgesangs oder sonstiger Trauerkategorien nicht das Geringste gemein hat. Erst wenn sich die Nebel wieder verteilen, wenn es zu uns, den Zurückgebliebenen, zu unserer Welt wieder zurückgeht, kehrt auch die Trauermusik wieder, furchtbarer und drückender als zuvor, sofern eben die bloße untere sichtbare Welt um Siegfrieds Leiche statt des undarstellbaren, schlechthin nur musikalisch zu wahrenden Paradoxes erscheint. Gewiß steigen die Nebel nur deshalb auf, damit der Akt nicht durch Szenenwechsel unterbrochen werde; aber gerade indem Wagner daraus einen Schleier gestaltet, der unseren Augen, jedoch nicht unserem Ohr und Herzen vor dem Jubel hängt, ist eine Keuschheit am Werk, die gerade dem Wagnerschen Verlangen nach einer steigenden Depotenzierung des Gesichtssinns gemäß der Steigerung der Musik besser als am Tristanende entspricht.

Dennoch ist der Ton auch hier schon nachtsichtig geworden. Gewiß und absichtlich nicht allenthalben, Melot, Brangäne und Kurwenal, auch Marke singen in einer anderen Weise. Brangäne bleibt töricht und trivial, ohne zu ahnen, was geschieht, Melot, der Gegenspieler, wird zum kurzsichtig urteilenden Verräter, und nur Kurwenal und Marke, die beiden guten Menschen, stehen zurückhaltend, demütig geworden vor dem ganz und gar Undurchdringlichen, Kurwenal sogar ohne zu fragen oder die neugierige Frage des Hirten zu verstatten, vor dem unerforschlich tief geheimnisvollen Grund, der Tristan zum Verbrecher macht und der sich selbst im Sehnsuchtsmotiv nur sehr unzureichend ausdrückt. Es ist fühlbar, welch ein anderer Ton erklingt, wenn die Tagmenschen, diese blöde Wachen und Erwachsenen überhaupt, und wenn die beiden Nachtgeweihten sprechen. Weniger zuerst, wo es noch, zackig oder starr rhythmisiert, Isoldens Schmach und Tristans Ehre zu hören gibt; aber wie unendlich stark im zweiten Akt: der Anker ist los, das Steuer ist dem Strom, den Winden Segel und Mast übergeben, Welt, Macht, Ruhm, Glanz, Ehre, Ritterlichkeit, Freundschaft, alle Güter des Tags sind wie wesenloser Traum zerstoben: es bereitet sich zur Fahrt in das geheimnisvollste Land, und das grelle Tagmotiv, auf das Melot, der Verruchte, zuerst singt, harmonisch dem: »Wer wagt mich zu höhnen?« des Anfangs verwandt, und das den zweiten Akt eröffnet, schneidet mit seinem jähen Intervall und seinem aufpeitschenden, harten, auch stark hervortretend plastischen Rhythmus fühlbar in den langsamen Zug, in das überwiegend akkordische, rhythmisch zögernde Adagio der Nacht. Ja selbst in dieser hat man den zwingenden Eindruck, es gäbe nicht einmal solche stillste Art von Musik, wenn Isolde und Tristan sterben könnten, wenn sie nicht die Sehnsucht doch noch an diese Welt in jener bände, weswegen ja Wagner im ersten Entwurf den wandernden Parsifal, ein anderer, tieferer Heilssucher, an das Sterbelager des todwunden Tristan gelangen lassen wollte. Noch losch das Licht nicht aus, noch ward's nicht Nacht im Haus: sonst wäre nichts mehr zu vernehmen, aber der Drang, die Liebeslust, der sich ewig neu ausgebärende Wille, wenn auch nicht mehr der zur irdischen Fortpflanzung, nicht mehr der Gattungswille, die krampfhafte Mutter, die nicht sterben will, was sie müßte, damit das geistliche Kind leben kann, – sind geblieben, und die alte ernste Weise des Hirten ertönt, sich zu sehnen, im Sterben sich zu sehnen, vor Sehnsucht nicht zu sterben: nach Isolde, die noch im Tag lebt, nach Tristan, der in dem Reich, vor dem er erschauert, Isolden nicht begegnen konnte, weil ihn die Nacht dem Tag wieder zuwirft, und so auch jene allertiefste, aber immer noch exoterische Musik wieder an unser Ohr dringt, die an dieser letzten Übergangsstelle wohnt. Das müßte freilich nicht so sein, denn der Ton hat keine Grenzen. Es ist sonderbar genug, daß uns Tristan und Isolde überhaupt entschwinden können, daß sie uns auch im Ton, bei so tiefer Zurüstung, nichts mehr zu sagen haben. Denn niemals sonst war die Musik so sehr dazu geschaffen, die ganze Nacht zu tragen, als einen Zustand und Begriff, wie er sich durch das ganze Werk hinzieht und die eigentliche Terminologie Tristans bildet. Aber so scheint es doch nur die Dämmerung, freilich eine weitabliegende, und nicht die Nacht zu sein, auf die sich die Tristanmusik, die immer noch irdische, prozeßhafte, bezieht. So fühlbar auch hie und da das Ende des Wahns aufzuleuchten scheint, lautlose, buntschattige Träume, ein geistliches Leben, der Liebesraum, die lyrisch überdauernde, metadramatische Glorie, so unzulänglich zieht es sich doch wieder in der weiten und unscharfen Perspektive des Allgemeinen, der Liebe überhaupt und ähnlicher gestaltloser Zentren zurück. Gewiß, niemals wurde das Ich gründlicher gesprengt und entschiedener zum Anderen übergeführt. »Du tratst aus meinem Traume, aus deinem trat ich hervor«: um so in dem Anderen, ausgetauscht und mit seinem Bild im Herzen, die Lyrik der Fremdgefühle, der im Anderen lebenden Selbstgefühle zu gewinnen. Aber das Wörtchen: Und, das Tristans und Isoldes Liebe bindet, vermag diese doch nicht zugleich zu distanzieren; es führt die Seelen ineinander über, macht ihre Gesichter und Gestalten letzthin unkenntlich und treibt derart entsprechend der indisch Schopenhauerianischen Gegenstandslehre der Musik alles Selbstische, Luziferische nur um den Preis aus den Subjekten aus, daß sich statt dessen, in des Weltatems wehendem All, ertrinkend, versinkend, unbewußt, die heidnische, die subjektfremde und asiatische Allgemeinheit des Brahm ausbreitet. Deshalb bleibt auch der nachtsichtige Ton bei Wagner zuletzt mit leeren Händen stehen, deshalb geben uns Tristan und auch Parsifal zwar den vollen lyrischen Glanz, die volle, überdramatische Entbrennung des luziferischen Ichs, folglich die gegenständliche, ontologische Erfüllung der Mozartschen Märchenoper, ja sogar der Bachschen Passionen und ihrer dort erst adamitisch-christlich entbrannten Lyrismen, aber so durchdringend auch allenthalben bereits der stillere, tiefer christliche Glanz des Adagio darüber liegt: das, was hinter dem Prozeß des Sehnens ist, die Ruhe, die völlige Seele, die Bachsche Fuge als musica sacra, das metaphysische Adagio, die Musik als »Raum«, die Musik des parakletischen Ich, der architektonische Kontrapunkt oberster Ordnung, das alles bleibt wegen der zutiefst unchristlichen Mystik des Wagnerschen Allgemeinen und Überhaupt unerreicht.

Wer einmal wahrhaft drüben war, kehrt nicht mehr heil zurück. Er ist abgetrieben, als hätte er Blut in den Schuhen, oder aber, je nachdem, er hat den langen Blick. Auch Tristan hat alles vergessen und ist völlig fremd geworden, in den fünfhunderttausend Jahren, da er in die Nacht geblickt hat. »Welcher König?« fragt er Kurwenal, der über Bord auf Marke deuten muß, als ob es für Tristan überhaupt jemals einen anderen König gegeben hätte. »Bin ich in Kornwall?« fragt er zuletzt, da er Kareol, die Burg seiner Väter, nicht mehr erkennt. Und wiederum: »O König, das kann ich dir nicht sagen, und was du frägst, das kannst du nie erfahren«; ja, als er jäh erweckt, fassungslos auf Melot und die eindringenden Männer starrend, die Worte Markes, seine eigene, unermeßbare Schmach und Todsünde langsam zu verstehen scheint, will sich Tristan doch kein anderes Verstehen mehr zeigen, als das des Mitleids und der zunehmenden Trauer um Marke. Hier ist der Schein, in dem die anderen leben, so unverständlich geworden wie diesen seine Nacht. Es sind Taggespenster, Morgenträume, täuschend, wüst und völlig sinnlos in ihrer schneidenden Banalität. Hier brennt kein Licht mehr, das lösen kann, mit Weite und chromatisch mythologischer Geschichte; der Erste, der ins Unsichtbare, Wahrhaftige ging, sah nichts, der Zweite wurde wahnsinnig, und Rabbi Akiba ist niemand als sich selbst begegnet; auch die Nacht, in der Tristan war, hat keinen Morgen mehr auf dieser Welt.

Aber es gibt noch einen anderen Helden und seinen Zug. Es gibt noch eine andere Sonne, nicht gegen, sondern hinter der Nacht zu finden. Zu ihr hin sind die vier Menschen im Parsifal voll anderer Sehnsucht unterwegs. Noch jetzt lebt Kundry märchenhaft als die verschlagen gutmütige Frau des Menschenfressers oder auch Elternmutter des Teufels weiter. Noch jetzt hat uns das Märchen »Tischlein deck dich« den ganzen Gralsmythus bewahrt, den diebischen Wirt, den Knüppel aus dem Sack oder die heilige Lanze, den Esel Bricklebrit oder den Mondgral und das Tischlein deck dich, den eigentlichen, höchsten Sonnengral selber. Man weiß auch, daß Klingsor und Amfortas ursprünglich eine einzige Person, nämlich der Wolkendämon waren, der das Licht verbirgt. Nicht ganz so deutlich ist Parsifal zu entwirren, der zuerst befruchtende und dann völlig entsagende Held. Er tritt schon frühe an die Stelle Thors, des Gewittergottes, der den Göttern immer wieder den Sonnenkessel aus der Gewalt des Riesen Hymir entwenden muß, als welcher im Osten der Urgewässer wohnt. So ist auch Parsifal in den indischen und mittelalterlichen Sagen, die, worauf Schröder zuerst und mit Glück aufmerksam machte, allesamt auf diese uralten Astralmotive zurückgehen, wesentlich der kesselraubende, gralsuchende, sonnenerobernde Held, der Meister des Regens und vor allem des Lichtzaubers geblieben. Nur das völlig Reine, die Unschuld des Herzens ist als christlicher Zug hinzugekommen, aber sonst schimmert der ursprüngliche Astralmythos immer noch soweit durch, daß Parsifal die Lanze entweder erst suchen muß, oder aber sogleich mit der Lanze als dem Gewitterinstrument den Wolkenriesen tötet, um den Mondtau als den Trank Soma oder das Nektar, vor allem aber den Lichtkrug, das Ambrosia, das heißt eben den Gral mit der Sonnenspeise, die spätere Schale, in der Josef von Arimathia das Sonnenblut, das Heilandsblut aufgefangen hat, zu gewinnen. Hier hat Wagner in allem verstärkt und vertieft, die Einweihung durch Liebe hinzubringen. Kundry, sündig, verworren, doppellebig, vom Guten zum Schlechten durch einen totenähnlichen Schlaf getrennt, der Schoß der Wollust und endlosen Geburt, ewig verlachend, ewig ungläubig, aber auch die heilende, kräutersuchende, demutvollste Dienerin. Klingsor, der Dieb, der Zauberer des falschen Tags, Amfortas, der Unterliegende, krank an seinem grenzenlos begehrlichen Herzen, ein ins Undenkliche gesteigerter sterbenwollender Tristan, in seiner Weise Dieb, aber voll heiliger Begierde nach dem Verheißenen, nach dem orphischen Erneuerer des Heiltums. Parsifal, arm, unerfahren, der reine Tor, durch Mitleid wissend der reine Tor, welthellsichtig, in dem das ungeheure Leid die Augen aufschlägt, der den Drachen überwindet, dieses Symbol des Weibes und der Wiedergeburt, und nun, ein anderer, höherer Siegfried, nicht so sehr die Sprache der Vögel als das, was keine Sprache hat, das ängstliche Harren der Kreatur nach der Offenbarung der Kinder Gottes versteht. Bei ihm ist das Keusche und Reine absolut geworden; Parsifal ist nicht mehr der sich überschwänglich ergießende Jüngling, der die Wolken zerspaltet und rein naturhafte Fruchtbarkeit bringt, sondern umgekehrt, er verwandelt den Zaubergarten in eine Einöde, und das Brachland im Gralsgebiet wird mit einer durchaus anderen als der Tagessonne und einem durchaus tieferen Lichtanbruch als dem des bloß naturhaften Weltensommers gesegnet. Aber immerhin, es geht von neuem der Sonne entgegen; der geheime Fußpfad ist deutlich da, auf dem sie die Berge ihres Aufgangs wiederfindet. Was der Liebesnacht nicht gelang, ist der heiligen Nacht gelungen: auf dem Grunde ihres Brunnens die schöne Wiese, das rätselvolle Licht des Karfreitagmorgens zu gewinnen. Schon die äußere Helle verläßt den Tag: »Wie die Sonne froh sich scheidet aus des Tages leerem Schein«, dichtet die Freundin im dritten der fünf Gedichte mit sonderbarer Dialektik, zugleich nachtmystisch sein zu können und doch das Tagesgestirn zu retten; und die Musik des Parsifal, wenigstens dort, wo sie nicht bloße Handlung ist, also der Irrnis und des Leidens Pfade dramatisch mit durchmißt, sondern still wird und dem himmlischen Morgenglühen seine unbewegte, metadramatische, ontologische Deutung zu schulden sich bemüht: beim letzten Mittag, bei den Exequien, bei der zunehmenden Dämmerung in der Tiefe und dem wachsenden Lichtschein aus der Höhe, bei der frommen, rätselhaften Blasphemie des: »Erlösung dem Erlöser«, — die gesamte ontologische Musik des Parsifal will nichts als in jenen innersten Tag, in das Wort »Seele« hineinführen, das nicht mehr von dieser und kaum noch von jener Welt ist, kaum noch dem äonenhaften Lichtprunk der alten Throne, Herrschaften und Mächte zugetan. Das ist ein Licht, von neuem über alle verhallenden Worte hinaus oder nur noch jenem einen Wort entgegen, das die Riegel sprengt, dem nichts so nahe kommen kann als das neue sich Vernehmen und Eingedenken der Musik, das Hebbel in den unvergeßlichen Versen ahnte vom Tauben und vom Stummen und Gott hat ihm ein Wort vertraut —

»das kann er nicht ergründen,
Nur einem darf ers verkünden,
Den er noch nie geschaut.

Dann wird der Stumme reden,
Der Taube vernimmt das Wort,
Er wird sie gleich entziffern,
Die dunklen göttlichen Chiffren,
Dan ziehn sie gen Morgen fort.

Daß sich die Beiden finden,
Ihr Menschen betet viel.
Wenn, die jetzt einsam wandern.

Treffen, Einer den Andern,
Ist alle Welt am Ziel.«

Freilich auch nur den fernsten Schein dieses Tages zu geben, mag vorläufig noch weniger gelingen als die Musik der Nacht; wenn auch der Ton im Parsifal durchaus nach oben weist, also das Allgemeine nicht so sehr in die breite, meerestiefe Mystik herabzieht wie im Tristan, so konnte er doch nicht sonnensichtig werden, so vermag hier doch die Musik noch weniger zu »sprechen« oder gar deutliche, nicht nur stimmungsmäßige, formal mythische, sondern inhaltliche, konstitutiv mythische Berührungen mit der oberen Welt zu geben; und daß sie dieses nicht vermag, daß sie nicht ausspricht, sondern bestenfalls nur aufschließt, daß das metaphysische Adagio immer noch bloße, undeutlich feierliche Musik *sphäre* bleibt ohne alle Kategorien, erweist von neuem, in dieser aufsteigenden Polemik aus Bewunderung, aus dem Maß des absoluten, wiefern die Wagnersche Musik doch von dem letzten heiligen Stand, von der Erfüllung der Musik als Verkündigung, als über alle Worte hinaus beginnender Lösung unserer geheimen Natur, noch durch einen Sprung geschieden ist. –

Nun aber läßt sich nicht verheimlichen, daß Wagners Werk auch andere Kreise gestreift hat, als sie musikhaft tieferhin erwünscht sein können. Wie ein verrufener Ring allen seinen Besitzern das gleiche Verderben bringen soll, so hat auch statt Mozart die allzu weitgehende Wiederaufnahme der alten heidnisch-kultischen Aktion den übrigen Wagner, vor allem dem der Nibelungentrilogie, rettungslos dem Traum des bloßen Naturwillens als Gegenstand ihrer Musik ausgeliefert.

Denn keiner handelt hier, wie er selber möchte und könnte. Ist der Eine, so prahlerisch, ein Held? Ist der Andere ein Gott? Sie sind beide nicht das, wofür sie sich wortreich genug ausgeben. Siegfried leidet und folgt mit Gefühl und possenhaftem Hornruf seinen unbedeutenden Trieben. Wotan ist schon bühnenmäßig durch sein eingeschlagenes Auge und den Lampenschirm davor verhindert, ein Gott zu sein, und nichts Übermächtiges, Geheimnisvolles ist an dieser langweiligen Gestalt. Das Geheimnis ist auf die Nornen und auf Erda zurückgeschoben, und sein Walten wirkt nicht überzeugend. Hier drängt sich, wie wir sagten, der Ton fast völlig ins Leere und trübgeworden Tierische herüber. Es gibt in diesem Werk keinen Durchblick, der anders aus der Enge der Person herausführen könnte als dadurch, daß er eine Welt von Pappe, Schminke und heilloser Heldenpose auftut. Die fühlenden und agierenden Menschen sind angemalte Marionetten geworden, an denen sich das Vergewaltigende, Unwürdige, Ichfremde, äußerlichst Allgemeine und Abstrakte dieses Wahns abspielt. Das alles wirkt mit wallender, portièrenhafter Aufmachung, mit totem Sprechgesang, peinlichen Jordanschen und Felix Dahnschen Reminiszenzen und einer Lyrik, die trotz vieler herrlicher und seelenvoller Einzelheiten, wie man sie nur gern am anderen Ort sehen möchte, das Gequälte, lange Liegengebliebene und dann wieder Aufgenommene, das Künstliche, Gelehrtenhafte und nur mit der Lampe Zusammengeschweißte dieses Sagenwerkes nicht vergessen machen kann. Gewiß ist hier der Ton an sich unvergleichlich viel reiner als das Neue, das dann aus Ton und Wort, aus dem sich allzu selbstgerecht vordrängenden und doch bei keiner Aufführung verstehbaren Wort gemischt ist. Wagner erfindet nicht nur viele Einzelheiten, ja ganze Gestalten aus dem Klang, — man denke etwa an Loge, der mit dem Flackern überhaupt erst anhebt oder an das uns unheimlich mit versinken lassende Vergessenheitsmotiv oder an die düstere Größe und Einsamkeit, an die wahrhafte Endes- und Todesmusik in Brünhildens Schlußgesang, — sondern der Meister entdeckt auch in seinem quer durch die Bewußtseinswelt und noch quer unter die Bewußtseinswelt gelegten Orchester wesentliche Bewegungs- und Begründungsmittel, also Leitmotive im mehrdeutigen Wortsinn, die das wachende Textbuch nicht enthalten kann. Vielmehr ist hier oftmals ein hellseherisch vorauseilendes Tun am Werk, das die namen- und begrifflose Dämmerung der agierenden Willensmächte sehr wohl in der gewaltigen Bewußtseinsausdehnung, in der Mehrstöckigkeit melismatischer Polyphonie zu erhellen vermag, nachdem die Willensantriebe in ihren Verkettungen fast niemals in das vollständigere Bewußtsein der oberen Stimme, also in das ausgesprochene Motivieren der Menschen fallen können. Aber das alles reicht nicht aus: immer wieder stockt der Fluß, nirgends wirkt trotz des Kochens der

Musik und trotz der unendlich vielen Bühnenbilder eine Handlung, und der Ton schlägt so oft in seinen halbmilitärischen Tamtamschlag oder auch in sein weites, niedrig, niederstehend allgemeines Espressivo zurück, als sich nur ein schicklicher Ort für diese sonderbar subjektlose Tierlyrik auffinden läßt. Man sieht, der Klang erzeugt hier bei allem Toben nur Leidenschaft, aber keine echte Handlung, und noch weniger persönlich zwingendes, metaphysisch bedeutsames Schicksal. Es ist zufällig, daß mit Brünhilde dieses und mit Siegfried jenes vorgeht, ihr Schicksal ist traurig, aber nicht notwendig, nicht tragisch, und die Götter, die es verhängen, werden Götter genannt, ohne es zu sein. Wie man mit Recht bemerkte, daß die Wagnerschen Liebesheldinnen nie Mütter werden, die eine Sieglinde ausgenommen und auch die nur, damit sich der brünstige Liebesglanz ohne weitere Korrektur bei Brünhilde und Siegfried wiederhole, so hat auch das Ganze trotz aller Breite, trotzdem hier Menschen und Götter sich begegnen, trotz aller letzten Weichheit, phantastisch beseelten Natur, Riesenhaftigkeit der Geschicke, Eschatologismen des Hintergrunds, des Ragnarök – doch kein Gesicht, keine Fortsetzung nach vorn hin und nach oben hinauf, keine echte Handlung dramatischer oder gar metadramatischer Art. Das ist insgesamt und durchaus Untermenschliches und kann seine magischen Springwurzeln nur benutzen, um statt der Erlösung eine hilflose, rein naturhafte Narkose zu geben und statt des weitgebauschten menschlichen Herzens, statt des endlich erklärten, als Musik erklärten, dauernd bei den Menschen wohnenden Barocks, unterirdische Falltüren, Allgemeinheiten, Verrätereien und Naturmythen aufzuschließen. Das ist nicht wahr und bleibt »Kunst« im schlechten Sinn, ohne geschichtsphilosophischen und metaphysischen Ort; dekadente Barbaren und dekadente Götter sind hier dramatis personae, und nicht die Sehnsucht nach Siegfried, dem germanischen Messias, nicht der ferne, letzte, von ontologischer Musik beschworene Gott der Apokalypse und des apokalyptischen »Gnadendramas«. – So ist hier alles bewußte Wollen aufgegeben, ohne ein anderes zu gewinnen. Es rauscht, es blitzt, der Nebel spricht und spricht doch nicht, denn alles schwimmt zusammen, und das Wort redete drein. Es ist aber zu gewinnen, das andere Wollen, Beethoven war auf diesem Weg, mit männlicher, ungeheuer naiver, gegenständlicher, dynamischer Kraft, und diese allein kann wieder mystisch, erlaubt mystisch machen. Man muß dazu indes auch warten können; der Musiker muß letzthin imstande sein, völlig rein, losgelöst, absolut zu bleiben und zuzusehen, wohin ihn die Formgesetze seiner Kunst führen, ohne jeden eigenen Einfluß des Poetischen, das vielmehr auch in der transzendenten Oper nur eine Variable sein darf, und am Schlusse sogar ohne jedes poetische Korrelat. Sonst zerrt sich alles soweit herunter, daß wir überhaupt nicht mehr in Betracht kommen und allein noch der unbewußte, pathologische Wille regiert. Der eingeengte Ton rächt sich, indem er sich, schon ohnedies dionysisch, nun auch noch zurückstaut und derart, nachdem hier die ihn nicht zu Ende redenlassende Poesie vorgelagert ist, die dramatischen Menschen in eine Region zurückverlegt, wo sie nur mehr Blüten an einem Baum sein können, der kaum der Baum der Seele ist, ja sogar nur tanzende Schiffe, die widerstandslos das Leid, den Kampf, die Liebe und Erlösungssehnsucht ihres untermenschlichen Meeres mitmachen und über die in jedem entscheidenden Augenblick nicht ihr Charakter und ihr musikalisch aufglühender Subjektkern, sondern die Weltwoge des Schopenhauerschen Willens hinweggeht. Gewiß leisten die Einzelseelen einen bestimmten Widerstand, aber nicht den des principium individuationis, sondern mehr den dienstbaren Anhalt, wie er zur Versinnlichung in Bühnenhaftigkeit schlechthin, auch undramatisch, notwendig ist. Das ist nicht das neue einsame Ich, das nur von sich reden kann und es den anderen freistellen muß, ob sie sich darin finden, noch auch das Ich des Volkslieds oder Minnesangs, das von dem Liebenden, dem Alternden schlechthin als einem kollektiven Typus spricht. Ja, die Einzelseelen können nicht einmal mehr als bloße Schauplätze betrachtet werden, auf denen die abstrakten, aber doch noch auf die Menschen zurückweisenden Mächte der Sinnlichkeit und Vernunft ihre Kämpfe ausfechten, sondern die unteren Spalten sind geöffnet, das Untere tritt an die Stelle des Oberen, das Meer tritt die Erbschaft des Himmels an und das Ich schlägt sich, hie und da sogar in den Meistersingern, derart in Drang, Wahn und Glühwurmgleichnis, in Johannisnacht, Johannistag und Unbewußtsein überhaupt, in Wogen, Dampfgewölk und niedrigen Hochschlaf zurück, daß es nicht mehr aus sich und erst recht nicht aus dem Beethoven-Comteschen Grand être als der sozial mystischen Entität der Menschheit redet, sondern aus dem Bauch des alten Naturgottes, nur ohne dessen siderische Klarheit und alte plastische Mathematik. Damit ist eine willenlose Hingabe an die Stelle des kräftigen Einstehens, der Härte, Strenge, des Sündenbewußtseins und der streng individuellen Postulate des christlichen Glaubens gesetzt. Es ist alles heidnisch, was die Wagnersche Nibelungenmusik, diese sonderbar mit Schmutz, Gold und Narkose durchwachsene Musik, an Breite, falscher Entrückung und anonymer Glorie zum Dienst ihres christlich erschütterten, aber nicht christlich gesprengten Naturprinzips bereit gestellt hat. Daß es so gekommen ist und daß die Aufzeigung des Objekts der transzendenten Oper, an ihrem gefährlichsten und wenigsten gelungenen Typus gemessen, so überraschend ins überhitzt Unwesentliche und zutiefst Undramatische geht, liegt aber, immer wieder ersichtlich, durchaus nicht nur an der nach dem falschen Gegenstand hin bewegten, dionysischen Tanzrhythmik, sondern auch an der Invasion des Poetischen, sofern dieses die Tonkräfte herunterdrücken wollte, zum Malen der Nachtseite und der abgewendeten Mondhälfte der Natur, und solches nun die abgesetzte, aber im Wagnerschen Genie unabsetzbare Musik dazu zwingt, sich im Traumartigen, Unbewußten so mächtig und mit solch voller, ihr eingeborenen Absolutheit auszubreiten, daß ihr die Augen und das noch nicht Bewußte, Überbewußte, das heroisch-mystische Phantom Mensch und die wahrhafte Unendlichkeit des innerlich Wirklichen und Ontologischen verloren gehen. Freilich, es gibt Forderungen, die geschichtlich, dem Stand der oberen Uhr nach, nicht erfüllbar sind. Aber Wagner hat sich zu einem gewissen Teil um seine Stunde gebracht, die eine große und heilige Stunde war, und in der die ungeheuren Impulse seines Tristan- und Parsifalmysteriums wirksam wurden. Was derart nicht erreicht worden ist, das sind jene immer noch ausstehenden Erfüllungen der Bachschen ontologischen Lyrik und der Fuge, des Bachschen melismatisch kontrapunktischen Gleichgewichts, das Ziel der Reinigung, der schlechthinigen Gegenwart, der unzerblätterten Rose der Jungfrau, des unzerrissenen Herzens des Sohns, der Überwindung jedes Agens zum Raum und der Heimkehr müder, namenloser Kaspar Hauser-Natur in den Thronsaal ihrer himmlischen Herrlichkeit. Insofern kann man sagen, hat Wagner allerdings von der eingeborenen luziferischen Zielrichtung auf das Selbst abgelenkt; und der Wagnersche Tongang, der geborene Erheller des Mana, Buddhi und Atma als der drei oberen Reiche der Seele. ist dort mit auf Grund der erzfalschen indisch-Schopenhauerschen Musikdefinition ins Verblendende und vergiftet, pathologisch Mysterische umgeschlagen, wo bei völliger Freiheit und Konsequenz der Musik das keimende Zungenreden, also das luziferisch-parakletische Wollen des menschenhaften Musikgeistes selber vom Geheimnis des intelligiblen Reichs hätte verkündigen können.

Damit ist eine lange Reihe zu Ende. Sie hat unermeßlich Herrliches gebracht, und doch bleibt das bittere Gefühl, das Mozart, Schubert und Beethoven vor dem Sterben quälte, nämlich, daß es ihnen sei, als ob sie jetzt erst anfangen müßten, als ob sie noch keine Note geschrieben hätten, auch für den Begriff in Kraft, nur mit dem Unterschied, daß sich die Bitterkeit in Jubel und Hoffnung verwandelt. Der Ton »spricht« noch nicht, er ist überdeutlich genug, aber niemand kann es ganz verstehen, es ist ein heißes Stammeln, wie bei einem Kind, und die supponierende, von sich aus vorschreibende oder auch nur auffallende »Poesie« stört mindestens im Musikdrama sowohl den Ton wie sich selber, ihre eigene, ebenfalls untergeordnete, ja erschlagene Potenz. Fertig sind nur die Teppiche, diese Stakes und Zukunftskorrektive, und dann, minus der Bachschen Fuge, ihre Erfüllungen in der realeren Sphäre, während gerade die durch Wagner zur höchsten expressiven Bestimmtheit erzogene Symphonie noch immer auf ihren durch sie selbst absolut musikalisch geborenen Gegenstand, eben auf das erfüllte Plus der angelangten »Bachschen«, Musik als Raum, auf den aus der unabgebrauchtesten Sprache, aus der unermüdetsten Jugendlichkeit und unenttäuschbarsten Phantastik geborenen Gegenstand wartet. Zu hoffen bleibt vieles, und eine große Situation wird reif; die Tage stehen vor der Tür, in denen sich das beständig zuquellende innere Leben überhaupt nicht mehr anders als im Musikalischen, Ethischen und Metaphysischen ausdrücken kann, wobei es auch wahrscheinlich nicht mehr länger notwendig sein wird, sich bei dem Satz des Areopagiten: das göttliche Dunkel sei das unzugängliche Licht, in dem Gott wohnt, als der obersten Fassung aller assoziativen oder indirekten Faktoren der Kunst zu bescheiden.

Zur Theorie der Musik.

Die Kunstrichter.

Wir hören aber nur uns selber.

Es ist und bleibt zwar schwach genug. Man könnte das Hören dann erst lieben, wenn man wüßte, wie man darüber zu reden hat. Das hängt mit dem höchst unsicheren und abgeleiteten Fühlen der Menschen zusammen. Denn diese sind so beschaffen, daß sie sich durchaus nur auf dem Boden der Mitteilung zuhause wissen. Sie müssen Mittel haben, sich ihr Fühlen zurechtzulegen, sofern dadurch eben eine weitaus geringere Teilnahme, ein weitaus geringerer persönlicher Einsatz erforderlich wird, und zudem das fehlende Verständnis eingetauscht, ausgetauscht oder abstrakt ersetzt werden kann. Wäre es nicht so, dann wäre auch das musikalische Zuhören weniger zerstreut und nervös. Dann würde sich die Frage, weshalb gerade die zu spät Gekommenen vorzüglich dazu geeignet sind, alle Aufmerksamkeit in einem Konzert auf sich zu ziehen, weder stellen noch gar in einer für die davon Betroffenen so peinlichen Weise beantworten lassen. Dann ließe sich vor allem bei den großen natürlichen Neigungen, die jeder Mensch zur Musik mitbringt, schwer faßlich machen, warum die erklärte Liebe zu dieser Kunst gerade in der geistigen Hautevolée so selten anzutreffen ist. Die mittleren Bürger leben mit der Musik, weil sie die Gemütlichkeit lieben und zudem die Konzertberichte lesen, wogegen ihnen umgekehrt die Malerei mit ihren schwerer zugänglichen Begriffen recht entlegen und wie ein Feld erscheint, in dem man unwillkürlich Fehler schießt. Es gab jedoch Zeiten, wo es auch für die geistige Oberschicht der Malerei vis-à-vis so stand, bis endlich Winckelmann und neuerdings Riegl den fatalen Bann der eigenen Teilnahmslosigkeit und Entscheidungsschwäche auf logischen Umwegen gebrochen haben. Das Hörenkönnen ist und bleibt dagegen noch schwach genug. Denn musikalisch gibt es leider keine alten Winckelmanns und die neuen heißen Leopold Schmidt. Selbst der eine Halm macht bei aller Breite noch keinen Sommer. Paul Bekker ist ein kluger Mann, aber er läßt es uns sehr oft vergessen, und sein märchenerzählendes Beethovenbuch ist nicht durchgehends eine Ehre. Grunsky, auch Hausegger sind zu empfehlen, außerordentlich wichtig ist auch – sehr außerhalb dieser Reihe – die Schrift Richard Wagners über Beethoven; aber zu Riemann wird man greifen, um über alles »Theoretische« ausgiebig belehrt zu werden, freilich leisten dafür Moritz Hauptmanns profunde Werke noch gründlichere Dienste. Zur Opernfrage haben neuerdings Busoni und vor allem auch, weitaus klarer, Pfitzner, schätzenswerte Anregungen aus eigener Arbeitserfahrung gegeben. August Halm, dem wir manches verdanken und den eine große und gebildete Schärfe auszeichnet, ist darin bedenklich, daß er allzusehr nur handwerklich wertet, allzu buchstäblich kritisiert und allzu durchgehends nur nach gut erfundenen Themen und ihrer dynamischen Bewegung analysiert. Auch läßt sein Ton Beethoven gegenüber manches zu wünschen übrig. Dabei gelingen ihm freilich so bedeutsame und notwendige Leistungen wie die kritische Analyse des ersten Satzes der Beethovenschen d-moll-Sonate; aber er kennt und anerkennt nicht das naive, formkritisch unzugängliche, expressive Musizieren, das einen Menschen und nicht eine Werkform widerspiegelt und das wohl anders lauten kann als die Bekkersche psychodramatische Auslegung. Selbst das ewige Leben wird hier nur zu einer Welt von strengeren und höheren Gesetzen, in Halms allzu weit gespanntem Formbegriff von Musikhaftem überhaupt, der durch ein angehängtes Spittelerisches Mythologisieren nicht deutlicher oder tiefer wird. Trotzdem ist sehr zu hoffen, daß sich auch die intellektuellen Menschen bereitwilliger zum Genuß der Musik aufmuntern lassen, sobald ihnen nur erst einmal feste, sachlich weiterleitende Begriffe an die lenkbare Hand gegeben worden sind.

Der Gebrauch und die Tondichtung.

Nur müssen wir uns dabei selber bringen.

Dann fassen wir sogleich, was uns gerufen wird. Der Blick, aber vielmehr noch der Tonfall sind an sich deutlich ohne Umwege. Wir fühlen, das sind wir; es geht auch um uns, auch wir würden so rufen oder uns so verhalten. Der eigene, stets leise mitinnervierte Kehlkopf läßt uns das, was uns hier zugerufen wird und spricht, gleichsam von innen her sehen und verstehen. Das sich Hören.

Dazu kommt, daß wir uns auch in nichts besser zu äußern wissen als im Tonfall. Er geht tiefer, und wo der Blick vergröberte und zurückweichen ließe, wo das Schweigen beredter wird als das Sprechen, verstärkt der Gesang noch die leiseste und unfaßbarste Regung. Er löst gleichsam den Tonfall als das Flüchtigste und doch Kräftigste, um intuitiv sein zu können, von den Menschen ab und sammelt ihn zum fortlaufenden, verdichteten Gebilde. So vieles kommt hier also auf den von uns angeschlagenen Ton an. Es ist wichtiger, was in ihm vom Singenden selber umgeht, was also der Sänger oder Spieler in den Ton »hineinlegt«, als was sein Gang an sich selbst melodisch enthält. Denn dieses ist zumeist vollständig richtungslos oder setzt nur eine ganz allgemeine, dem Belieben des Gebrauchenden weitgehend unterworfene Stimmung.

Der Anschlag. Allzu wenig würde ohne dieses klar. Es bleibt ausschlaggebend, den zu sehen, der hier musikalisch ruft oder anschlägt.

Darum eben läßt sich dasselbe auch so sehr verschieden singen. Man weiß, wie oft ein Lied seinen Herrn gewechselt hat, ohne daß irgendeinem Hörer das meist Ungeheuerliche dieser Veränderung bewußt wurde. Wie ließen sich sonst auch die verschiedenartigsten Strophen melodisch gleichartig vertonen? Man sucht dies zwar jetzt zu vermeiden, aber auch der Schubertsche »Lindenbaum« hat diesen Fehler, also kann er nicht ganz unbedingt sinnstörend sein. Überdies, wer kann hier noch Ansprüche aufrecht erhalten, wenn er erfährt, daß es dieselbe Melodie ist, die zuerst dem Volkslied: »Mein Gemüt ist mir verwirrt, das macht ein Jungfrau zart« zugrunde lag, und die sich dann später dem Text: »Herzlich tut mich verlangen nach einem sel'gen End« verbunden hat, um zuletzt noch heute in der Melodie des Chorals: »O Haupt voll Blut und Wunden« fortzuleben? Dasselbe b-fis-g, das in Susannens Schlußarie für »sehnsuchtsvoll« steht, begleitet in der Ansprache Pogners, ohne irgendwie rhythmisch verschoben zu sein, den Glanz des Johannistags, mithin ein völliges jubelndes Erfülltsein, ohne daß sich das Eine in Ansehung des intendierten Inhalts dem Anderen vorziehen ließe. Man mag zwar einwenden, daß solches nicht beim gleichen Meister geschieht. Auch daß Mozart gemäß seiner halb italienischen Eigenart kein vollkommenes Muster sinngemäßer Zuordnung darstellt. Aber dafür ist Bach ein durchaus deutscher Meister und der reichste, ausdruckskräftigste Melodienbildner überdies. Trotzdem zeigt sich nun bei diesem, also gerade in einem einheitlichen Gesamtwerk, derselbe Gesang, der in der 179. Kantate Heuchelei untermalt, im Kyrie der g-dur-Messe als Flehen um Erbarmung verwendet, und dieselbe Arie, die in dem dramma per musica: »Die Wahl des Herkules« Wollust und ihre Abwehr (»Ich will dich nicht hören, ich will dich nicht wissen, verworfene Wollust, ich kenne dich nicht«) ausdrückt, im Weihnachtsoratorium einem Wiegenlied der Maria unterlegt, wobei sich die Abweisung der Versuchung, nur eine Terz tiefer gelegt und außer den Streichinstrumenten der opernhaften Fassung auch noch von Holzbläsern und der Orgel begleitet, aber sonst in nichts transponiert, zum eifrigsten Ratschlag (»Bereite dich, Zion, mit zärtlichen Trieben, den Schönsten, den Liebsten bald bei dir zu sehen«) verwandelt. Indem es jedoch anders gesungen wird, ist merklich auch ein anderes, dem Text fügsames Bedeuten darin, und so wenig man bei dem Wort: beten an das Bett oder den Beton oder den Bettler denkt, und bei Ei an die Eidechse und bei Brot an die Protestanten, gemäß dem leeren Überraschungsmoment des Kalauers, so wenig braucht selbst bei einer rascher aufeinanderfolgenden Kenntnisnahme der fraglichen Stellen die melodische Identität bei diesem Bedeutungswandel bewußt zu werden. Es will demgegenüber wenig bedeuten, daß der deklamierte Gesang, wenn er gut ist, wie fast stets bei Wagner, eine gewisse, natürlich stets identische Doppelgängerei zu den Sprechintervallen, Sinnintervallen betreibt, oder daß einzelne melismatische Wendungen der absoluten Musik, vor allem absteigende Seufzermotive oder Sehnsuchtsmotive mit dem Vorhalt, gewisse überall vorkommende, inhaltlich identische Bedeutungen besitzen.

So haben wir es durchgehends nur von uns her und nicht aus dem Tonschritt, was dieser bedeutet. Wird nicht vorgetragen, so bleibt das Klingen blind. Zwar der Sprechgesang lebt das Klangleben des gesprochenen Worts getreulich mit. Aber er ist doch nur von oben nach unten gesehen verständlich, und auch das angeführteste Rezitativ könnte nicht von selber darauf bringen, welches Wetter jeweils in den oberen textlichen Regionen herrscht. Nicht anders, ja noch viel unungünstiger steht es mit der Sprache des melismatischen Bewegtseins in der begleitenden und absoluten Musik. Der Ton geht etwa in die Höhe und sinkt wieder zurück, so oft bei Grieg, ein scheinbar klarer und doch ebenfalls mehrdeutiger Fall. Er kann einmal bedeuten, daß wirklich Resignation darin steckt, wie etwa in der wunderschönen Begleitfigur zu den Worten des Sachs: »Schön Dank, mein Jung« nach dem Wahnmonolog, aber er kann auch bedeuten, daß der Tongang ladet und sich nun, oben angelangt, umwendet und die Überfülle ausschüttet, wie in der jubelnden Straußschen Begleitmelodie: »Und die belohnende Lust« aus dem Schillerschen »Hymnus«, und nichts ist dabei objektiv verschieden als eine gewisse, an sich ganz unbestimmte Breite des intervallhaften Rahmens, in welchem Aufschwung und raketenartige Rückkehr geschehen. Man kann nun freilich entgegnen, die beiden hier angezogenen, verwandten Beispiele seien melodisch nicht sehr prägnant; aber wo sie das sind, wird der Spieler, das innere Klavichord noch viel wichtiger, und seine eignen Klage- oder Jubelbewegungen sind den gegebenen Tonschritten oft sogar gegenläufig, unproportional entgegengesetzt. Oft ist das Sinken überhaupt ganz gleichgültig für die Stimmung, wie etwa im Adagio des 5. Beethovenschen Klavierkonzerts, wo der Ton zweimal hintereinander durch dritthalb Oktaven hindurch fällt, und statt der Melancholie des Notenbilds lediglich eine gewisse Ruhe und Sicherheit des Zielens und Auftreffens innerviert wird. Oft auch, wie in dem Motiv: »Huldreichster Tag« aus den Meistersingern, das mit einem kleinen Widerhaken in der Mitte genau die Dreiklangsoktave hinunterfällt, ist der Ausdruck dem Fall genau konträr gerichtet; und wenn hier in der Ouvertüre das aufsteigende Marschthema der Hörner das in den Violinen niedergehende Jubelthema vom »Huldreichsten Tag« übergreift, so ist es wahrhaftig nicht diese, im Orchester geschehende Gegenbewegung, die über Glück und Unglück in der Musik entscheidet. Zwar was die weiteren Deutungen angeht, so ist es möglich, daß davon manches den Gebrauch unterstützt, konventionell unterstützt. Sei es, daß sie einfach den Ton malen lassen: dann sind die tiefen Töne jederzeit dunkel, schwer, massig, die hohen Töne jederzeit hell, leicht, luftig, auch überirdisch, Engel, Sternenwelt, dann ist außerdem das dynamisch Schwache an sich körperlos, schattenhaft, gespenstisch, das dynamisch Starke an sich gewaltig, riesenhaft, ungeheuer, und zu alldem treten noch die mehr oder minder bewegten, fließenden, stürmenden, zackigen, ehernen Rhythmen hinzu. Sei es auch, daß die Deutungen noch gründlicher werden und der Tonreihe eine gewisse wertbetonte Entwicklungsgeschichte nach oben hin andichten, wonach die absteigende Bewegung in den Baß das Aufhören und beginnende Verklingen darstellt, während, wie dies Köstlin ernsthaft in Vischers Ästhetik ausgeführt hat, die aufsteigende als eigentlich tonerzeugende Bewegung das Lebendige, Schöpferische an der Musik, die Herauspressung des Klangs aus der an sich stummen Materie vor Augen führt. Aber für diesen Naturalismus gilt dasselbe, was für den Sprechgesang galt: daß es ohne den vorherigen menschlichen Gebrauch keine solche Zuordnung gäbe, und daß auch die analogste Gestaltqualität nicht von selber darauf bringen könnte, welche Geister sich jeweils in deren oberen logischen Regionen verbergen. So macht auch hier allein der Anschlag, der Vortrag des Redners Glück, ein Redner zu sein, der Klang will sich nach dem Menschen wenden. Überall wird es wichtig, auf den Ausdruck zu achten, den erst das Gesungenwerden, der Strich der Violinen, der Anschlag auf dem Klavier, vor allem aber jener schöpferische Gebrauch dem Notenbild hinzufügen, ohne den weder Tonhöhe noch Dynamik noch Rhythmus irgendwie in ihrer konventionell fixierten, das heißt nicht nach sich selbst, sondern nach dem Gebrauchtwerden in der Mehrzahl musikalischer Literatur fixierten Zuordnung möglich wären. Dieser Anschlag faßt sich zusammen im Dirigieren; und zwar so, daß es sich zunächst aus Klangzauber, Tonstärke, Steigerung, Tempo-nahme, stimmungsmäßig kolorierendem oder auch zeichnerisch, pedallos. gestaltendem Kontrapunkt als den einzelnen Elementen des mitgeteilten Willens verbindet. Jedoch das Dirigieren enthält auch ein Anderes, das sicher, aber nicht buchstäblich, geheimnisvoll angeregt, ja gezwungen, aber nicht einfach nur ausführend (vielleicht die einzige direkte Vorschrift und Chiffre des Rhythmus ausgenommen) die ursprüngliche Vision des Schöpfers wiederfindet, wie sie in dem »Werk« als ihrer nur ungefähren Andeutung und bloßen Kruste der Verwirklichung vorliegt. Es ist die Kraft des geborenen Dirigenten, im Gegensatz zu den Zöpfen, die leblos, traditionshaft, aber ganz eigentlich respektlos spielen, wie es dasteht; freilich auch im Gegensatz zu den subjektiven Schwindlern, die hitzig, aber nicht minder unsubjektiv und respektlos das fremde Werk zum Aphrosidiakum ihrer sonstigen Unproduktivität erniedrigen –, es ist die Kraft des geborenen Dirigenten, so lange suggestibel zu bleiben, bis es sich plötzlich von selber spielt, bis das Wunder der Verwandlung, das Herren- und Gnadengefühl des Geniedurchgangs in ihnen geschehen ist, und die Luft um sie herum, die Werkluft, der Gebrauch und die Seele des Werks Beethovenisch aufglüht und verbindet. Dann ist die geheimnisvolle Stelle erreicht, wo sich die toten Teile des Melismas und auch der Harmonie und des Kontrapunkts wieder zur ursprünglichen Vision zusammenfügen, und Bach oder Beethoven, also nicht dieser oder jener scheinbare Typismus der Zuordnung, sondern die getroffenen Meister selber als wesentlichste Chiffren und Gegenstände zugleich verständlich werden. Man wird so ersichtlich am Ende stärker als zuvor an den Tonfall, die Sprechweise und tönende Gebärde des Ausübenden verwiesen, die als solche allein imstande ist, die nur schwache affektive oder sonstwie signifikante Bestimmtheit der geformt gegebenen Elemente oder analogisch aufzeigbaren Typismen zu verstärken. Nirgends scheint es so sehr notwendig, das selber Mitmachen und im weiteren den guten Interpreten zu fordern, der nicht nur alles zerstören oder retten kann, sondern dessen rezeptiv spontane Zwischenform auch den ewigen Erlebnischarakter der Musik, dieses nur Ungefähre, begrifflich Unfixierbare und dauernd Prozessuale des musikalischen Gegenstands aufs Sichtbarste unterstreicht und konserviert.

Denn es ist noch leer und unbestimmt, was musikalisch geschieht. Auch mit dem Zuordnen zu bestimmten Gefühlen steht es schlecht. Nicht einmal ob eine Melodie eindeutig Zorn, Sehnsucht, Liebe *überhaupt* ausdrücken kann, das heißt, ob es diese unsere bestimmten, schon sowieso erlebten Gefühlsinhalte sind, auf die die Musik zielt und worin sie eine Statue leichthin übertreffen könnte, läßt sich bei dem Ineinanderschleifen ihrer Erschütterungen jedesmal genau unterscheiden. Es liegt an einem Anderen als am Klang, wenn die Hörner nach Jägern, die Trompeten nach Königen klingen, ja sogar wenn gewisse Rhythmen: leicht beschwingt oder im drückenden Grave, – Humor oder Majestät oder ähnliche, von Äußerlichem assoziierte, ihr unterregionale Kategorien in die Musik herein bringen. Der Ton ist weder einzeln, denn dafür ist er gleichsam zu hurenhaft; von der Poesie aus gesehen, was aber reflexiv ist, und der gegenüber er keinen Ehrgeiz hat, nicht hurenhaft zu sein; noch ist der Ton wieder einfach nur allgemein, denn dafür ist er wieder zu eindeutig, zu stark, zu unabstrakt, zu auftreffend, zu ontologisch; alles fordert hier nur erst im Ungefähren, und zwar deshalb, weil sich in der Musik, die jeder versteht, ohne zu wissen, was sie bedeutet, noch kein eigenes, zum Greifen klares Leben geregt hat, das imstande wäre, bereits ganz genau bestimmte Kategorien statt des sogleich zu besprechenden dramatischen Zwangs, mithin statt des bloßen Umrisses symphonischer Dramatik und aufsteigender Ichsphären zu geben. Sieht man ein Tonstück von der technischen Seite an, so stimmt alles und besagt nichts, wie bei einer algebraischen Gleichung; sieht man es aber von der poetischen Seite, so sagt es alles und bestimmt nichts — ein sonderbarer Zwiespalt, dem, wie Chamberlain richtig betont, jede Mitte und jeder dem Verstand zugängliche Ausgleich fehlt. Hier nützt es nichts, sich an das Technische zu halten, das tot und Schablone bleibt, wenn man es nicht durch seinen Schöpfer interpretiert, und es nützt auch nichts, sich an das Poetische zu halten, um das »unendlich verschwimmende Wesen der Musik«, wie Wagner sagt, zu Kategorien zu zwingen, die nicht seine Kategorien sind. Hier hilft nur, gut zuzuhören und ahnungsvoll zu erwarten, was sich in der Musik noch alles an Sprache und höchster, sowohl überformaler wie auch überprogrammatischer Bestimmtheit bilden mag. Schon Beethoven ist eine Faust, und seiner Kunst fehlt nicht der deutliche moralische Wille, das ist der moralische Wille sui generis, zuständig zur Musik: aber die Zukunft ist noch offen, und sie wird jener grundfalschen Schopenhauerschen Definition, die hie und da auf Wagner paßt, die jedoch im wesentlichen den vorübergehenden Zustand von einzelner Unbestimmtheit verewigt, um gleichzeitig eine geschichtslose, subjektlose Bestimmtheit des gesamten Gegenstands der Musik zu dekretieren, ein non liquet gemäß der Unabgeschlossenheit des vorliegenden Materials entgegensetzen lassen.

Die schöpferische Vertonung.

Freilich, was von uns an klingt, kann irgendwie dennoch fordern.

Es macht einmal schärfer, eindringlicher, wirklicher und setzt sodann rein tonal einen leisen, handlungsmäßigen Zwang.

Zunächst können wir darin gleichsam tasten. Der Ton zieht nicht herab, aber er füllt gut aus und läßt uns derart etwas als wirklich empfinden. Wir sträuben uns deshalb nicht umsonst dagegen, ein stummes Lichtbild anzusehen. Denn hier ist nur der optische Eindruck des Schwarz-Weiß ausgeschnitten, und da er einfach so gegeben wird, wie er ist, so entsteht gemäß der Ausschaltung des Ohrs der unangenehme Eindruck einer Sonnenfinsternis, eines schweigenden und sinnlich verminderten Lebens. Aber nun übernimmt das Ohr eine eigentümliche Funktion; es leistet die Vertretung aller übrigen Sinne, es hebt das Knistern, sich Reiben der Dinge, das Sprechen der Menschen irgendwie von ihnen ab, und da es musikalisch in der Wirklichkeit nichts genauer, vergleichbar Gestaltetes gibt, so wird die Klavierbegleitung zum Lichtbild auch nicht als eigentlich kunsthaft, sondern nur als auf ihre Weise photographisch ergänzend empfunden. Ebenso läßt sich nun behaupten, daß der tönende Fries, den die Oper der Bühnendichtung untermalt, nicht an sich schon wegführt, sondern lebendig, wirklich, charakteristisch, sinnfällig macht, und zwar in desto umfassenderem Maße, je mehr sich die Musik in die Weite der Handlung, der dramatischen Bewegtheit und nun gar erst des sonst Entlegenen, Übersinnlichen hinausbegibt. — Schon unten muß darum alles entsprechend ansetzen und verwirklichen. Der Steuermann schläft leise ein, und der Ton, bis der Anker in den Grund sinkt, darf ihn dabei nicht stören wollen. Das Singen ist durchaus intensiv und dieses macht es auch erweckend oder real. Nun muß der Ton freilich verschiedenartig und abgestuft verwirklichen. Das heißt, er muß sich aufsparen können, er muß an allen Stellen, wo nur das einfache, wenn auch bewegte Leben spricht, möglichst leidenschaftslos zurückgehalten werden. Wer zuviel beweist, beweist nichts; und es war gerade der, allerdings leicht erringbare, Vorzug der geschlossenen Oper gewesen, rezitativisch zu begleiten und erst dorthin die Arie, die regierende Musik zu setzen, wo es dichter, »wirklicher« wurde in der Handlung, wo es sich zusammenzog und die Menschen daher notwendig singen mußten. Die offene Oper läßt es überall dagegen markiert zugehen; und nicht nur, daß dadurch vieles rein Handlungsmäßige unverständlich bleibt, die Musik begibt sich hier auch sehr oft der frischsten und schönsten Wirkungen plötzlich eintretender Heterogeneität, deutlicher Mehrstufigkeit des Wirklichen. Nur um diese nicht zu verlieren, sucht Wagner unermüdlich zu steigen, zu fallen und wieder zu steigern, derart Niveauunterschiede in die an sich gleichmäßig bergige Landschaft des durchkomponierten Stils einfügend. Aber das macht oft unleidlich überheizt und pathetisch, wo es dem Wort, dem Wirklichkeitsrang nach gar nicht erforderlich wäre.

Nicht als ob hier das fließende Aufsteigen verloren gehen solle: jedoch man kann allein schon im Verdischen Othello, in diesem ganz einzigartigen Geniewerk an Stille, Tiefe, Reife, Fülle des Sprechtons (oft ganze Sätze entlang auf derselben Note) und dann des Lieds, des Zwiegesangs, des wildesten Ausbruchs, des Heraufdonnerns der Katastrophe, der Akkorde des Endes der Heldenlaufbahn, — eine Vereinigung des abgestuften mit dem durchkomponiert dramatischen Opernstil erkennen. Es müßte hier lediglich paradox genug, wieder dasjenige am Ende der symphonischen Entwicklung geleistet werden, was die Mannheimer an ihrem Anfang als das sich Verdunkeln, Erhellen, Verschieben, Diminuendo, Crescendo, mithin als Reliefbildung geleistet haben, sofern eben die begleitende Polyphonie allmählich monoton und aus lauter Übersteigerung schließlich zu einem neuen Continuo ohne alle Ökonomie musikalischer Realisierung geworden ist. Nur ganz oben läßt auch bei sparsamer Verwendung des Oben die verstärkend ansetzende und verwirklichende Kraft scheinbar nach. Und zwar dort, wo der Ton blumig macht, die Schärfe abstumpft und jede Entrücktheit wohlig real, das heißt in diesem Fall mit dem musikalischen nach außen Kehren des Inneren umkleidet. Das kann nach einem guten wie nach einem schlechten Sinn hin ausschlagen; schlecht und flach realisiert ist die Wirkung, wenn einfach nur zur Stimmung geblasen wird, wenn der Held, wie Schlegel sagt, trillernd zum Tode abgeht, wenn wir, wie im halb melodramatischen Schluß des Egmont, »aus der wahrsten und rührendsten Situation in eine Opernwelt versetzt werden, um einen Traum zu sehen«. Anders wird es uns aber an jenen Stellen zumute, wo der Meister des besser Realen spricht, wo man die Primadonna und den niedrig verdichtenden Schmelz des Heldentenors vergißt, wo etwa die Wagnersche Musik wieder »lyrisch« zeichnet und sich in ihrem Adagio der Mozartschen Märchenoper, diesem ersten Teppich des Ontologischen, annähert. Das bedeutet jedoch auch dann in keiner Weise, daß damit die verstärkende, realisierende Kraft der Musik, ihre ungeheure Methode des Verwirklichens zum tönenden Schweigen, zur Realisierung der Tiefe erloschen wäre. Sondern umgekehrt, nur ihr Gegenstand ist tiefer gerückt; es ist der stillere, tiefere Kern, irgend eine letzte entscheidende Peripetie und Schicksalsbegründung, die in den Schein der musikalischen »Realität« gerät; in den Schein einer gleichbleibenden charakteristischen Intensivierung, wie sie statt des Sinnfälligen das Sinnhafte bringt, mythisch macht, das heißt eben die andere, tiefere Realitätsschicht eröffnet und statt der veristischen Wirklichkeit der Spieloper, Abenteueroper, Handlungsoper die utopische Wirklichkeit der transzendenten Oper in Szene setzt: Spuk und Maskenspiele, den Lachspiegel für die heitere, den Zauberspiegel für die ernste Oper; die Musik, die erklingen muß, sobald das Übersinnliche in die Handlung eintritt, damit nach Busonis guter Operntheorie das Unmögliche der Musik dem Unmöglichen, Visionären der Handlung sich verbinde und derart beide möglich werden. Vielleicht ist Jean Paul im Recht, wenn er behauptet, daß sich jede Tragödie als ein wenn auch heterogener Teil in ein weiterlaufendes Epos einsetzen ließe. Aber sobald das Harte und Durchsichtige des bloßen Wortgebildes verschwindet, sobald der Schein der musikalisch tiefdringenden Erweckung, Verwirklichung, Pointierung das sich rein abstrakt Absetzende des klassischen Dramenstils aufhebt und die Nebelatmosphäre des untragischen Dramas erzeugt, entsteht auch jener mythische Musikraum der äußersten Realität, der der transzendenten Oper mit dem Gnadendrama gemeinsam ist, und der als der Mythos der Liebe oder der Heiligkeit die seelischen Ontologien außerhalb jedes möglichen Weltschicksals, jeder weiterlaufenden Weltepik erschöpft.

Es ist hier zum Anderen nicht allein so, daß die Tonfolge beliebig ist und einfach, wie es sich beim einzelnen und undramatischen Melos zeigte, der »Anschlag«, also diesmal der poetische Gebrauch schlechthin entscheidet, sondern der dramatische Ton dichtet weiter und setzt sogar einen selbsttätigen dramatischen Umriß, der freilich letzthin über das Wort hinauszielt.

Das ist nicht ohne weiteres selbstverständlich und wurde mehrfach scharfsinnig bestritten. — Hier soll der Ton versuchen klein zu bleiben, er braucht nicht zu wachsen. So trennt Pfitzner durchaus das einzelne melodische Ausmalen von dem ganzen und begründenden Zug dichterischer Art. Es klingt unzweifelhaft bestechend zu sagen: wenn ich das Wesentliche einer musikalischen Arbeit angeben will, so werde ich das erste Thema pfeifen. Wenn ich aber das Wesentliche einer Dichtung erzählen soll, dann werde ich umgekehrt gewiß nicht den ersten Satz zitieren, sondern die Grundzüge der Handlung oder den Plan des Ganzen berichten. Gerade so unsinnig, wie einem derjenige Komponist vorkäme, welcher sagte, er trüge eine Sonate oder Sinfonie im Kopf, zu der er aber noch kein einziges Thema hätte, erschiene derjenige Dichter, welcher Verse oder Sätze hinschreiben würde und sagte, das gäbe ein Drama, von dem er aber noch nicht wisse, was darin vorginge, von dem ihm also die große allgegenwärtige Idee noch nicht aufgegangen wäre. Das Einzelne, Gegenwärtige ist die eigentliche Sorge des Musikers: und dieses schön Geborene, die kleine greifbare Einheit, der geniale Einfall als bei seiner Geburt schon fertig entwickelt, ohne noch eines sinfonischen Auseinandergezogenwerdens zu bedürfen, ohne überhaupt jemals durch einen anderen Zusammenhang seine Wirkung zu verändern, ist das eigentlich wertgebende Element in der Musik. Umgekehrt ist das Durchwaltende, Allgegenwärtige die eigentliche Arbeit des Dichters: als das erst zu Erzielende, als die große ungreifbare Einheit oder geniale poetische Idee, wie sie sich allmählich, statt »komponiert« zu werden, von oben nach unten niederschlägt, »verdichtet« und doch allein nur als bindende, das Einzelne begründende Intuition des Ganzen ihren Wert besitzt. Wenn daher diese beiden so völlig verschiedenen Arbeitsweisen verbunden werden sollen, dann kann es nur insofern mit Gewinn geschehen, als das der einzelnen Kunstart allein angehörende Elementare betont und ergänzungsweise ausgeglichen wird. Es gibt daher ein schlechtes Musizieren, das breit erzählend oder gar gedanklich werden will, und es gibt ein schlechtes Libretto, das entweder zu stark im Einzelnen ausgeführt hat oder aber das als bloßes Gerüst zum Aufhängen von Duetten, Arien und Ensemblesätzen die sachliche Begründung der Handlung verabsäumt. Die eigentliche Sendung der Musik ist, akzidentiell zu sein: sie hat auf selbständige Formenbildungen, auf den geschickt verteilten Kitt der sinfonischen Arbeit zu verzichten, die die ehemalige Trennung von Einfall und herkömmlichen Tuttisätzen zugunsten einer aus Einfall und Reflexion ununterscheidbar gemischten Einheitlichkeit des Ganzen aufgehoben hat. Nicht umsonst ist die Geschichte der Musikformen die chronische Verlegenheit geblieben, musikalisches Einfallsmaterial unterzubringen. Die Sendung der Poesie ist, substantiell zu sein: sie hat also auf das sinnlich Einzelne zu verzichten, das heißt, der Musik Platz zu machen und dieser in einer möglichst knappen, oft auf Symbole zusammengedrängten Handlung sowohl die Stimmungsgrundlagen als auch die dramatische Begründung, Notwendigkeit und Schicksalsidee aus dem nur der Poesie zugänglichen Reich formhafter, komplexhafter Logik zu liefern. Deshalb liebt Pfitzner sich und Schumann und spielt ihn gegen Liszt aus; deshalb ist ihm der Freischütz und vor allem die Wolfsschluchtsmusik das Urbild der vollkommenen Oper: die Grundfrage der Operndichtung ist gelöst, und Pfitzner sieht das gefährliche Ineinander des dramatisch erzeugenwollenden Musizierens in dem Begriff einer sowohl musikalisch wie poetisch elementaren, also spezifisch musikdramatischen Konzeption vermieden. Vieles daran ist nun so richtig, als es scharfsinnig ist und es ist merkwürdig, wie scharfsinnig oft auch das Falsche sein kann. Denn wäre es so, wie Pfitzner sagt, dann hätten gerade die kleinen und mittleren Meister am instinktsichersten, mit dem besten Einfall gearbeitet. Es gibt gewiß ein leeres, errechnetes Arbeiten und eine Hochstapelei, die sich Beethovenisch gibt, wo nichts als Hohlheit vorliegt, wo das thematische Gewebe nicht einmal Reflexion, sondern was die Tuttisätze waren, nämlich Schablone geworden ist. Es gibt nicht minder gewichtige Einwände gegen die Beethovensche Art selber, klanglos, liedlos, allzu arm an Stimmen zu werden und bei allem Schwung oft unorganisch zu kontrapunktieren. Ebenso ist Pfitzner im Recht, wenn er manche tote Wagnerstelle anmerkt, in der das Rezitativ nichts zu sagen hat, weil auch der Text schwunglos bleibt, und in der das Leitmotiv nicht aus den rein symphonischen Gründen der Wiederkehr, sondern nur gedanklich als eine Art pädagogischen Orientierungspunkts in die Musik eingesetzt ist. Wenn man daraus aber die Grenzgefahren zwischen Musik und Drama bestätigt sehen möchte, so gibt es hier doch die Korrektur, daß nicht Schumann oder Pfitzner oder ein anderes treuherziges, wenngleich höchst achtungswürdiges, der Inspiration wohlvertrautes Musizieren, bei dem jedoch die kurzen Augenblicke des Einfalls zum Einfall des kurzen Augenblicks pro domo zurechtgemacht werden, sondern allein Bruckner und Wagner diese »Schuld der Sonate an dem Ideal der Musik« gutgemacht haben. Es geht nicht an, irgendwie Beethoven zu überschlagen; und zudem, es gibt sowohl bei Bach wie bei Beethoven so etwas wie bewegungszeugende Einfälle, deren Durchführung durchaus schöpferisch und inspirativ ist: als eine Musik, die symphonischen Platz braucht und Weite, um diese Art Musik zu sein, und der schon die vorwärtstragende, einbezogene Zeit eine zeugende Gesamtvision mindestens des einzelnen Satzes, wenn nicht der ganzen Symphonie nahelegt. Ebenso kann man sagen, wenn schon einmal der Widerwille gegen die großen Formen musikalisch sein soll, dann hat das symphonische Fortspinnen immer noch mehr Formen zerbrochen als die Additionen der Musik als Einfall. Und schließlich muß Pfitzners Nominalismus entgegnet werden, daß die Sonate und die ihr entsprechende Geburt des Wagnerdramas aus dem Geist der Symphonie nicht nur eine Hülse vorstellt, eine der nachträglichen, interessanten, chronischen Verlegenheiten, musikalisches Einfallsmaterial unterzubringen, sondern den völlig legitimen Leib eines eigenen Melos und seines ebenfalls zeugenden, inspirativen, dramatisch setzenden Kontrapunkts. — Darum, um das Rechte zu sagen: hier zieht der Ton, wachsend im Flug, während das Wort nur fällt. Wenn man darauf achtet, wie allein schon ein gutes Lied entsteht, so bemerkt man augenblicklich, wie wenig hier das Einzelne verlebendigt wird. So ist bei Pfitzner selbst, bei Hugo Wolf, bei Bach, bei Wagner der Ton jeweils nur äußerlich dem Wort angepaßt und weit davon entfernt, gleichsam nur atomistisch aufzutreten. Es ist hier durchaus ein Gerichtetsein auf das Wesentliche am Werk; dergestalt, daß nach der richtigen Bemerkung von Louis bei Hugo Wolf das ganze Stück in einer überwiegend absolut musikalischen Entwicklung herausgesponnen wird, die nur ungefähr auf das Einzelne des Textes und die Jeweiligkeit seiner Stimmung geht, um sich statt dessen an eine Grundstimmung im Anfang oder Verlauf des Textes zu halten, die nun musikalisch umgesetzt und zur begleitenden Polyphonie dieser wesentlichen Gesamtstimmung auseinandergelegt wird. Das ist freilich eine Grenze, aber gerade eine gegen das Einzelne, und dafür eine deutliche Beziehung hinsichtlich des Ganzen, in das nun die Dichtung des Lieds oder auch der Oper umgekehrt ihr Einzelnes einzusetzen hat. Nicht immer braucht hier ja, wie in Pfitzners Palestrina, ein solcher Stilunterschied zwischen den lyrischen Visionen des ersten Akts und dem bloß streitsüchtigen Kontrapunkt der Konzilszene des zweiten Akts zu herrschen; es gibt Gemüt, es gibt aber darüber eine Mystik der Reise und der Zeit. So wenig man also auch die handlungssetzende Kraft symphonischer Begleitung überschätzen darf, so gewiß gibt es hier doch vom Fidelio ab einen leisen direkten Zwang, der mittelst der melismatisch-symphonischen Bewegtheit nicht nur der Handlung nachfolgt, sondern selber Handlung, noch unbestimmte, namenlose Handlung, die Luft, das Tempo, die Stimmung, den Bogen, das Niveau, den Mythos der Handlung erzeugt, in die sich nun, einzeln beliebig, insgesamt gebunden, die bühnensinnliche Anwendung und textliche »Begründung« einzusetzen hat. Es ist selbstverständlich, daß dazu ein knappes, übersichtliches, oft symbolweise versinnlichendes Geschehen besser taugt als ein bereits in Absehung von der Musik vollendet geformtes Drama; daß also Shakespeares Othello ein bedenklicheres Textbuch abgibt als eine Strauß-Hofmannsthalsche Beratungsarbeit oder die völlig secundum rem musicalem entworfenen Wagnerdramen, sofern eben die eigene Fülle, prinzipiell auch die geheimnisvollere Tiefe des Musikraums keine schon geformte, rein poetisch, selbst in Shakespeares poetischem Ausmaß geformte Dramatik erträgt.

Damit ist nun freilich das Wort überhaupt getroffen und ein echtes Versagen sichtbar. Es ist nicht grundlos, daß hier fast alles zu hoch gerät, daß in der Oper noch der ärmste Schiffer mit goldenem Ruder rudert. Niemand kann all das Zeug mit dem giftgefüllten Ring und Emmas Luftgestalt verstehen, aber die Webersche Musik macht aus Euryanthe fast eine sinnvolle Dichtung. Ja die Täuschung geht anderswo soweit, daß Pamina wie Beatrice wirkt, daß alle die billigen Regiekunststücke der Zauberflöte wie okkulte Visionen erscheinen, sofern eben die Mozartsche Musik das bloß Theatralische und äußerliche Gegenspielertum vertieft und zu jenen theosophischen Tatbeständen zurückführt, von denen im Schikanedertext selber nur mehr Wirrwarr und dreiviertel Unsinn übrig geblieben war. Es ist auch nicht grundlos, daß man zusammenzuckt, vor einem bloßen Trinklied von Studenten, als welches sich scheinbar der wahrhaft höllisch treibende und stampfende Eingangschor zu Hoffmanns Erzählungen darstellt, wie es überhaupt fast nirgends in diesem einzigartigen Meisterwerk zwischen Ton und Text »stimmt«, geheuer ist; oder wieder anders, wenn ein Gesell und dann die Lehrbuben mitten im Tanz abbrechen und in harmonisch herrlich folgenden Quarten die Meistersinger ankündigen, als ob es sich nicht um bequeme Ehrenmänner, sondern um den Einzug himmlischer Heerscharen handelte. Das kommt daher, daß der Ton das Wort überholt und so auch dem Ganzen, dem gesetzten Niveau nach letzthin nicht ins Schwarze des Textes treffen kann, weil dieses Ganze über dem Ganzen der Dichtung hinausliegt. Deshalb kann man allerdings auch nicht sagen, daß sich irgendeine Dichtung, gerade dem letzten Ganzen nach genommen, anders als nur mehr oder minder beliebig und annähernd in den unbestimmt fordernden dramatischen Musikraum einsetzen ließe; sie folgt wohl in weiten Zusammenhängen der geheimen, übermäßigen Handlungskraft nach, aber sie kann sich mit ihren entschleiernden, »logischeren« Mitteln dem musikalisch geforderten Niveau nicht ohne weiteres als würdig erweisen. Auch wo die Quarten weniger besonders klingen, auch wo die szenische Basis höher gelegen ist als beim bloßen Aufzug der Meistersinger, ist das vorhandene transzendentale Drama stets ärmer an Hintergründen als die seine Schicksale, seinen Mythos zubereitende Musik; und dieses ist erst die wahrhafte Grenze zwischen der symphonisch-dramatischen Beziehung. — Das schlechte Wort ist an sich schon leicht zu überwinden. Es ist überflüssig und macht sich dem Ton gegenüber, den es erklären will, lächerlich, wo es sich nur zeigt. Darum kann der Trieb, sich das Entlegene in die alltägliche Sprache zurückzuübersetzen, auch in programmusikalischer Hinsicht keine neue Bedeutung zuführen. Hier vor allem wird endlos und unkeusch in den Tönen nach einer Fabel herumgestochert. Es erinnert, wie sich auch Bekker, der Beethovenbiograph, mit Recht sagen lassen mußte, an die schlimmsten Erläuterungen »zu unserem Bilde« aus der Gartenlaubenzeit. Hier feiert das Geschwätz von ausdrucksvoll flehenden Zweiunddreißigsteln, vom heiter lächelnden Violintriller, von dem dreimal erklingenden Unisono-Gis, das nach dem Scherzo im cis-moll-Quartett gleichsam fragen soll: was tue ich in dieser Welt? — seinen weitverbreiteten Triumph. Hier werden die Hilfsmittel, mit denen der Klavierlehrer die lahme Phantasie seiner Zöglinge zu verbessern sucht, zu der exegetischen Wissenschaft der Musikpoesie erhoben: und das soll dann bei Beethoven stehen, mehr noch, das soll der ausgedeutete, vorstellungsmäßig klargewordene Beethoven sein, ein widerlich schmusendes Zeug, Takt für Takt das Wörtchen bereit, dem gegenüber noch der banalste Zeitungsroman wie eine Äneis wirkt. Man kann es so oder so sagen, und wenn der andere Beethovenbiograph Marx den Gang der musikalischen Handlung der Eroika als den einer Schlacht im Idealbild auslegt: der erste Satz gibt die Schlacht selbst, der Trauermarsch schildert den abendlichen Gang über das Schlachtfeld, das Scherzo ist die mit Lust und Lied erfüllte Kriegslagermusik, und der letzte Satz schildert die eilig beglückte Heimkehr zu den Festen und Freuden des Friedens, — so ist das auch gut, weil die Musik damit überhaupt nichts zu tun hat und ihre Tiefe diesem nachträglich bildhaften Spiel auf populärer Vorstellungsbasis weder verneinend noch bejahend zugänglich macht. Es ist ganz gleichgültig, wieweit Beethoven selbst als Angeregter oder nachträglich Genießender diese Fabelkunde unterstützt hat. Er hat gewiß in späteren Jahren darüber geklagt, daß die frühere Zeit »poetischer« war als die jetzige: »jedermann fühlte damals in den zwei Sonaten op. 14 einen Dialog zwischen zwei Personen geschildert, weil es gleichsam so auf der Hand liegt«; und man weiß, wie sehr es Beethoven drängte, den früheren Werken poetische Überschriften zu geben, eben im Zusammenhang mit der Klage über die abnehmende Phantasie der Musikliebhaber. Nicht minder finden sich auch bei Wagner, so in der sonst ganz ausgezeichneten und rein musikhaften Schrift über das Dirigieren, die anfechtbarsten Ausdeutungen zusammengetragen; wie etwa, daß das Andante der Mozartschen g-moll-Symphonie mit dem endlichen Bekenntnis der Seligkeit eines Tods durch Liebe schließe, oder daß die überraschende Süßigkeit des Finales der Eroika die Vollendung des Helden in der Liebe »symbolisiere« — lauter Interpolationen zufälliger und der Musik auch regional unterlegener Art. Wagner hat selbst nicht mit Unrecht gefragt, was etwa die dramatische Handlung der Oper Leonore anderes darstellte als eine fast widerwärtige Abschwächung des in der Ouverture erlebten Dramas, ungefähr wie ein langweilig erläuternder Kommentar des Gervinus zu einer Szene des Shakespeare. Etwas ganz anderes freilich ist die schöpferische Beziehung Beethovens zu Leonore, Napoleon, Egmont oder Coriolan, wo nichts bereits poetisch Vorgedachtes als Ziel des musikalischen Ausdrucks fungiert, sondern der Name ein an sich völlig außerpoetisches Thema ist, dem der Musiker nicht weniger verwandt als der Poet gegenübersteht, wie ja auch in philosophischer Sphäre Hamlet, Quixote oder Faust als direkte, genuine und nicht erst kommentatorisch existente Probleme angesehen werden können. Nun ist dieser Unterschied allerdings im Beethovenschen Schaffen ziemlich unwesentlich geblieben: wenigstens gibt es keine größere musikalische Wertdifferenz als diejenige, die zwischen den beiden Programmstükken über Wellingtons Sieg und andererseits über die Erlebnisse einer Landpartie besteht, wobei sich gewiß nicht die dichterischen Inhalte des damals übrigens tonmalerisch und tonpoetisch oft behandelten Pastorale-Sujets an dem größeren Glanz der sechsten Symphonie beteiligt haben. Wenn übrigens Beethoven die Ouvertüre zur Namensfeier nicht komponiert, sondern gedichtet haben wollte, so hängt diese Arbeitsverwechslung einmal mit einem Drang nach dem »Geistigen«, der Wissenschaft Angenäherten zusammen (demselben, der Goethe das Dichten geringer schätzen ließ als die Erfolge in der Farbentheorie); und dann hat sich Beethoven unter dem Poetischen sicherlich nichts anderes als jenes schweifende Behagen in Stimmungen und Begeisterungen vorgestellt, das man so unter »Poesie« im Gegensatz zur Prosa, zur Prosa des philiströsen, traumlosen, unsymbolischen Lebens versteht. Aber Beethoven ist kein Dichter, er ist weniger und mehr als ein Dichter; und was nun gar erst die ihm scheinbar nachfolgende Programmsymphonie an blökenden Schafen, Schwüle des Krankenzimmers, tickender Uhr, rauschenden Wasserfällen, Kühle des Waldes und anderer, eng umgriffener, banal etikettierender Photographie hinzugefügt hat, läßt das programmatisch Poetische erst recht als bloßes Trittbrett zu dem inneren, bildlosen Pathos, zu der innersten Wortlosigkeit der Musik erkennen. So muß man, auch ohne zu denen zu zählen, die nichts als formal bleiben wollen und ihre epigonal gehörten oder erzeugten Formresiduen für »absolute« Musik halten, mit Hanslick-Herbartscher Grenzwacht vor der indirekten Linie, — so muß man aufs Entschiedenste gegen die programmusikalischen Essays protestieren, die mit falschem Fleisch und Bein bekleiden, sofern sie die banalste Reporterhaftigkeit als Sprache über Musik oder als die Übersetzung dieser ewig nur fremdländisch vertrauten Kunst in adäquate Kategorien ausgeben. Es verschlägt darum auch letzthin wenig, wenn es Wagner so darstellt, als ob sich der Gang von der Wortvertonung zum Instrumentalkörper umzukehren, begrifflich umzuschlagen hätte. Er läßt den Ton, vor allem im Ring der Nibelungen und überhaupt grundsätzlich, theoretisch, nicht zu Ende reden, sondern greift auf das Unbedingteste zu den Krücken des Textes zurück, statt der noch ungeahnt »sprechenden«, expressiven Zukunft der Musik zu vertrauen. Nach Wagner müßte sich genau so wie aus dem Chor die Instrumentalmusik entstanden ist, diese wiederum in das Drama um jeden Preis aufzulösen suchen, gleich als ob die absolute Instrumentalmusik eine Gefallene wäre, die aus der dialektischen Differenz des bloß metallischen Klangs nun wieder nach der Rückkehr und Synthese des Worts, nach der Auflösung ihres bloßen Logogryphs in den dramatisch wiedergekehrten »Chor« verlangte. Und doch sagt Wagner selbst, der es so unerhört findet, wenn auf den Trümmern der Operndichtkunst der Musiker als eigentlicher, wirklicher Dichter erscheint, seine eigene Theorie desavouierend: daß im Hinblick auf Beethovens musikalische und Shakespeares dramatische Behandlung des Coriolan Shakespeare nur wie ein im Wachen fortträumender Beethoven erscheint, über sich noch dieses Glühende und unertragbar Reiche als Schein der eigentlich musikalischen Vision. Aber abgesehen davon ist Wagner auch in einem historischen Irrtum befangen, der übersieht, daß sich die frühesten Opern schon während der alleinigen Blütezeit des Chors ausgebildet haben; und was später aus dem Chor entlassen wurde und sich in der instrumentellen Sonderform weiter ausgebildet hat, ist keine geschichtliche Mitte, deren chorischer Beginn nun mit dialektischem Umschlag als dramatisches Ende wiederkehren müßte, sondern der Chor ist unbeschadet der florentinischen und aller späteren Opern, unbeschadet auch des Musikdramas und trotz der glänzenden Ausbildung des ihm dienenden Instrumentalkörpers durchaus der oberste, ausdrucksmächtigste Teil des Orchesters geblieben, mit steigendem Verzicht auf die textliche, programmusikalische, dramatische »Logik« und als der gewaltigste Höhepunkt der gerade mit ihm erblühenden reinen Symphonie. Es ist und bleibt so das Schicksal des Worts, vor dem Ton zum Bettler zu werden, zu der für alles Endgültige unzureichenden Landung. O namennamenlose Freude, singen Leonore und Floristan; auf ihren einfachsten und rohsten Stufen schon überwindet die Musik die Dichtung und erniedrigt sie zu ihrem Widerschein. Es gibt erst recht keine große Musik, in der zuallerletzt noch ein Platz für andersartig Gestaltetes und gesprochen Dramatisches wäre oder deren Voraussetzungen nicht weiter hinaus liegen würden als die Endpunkte auch selbst der meisterlichsten und arriviertesten Poesie; wie sich denn das erhoffte Hellhören, das Erbe des erloschenen Hellsehens, von dem bloß poetisch Mythischen formell und gegenständlich nicht weniger unterscheiden dürfte als sich das Zungenreden der Jünger von dem bloßen julianisch-literarischen Glaubenwollen an den Glauben unterschieden hat. Zwar fragt uns Nietzsche, ob man sich einen Menschen denken könne, der den dritten Tristanakt ohne alle Beihilfe von Wort und Bild rein symphonisch aufnehmen könnte, ohne daß er vor diesem Wiederklang zahlloser Lust- und Weherufe veratmete. Warum sollte er nicht? ist dagegen zu fragen; die Musik ist nicht dazu da, um vor der Mystik zu schützen oder geschützt zu werden; und das Lichtbild Apollons, das »Die Geburt der Tragödie« über dem dionysischen Ozean aufgehen lassen will, bleibt wie bei Wagner so bei Nietzsche eingestandenermaßen eine Täuschung, eine holde Täuschung in Maß und Gestalt und universalibus post rem statt ante rem, hinter der sogleich wieder die Urrealität des Dionysos, tiefer gesehen, des Christus zusammenschlägt, so daß der logische Zweck dieses Nietzscheschen Quidproquo vollkommen unverständlich bleibt. Was wahrhaft symphonisch entworfen und zu Ende gedacht ist, kennt auf die Dauer keine Zwischenräume seiner Welten, in denen nun, wie bei Epikur die wirklichen Götter, so hier die Götter der Poetik ihr wie immer hermeneutisch überflüssiges Dasein führten.

Das bedeutet nun freilich nicht, daß jedes Sprechen über den Ton zuschanden werden müßte. Gewiß, der gute Zuhörer ist selten. Und noch etwas muß hier bereits ganz entschieden betont werden, bevor wir ins Einzelne der tonalen, harmonischen, rhythmischen und kontrapunktischen Beziehung eintreten. Alles steht jeweils nur auf zwei Augen; es wird nirgends möglich sein, aus diesen Mitteln direkt und ohne ein neues Ich einzusetzen, auf dasjenige zu schließen oder dasjenige erschließen zu können, das dem rezeptiven Menschen zugänglich ist und den Künstler allein bewegt: Seele, Ausdruck und Inhalt.

Grundlage der Ästhetik überhaupt.

Denn was suche ich, wenn ich zuhöre? Ich suche, wenn ich zuhöre, inhaltlich reicher und vermehrter zu werden. Es wird mir aber nichts gegeben, wenn ich bloß formell erleichtert mitschwinge. Es sei denn, daß ich es mir selber hole, weitergehend, inhaltlich, über die Form hinaus. Selbst der Künstler wird nicht rühren, nichts besagen, sofern er tatsächlich während der Arbeit nichts als das Formen im Kopf hat und nur die Mittel will. – Aber man kann auch künstlerisch verkünden und predigend sein. Wichtiger, als daß die Außenstehenden Gesang hören, wenn ein Mann im heißen Bauch des pharsalischen Stiers schreit, und erst recht wichtiger als der Mechanismus, vermittelst dessen Schreie in Gesang verwandelt mitgeteilt werden, sind die Schreie selbst, ihre unabgelenkte Echtheit und Tiefe. So geht es auf die Dauer nicht an, die gestaltende Gesinnung in ihrem bloß formellen Niederschlag aufzusuchen. Dergestalt, daß alles dilettantisch wäre, was sich nicht nach außen drängt und nicht im Technischen so sehr befriedigt fühlt, daß die Vision erst in diesem Äußeren des Werks ihr vollkommenes Wachstum und die Bestätigung ihrer Echtheit erlebt. Nichts kann falscher, zufälliger und kunsthistorisch begrenzter sein als dieses; es liegt allem, was sich aussagen muß, gleichmäßig fern, dem malenden Kind und dem schnitzenden Bauern nicht ferner als dem großen Künstler. Man sieht zwar bei Lukács diese ästhetische Meinung vollkommen dargestellt, aber sie stammt hier irgendwie aus einer Sprechweise, die sich an Werken und Formen festhält, um letzthin doch nicht diese, sondern bei Gelegenheit von —, also ironisch, indirekt, essayistisch den fernsten, eigenst gewonnenen Tiefsinn zu meinen: ein Verfahren, das im einzelnen zweifellos außerordentlich fruchtbringend wirken kann, das aber im ganzen, als Methode eines Systems, als Zeichendeuterei der Werkheimaten auf Grund durchgängiger Formanalyse doch das Unbedeutende überlastet, die inneren Grenzen chiffrenhafter Formbeziehung nicht ohne Willkür festsetzen kann und das Mühsame, Uneigentliche, Flaubertsche des neuzeitlichen, bloß stilhaften, undeskriptiven Schaffenmüssens verewigt. Man hat als der, wie man ist und nicht vermöge dessen, wie man es macht, sein vollauf bestimmtes künstlerisches Was, noch ganz abgesehen davon, daß die nüchterne, rein technische Atelierdefinition dem Bedürftigen, Überschwanghaften des künstlerischen Willens und seines Objekts nicht gerecht zu werden vermag. Lustig, häßlich, schön, bedeutend — das sind alles die kurzen Fühler und Gefühlstöne eines noch flachen Zuhörertums. Grün mit Rot, Figurenkomposition in der Landschaft, Spielbein, Stehbein, Kontrapost, Querstände und neapolitanische Sext — das sind gleichfalls kurzatmige Dinge, wie sie freilich unten, nicht zu lange dazu gehören, wie sie zur Mitteilung, zum pädagogischen Horos des prinzipiell unabgeschlossenen Kunstwerks notwendig sind; Bäume, die den Wald anzeigen, die aber der Wald nicht sind, und die sich nicht einmal chiffreartig mit dem Geist des Waldes, mit dem durchaus schon als Inhalt künstlerischen Gehalt der Werksphäre decken. Man darf auch nicht glauben, den einzelnen Darstellungsweisen dadurch einen jeweils selbstbedeutenden Hintergrund geben zu können, daß man sie geschichtlich aufträgt; daß man die Formen des Romans, des Dialogs oder anderer Talentmittel wie auf einem sich drehenden Firmament von geschichtsphilosophischer Geistigkeit fixiert erblickt, der die möglichen Aussageformen kommen und gehen läßt; daß man also die Geschichte der künstlerischen Wer- und darin Washeiten zu einer Geschichte mittelalterlich-realistischer Wieheiten umdeutet. Es handelt sich hier nicht nur um Farbe, Stein, Sprache als den Stoffen, die schon abirrend genug wirken, sondern eben um das Formen, um die Sorgen der Akribie, um die Fragen des Wirkungs-, Vermittlungswillens, die sich für den Künstler selbst vor die Aussicht auf die einzig zu bedenkende Gehaltsphäre schieben; und daß der Künstler nicht immer so rein werkhaft an sich zu sein braucht, daß seine Erlebnisse in ein unzertrennliches Bündnis mit den technischen Formen der spezifischen Kunstart des Werkes einzutreten haben, um ja nur die prästabilierte Harmonie zwischen Vision, Form und darin erst gewonnener Dingmaterialität zu erreichen. — Die zuhörenden Menschen gelangen anders nach Hause. Gerade von jetzt ab mag das Künstlerische wieder als eine versetzte seherische Begabung erscheinen. Gewiß, was nicht ausgesprochen ist, besteht nicht, aber es ist der Wille, der Inhalt, der über die Mittel gebietet. Und es scheint, daß man das Gesagte in diesen Tagen nicht mehr so strenge, werkhaft von sich abzuhalten braucht, um es als Ausgesagtes zu vernehmen. Irgendwie ist es dem neuen Künstler wieder möglich geworden, auch ohne daß sich die allzu sehr genäherten Regenbogen und Wolkenzüge als Nebel um uns herum legen, ein Kunstwerk, das Wesentliche des Kunstwerks ohne aufhaltenden, distanzierenden Formbegriff zu schenken. So wird das Ungekonnte oft sonderbar tief; kein guter Autor, sagt Jean Paul, zeigt sich im Hemd, was wir dafür halten, ist's Chorhemd; die Mittel selber sind agitatorisch, sie treten nur als das eine oder andere, dem Belieben des Künstlers anheimgestellte Verwirklichen ans Licht, ohne daß dieses Formen im geringsten inhaltlich determinierte. Es ist das andere Ich und der andere Gegenstand, der Künstler und Kunstgemäßes determiniert; und nicht eine das Jenseitige etwa zur künstlerischen Immanenz auffangende Form. Wenn der wesentliche Wille steigt, so vermehrt sich freilich auch das Geformtsein seiner Gegenstände, der Wohlklang regiert viele und wahre Bilder. Aber es ist hier das geschaute Wesen, das sich seinen Körper baut, und wenn dieser, die Form der Verwirklichung, die äußere Wirklichkeit des Werks, als denaturalisiert oder im hohen Grad abstraktiv erscheint, so ist dieses ein nachträglicher Eindruck und überdies hauptsächlich nur abstrakt in bezug auf das natürliche Vorkommen des dargestellten Gegenstands. Denn an sich ist die neue expressionistische Wesensbildung genau so »naturalistisch« und bloß deskriptiv wie die Grabsteine mit dem Horusnamen, das Relief des Bel Merodach oder die Flügelstiere Assyriens und des Propheten Ezechiel. Hier ist ein neues Direkt- und Absolutsein an der Arbeit, das die scheinbar selbständig aufsteigende Formarchitektonik: den guten Satz, die Flaubertsche Mystik der Niveauausgleichung, als Prius im geschauten Gegenstand besitzt und nicht etwa, um damit den Widerpart einer formhaften Hierarchie gegen die flüchtigen Tiefen des Inhalts zu gewinnen. Das wird nur dort notwendig, wo das Werk genau so lang ist wie die Aussage, und diese nicht länger; wo man also nicht anders in die hinteren Reihen hereinsehen kann als mittelst der betrügerischen, verzweifelten, transplantierten Kraft des Stils, so in Griechenland und dann wieder in der zu so viel Höherem geborenen Barockkunst; aber auch hier, wo immer nur große, persönlich expressive Arbeit vorliegt, ist es der Wille, das Subjekt und sein Inhalt, der letzthin allein aus den Mitteln, den wertlosen, hintergrundslosen, herauszuhören ist, und die Form bleibt weit davon entfernt, ein Ziel oder auch nur einen wichtigen, beziehungsreichen, transzendental brauchbaren Ruhepunkt zu gewähren. Nur in einer Weise läßt sich über Form gegenständlich sprechen; dort nämlich, wo das Formelle keine Vermittlung, sondern ein gegenständlicher Teil selber ist, wie vor allem in den Bühnenwirkungen, im Rhythmus, irgendwie auch in den verschiedenen, die gestaltenden Subjekte zu Kategorien ihres Soseins determinierenden Arten des Kontrapunkts, überhaupt in allen Zeit- und logischen Ortsproblemen der Kunst. Hier hat sich das gestaltende Subjekt wahrhaft in eine »Form« als seinem tieferen Aggregatszustand hineinbegeben, die demnach den unteren, sozusagen erkenntnistheoretischen, sich metaphysisch knochenbildenden Teil der Gegenstandsreihe selber darstellt, wie er freilich von dem eigentlichen Leben, Inhalt, Tiefsinn der ästhetischen Gehaltssphäre immer noch durch einen Sprung an Ich und Wahrheit geschieden ist. Es ist nun gerade die sonderbare Kraft dieser Tage, daß man die Zügel anscheinend lockerer, genauer gesagt, bewußtloser halten kann und doch dem echten Haus zufährt. Es ist die erstaunliche Barbarei dieser Künstler, daß etwa das rein Malerische, wenn es innerlich notwendig wird, beliebig schlecht oder rein musikhaft werden kann und ähnliche »Dekadenzen« mehr, unerhört vom Standpunkt der Akribie aus, so wie man früher, zur Zeit der beginnenden Gipsabgüsse und Ornamentenschätze des Unwesentlichen, tadelnd zu sagen pflegte, dieses oder jenes alte Bauwerk sei nicht besonders rein im Stil. Man betreibt hier jenes Kühne und so gar nicht Sturm- und Dranghafte (denn dafür ist es viel zu sehr bekümmert, viel zu wenig Freude am bloßen Kraftüberschuß, viel zu strenge Verantwortlichkeit gegen den Gegenstand), — jenes höchst Direkte, das bisher nur und gerade die allergrößten Stilisten, reuig und hellsehend, in ihren Alterswerken exekutiert haben: subjektiv, überformell, Deskription des Wesens zu sein. Derart geht auch das »Werk« vorüber; die Augen sind stark geworden, man braucht nicht mehr seine heilsame Dämpfung und vielfältige Umleitung, die die überschwelligen Himmelsreize abschwächt und auf eine große Fläche verbreitet, damit sie nicht auf einmal herüberdringen oder wie anders man aus der produktiven Schwäche eine olympierhafte Pädagogik machen will, gemäß der klassizistischen Idolatrie der Form. Es kommt mit anderen Worten eine neue, bewußtlosere, urbildliche Betonung des etwas zu sagen Habens herauf, die keineswegs den Vorwurf des Dilettantismus scheut, ja bei der das Dilettantische, das apriorisch Dilettantische, rein »Inhaltsästhetische«, sofern nur die eigentliche Stümperei der individuellen Armseligkeit, der negativen Expression ferngehalten ist, einen metaphysischen Grad erlangt: den des Abschubs alles Genießens; den Gewinn der Ichaussage statt des Werks; den moralischen Nominalismus gegen alle verselbständigte Indirektheit; den deskriptiven »Naturalismus« oder, besser gesagt, expressionistischen Realismus des »Subjekts«; und schließlich die Kraft der Ansage oder wie es war und wie es hätte sein können, sein sollen, die Würde der Erkenntnis, der spezifischen Erkenntnis einer »ästhetischen« Wirklichkeit und des möglichen Ideegebots, der compunctio cordis, ihrer Sphäre. Darum eben kann von hier ab das Künstlerische wieder als eine versetzte seherische Begabung erscheinen. Wie weit war in ihren ersten Blütetagen alles von der Absicht des Zeigens und der schönen Wirkung entfernt: es war verboten, sich den Masken zur Unzeit zu nahen, ja es gab Götterstatuen, die überhaupt nur in einem vollkommen verdunkelten Raum verehrt werden durften; wie in der schweigenden Muschel die Perle ringt, so haben das primitive und auch gotische Kunstwollen und die gesamte Musik mit dem Wollen der Kunst als eines beabsichtigten Wirkungsbegriffs, als des kleinen, wesenlosen Ausschnitts einer Welt ohne Enttäuschung nicht das Geringste gemein. Es handelt sich dabei durchaus nicht um die objektiven oder auch normativen Bedingungen des ästhetischen »Gefallens«, das die unwichtigste Sache von der Welt ist, sofern allein schon der Begriff »Aisthesis« nicht gefühlsbetonte Empfindung, sondern durchaus dasselbe wie Wahrnehmung, adäquate Erfüllung bedeutet. Wenn es uns jetzt als kunsthaft erscheint, dasjenige, was hier an Heiligem dargestellt ist, so bedeutet dieses, daß es fiel, daß es unterdessen sein Letztes, Heiliges verloren hat und derart, wie es als Bildzauber innerhalb eines seit langen Tagen passierten, überholten Geschichtsabschnitts gelegen ist, so auch mit seinem transzendent gewordenen Bestand in die Welt und deshalb, als ein bloß noch Vorletztes, in die ästhetische Gegenständlichkeit einrücken mußte. Den heute zuhörenden Menschen ist das Letzte nicht mehr so leicht gegeben, wie in den seligen Zeiten der Götternähe; aber dafür lassen ihre Künstler die Pfeile, die langsam gewordenen Pfeile des Ausdrucks wenigstens wieder nach dieser esoterischen Richtung fliegen; und wie das Heilige nicht tiefer als bis zur Kunst herabsinken kann, so läßt sich auch umgekehrt das farbig verdunkelte Hellfühlen expressionistischer Kunst mit ihrer radikalen Gegenstandsorientierung als der nächste Raum vor dem Haus der kommenden Parusie verehren. Nur bleibt, abschließend zu sagen, der Künstler, auch der, welcher künstlerisch am Ausbrechendsten ein Predigender, ein Erkennender, ein Inhaltlicher sein will, stets im Diesseits stehen. Es sind aufregende, aber vorerst nur gemalte, nur in sich selbst gefärbte Fensterscheiben, diese Wachträume besser gewollter Welt; und solches ist das Kriterium der ästhetischen Erhellung, auf ihre letzten Kategorien hin angesehen: wie könnten die Dinge vollendet werden, ohne daß sie apokalyptisch aufhören; wie könnte jedes Ding und jeder Mensch an seine oberste Grenze, dem Sprung entgegen, getrieben werden, dargestellt, das heißt immer noch, wenn auch mit expressionistischer Abkürzung und Direktheit, gespiegelt und doch, was darüber das Wichtigste ist, vollkommen erleuchtet, solange das innere-obere Licht noch verborgen ist und der Sprung seiner ganz anders verwandelnden Einsetzung des Herzens Jesu in die Dinge, die Menschen und die Welt noch aussteht. Früher, als man noch nahe war, das heißt bevor sich die Augen verdichtet hatten, bevor es die neuzeitlichen Stile, Stilisierungen gab, hatte man Flügelstiere, obere Säulenstellungen, das Geheimnis des Querschiffes, Märchen, die transzendentalen Bindungen der Epopöe, das göttliche Leben selber nach seiner gegen die Welt zu gelegenen Glanzseite im künstlerisch-deskriptiven Blick: dasselbe, was jetzt anders, trüber, dunstiger, abendlicher, wärmer sich erhellend, im engeren Raum des Subjektivismus uns nahestehend, — die Dostojewskische und Strindbergsche Sphäre einer reinen Seelenwirklichkeit, einer rein moralischen »Transzendenz« der Begegnungen, der Haßkonflikte, der Liebesfülle, des völlig übersozial Menschenhaften bilden dürfte. Farbig, am farbigen Abglanz haben wir dieses Leben, diese Predigt; blickt man aber in die verborgene Sonne selbst, so ist das nicht mehr Kunst, ein immer noch geformt, virtuell zurückkehrender Symbolwert, sondern ich bin's, inneres, bildloses, ja ganz eigentlich werkloses Gottsuchen, in dem das Objektive so wenig mehr als Hilfskonstruktion vorkommt, daß nur noch ich allein, die Wiedergeburt, die Einrichtung des Herzens, als Werk erscheine: Moral und Metaphysik der Innerlichkeit, ein neues, mediumloses zu sich in Existenz Stehen der Subjektivität, das deutlich die Immanenz des künstlerischen von der Transzendenz des dergestalt direkten oder religiösen Gegenstandes trennt.

Die Form in der Musik.

Trotzdem bedeutet auch dieses noch nicht, daß jedes Sprechen über die Musik, gerade also wenn es tiefer geht, zuschanden werden müßte. Ein Gleiten ist nicht zu befürchten, der gute Zuhörer hat seinen bestimmten, immer noch künstlerischen Platz. Es kommt nur darauf an, einen Punkt zu finden, von dem aus ein Blick auf die gleichsam in den Fenstern des Werks liegenden utopischen Bedeutungsländer zu werfen ist. Dabei bleibt es freilich die Frage, ob man überhaupt ein solches, wenn auch rein prädikativ vollzogenes Weitergehen für nötig hält. Denn der Bogen eines großen Werks ist rein ästhetisch durchaus geschlossen oder vielmehr, er besitzt, woran bei einer engeren ästhetischen Betrachtung kein Zweifel ist, in seiner künstlerischen Formwelt selber den ausreichenden Schlußstein, ohne einem transzendentalen Deutungsgebilde überhaupt noch Raum zu lassen. Aber nun stehen wir hier und das Werk steht dort, es ist uns, sosehr wir auch vorübergehend gefangen genommen worden sind, ein

Leichtes, wieder von dem Werk wegzugehen, um für neue, darunter- oder darüberliegende Zusammenhänge frei zu werden, und so muß es daher einer Gesinnung, die noch nichts für sich beruhigt sein läßt, der der Apparat in jeder Sphäre ein Elend ist, wohl erlaubt sein, auch die Gebilde der Musik als bloße befestigte Unterwegs zu betrachten und solange als bloße vestigia anabaseos zu verfolgen, bis sie mit in dem Reigen der geschichtsphilosophischen Sternbilder, ja des ganzen Weltprozesses erscheinen. — Es ist schwierig, hier hineinzukommen. Denn dem Zuhörer ist außer seiner Lust zunächst nichts als die Ahndung gegeben. Auch diese ist zumeist nur genießerisch, willenlos, ausruhend; sie legen sich in die musikalische Wärme wie in den Schlaf und die Liebe. Aber nur das, was geformt ist, besteht, womit freilich nicht nur die technische Form gemeint, noch gar der Kreis des Seinsollenden völlig geschlossen werden soll, jedoch immerhin so geschlossen, daß nichts deziddiert Formloses in der Musik existiert, und es so nicht angeht, das übertechnisch Persönliche und Geistige dieser Kunst in ein laxes, unabgeteiltes Ergriffensein zu verlegen. Gewiß kommt es nicht darauf an, hier die Läden zuzuhalten, um ja nur das kleine, umzirkelte Leuchten in der Ritze formkritisch nachzeichnen zu können. Aber was dahinter wirkt, der volle Tag, ist auch Form, erst recht Form, wenn anders es möglich ist, geschichtsphilosophisch über die Musiker zu denken und die Prophezeiung der nächsten Kurven zu übernehmen. Es wirkt der Schöpfer und sein Was als jeweilige Form, nicht beliebig, wie es nun einmal da ist, sondern er ist nicht anders da denn in einem geschichtlich-periodischen System der musikalischen Ichgegenstände und Ichsphären. Nur geht, wie zu sehen war, der große Schöpfer in sein Was, ohne die unteren Formeln der Vermittlung zu verspüren. Diese dürfen nicht mehr weiter mit der Form als Gegenstandsbestimmtheit verwechselt werden und man soll aus ihrer nichtsbedeutenden Kompliziertheit kein Geheimnis machen. Nur das, was sich bereits bei der Opernmusik als sinnhaft bestimmende, genauer gesagt, sinnhaft vorbereitende Formbeziehung herausstellte: das besondere Rhythmisieren, der graziöse, der stimmige, vor allem aber der dramatische Kontrapunkt, ist mehr als Mittel, mehr als Formel, nämlich Form, ist keine Mittelgesinnung, kein Werkfaktor, sondern eine, freilich ebenfalls nicht endgültige Art von Gegenstandsbestimmtheit. Mithin und jedoch, um auch hier wesentlich weiterzukommen, muß ein besonderes sich Erfahren eingesetzt werden. Es liegt auch hier an einem Anderen, wenn es bedeutsam klingt, als daß zu den Längen der schwingenden Seiten von 1:2 oder von 3:4 oder auch zu kontrapunktischem Wenn und Aber gegriffen worden ist. So wenig man einen Menschen verliebt machen kann, so wenig läßt sich bewirken und beweisen, daß das, was die Stimmung mehr oder minder eindeutig vorbereitet, nun auch das geistige Weben, die Erfahrung Musik selber erzeugt. Zumal da es sich letzthin weder darum handelt, das Erlebnis des rezeptiven Menschen zu beschreiben, das sich ja sowieso, wo es nicht bloß eudämonistisch ist, gegen Ende im Nebel der Symbolintentionen verliert, noch auch den Schaffensprozeß des Künstlers zu verdeutlichen, der erst recht nicht zu Ende geht (wenn er auch noch so unentbehrlich sein mag, um an seiner Hand zum Ende zu kommen), der aber in einer absolut gemachten Phänomenologie seiner Akribiezustände, des Tons, der Harmonie, des Rhythmus, des Kontrapunkts an sich, überhaupt vergessen läßt, daß hier von Kunst die Rede ist. Wie das verschlungenste Gewebe durchaus noch nicht dichtet, was es ja auch nicht soll; wie die dramatisch-symphonische Bewegung nur einen Raum der sehr allgemeinen Bereitschaft setzt, in den nun das poetisch ausgeführte Musikdrama »beliebig« eingefügt werden kann: so klafft auch zwischen der gegenständlichsten Formvariable und dem letzten, eigentlichen Gegenstand der Musik ein leerer, schädlicher, den Übergang erschwerender Hiatus. Es ist nicht möglich, selbst in der echten Formverfolgung direkt zu jenem zu kommen, das dem weinenden, erschütterten, zuinnerst aufgerissenen, betenden Zuhörer an Ahndung gegenwärtig ist; anders gesagt, ohne dieses Besondere von sich Erfahren, sich ausgesagt Fühlen, menschlichem Überholen der Werkform, wie es erst am Ende dieser Untersuchungen als Interpolierung eines neuen, freilich dem Musiker zutiefst verwandten Subjekts und seiner geschichtsphilosophisch metaphysischen Vision diskutierbar wird, stehen sämtliche transzendentalen Formbeziehungen zu dem Apeiron still. Dabei ist freilich das Ahnen nicht erzwingbar. Treu und Glauben regieren, nicht nur, weil man letzterdings durchaus auf die Erlebniskraft des Einzelnen und, wie in allen Evidenzsachen, auf die kanonische Macht des Deutenden, deutend Konstatierenden zurückgehen muß, sondern auch, weil bei dem Hellhören und den anderen metaphysischen Aufstellungen tieferer Musikdeutung niemals von der gegebenen, sondern stets nur von der utopischen Musik die Rede sein wird und kann. Dann allerdings, beim intuitiven Menschen, behebt sich jedes Schwanken. Er fühlt sich gelöst, es kommt ein: ja dieses ist es, was ich meine, das habe ich hinter allem Musizieren geahnt, es wirkt plötzlich, vom guten Zuhörer aus gesehen, das Aha-Erlebnis des gelichteten Nebels, es erscheint der vollkommene Künstler selbst, und aus dem Schleier der rezeptiven Symbolintentionen tritt das erträumte, das utopisch weiterwachsende Schloß der Musik ans Licht. Wo also die Dichtung die musikalischen Kreise störte, kann sie die Deutung zwar nicht vollenden, aber doch eingedenkend und fern von jedem bloßen Kommentar auf die urbildliche Landkarte einzeichnen. Zwar, »unsere Taten selbst, so gut als unsere Leiden, sie hemmen unseres Lebens Gang«; aber es gibt noch ein anderes Blut, das mitarbeitet, einen weitertreibenden Begriff des künstlerischen Wesens, den »letzten« Künstler als Metaphysiker der Kunst, das ist als letzten Bewahrer des künstlerischen Gegenstands, als Schöpfer des Gesamtkunstwerks inhaltlicher Art, im homogenen Medium des spekulativen Begriffs; es gibt eine von selber schöpferische, nicht nur kommentierende, sondern spontane, spekulative Ästhetik, jenseits aller Material- und Konstruktionsversperrung, und erst in dieser ihrer Deutung errichtet sich die wahrhaft »absolute« Musik.

Mittel, Formeln und Formen der transzendentalen Musiktheorie.

Der freie Ton.

Nichts mag hier also von selber klingen.

Es kann nur in uns erwachen. Der Ton wird von uns verdichtet, qualitativ gefärbt und verschwebt sogleich. Nur wir sind es, die ihn erheben, mehr noch, die ihn feststehen und mit unserem Leben sich beseelen lassen. Zwar es ist nicht zufällig, daß gerade dieser zarte, durchsichtige Leib erwählt wird. So gewiß auch die Trunkenheit nicht im Wein, sondern in der Seele steckt, so fühlbar wirkt doch im natürlichen Ton ein hinüber Schweben und Sprechen, das ihn allein vor anderem als musikalischen Stoff geeignet macht. Aber schon, was die Quinte angeht, so ist das alles nur schön, weil es ausgewählt ist, weil es zu weiteren, unnatürlicheren Bezügen veranlaßt, und erst im Bruch mit diesen direkten Neigungen vermag der Mensch zu singen.

Die beliebige Harmonielehre

So gilt es darum, sich weit hindurch zu fühlen.

Wer nur einfach hört, und er kann dabei sehr ergriffen sein, merkt nicht einmal davon etwas, wie die Töne zusammengemischt sind, und es besagt ihm nichts, es zu wissen. Allerdings beim Künstler blüht, wenn nicht Festtag ist, der Handgriff. Er ist noch mehr als bloßer Handgriff, und vieles, das sich scheinbar unbewußt gibt, stammt aus einer äußerst kalten, mit bewährten Wirkungsmitteln arbeitenden Erwägung. Deshalb pflegt sich auch das alles so kräftig aufzuspielen und die Musiker nach alter Weise in Schüler und Lehrer zu teilen, mit der ganzen kritischen Überlegenheit, die formelhafte Sprache und technisches Wissen jederzeit verleihen. So kann man schon aus diesem Grunde nicht theoretisch sprechen, ohne die eigne, von den Musikern selbst ausgebildete Theoriewissenschaft zu beachten. Wäre hier nicht zu hoffen, daß der Kopf, in dem sich die technischen und die logischen Kenntnisse berührten, rein sachlich schon, durch Selbstanziehung beider Gebiete, etwas Unerhörtes finden müßte? Es gibt in der Tat eine gewisse unvermeidliche Art hochgezogener Augenbrauen, wo nicht gar der geradlinig weiterdenkenden Hoffnung in philosophischen Kreisen (die vielleicht noch aus dem alten Vertrauen auf mathematischen Scharfsinn stammt), sobald Begriffe wie Terz oder neapolitanische Sext oder Querstand, überhaupt die ganze, an sich schon so geistig abstrakt scheinende Gestalt der Harmonielehre in den Gesichtskreis treten. Nun, wir besitzen eine große Anzahl vortrefflicher Theoriebücher, und wenn hier das von Schönberg zur praktischen Erledigung der Frage gewählt wird, so geschieht es nicht — sosehr es uns entgegenkommt — deshalb, weil es von einem schaffenden Musiker geschrieben wurde, der nur ein System der Darstellung und keines der Natur angestrebt hat, sondern aus dem tieferen Grund, weil es bezeichnend ist, daß hier, ähnlich wie bei Poincaré und umgekehrt wie bei Hegel und in der Philosophie überhaupt, gerade der arriviertestе Methodiker dafür sorgt, jede Beziehung zwischen dem Verfahren und seinem Gegenstand aufzuheben.

Wer es kann, darf so schreiben, wie es ihm beliebt. Kräftig geht hier alles auseinander zugunsten dessen, der innerlich muß. Für diesen aber gibt es, wenn er handwerklich weiß, was er tut, und persönlich weiß, was er lassen kann, überhaupt nichts mehr, das häßlich oder dissonant wäre. Er darf in freier, schwebender Zeiteinteilung komponieren, ja er darf jeden Zusammenklang schreiben, wenn er auch scheinbar überhaupt nicht harmonisch abzuleiten und lediglich durch die Stimmführung zu erklären ist. Es bleibt so nicht einmal sprachlich erlaubt von harmoniefremden Tönen zu reden. Jeder Zusammenklang ist möglich und darf deshalb schon rein als Zusammenklang für Harmonie gesetzt werden.

Nicht anders als mit dem Mißklang steht es mit der Tonart. Sie ist scheinbar aus dem Notenbild überhaupt nicht fortzudenken, noch ganz davon abgesehen, daß die ganze Dominantwirkung nur auf Grund der bewahrten Tonalität gestaltet und begriffen worden ist. Trotzdem hat Schönberg beispielsweise dem letzten Satz seines fis-moll-Quartetts keine Vorzeichnung mehr gegeben, obwohl es der Hauptsache nach fis-dur angehörig ist, wenn auch die ausdrucksvollsten Gebilde darin, die alterierten Quartenakkorde, von jedem Klanggeschlecht gelöst worden sind. Der Ton, von dem das alles ausgeht, kann ja ruhig in der Luft schweben. Es bleibt, wie Schönberg sagt, statt das Stück im gleichen Ton zu schließen, immer noch die Möglichkeit, die Beziehung das eine Mal auffälliger anzudeuten, das nächste Mal mehr zu verwischen, und man dürfte sogar riskieren, diese Frage ganz offen zu lassen, ohne darum der ästhetischen Wirkung des Stücks verlustig zu gehen. Was dadurch entsteht, ist eine Art von unendlicher Harmonie, die es nicht nötig hat, jedesmal Ausgangsland und Reiseziel mitzuteilen und noch weniger die Entdeckungsreisen in den weiten Feldern des tonalen Vakuums scheuen darf. Es steht übrigens schon seit langem so, daß es nicht mehr die Kadenzen sind, die die harmonischen Entwicklungen eines Satzes beherrschen. Deshalb ist es auch unnötig, andere Tonarten aufzustellen, um der schwankenden Tonalität zu Hilfe zu kommen, also neue, untergeordnete, hier und da gewiß überraschend brauchbare Mittel, wie etwa die exotische Ganztonskala, zum System zu erhöhen. Es gibt nichts, zu dem die chromatische Tonreihe nicht ausreichte, sobald man nur aufgibt, alle möglichen Abweichungen von der alten Skala gutzuheißen und trotzdem am Ende die Phrase von der Herrschaft der Tonalität aufrecht zu halten. Soll das erzielt werden, dann müssen sämtliche Leittöne ausbleiben, die nicht zu binden sind, und dann müssen vor allem, wie es die Klassiker tatsächlich getan haben, gewisse Proportionen in den Modulationen eingehalten werden. Aber es geht nicht an, sich so zu verhalten, als ob man frei wäre und alle Möglichkeiten dieses Zustands auszunützen, indes man die eigentlichen Gefahren und Verpflichtungen des Freiseins nicht auf sich nehmen will. Das ist von Schönberg nicht ganz übel so gedreht worden, daß es geradezu als störende Unsymmetrie erscheint, wenn die Beziehung auf einen Grundton aufrecht erhalten bleiben soll, nachdem die harmonischen Möglichkeiten des übermäßigen Dreiklangs und vor allem der vagierenden Akkorde nicht bloß vereinzelt, sondern fortdauernd, unter dem Druck eines fortdauernden Ausdrucksgebots angewendet werden, das im Grund noch über dem Axiom der Tonalität stehen dürfte. Das Lied schließt dann mit Neu, Unendlich oder Unerfüllt: es geht ohne anzukommen, der Sinn liegt im Weg, und das ehemals wirkende Zentrum des Grundtons, die liegende Stimme, der ausgehaltene Orgelpunkt oder auch nur seine ideell gehörte und erst in der Reprise wieder real gewordene Forderung, ist bei der schwebenden oder aufgehobenen Tonalität mit verschwunden. Statt dessen gibt es viele Gruppen von Toniken, ja jeder Akkord kann die harmonische Definition durch seine eigene Tonika erlangen; es gibt intermittierende Tonikabeziehungen oder eben wechselnde Zentren, und das Insgesamt, das erlaubt, ein Werk zu schließen, um es notgedrungen aus dem Stand der idealen Unendlichkeit auf reale Endlichkeit zurückzuführen, braucht keine von innen her, harmonisch gegebene Beendigung zu sein, wenn es auch die lebendige wie die künstlerische Form bisher nicht erlaubte, anders als von sich aus, von dem eigenen Belieben, Wachstum und Apriori her die innere Grenze als die eigentliche Gestalt der Form diktiert zu bekommen. Daher muß hier das Begrenzende von etwas anderem genommen werden als von der Tonika des Ganzen und es unterliegt keinem Zweifel, daß dieses Andere überhaupt kein voreiliges Abbrechen sein kann, da es keinem endlich erreichbaren Ziel zutreibt, sondern daß es seinen höchsten Punkt und möglichen Schlußpunkt in dem stärksten, echtesten Ausdruck einer inneren Gewalt, Maßlosigkeit, Unendlichkeit, mithin in einer keineswegs mehr harmonisch, eher noch rhythmisch diskutierbaren Tonika gewinnt. Überhaupt schlägt bei Schönberg das Harmonische, wo es auf eine tiefere Begründung ankäme, allermeistens ins Kontrapunktische über. Was fast von selber entstehen mag, akkordisch ungesucht, obwohl beständig als solches in die Stimmen eingestreut, kann auch nicht harmonisch gerechtfertigt oder begründet werden. Wenn man etwa zwei Stimmen in der c-dur-Skala über einer liegenden Harmonie c-e-g Gegenbewegungen ausführen läßt, so entsteht daraus eine Fülle der herrlichsten und interessantesten Dissonanzen, ohne daß dieser plötzliche und phantastische Akkordreichtum eine andere Quelle als den Kontrapunkt der einfachsten Fingerübung besäße. Bei diesem selbst aber kann alles für alles gesetzt werden und deshalb läßt sich, so selbstverständlich auch die rein handwerklich kontrapunktische Tüchtigkeit vorausgesetzt bleibt, im weiteren erst recht nur vom ganzen Menschen, vom Moralischen des Künstlers aus entscheiden, ob an einer harmonisch-kontrapunktisch schwer verständlichen Stelle ein »Fehler« gemacht wurde oder ob eine nutzlose Grübelei vorliegt oder aber ob eine unbekannte Regel, das heißt ein einmaliges, nur dafür notwendiges, an sich leeres und unübertragbares Abbild jeweiliger innerer Bewegung, Fülle und Klangdichtigkeit zu akzeptieren ist. Es wäre also nicht minder verfehlt, wenn man für den leeren kombinatorischen Reichtum, für die prinzipiell endlosen akkordischen Durchkombinierungen der Harmonie einen besonders geisthaltigen Anlaß im Kontrapunktischen, als Unterwegs des Kontrapunkts aufsuchen wollte.

Damit stimmt auch aufs Glücklichste die endgültige Betonung des inneren Müssens überein, wie es außer Dissonanz und Tonart gleichzeitig jede selbständige harmonische Ausdrucksrelation sprengt. Je einfacher freilich ein Lied gestimmt ist, desto deutlicher läßt sich auch sein trauriger oder fröhlicher Zug anzeigen. Das gilt gewiß für Zelter, nicht aber für Schubert und etwa das Dur seines schicksalsvollen Heidenrösleins. Denn was sind das für Gefühle, die sich ohne weiteres durch das dunklere Moll als Unlust und durch das hellere Dur als Lust bezeichnen lassen, und welch eine ungeheure Oberflächlichkeit macht diese Schwarz-Weiß-Taktik aus Schmerz und Freude und aus dem Tieferen, das weder das eine noch das andere ist; oder wie wiederum Schubert fragte: gibt es überhaupt »heitere« Musik? Schon bisher hat das, was uns hier als Weichheit oder Energie ins Gefühl eintritt und in der geringeren oder größeren Verschmelzung der Teiltöne, vielleicht auch in dem sich nach unten entwickelnden Charakter des Moll-Dreiklangs als dem Fall von einem oberen Grundton nach der Tiefe seinen theoretischen Grund besitzt, — schon bisher hat diese Trennung stimmungsmäßiger Art in zahlreichen Werken ihre Bedeutung verloren. Wahrscheinlich würde überhaupt niemand aus Moll und Dur auf Trauer und Freude raten, wenn sich nicht die onomatopoetischen Namen von der runden oder eckigen Form der Zeichen ♭ und ♮ (unseres b und h) als dem B-molle und B-durum der mittelalterlichen Notenschrift herleiteten. So ist schon Bach sehr häufig vollkommen gleichgültig gegen den angenommenen Stimmungsausdruck der Tongeschlechter, ja man findet bei ihm zuweilen sogar Moll für Entschlossenheit und Dur, vor allem wenn die Terz vorherrscht, für Milde und Wehmut gesetzt. Überdies, wie sich die sieben alten Kirchentonarten aufgelöst haben, so werden auch die zwei aus ihnen übrig gebliebenen Moll- und Dur-Skalen irgendwann einmal, vielleicht in der neuen Leittonaffinität der chromatischen Skala, ihre Auflösung finden. Schon der übermäßige Dreiklang, der sich auf der dritten Stufe der leitereigenen Dreiklänge in Moll ergibt, ist nicht einfach stimmungsmäßig als Mollakkord weiter zu halten. Er läßt sich nicht nur beliebig in Moll oder Dur fortführen, sondern besitzt auch gleich den von Schönberg so genannten vagierenden, das heißt tonartfremden, an den Grenzen der Tonart schweifenden Akkorden eine keineswegs eindeutige Zuordnung zu irgend einem in Moll oder auch in Dur inkarnierten Stimmungscharakter. Man findet zwar bei Wolf, auch bei Puccini den übermäßigen Dreiklang als den Akkord des Brütens; aber schon Wagners völlig gegensätzliche Verwendung im Schlafmotiv und dann aufgelöst im Walkürenruf oder akkordisch im Nothungmotiv zeigt, daß gerade diesem wichtigen und für die neuere, ausdrucksreiche Harmonik so sehr bezeichnenden Akkord eine weitgehende Beliebigkeit seines Charakterbildes, und nach der Moll- oder Durseite hin ein gewisser Hermaphroditismus anhaftet. Es ist daher vollkommen richtig, wenn auch Schönberg dort, wo ein Akkord sehr ausdrucksvoll klingt, in nichts anderem als der Neuheit die Ursache dieses Ausdrucks zu erblicken wünscht. Deshalb ist beispielsweise der glänzende und harte verminderte Septakkord, der einstmals neu war, neu wirkte und so bei den Klassikern für alles, für Schmerz, Zorn, Erregung und jedes heftige Gefühl stehen konnte, jetzt, nachdem der Radikalismus verschwunden ist, unrettbar in die bloße Unterhaltungsmusik als sentimentaler Ausdruck sentimentaler Angelegenheiten gesunken. Mithin wird der neue Klang nur dann geschrieben, wenn es dem Tondichter darauf ankommt, ein Neues und Unerhörtes, das ihn bewegt, auszudrücken. Das kann auch ein neuer Akkord sein, aber Schönberg glaubt vielmehr, daß der ungewohnte Akkord nur deshalb an einen exponierten Posten hingestellt wird, damit er das Äußerste leiste, damit er neu sage, was neu ist, nämlich einen neuen Menschen, damit also der neue Zusammenklang einer neuen Gefühlswelt zum symbolischen Ausdruck verhelfe. Sowenig es möglich ist, das Neue in der Wirkung, in der rezeptiven Zuordnung eines Akkords anders zu begreifen, als daß er ungewöhnlich ist und allein schon deshalb, oder besser gesagt, nur deshalb befähigt wird, auch das Bewegteste und

Kräftigste auszudrücken, so wenig ist es denkbar, das Notwendige in der Wahl, in der formal-kausalen Zuordnung, das heißt in der harmonischen Ausdrucksrelation eines solchen Akkords außerhalb dieser seiner bloßen symbolischen Zweckmäßigkeit irgendwie sachlich hinterhältig, hinterweltlich zu deduzieren. Was könnte es also sein, dieses sonderbar Identische des inneren und des tonalen Trieblebens, dieser Zusammenfall von Ausdruckswahrheit und Konstruktionswahrheit, dieses durch Psychologie gemilderte oder erlaubte »natürliche« System der Akkordphysik, wenn es nicht die unbeirrte Fortsetzung des »tonalen«, das heißt des menschlich entliehenen Trieblebens, der menschlich entliehenen Tonvitalität in einer konventionell gar nicht weiter absteckbaren harmonischen Expressionslogik wäre?

Das Belieben wird gewiß durch die Zucht und Regel überlieferter Gewohnheiten erzogen. Aber ist dieses geschehen, dann bleibt allein noch das Ausdrucksgebot der genialen Natur, ihre Stärke, Blüte und Wahrhaftigkeit als regelgebend, im kompositorischen wie gegenstandstheoretischen Sinn bestehen. Dann wird letzthin alles belanglos: was zuerst wie lauter Verbot und Gesetz aussah, wird zur bloßen Sperre für den Unbegabten und zur Erziehung für den Begabten, der sich bald genug selber zu sagen hat, wie weit er gehen darf und wie jenes subjektiv Irrationale beschaffen sein soll, das sich über Regeln, letzthin auch über Taktstrich, Dissonanz, Harmonie und Tonalität hinwegsetzen darf. Daß einer etwas ist, daß er diese oder jene Form wahrhaft braucht, daß er diese oder jene unverwechselbare Urfarbe und persönliche Aura um sich hat, daß er als der, der er ist, geschichtsphilosophisch fällig ist, das bleibt im Grund jenes einzig wesentlich Angebbare, das Kaulbach von Michelangelo oder Bungert von Wagner unterscheidet, das überhaupt die Kopie vom Original trennen läßt; und nicht die kleinen Unterschiede eines bloßen Regelwesens vermittelnder, agitatorischer Art, die es tatsächlich unmöglich machen, Kaulbach durch Begriffe wie dekorative Pose oder Historienmalerei zu widerlegen, ohne scheinbar auch Michelangelo mit zu treffen und zu verurteilen. Das bloße, jeweils geeignetste Mittel ist nicht einmal unbedingt persönlich vielsagend; es ist erst recht keine überpersönliche Chiffre, und selbst wenn es diese wäre, so wäre es sie lediglich in einer epochal begrenzten Geltung und nicht in der Weise, daß das bisher Geeignetste zum Ausdruck, also das überliefert Historische, unter Absehung seiner damaligen expressiv-symbolischen Bindung und Notwendigkeit, in Theorie, in eine vom Wahlgebot absehende harmonische Gegenstandsbeziehung oder transzendentale Harmonielehre übergehen könnte.

*

Beziehungen des Rhythmus

Nun scheint jedoch der Taktschlag nicht ganz vom Abspiegeln frei zu sein.

Es ist nicht nur, daß wir uns darin irgendwie mitatmend wiederfinden. Dieses innerlich Leere könnte höchstens für den erleichternden, ausscheidenden, gehobenen Stimmungswert des Verses gelten. Sondern es ist fühlbar ein tieferes Leben, das in der musikalischen Zeit wirkt. Nicht nur, daß es anders abläuft als die äußere Zeit, in der es geschieht, sondern auch in der Art, als es ohne weiteres gehend, gewinnend, geschichtlich wirkt.

So wird etwa in einem bestimmten Taktteil, scharf geschlagen, ein Paukenschlag fällig. Daß er nicht kommt oder daß er an einer anderen Stelle kommt, kann das Gesicht des Ganzen zerstören. Wenig ist hier schon alles: man kann den einfachsten Gassenhauer hymnisch verlangsamen und umgekehrt den Wagnerschen Pilgerchor durch bloße Tempobeschleunigung zu einem unsäglich spießbürgerlichen Walzer verwandeln, ja sogar die Erinnerung an ein altes studentisches Trinklied nahelegen. Oder es wird versucht, das, was über den Zeilen zu lesen ist, zu ignorieren und etwa den 21. Takt der Beethovenschen d-moll-Sonate an den Anfang zu setzen, um derart das Jetzt und Endlich dieses Taktes, den ganzen vortrefflich gestellten Triumph der in ihm erreichten d-moll-Tonika auszustreichen. Dann zeigt sich, sollen nicht alle Farben zerfließen, wie unendlich Vieles bei Beethoven auf das Gespannte, auf das zur rechten Zeit Geschehende angewiesen ist.

Sie kann freilich öfter verwirren als aufklären, diese Kraft hörbar die Pulse klopfen zu lassen. Man versteht von hier aus Wagners Haß gegen den Rhythmus, der sich ja auch auf anderes als die italienische simple Taktierweise bezieht. Hier wird uns als den bloß Sehenden gleichsam die Hand zur Verständigung mit dem Traum gereicht. Dadurch, daß er abteilt und phrasiert, durch die rhythmische Anordnung seiner Töne, tritt der Musiker in eine Berührung mit der anschaulichen plastischen Welt. In das bloße sich Erhellen, Verdunkeln, Verschieben, in das magisch Fließende der Tongebilde schneiden die Taktstriche ein und die Ähnlichkeit der Gesetze, nach welchen die Bewegung sichtbarer Körper sich unserer Anschauung verständlich kundgibt. Die äußere Gebärde, welche sich im Tanz durch ausdrucksvoll wechselnde gesetzmäßige Bewegung festgelegt hat, scheint somit für die Musik dasselbe zu sein, was die Körper wiederum für das Licht sind, welches ohne die Brechung an diesen nicht leuchten würde, genau so, wie ohne den Rhythmus, ohne das Zusammentreffen der Plastik mit der Harmonie, die Musik nicht wahrnehmbar sein würde. Es ist nach Wagner die äußerste Seite des Tons, die sich hier der Welt zukehrt und in der konsequenten Ausbildung dieser ihrer Äußerlichkeit das wohlausgestattete Spektakel der Oper verlangt, während sich die innere Seite als das von der Erscheinung und den Relationen ihrer Rhythmik befreite unmittelbare Traumbild des ruhenden Wesens aufschlägt. Das würde also bedeuten, daß das Zeitliche zwar die pädagogische Rolle einer einzelnen, szenischen Verdeutlichung spielen kann, daß aber genau so wie uns der Ring ins Grobe, Breite, Untere und Sichtbare führt, während Palestrina und der Choralsatz den Taktwechsel fast nur durch eine leichte Veränderung der harmonischen Grundfarbe anzeigen, genau so auch die seraphische Musik insgesamt dazu gehalten wäre, den Rhythmus nach altchristlicher Weise aus ihrem Reich zu verbannen. Wir können dem nicht völlig zustimmen, sosehr diese Einwände auch manches leere Geformtsein, manche gewisse, freilich nicht nur zeitliche Körpereitelkeit an Quartetten zu treffen scheinen. Wir brauchen zudem dem Zeitlichen nicht mehr unbedingt zu fluchen, wenn wir es segnen; nicht nur, daß bereits Beethoven und die Synkope gekommen sind, und gerade die Tristanmusik, dieses Wallende und so gar nicht Faßbare, ihre äußerste zeitliche Geformtheit und rhythmische Kultiviertheit besitzt. Sondern wir gehen auch philosophisch einer Arbeitsweise entgegen, der die Zeit etwas anderes bedeutet als unbedingte Diesseitigkeit, als bloßer Ablauf dieser Welt, als bloß vorletzte, noch dramatische Aktion, sofern eben das Wesen nicht mehr »ruht« und das Starre nicht mehr der einzige theologische Zustand ist. Derart kann sich in einem neuen Gedränge, in einem an Beethoven und Wagner immer tiefer geschulten intuitiven Rubato, in einem geheimnisvoll bewegten und synkopisierten Adagio als dem organisch abstrakten Rhythmus gerade das tiefere sich Selbstzählen der Seele zu tragen, ohne jeden Verrat an Plastik oder auch nur Biologie. Es gibt jetzt schon Fälle, wo sich — wie etwa in der ruckweisen Bewegung, die dem Adagio des Priesters in der Zauberflöte, dem Erwachen Tristans, der Heimkehr Parsifals und der mystischen Mittagsstunde, vor allem aber auch dem ganzen Vorspiel zum zweiten Teil der achten Mahlerschen Symphonie eigentümlich ist — wo sich irgendeine Korrespondenz mit dem okkulten Zeitmaß des Schreitens oder Aufsteigens einzustellen scheint. Dort klingt auch zumeist die zweite Musik, jene andere Art von Tönen, der geheime Atem, die geheime Atmosphäre von Musik, selbsttätig schwingend und voll von dem Drüben wie die Luft in Tintorettos Abendmahl. Aber nicht nur hier, sondern auch was den ganzen Verlauf eines Satzes angeht, seine tiefliegende rhythmische Tonikabeziehung überhaupt, wird die Zeitgestaltung substanzial: keine Formel, sondern eine Form, keine Krücke auf naturalistischem Boden oder auch bloße triviale Körperschönheit, sondern die Chiffre zu einer seelenhaften Aktion, die sich wesentlich innen, in dem Gegenstandsgebiet der Musik selber abspielt. Wie sollte man sonst Beethoven verstehen können? Er treibt ruhelos, er läßt verloren gehen, um darin zu laden, er ballt still und unmerklich zusammen, um es später desto furchtbarer zu entzünden. Er führt, zerrt, schickt hin und her, er behandelt die kleinen melodischen Gebilde wie leblose Wesen, er sieht Massen von Musik vor sich und unter sich, der ungeheure Stratege der Zeit, aus denen er die tauglichsten für seine Absichten auswählt. Ganze Gruppen von Noten folgen aufeinander wie eine einzige dürre, aufsparende, spannende Geschlechterfolge: aber nun, beim Jetzt, bei einem einzigen rhythmisch-dominanthaft überbegnadeten Genietakt erfolgt der Blitz der Verschwendung, und die riesigen Massen schütten sich aus. Indem Beethoven das tut, indem er keine Themen komponiert, sondern einen ganzen Satz, eine ganze Sonate, läßt er die wechselnden Zustände unserer Kraft mitspielen, jagt er die Zeit in den bislang toten Kontrapunkt herein und erzeugt mittelst dieser Ereignisform das Abbild einer Geschichte, in der sich nicht nur die Folge unserer innersten Lebensalter wiederfindet, sondern auch das vordem so gespenstische Dasein der Zeit selbsttätig sein Haupt erhebt. Wenn romanhaft das Zeitliche noch zwischendurch geschieht, höchst wichtig, aber ohne anders als nur am Helden, an seinem Alter, Enttäuschtwerden, Reifen, je nachdem, sichtbar zu werden, so ballt die Sonate die Zeit wie ein Eigenes zusammen und läßt diesen rätselhaften Arbeitsschein selber hören. Es glüht und stampft darin; es ist hier ein namenloses Rufen, Warten, Klopfen, Eintreten, Ankommen, Zögern, überschwängliches Zusammen wie sonst nur noch auf der Bühne des allerkonzisesten Dramas; vorzüglich aber die Ankunft ist das Urgeheimnis der Musik, und dieses ist wesentlich ein rhythmisches Geheimnis. Die leichte und die schwere Zählung, die Gruppen, Halbsätze und Perioden der Phrasierung sind hier eigene fließende Substanz: jedes Ding hat in der Beethovenschen Sonate seine Zeit, sein nachprüfbares nicht-Andersseinkönnen gemäß seiner Stellung im Augenblick, seine Schwere und Würdigkeit, seine Geburt und Erscheinung im metaphysischen Termin; und das scheinbar subjektive Schema dieser Zeit ist nicht nur einfacher Zusammenhang oder bloße abgefeimte Formelregie, sondern, da aller Effekt ursprünglich metaphysischen Grund hinter sich hat, zugleich siegelhaftes Gleichnis, gegenständlichster Rhythmus und das innerste, realste Wirkungsschema unseres luziferischen Charakters. Hier ist Flamme und geheimster Uhrenschlag: der erste Satz drängt dramatisch hinüber, der zweite ruht in sich selber, in der lyrischen Fülle des sich in Existenz Verstehens, der dritte, vor allem die Coda, öffnet die innere Tür und gibt sein spätes, dunkles, ekstatisches Bekenntnis — ein allerletzter Syllogismus der Entdeckung der Seele.

So ist der Taktschlag tatsächlich und ungesucht voll von gegenständlich-psychologischen Abspiegelungen und Beziehungen.

Wir sind die Wandernden, es ist unser Gehen und Kommen, das in den Dingen geschieht. Oder vielmehr, es ist bereits dinglich begonnen und wir leben diese Zeit physisch und organisch entweder gerade noch mit oder aber wir überholen sie, führend, ins real Ungeschehene stürzend, als schöpferische Wesen. Dafür gibt es einen einzigen, zutiefst überall verwandten, wo nicht identischen Zug, der gerade das symphonisch eingefaßte und das übrige historisch-produktive Zeitgeschehen strukturell verbindet. Denn hier wie dort treibt das Geschehen ins Weite, und das Ende kann nur von innen her kommen, kann überhaupt nicht anders als vom Geschehen her und als Ziel kommen. In Beidem ist die Zeit durchaus Beharren des Vorher in dem Jetzt, also Sparen, Dauer, Aufbau, Erbschaft, Vorbereiten und Sammeln, bis etwas erfüllt sein kann, und derart die reingemachte, herausgehörte, gottempfindende, musikalisch-historische, von Vernunft und Vorsehung bewegte Zeit, der Rhythmus als die Musik in der Musik und als das Logische im Kosmos zur Wirkung gelangt. Hier wie dort geht das sich Ereignen bei einiger Kraft der Gestaltung und des Überblicks in ein neues Räumliches ein, um derart das zufällige Nacheinander in das begriffene Nebeneinander eines »entwickelten« Inventars überzuführen: hier in das klanglich-kontrapunktische Raumsubstrat einer Fuge oder insgesamten Symphonie, dort in den leuchtenden, qualitativ diskontinuierlichen Geschichtsraum einer in sich abgeschlossenen Epoche oder auch der völligen Weltgeschichte, sobald nur ihr Ganzes unerachtet des Decrescendos der sich an ihrem jeweiligen Finale wieder aufrollenden Aktualität genügend einheitlich und utopisch gebunden schwingen kann. Schließlich, beim Einen wie bei dem Anderen treibt die tätige Zeit auf ein unbekanntes Ziel hin; und es ist mehr als wahrscheinlich, daß in den kleineren Kreisen der Musik dasselbe Zielproblem gegenständlich aufgeworfen wird, das den Gesamtprozeß der Geschichtssymphonie, tiefer noch: der Geschichtsphilosophie der Ethik der Innerlichkeit bewegt. Der Zug der großen Musiker in ein seelisches Gehäuse, in die ihnen zugeborene Ichgegend, ist selbst nichts anderes als der Gang ihrer Zeit in ihren Raum, und derart ein Umschlag ihrer spezifischen Zeitform in ihre spezifische Raumform; wonach sich im Weiteren der letzte noch über dem heidnischen, christlichen, luziferischen Wegtempo liegende Geist des Sonatinen-, Fugen- und Sonatenrhythmus als der Geist der drei oder vier Hierarchien, Subjekt zu haben, transzendental kontrapunktisch beziehen läßt.

Denn wenn wir nicht mitgehen, geht überhaupt kein Ton.

Er kann zwar für sich einige kurze Schritte tun. Aber diese sind bald zu Ende, der Quintfall bringt alles sogleich wieder zur konsonanten Ruhe. Nur die Tonleiter führt weiter, und diese ist bereits ein rein menschliches Gebilde.

Nichts ist freilich leichter als in ihr nun einen melodischen Einfall zu haben. Fast jeder kräftige Takt, schon die schlagenden Räder und Geräusche des Eisenbahnwagens ziehen ihn sich nach. Es ist schon seltener, auf einen bewegungszeugenden, melismatischen Einfall zu stoßen, und wie die ersten Singstunden schlechter singen lassen, so dämpft das sich Ausbreiten dieses Einfalls in vielen Stimmen, das keineswegs »schon« fugal zu sein braucht, sondern sich auch mit kammermusikalischer Feinheit begnügen mag, zunächst allen melismatischen Glanz ab, um den unechten zu vernichten und dafür den echten ins rechte Feuer zu setzen.

Hat nun dieses mit uns anhebende, sich gewaltsam zusammenwebende Beginnen Tiefe? Es entsteht hier ein Anderes als Töne und koloraturhaft spielende, einreihige Melodie. Das Melos steht auf, das Thema regiert, die Durchführung, der schöpferische Beethovensche Ausbruch über dem Thema, mit dem dieses zur bloßen Gelegenheit und nicht zur einzigen Betriebskraft wird. So liegt, sofern er nicht Mittel, Formel, sondern Form ist, den mannigfaltigen Arten des Kontrapunkts die letzte transzendentale Beziehung der Musik zur Last. Er ist es, harmonisch angefeuert, von dessen bildenden Kräften alles entspringt; er geschieht und das Große hebt an, man kann die Äste und Zweige auseinanderbiegen und sieht nun, woher, aus welchem Gestrüpp sich die Blüten des wundersamen Baumes zur Krone zusammengefügt haben. Aber wenn es noch nicht einmal so steht, daß Schwefel, Phosphor und Reibfläche die Flamme erklären, wie sollte es da gar einen Newton dieses Grashalms, dieses Organischen höchster Ordnung geben?

Das Bachsche und das Beethovensche Kontrapunktieren.

So ist es gerade klanglich sehr viel freier und wärmer um uns geworden. Wir hören seit langem nicht nur akkordisch, sondern es wird uns auch von den Meistern erlaubt, so zu hören. Die Sorgfalt, die früher auf die Sauberkeit der taktweise lesbaren Stimmführung verwendet wurde, ist von Mozart bis Bruckner in steigendem Maße auf den Akkordaufbau gerichtet worden. So haben sich die alten Mühen der Stimmführung zum großen Teil auf dieses vertikale Hören und Überdenken zurückgezogen. Aber man darf selbst diesen Verlust von stets gegenwärtigen Stimmen nicht überschätzen. Er hat auch sein Gutes gebracht, und das flüssigere Gefühl für harmonische Spannungen ist unerhört fruchtbar geworden.

Freilich hat man es noch kaum verstanden, was derart an glänzendem Fluß und Wärme kam. Man setzt ohne weiteres voraus, daß der Schüler nicht oft in die Lage kommen wird, eine Fuge zu schreiben, aber man schließt trotzdem mit ihr die Schule des Gewissens ab. Das heißt, ganz spurlos ist das metallische, instrumentenreiche neunzehnte Jahrhundert nicht an der Theorie vorübergegangen. Man hat ihm, weil seine hohe akkordische Leistung auf der Oberfläche liegt, die Harmonielehre entnommen, die zwar zeitlich und auch in gewissem Sinn entwicklungstechnisch über der Fuge steht, die aber doch, als bloßes einseitig betontes Spezifikum eines ganzen Jahrhunderts von Musik, jeder Art von altem Kontrapunkt der Sphäre nach den Vorrang lassen muß. So bleibt das, was die Sonate gebracht hat, die spezifisch sonatentechnische Entwicklung, dennoch ohne Theorie. Es reicht nicht aus, hier bloß harmonisch zu erklären, denn Beethoven ist keineswegs auf seine modulatorischen Rückungen und Künste zu vereidigen. Und was sollte es andererseits an der Apassionata sein, ja selbst an der fugierten Ouvertüre zur Weihe des Hauses, das sich mit den Maßen des alten Kontrapunkts erfassen ließe? Das alles steht gerade harmonisch weit hinter Bach zurück, der ein begrenztes Feld unendlich reich bestellte, und wenn Beethoven rhythmischer harmonisiert, so ist der Deduktionsort dieser Rhythmik an einem anderen als dem Bachschen Kontrapunkt gelegen. Die Befreiung der Stimmen wie der Dissonanzen, das neue, zu großen Höhepunkten hinreißende akkordisch-kontrapunktische Spannungswesen, das Nacheinander und die thematische Zweiheit der Sonate wirkt nach wie vor außerhalb des alten, wenn auch noch so verbesserten Gradus ad Parnassum. Die Sonate steht zwar anerkanntermaßen mit der Fuge in einer Reihe, aber während die Fuge auf ihre kontrapunktische Würde und Gesetzlichkeit gebracht worden ist, bleibt die Sonate im Erzählungston der bloßen, außerakademischen Formenlehre stehen, und der Aufbau ihrer Form, ihr eigener unentdeckter Kontrapunkt, wie er mit der rhythmischen Harmonie anhebt, unterliegt sonatentheoretisch der Willkür oder, was fast noch schlimmer ist, der Diktatur des Programms als der fast durchaus musikfremden Logik, — weit hinter der Fuge zurück und der bisher nur von ihr abstrahierten höheren Mathesis des Musikalischen überhaupt. Es ist wichtig, blühend und gefüllt, durchbrochen zu arbeiten, es ist ebenso sehr erforderlich, zuzeiten auf die alte lineare Schreibweise zurückzugehen, um der in ihren Ausdrucksmitteln leicht erschöpfbaren Harmonie neues Leben zuzuführen. Aber Gesang, Begeisterung, Genie der Liebe, der neue Sturm, der riesenhaft schlagende Ozean Beethovenschen Musikgeistes sind noch wichtiger; und wenn die Stimmführung der Sonate löcheriger geworden ist, wenn sie der Kultur des Einzelnen im Rausch des Ganzen noch ermangelt, so können diese Fehler nicht mit dem alten, sondern durchaus nur mit ihrem eigenen, spezifischen Kontrapunkt geheilt werden.

Die Frage des sonatenhaften Bauplans bezieht sich im wesentlichen auf das Problem der Durchführung. Hier schraubt es sich rastlos aneinander nach oben. Hier werden wir überredet, gezwungen, hingerissen zum Unbekannten, zum fremdartig bekannt Wiederkehrenden. Nichts ist bei Beethoven gegeben, rein thematisch gegeben. Was hier geschieht, umwölkt geschieht, ist bei ihm keineswegs wie noch bei Haydn und Mozart und nun gar erst in der Fuge dasjenige, was bereits thematisch zu hören war. Die Durchführung kommt zwar auch schon in der Fuge vor, als die eigentliche Entwicklung der Stimmen, als das Wandern des Themas durch die einzelnen Notensysteme. Aber hier geht alles sorgfältig vorbereitet und nach Regel. Es beginnt eine

Stimme und sie trägt ihren kurzen, prägnanten Gedanken vor. Dann setzt eine zweite Stimme ein, um das gehörte Thema in der Oberquinte oder Unterquarte zu imitieren, doch mit gewissen Rücksichten auf die Wahrung der Tonart, deren wichtigste die gegenseitige Beantwortung von Tonika und von Dominante ist. Während des Vortrags der Antwort fährt die erste Stimme mit einem zumeist später noch ausgenutzten Kontrapunkt fort. Ist die Fuge dreistimmig, so folgt die dritte Stimme wieder mit dem Thema in seiner ersten Gestalt, dem Dux, und eine vierte nimmt nun wieder die Antwort auf, den Comes, dergestalt, daß mit dem Augenblick, wo sich alle Stimmen mit Dux und Comes eingeführt haben und so der Satz seine volle Stimmenzahl erreicht hat, auch die erste Durchführung beendet ist. Es können je nach der Ergiebigkeit des Themas noch vier oder fünf Durchführungen erfolgen, alle durch genaue Regeln bestimmt, die den Stimmen jedesmal neue Kontrapunkte, aber eben nur neue Kontrapunkte erlauben, was nach Riemann auch nur insoweit gut ist, als dabei wenigstens charakteristische Motive wiederkehren, bis endlich die letzte Durchführung, das Stretto, das Meisterstück der Engführung, das heißt der kanonischen Ineinanderdrängungen von Dux und Comes erscheint. Es gibt hier, in der Fuge, nur Eintritt und kein Ereignis, nur Geduld, aber keine Unruhe im Einschlag; alles Überraschende ist dem Thema, als welches dazu bestimmt ist, häufig wiederholt zu werden, ebenso fremd, ja von Nachteil wie dem ununterbrochenen Gang der Fuge selber. Denn sofern diese gehalten ist, alle Stimmen zu berücksichtigen, bewahrt sie eine gewisse mittlere Linie oder Neutralität, die daher auch im Harmonischen und Rhythmischen eine gewisse Zähigkeit, Cäsurlosigkeit, ja Schwerfälligkeit des Gehens und Fließens bevorzugt. Ganz anders klingt Beethoven, das Durchwollte, Durchdachte, der Griff und Angriff überhaupt. Hier erscheint, wie wir schon so häufig dargestellt haben, das kräftige erste Thema, dem ein weicheres, gesangsmäßiges zweites Thema gegenübertritt, regelmäßig in anderer, aber verwandter Tonart. Gewöhnlich wird der erste Auftritt wiederholt, worauf dann nach dem Doppelstrich der luftigere, geistigere, tonartlich aufgeregte, zerschlagende und wieder gegensätzlich zeugende Durchführungsteil erscheint (leicht beieinander wohnen die Gedanken);

bunt, in reichen Modulationen, Bruchstücke beider Themen kombinierend und durch ihren Widerstreit mehr oder minder packende Steigerungen bewerkstelligend, aus denen schließlich mit der Rückkehr in die mit Vorbedacht gemiedene Haupttonart wieder die beiden Themen hervorgehen, aber das zweite Thema in seiner Gegensätzlichkeit zum ersten gemildert durch Annahme oder möglichste Annäherung an dessen Tonart. Sofern gerade Beethoven der größte Meister dieser Kunst ist und der erste Satz der Eroika ihr ewiges Muster, kann eben die Frage des sonatenhaften Bauplans vor allem auf das Problem des Neuen, Unvermuteten, Produktiven im Durchführungsteil konzentriert werden, der damit für die gesamte zu bestimmende Kontrapunktierkunst der Sonate überhaupt zu stehen hat.

In ihm treibt und erhitzt es sich, der Zug wird gewaltsam. Das Blech klingt und prallt zusammen, ein feuriger Atem läßt es erglühen. Vor allem ist dabei das bloße Auslegen, die rein thematische Abwandlung aufgegeben. Nur das Eine besteht weiter, daß kein eigentlich neues Material zum Aufbau der Durchführung herbeigeschafft wird, außer jenem, das bereits in der Exposition vorgekommen war. Dagegen herrscht in der Auswahl selbst volle Freiheit; der Komponist ist weder einem einzelnen Thema als einem ganzen, mechanisch unteilbaren Gebilde noch gar allen Themen des Anfangs irgendwie verpflichtet. Er kann sich auf bloße thematische Motivteile beschränken, ja es darf sogar der Leitfaden der Tonalität verlassen werden, wenn sich nur die aufgegebene Tonart überhaupt wieder nach allen Irrungen herstellt, die geheime und am Ende siegreich hervorbrechende Zweckursache der gesamten, nicht nur bewegungs-, sondern dramazeugenden Harmonisierung. Vorgeschrieben ist also nur das Thema, die Zweiheit der Themen als ein Treiben und Keimen, das sich fortzeugt und kinetisch werden möchte. Und es geht keinesfalls an, die Sache so darzustellen, als ob dieses Thema lediglich ruhende Spannung wäre, die ihre Kraft aufgespeichert erhält. Dann wäre es freilich leicht zu lösen und fortzuschreiten, wenn auch nur mit dem Ziel, daß sich das Gespannte ohne jede neue Einzahlung, wie sie gerade im Widerstreit der Themen liegt, wieder zur bloßen Melodik zurückbildete; ein Anblick, der bei den noch uneigentlichen, noch nicht zu sich gekommenen Mozartschen Sonaten allerdings häufig ist. Aber weder Beethoven noch Bruckner noch gar Wagner, bei dem das Thema nicht einmal am Anfang steht, sondern nur wie eine fernher wirkende Hypothesis darübersteht, können für diese Feder- oder gespannte Pfeilbogentheorie der Thematik als Belege angeführt werden, und überdies gibt es im Finale das Thema fast durchgehends nur als Produkt und nicht als tatsächliches Prius der Entwicklung. Alles hängt davon ab, was man mit dem Thema anfängt; sowenig wie Jean Pauls vergnügtes Schulmeisterlein Wuz, das kein Geld zum Kaufen hat und sich deshalb selber aus den Titelangaben des Messekatalogs die Bücher zusammenschreiben muß, um zu einer Bibliothek zu kommen, — sowenig wie dieser absolute Phänomenologe der Thematik dadurch erfährt, wie es mit der zeitgenössischen Literatur steht, so wenig ist das bloße krude Thema, mag es auch noch so gut erfunden, scharf umrissen und bewegungszeugend komponiert sein, ein Kern, aus dem von selber, oder auch im Bund mit anderen Kernen, der Wald der Symphonie erwächst. Dazu leistet das zeugende Akkordleben schon bessere Dienste. Und zwar nicht nur so, daß aus den Füllstimmen gewisse unwesentliche Nebenflüsse entspringen, die sich in den auch ohnedies bestehenden Fortgang ergießen. Sondern es gibt hier eine eigene formbildende Kraft, die die Tonreihe umstimmt, umbildet, ja für den Laien sogar unerkennbar machen kann; die unter einen ganz anderen Himmelsstrich führt und derart vor allem im Durchführungsteil das Schweifende, Entfernte, Entfremdete des Geschehens mitsamt der Sehnsucht nach der tonartlichen Heimkehr höchst kräftig unterstreicht. Zudem hat sich seit langem das Taktgefühl der Harmonie bemächtigt und seine rhythmische Dominantkultur darüber gestellt. Der Atem des Rhythmus erlaubt nicht mehr, daß sich die Stimmen zum bloßen Klangbrei zusammenmischen, so wenig wie er es ferner noch möglich macht, daß sich in allen Stimmen eine einheitliche Überzeugung im Sinn der reibungslosen fugalen Selbstdifferenzierung eines einzigen Gedankens vorträgt. Sondern die Kraft, die rhythmisiert, baut in die Tiefe: sie reißt, wie Grunsky richtig erkannt hat, ein mehrstimmiges Geschehen dadurch an sich, daß sie die vertikalen Schnitte zusammenfaßt, daß sie, ihrer Neigung zum durchbrochenen polyphonischen Geschehen unerachtet, die sich einschichtig klärenden Höhepunkte bevorzugt, die Stellen, an denen sich die Töne zu den tragenden Tonsäulen der errungenen Herrlichkeit zusammenfügen und eben dadurch die abenteuerreiche, sich steigernde, sich entscheidende, dynamisch-rhythmische Harmonik in den Dienst eines neuen Gottes, der Kontrapunktik des Nacheinander, zu stellen vermögen. So nützt sehr oft schon Bach den Trugschluß aus, um melodisch und harmonisch erweitern zu können; und liegt nicht bereits in der Herausschälung der Dur- und Molltonart, überhaupt in der Freude, mit der sich Willaert, Zarlino und alle Kontrapunktiker des sechzehnten Jahrhunderts wesentlich auch als Harmonisten fühlten, eine Ahnung von dem kommenden Ritt, Sturm und der Unruhe, dieser stärksten Sucherin der Ruhe, der harmonisch-rhythmischen Dominant- und Tonikaspannung als dem Feld der symphonischen Musik? Es gibt, wie wir gesehen haben, schon bei Bach durchaus ein Wollen und die hindurchströmende, beziehungsreiche Flut seines Nacheinander, seines gegensätzlich thematischen Nacheinander, mithin einen erst im Ganzen sichtbaren Horizontalismus, der sich häufig auf die Wende-, Durchgangs- oder Eckpunkte, vor allem aber auf die rhythmisch betonten Haltepunkte der Harmonie prinzipieller angewiesen sieht als auf die entscheidungslose Stimmigkeit des architektonischen Kontrapunktierens. So bleibt die Achtung auf den Akkord nicht nur ein Zufälliges, das kontrapunktisch nebenher geschieht, sondern es wird ehrlicherweise zum Prius des Komponierens; das kammermusikalisch reiche Melodisieren gerät in die Mitte, und die prangende Weißglut des Orchesters, das Prius der siegreichen, rhythmisch aufspannenden Harmonie wird derart am Ende sogar zu einem *πρότερον τῇ φύσει*, zu einem Prius nicht nur des Standpunkts, sondern auch der Sache, der dramatisch bewegten Sonatensache. Allerdings, es ist letzthin auch nicht das zeugende Akkord- und Rhythmusleben, das die Sonate sich erweitern läßt. Denn dieses kann wohl das Neue kennzeichnen, vielleicht auch weitgehend unterstützen, aber selbst die noch so reichen Möglichkeiten der Dominantspannung und des rhythmisch befeuerten Akkordlebens sind nicht imstande, nur aus sich heraus die Einbrüche des Neuen, im Thema Ungesetzten und Ungeahnten, wie es hier zur Diskussion steht, zu deduzieren. Wahrscheinlich bringt dazu erst der Gegensatz in der Aufstellung der beiden Themen das entscheidende Moment, – die Zweiprinzipienlehre der Sonate, und jene den Gegensätzen abgerungene Einheit, die sich als »Abstraktum« des Siegs gleichsam nur zufällig mit dem ersten Thema deckt. In diesem vollends schrauben sich die Töne reibend und rastlos aneinander erhitzt nach oben, der Flug hat Halt. Es entsteht forttreibend und sich steigernd ein Anderes, der Kampf oder die Seele der sich herausgebärenden Beziehung. Daher ist bei Beethoven das Einzelne nichts und das Leben im Zusammenhang alles, Kraft, Geradheit, ungeheurer Aufbruch und Heraufgebet des Lichts. Er behandelt nicht, er verwertet, er kennt nicht die Gelegenheit zum feinen, ruhigen, innerlichen Sichbereichern des Themas, sondern nur das Pathos der Verwertung als die Tapferkeit, den Schwung und die militärische Energie eines Dritten: des sich Zutragens einer in der eigenen harmonisch-rhythmischen Substanz gegebenen Geschichte. Man tritt bei Beethoven in das Zimmer und atmet die Beziehung, man fühlt auf das Eindringlichste, wie sich hier alles wechselnd komprimiert und erlangt so gleichsam durch den wechselnden Luftdruck der Atmosphäre von der Höhe und Tiefe des Geländes Kenntnis, mehr noch, man erlangt jene wahre Seemannsintuition, auch erotische Intuition für Atmosphärisches und seine Gesetze: wie hier aus einem rasch vergangenen Tonfall oder an einem scheinbaren Endpunkt ein winziges Gebilde hervorwächst, fast unsichtbar noch und ohne Bedeutung, wie es aber stark wird, Freunde wirbt, mit dem Alten den Kampf aufnimmt und bald die gesamte Situation mit mächtigen Gliedern, mit alles beherrschender Erfüllung überwächst. Es ist Auftrieb, Ermattung und Unglück, Verlorengehen, Argument und Sieghaftigkeit in dieser Musik, dicht hintereinander oder in großen Zügen gegeben, so sehr, daß bei Beethoven alle Springböcke und Hebebäume, die scheinbar allein die rhythmische Harmonie angesetzt hat, vor diesem seinem wütend entzweiten Inneren und der am Gegendruck des Fremden sich objektiv entfaltenden zwei Prinzipienfruchtbarkeiten überflüssig werden. Er hängt die Knospen über die Lampe, damit sie schneller reifen, wie ja selbst die bekannten Adagioblumen zwischen zwei Abgründen bei diesem so wenig pflanzenhaften Meister niemals sehr natürlich aussehen. Daher spricht Beethoven auch nicht eigentlich im Adagio oder im Cantabile der Variationen, in seinem langsamen, eigentümlich beschwerten, agitatorisch schmachtenden Satz, sondern weitaus typischer und allein definierbar im Beginn und im Finale, dort, wo es sich um die sthenischen Affekte und um die gewaltigen Ansammlungen seiner in den Menschen hineingehenden Strategie handelt. Er ist schon durch die Geringfügigkeit seiner Themen, die insgesamt nur als die allerleersten Zeugen eines dynamischen Zustands gesetzt sind, dazu gezwungen, ein Neues im Fortgang zu schaffen, das etwas anderes als bloße Entwicklung, Auswicklung oder irgendwie kontrapunktisch rationalisierte Abwandlung des gleichartigen Themas sein muß. Auch bei Bruckner, obwohl er Beethoven in der Liebe, Ausführlichkeit und Erfindungskraft des chromatisch-Melismatischen in und über dem Thema übertrifft, liegt das Steigernde weder in den Themen angelegt, noch auch, wie wir sahen, irgendwie abschließend in der nachthematisch gesetzten Harmonik und Rhythmik: sondern jenes Andere, der Symphonie Ureigene ist heraufgezogen, das noch keinen Namen hat, wenn es sich auch ungefähr mit dem beziehungsreichen Nacheinander oder mit dem Wirken eines nicht mehr architektonischen, sondern dramatischen Kontrapunkts umschreiben läßt. Es ist ein gewaltiges, mehrsätzig ausgebildetes, zyklisches Breiterwerden, das ebensowohl die bisherige Dominantspannung weniger Takte zu einem ganzen Satz ausdehnt, also lotrecht gesehen, einen ungeheuren Vertikalismus schafft, wie es andererseits die hintereinander gejagten Themen zum Nacheinander und nur mehr erinnerungsmäßig festhaltbaren Nebeneinander, Übereinander im Zusammenhang eines ganzen Schicksals in Musik verwandelt: zu einer neuen, rein gedanklichen Wagrechte des Kräfteausgleichs, zu einem erst im Ganzen der dynamisch-dramatischen Einheit sichtbaren Horizontalismus von Blitzen, breiten Feuersbrünsten, verzauberten Riesenworten, Magie des Marsches und unersättlich weitem Triumphgelände — als der nicht mehr linearen, sondern jeweilig in Spiralen korrespondierenden, historisch-logischen Ortsexistenz des dramatischen Kontrapunkts.

Dazu also mußten die Stimmen zunächst leichter werden, oft auch pausieren, um in Schwung zu kommen und zu bleiben. Seitdem aber ist das Gefüllte, Durchbrochene wieder selbstverständlich geworden. Das Andere war ein Fehler des Anfangs, ein Straucheln und daß man nicht alles haben kann oder gleich am Anfang der Sonatenentwicklung haben konnte: das organisch ineinander gewobene Saitenspiel und das gewaltsame symphonische Feuer mit Ermattungen, Höhepunkten und dem Geist der Zukunft. Was jedoch Schubert begonnen hatte, das haben Bruckner und die Wagnersche Polyphonie weitergeführt, und der allzu schmale, klanglose, rein dem Betrieb ergebene, oft nur gepunktete Zeitverlauf der Beethovenschen Symphonie ist gerade als das Unwesentlichste und leichtest Eliminierbare an ihr erkennbar geworden. Seitdem konnte alles wieder rechte Hand im Klavierspiel, und alles wieder Einzelnes, reich erblühende Solostelle im orchestralen Zusammenspiel werden. Es hat sich gewissermaßen herausgestellt, daß es ein Selbstverständliches, eine kammermusikalische Feinheit, ein kontrapunktisches Minimum gibt, das noch unterhalb der Fuge liegt, die nur e i n e seiner möglichen Formen darstellt. Diese Feinheit ist dauernd nur ein Mittel, dauernd nur eine chiffrenlose, nichts bedeutende, reflexive Formel, genau so wie es die gesamte Harmonielehre war, aber die einzelnen spezifischen Arten ihres Überbaus bilden entsprechend der Rhythmik eine gegenstandsbestimmende Form. Macht man jedoch den fugalen Gebrauch unbedingt, unterschlägt man alles, was die Sonate außerdem an Nacheinander, an bedeutsamer Konkurrenz des Harmonischen mit dem Kontrapunktischen, an dem Kontrapunkt der dramatischen Harmonie gebracht hat, dann wird auch der Kontrapunkt der Fuge reflexiv: als für alles und darum für nichts, nicht einmal mehr für sich geltend, als eine aus einer einzigen seiner Konkretheiten abgezogene und darum farblos gemachte bloße Geschicklichkeit, der gerade der transzendentale Valeurwert im wohlgesammelten System der Kontrapunkte abhanden gekommen ist. Wenn daher die bewegliche und doch gleichmäßige, durchsichtige Anteilnahme der Stimmen wieder gekommen ist, wenn vor allem Bruckner wieder melismatisch vielfältig spielen läßt und alle übrigen Zeichen darauf hindeuten, daß die Musik einem stetig höheren Grad von Durchbrochenheit, gotischer Durchgeschnitztheit und innerer Mächtigkeit entgegengeht, so legt dieses nicht auch zugleich eine kopistische Rückkehr zum Kanon nahe, als ob sich Haydn als Händels Brokat ein bloßes Hausgewand zurechtgemacht hätte, als ob Mozart aus dem Bachschen Barock zum leichten Rokoko und Beethoven zum kahlen Empire abgefallen wären, als ob schließlich Bruckners und Wagners polyphoner Symphoniestil den alten architektonischen Kontrapunkt zugunsten eines kleinen Kunstgewerbes um ihr illegitimes Dramatisieren herum abgebrochen hätten. Sogar die andere Forderung, daß die letzte Musik zu dem melismatisch-kontrapunktischen Gleichgewicht der Fuge eine Realisierungsbeziehung, die Beziehung der Wirklichkeit zum Korrektiv aufweisen wird, bedeutet kein Überschlagen, kein Vorwärts zur Fuge, sondern das Ziel ist ein Ankommen, der historische Beethoven steht dem »realen« Bach näher als der historische Bach, die allmähliche Übereinstimmung mit der alten Musik des Raums ist ein acte accessoire, ein gründliches Beethovensches Arbeitsergebnis, ein rein substanzieller, das vollendete System bekrönender Gnadenakt, und so bleibt der gesamte dramatische Kontrapunkt als Bereitungsort auch vor die letzte Musik, vor die Ontologie der Musik überhaupt gelegt. Es gibt derart vier große Weisen, Kontrapunkt zu haben, und alle diese besitzen an Ort und Stelle eine gegenständliche Beziehung zu ethischen Tatbeständen. Nun wurde allerdings gerade der Musik eine ausgeprägt geschichtlich exzentrische Rolle angewiesen. Aber sie ist ja gerade nur deswegen nicht historisch konform, weil ihre bislang kurze, spät eintretende Geschichte die Geschichte unseres Kerns wiederholt, weil, mit anderen Worten, die Geschichte der neuen Musik, als der »nachgeholten« Musik überhaupt, zu groß ist für den Raum der Neuzeit, und demgemäß, wie bereits während der Darstellung der Rhythmik zu sehen war, die ausgeprägte geschichtliche Exzentrizität dieser Kunst in dem Ganzen ihrer kategoriellen Wiederholung der Geschichtsphilosophie der Ethik der Innerlichkeit begründet liegt. Es gibt also vier große Hierarchien, Kontrapunkt zu haben, und diese besitzen eine konstitutive, wenngleich zuhörend, schöpferisch zu ergänzende, also nicht einfach direkte und sprunglos demonstrierbare Beziehung zu den metaphysisch-ethischen Ichsphären. Danach ist Mozart griechisch, gibt das kleine weltliche Ich, leicht, der attische Kontrapunkt, die heidnische Freude, die sich bewußte oder Gefühlsseele, die dritte Stufe des Ich. Bach ist mittelalterlich, gibt das kleine geistige Ich, kräftig und heilig geschlossen aufgebaut, ein Rubinglas von Musik, der architektonische Kontrapunkt; erfüllt vom Hoffen und der Liebe, von der sich erinnernden oder eigentlichen Ichseele, von der gesühnten Seele Adams, mithin die vierte Stufe im siebenfachen Aufbau des okkulten Menschen, hinter der sich die drei letzten, noch unbetretenen Stufen des Manas, Buddhi, Atma oder des Glaubens, der Erleuchtung und der Apokalypse erheben. Beethoven, Bruckner und Wagner sind barock, gehen, führen in das große weltliche, luziferische Ich, sucherisch, aufständig, trostlos an allem Gegebenen, voll von kämpferischen Ahnungen eines höheren Lebens, unterwegs auf einem namenlosen Entdeckungszug, noch ohne deutliche Beute: sie sind die Meister des dramatischen Kontrapunkts und des Sturms auf den inneren Himmel. Aber das, was noch aussteht, das große geistliche Ich, die oberen drei Stufen des Menschseins, die völlig angelangte Musik wird die Kunst der späteren Reichszeit sein; und das sprach- und sieggekrönte Angekommensein dieser unvorstellbaren Musik wird den Kontrapunkt des Nacheinander zu der Gleichzeitigkeit einer Aussage, einer verstandenen, im gleichen Griff besitzbaren Satzbedeutung, einer musikalisch überdeutlichen Prophetensprache a se, der völligen Selbstbegegnung, des eingeatmeten, einatmenden Logos verdichten.

*

Wenn wir aber nicht mitgehen, geht überhaupt kein Ton. Er schreibt nichts vor und wenn er es tut, so ist man bald verlassen. Daß ein Ton Folgen hat, denen nachgegeben werden muß, ist durchaus nicht in ihm selbst begründet. Daß es auszuhorchen gilt, wohin der Satz sich wenden möchte, wie lange er das Bedürfnis hat zu fallen und wo der Punkt ist, an dem er sich aufrafft, um emporzusteigen, das alles wäre gar nicht möglich ohne eingefühlte, kräftig betätigte Willensspannung, die behält, mitzieht und eben die Folgen, die tönend noch gar nicht da sind, vorwegnimmt.

Selbst wo er beseelt ist, zeigt der Ton nur an, was in uns leidet und erwartet. Dieses freilich hält sich an das noch hinter allem Bildhaften wirkende Traumgesicht. Wer sehr ergriffen ist, dem gehen die Augen über und er wünscht sich das Dunkel, den Abend herbei. Es ist schwer zu sagen, warum; denn daß alle äußeren Stimmen schweigen, bedeutet noch nicht, daß als einzige die innere wachbleibt, wenigstens sofern sie ebenfalls eine natürliche Stimme ist. Aber das ist sie eben nicht, dieses Fenster geht durchaus westlich, ja gegen Mitternacht, und der beseelte Ton mit ihm.

Es bleibt so ein Gespenstisches um alles Tiefere in uns. Es flieht den Tag und ist als Wehendes, Geheimes, Summendes dem unsichtigen Wetter günstiger gestimmt. Nicht anders, wie die Geisterrufe und Geistererscheinungen überhaupt die Dunkelheit der Nacht erwarten, in der das sonderbare innere Traumwerk ungestört zu gehen und zu schlagen vermag, Das ist sehr häufig schrecklich und wir fürchten darin uns selber, die wahre Nahrung dieser schaurigen Einkehr, weshalb derjenige, dem es vor solchen Erscheinungen graut, Gesellschaft zu sich nimmt. Aber der andersartige Zauber der Musik löst diese Depotenzierung des Gesichts ins Günstige, uns Naheliegende, in den leuchtenderen Sinn des an sich so unheimlichen Begriffs eines Geisterreiches auf. Sie bleibt aber Todeszauber, die Musik, und dem ossianischen Wesen benachbart, dem Regen, Herbst und der tiefen Freudigkeit des früh hereinbrechenden Dunkels, dem trüben Himmel und den schweren Wolken, dem Nebel und den Helden, die auf der einsamen Heide reiten und denen die Geister in Wolkengestalt erscheinen, nicht anders wie sie Bach und Wagner erschienen sind — der Himmelsrichtung zugewendet, in der diese Welt ausgeht und untergeht. Man kann sich das so verdeutlichen, an der Hand von Wagners und noch mehr von Schopenhauers Theorie des Geistersehens, daß es hinter allen Träumen noch eine Art des innersten Wahrtraums gibt, die mit einer Umflorung des Gesichts anhebt und derart im fernsten Hintergrund der inneren Traumwelt die Erscheinung der Geistergestalten ermöglicht. Wir sind nicht imstande, das hier Geschaute dem Erwachen und erwachten Bewußtsein anders als vermittelst eines zweiten Traumes zu überliefern, welcher den wahrhaftigen Inhalt des ersten nur in allegorischer Form vermitteln kann, weil hier beim vorbereiteten und endlich vor sich gehenden vollen Erwachen des Gehirnes nach außen bereits die Formen der Erkenntnis der Erscheinungswelt nach Raum und Zeit in Anwendung gebracht werden müssen, woraus dann selbstverständlich ein den gemeinen Erfahrungen des Lebens durchaus verwandtes Bild resultiert. Nun, die großen Dichter und Shakespeare voran haben genau dort, wo die eingehülltere Klangwelt in die offenbarere, aber niedrigere Lichtwelt übergeht, ihre bunt erleuchtete Bühne aufgeschlagen. Es ist nach Wagner derselbe Traum, der hier Shakespearesche Geistergestalten erzeugt, wie sie durch das völlige Wachwerden des inneren Musikorgans zum Ertönen gebracht werden könnten, und dort Beethovensche Symphonien, die ebenso das entschleierte, weniger somnambul umflorte Gesicht des Hörers unfehlbar zum deutlichen Gewahren jener Gestalten, der dichten, unvergeßlichen, überrealen Geistergestalten der großen Poetik begeistern müßten. Das ist alles unbedingt richtig, nur muß hier zwischen Traum und Traum unterschieden werden: der eine sinkt herab und gibt lediglich eine abgeleitete, eine Mondscheinlandschaft der Tagesinhalte, ein bloßes sich Erinnern dessen, was schon war; und der andere zieht hinüber, ist ein Dämmern und »noch nicht bewußtes Wissen« dessen, was sich dereinst, drüben, im noch ungeschehenen Drüben zuträgt; freilich so, daß auch hier ein Wiedererinnern, ein sich Zurückfinden in die Heimat wirksam ist, aber eben in eine Heimat, in der man noch niemals war und die dennoch Heimat ist.

Es ist derart nicht oder nur bedingt der Ton, an dem es hier hängt. Denn wir sind schon als Kinder beständig unruhig, zu warten, zukünftig zu sein. Es bleibt in uns, dieses Brennende, Rätselhafte, das uns am Sonntagabend bei jedem Klingelzeichen draußen auffahren ließ, ob nicht dasjenige gegen Abend kommen wollte, was von lange und weither für diesen eben darum festlichen Tag gesendet wäre. Wir fühlen uns schon im Aufmerken oder Meinen deutlich an die Zukunft angespannt und nach vorwärts gerichtet. Es ist so, einfach gesprochen, daß der Vorhang der Worte und der in ihnen festgelegten voraufgegangenen Denkmöglichkeiten durchaus nicht alle unsere Gedanken verdeckt. Sondern es gibt in uns überall dort, wo es sich um Pläne, Jugendlichkeit, Fernsicht handelt, eine Stelle, wo offenes Wasser und

Durchfahrt liegt, ein dauerndes Fragen, Schäumen, Unabgeschlossensein, in dem der sonderbare Erwartungszustand eines Heraufkommens und verwirklicht Unwirklichen wohnt. Es gibt hier auch eine gemeinsame Geschichte, das heißt, eine für alle gemeinsam erfüllte Zeit, in der die unsichtbaren Scheiben oder der Stern unter dem Horizont sichtbar werden, in der die psychische Vorbereitung und Kulmination vollendet ist und so für die neu heraufziehenden psychischen Gestalten eben die Atmosphäre des Erwartethabens oder der Bekanntheit schafft. Was wir derart als heraufkommendes Wollen und Denken in uns spüren, müßte gegen denjenigen Zustand hin, der neuerdings im engeren Sinn Bewußtheit genannt wurde, am sichersten psychologisch durchforscht werden können. Es gilt also dasjenige, was nicht hinter uns, herabgesunken, unterbewußt, sondern vor uns ist, was in einem Menschen »steckt«, seine Jugend als unruhevoll antezipiertes Alter und alles antezipierte Alter überhaupt, mithin das Aufräumen und Suchen nach dem, was man nicht jetzt oder nachher, sondern überhaupt meint, in all seiner Unsagbarkeit psychologisch zu notieren. Besonders in der schöpferischen Arbeit wird irgendeine eindrucksvolle Grenze überschritten, die sich als die Übergangsstelle zum noch nicht Bewußten bezeichnen läßt; eine neue Bewußtseinsklasse mehrfach differenzierter Art, die genau so wie Leibniz die Wurzeln zeigte und dem Sturm und Drang, den Nachtseiten der Natur den Fundus animalis der petites perceptions eröffnete, so umgekehrt der intentionalen, von Unabgeschlossenheiten, mystischen Karrieren umwitterten Seele das Unbewußte höherer Ordnung den Fundus intimus, das prozessual Unbewußte unserer inneren Teleologie zugänglich macht. Es ist hier nicht der Ort, diesen paradox »leeren« Zustand in uns, in den Dingen, am überschlaghaften Beginn und dann auch wieder am Ende, am letzten ichhaften, »existenziellen« Versagen alles Logischen genauer zu diskutieren, sofern sich nämlich zwischen dem Erwarten als der Zuhörermaxime und dem Erwarten, das heißt der Sehnsucht, Beschleunigung, Gottverlassenheit und dem Eingedenken als der philosophischen »Schöpfermaxime« deutliche kategoriale Unterschiede zeigen, die mit der hier notwendigen Breite erst in der Erkenntnistheorie einigermaßen abschließend zu erledigen sind. Es kommt hier auch nur darauf an, von dem Erwarten überhaupt zu sprechen, von jenen Stellen, an die wir noch nie hingekommen sind und an denen alle unsere ungelebten Wünsche zukünftig warten. In diesem sich nicht Beruhigen ist ausreichend genug der Zustand des künstlerisch und religiös rezeptiven Menschen überhaupt gegeben, das Element der neuen, geschichtsphilosophisch fälligen Frömmigkeit überhaupt, als das Umschlagen der Welt und als das Hingeborensein auf ein anderes Leben zugleich. Es ist aber nicht zufällig, daß der Ton, wohlverstanden, nur der gebrauchte, von uns beseelte Ton, am meisten zum Träger solchen Ahnens bestimmt ist. Denn nur dieser ist fähig, jenes Neue auszusprechen, das sich vor uns, zukünftig, in unserem tiefsten Inneren zuträgt oder zutragen möchte, sofern sich auch Gott nicht mehr im Licht, sondern allein noch in der Wärme und im sich Vernehmen zeigen kann. Von hier aus wird zugleich einigermaßen klar, weshalb die Musik als das reinste Wie dieses Leidens, Sehnens und noch nicht bewußten Wissens, noch ohne ein Was, solcher Rezeptivität entgegenkommt, also verständlich ist, und dieses auf sich Zutreibende, sich Vernehmende, »Rezeptive« auch im Schöpfer sich verständlich macht. Das Tonbild ist nichts anderes als das Wie des Leidens, Erwartens und sich Entgegensehens überhaupt und auf keinen anderen wie immer selbstleuchtenden Goldgrund als den der rezeptiven Menschenlatenz aufgetragen; wodurch diese vorläufige Adäquation der Sehnsucht mit sich selbst freilich mehr gewinnt als die allzu raschen, allzu objektivistischen Beschwichtigungskräfte der Dingklärungen oder auch Menschenklärungen in den übrigen Künsten jemals konstruieren können.

Zwar, was einmal klingt, leitet sich fort und baut sich in verwandten Schwingungen auf. Es erregt in dem obertonreichen Glockenklang sogar entlegene Akkorde und in jedem anderen angeschlagenen Ton mindestens die drei Teiltöne des Durdreiklangs. Der Ton drängt dergestalt von sich aus weiter und besitzt eine ursprüngliche Bewegung, die nach bestimmten anderen Tönen mit Kadenzzwang hingreift. Er verjüngt sich, schlägt Brükken, schließt Quintverwandtschaften und setzt sich selber, sofern er den Weg der Oktave, Quinte, Terz, also den Weg der ersten Me-

Nochmals der frei vorkommende Ton.

lodie beschreitet, gewisse Punkte in der Harmonie, zu denen es ihn, ganz unabhängig von unserem Wohlgefallen, rein zahlenmäßig hinzieht. — Aber was ist das nun für ein Singen? Es ist nichts als das der Bässe bei festgehaltenem Grundton, ein Zug und Fall wesentlich von reinen Quinten, der dissonante Reichtum fehlt. Ist der Ton einmal bei der Tonika angelangt, so bleibt er stehen; der Quintfall ist zu kurz, die Tonika ist ein Becken und ihr Konsonantsein mehr das Grab als der Schoß der Musik. So würde es überhaupt nicht eigentlich weitergehen, wenn nur die natürliche Akkordfolge herrschte, wenn es keine neuen Leittöne, Tonleitern, Vorhalte, Vorausnahmen, Bruchstücke fremder Richtung gäbe, die zwischendurch gehört und sogleich intentional weiter verfolgt werden. Entscheidend ist hier letzthin allein das tonleiterliche Denken, das den Zwang des Quintenzirkels löst und derart sowohl das gewollt akkordische wie das befreit kontrapunktische Wesen setzt. Gewiß also, was gegeben ist, muß benutzt werden; auch kann man zugeben, daß uns der summende Teekessel und der Sturm im Rauchfang an sich schon so etwas wie eine wundersame Geistersprache vernehmen lassen. Und ebenso bleibt bemerkenswert, daß der Reiz der einfachen dreiklanghaften Urtatsachen sehr oft von Marschner, Beethoven und Strauß mit großem melodischen Glück benutzt worden ist, aber doch eben nur als Rohstoff, der an sich völlig nichtssagend, außermusikhaft ist, und demgegenüber schon die sprengende Melodie der Tonleiter, die siamesisch dreizehn und europäisch sieben Töne hat, ein rein menschliches, unphysiologisches und erst recht unphysikalisches Gebilde darstellt. — So wenig mag hier also ohne unsere fruchtbar vergewaltigenden Hände am Ton und seinen verwandten Schwingungen gelingen. Er ist, um musikhaft zu werden, schlechthin auf das Blut des Aufnehmenden und Ausübenden angewiesen, gleich den Schattengebilden, die dem Odysseus Rede gestanden haben: nicht über sich, sondern über den Fragenden selber. Derart ist schließlich, gerade während er gespielt wird, das Leben des Tons und seine eigene Bestimmtheit, sein Materialgedanke auch nicht wesentlich gemeint. Das ist etwas, was, bisher wenigstens, bei jedem Maler unglaublich wäre. Denn er würde sich aufgeben, wenn er nicht mehr aus der Farbe heraus abbildete, ja modellierte, aus der alles an den gemalten Dingen, Leib, Leben und Seele zugleich, zu entstehen hat. Anders der Ton, dessen Behandlung in dieser Beziehung dem durchbrochen behandelten Stein, dem gotischen Kampf mit der Blockeinheit verwandt ist. Aber während Meister Erwin nur deshalb, weil er eigentlich in Holz denkt, die Steine des Straßburger Münsters aufgibt (gewiß nicht nur deshalb, denn warum denkt der Gotiker in Holz, nachdem er in Stein baut? aber eben, indem er immerhin zum Holz zurückgreift und ihm treu bleibt, weicht er der Schärfe der Entscheidung aus), — ist bei dem Beethoven der B-dur-Sonate oder der Diabelli-Variationen die prästabilierte Harmonie zwischen Erlebnis, Material und allein darin erzeugter und getroffener Dingmaterialität ernstlich gestört. Vielleicht bietet dazu nur noch Dostojewskis »Flüchtigkeit«, die Wort- und Kompositionsverachtung, die Betonung des Augenblicks, des Eindrucks, dessen, welcher Mensch, welche Sorte Temperament und Moral hier spricht, eine gewisse Parallele. Man hat oft von der Askese des Beethovenschen Klaviersatzes gesprochen und es ist bezeichnend, daß Bülow, der so oft Beethovens »akustische Scheußlichkeiten« zu mildern sucht, gerade von dem Alterswerk der Variationen als den »erhabensten Evolutionen des musikalischen Denkens und der Klangphantasie« spricht. Es ist nicht ganz unrichtig, wenn Bekker bemerkt, daß die B-dur-Sonate und die Diabelli-Variationen letzthin unspielbar sind, als für ein Instrument geschrieben, das niemals existiert hat und niemals existieren wird, daß diese beiden Werke nicht mit dem realen Klang, sondern mit körperlosen, rein gehirnmäßigen Klangabstraktionen arbeiten, um sich der Klaviersprache nur als eines ungefähren, prinzipiell skizzenhaften Schriftzeichens zu bedienen. So dünn also auch der Ton schon an weltlicher Fülle ist, an der Kraft, die Formen einer breiten und vielgestaltigen äußeren Welt in sich aufzunehmen, so begrenzt bleibt auch das tiefere Vermögen dieses überwiegend künstlichen Produkts, mit den Werken seiner eigengesetzlichen Bestimmtheit vor den Thron des inneren, rein innerlich erleuchtenden musikalischen Gottes zu treten. Man stellt sich ein, man trägt sich herüber, man dreht den Klang zum Spiegel und den Boden zum Gebälk, aber nur so, daß das alles in uns lebt und durch den Ton nur angeregt wird, daß wir also viel zu großmütig sind, wenn wir den Spiegel küssen, der uns doch nur mit unserem eigenen Bilde überrascht; — und nicht in der Weise, als ob das eigene, bedeutsame Bewegtsein an dem Ton »empfühlt«, herausgefühlt wäre: als etwas, das mit unserem Hören vielleicht erst erwacht wäre, das aber nunmehr, nachdem es erwacht, von uns verdichtet und mit Qualität umsponnen ist, als das Präludium einer außermenschlichen Tonphysik oder Tonmetaphysik selbständig bestünde. Das ist schon deshalb nicht zu erwarten, weil sich die äußeren Mittel steigend zu verschließen und zunichte zu werden beginnen. Gewiß, wie hier endgültig besprechbar wird, es ist nicht zufällig, daß gerade der Ton musikalisch einschlägt, daß gerade dieser zarte, durchsichtige Leib zum Träger musikalischer Zustände erwählt wird. Gleich dem bedeutenden Menschen, der mehr Fehler als die Anderen macht, weil er niemals ganz ermessen kann, wie unbedeutend, ihm unhomogen die Welt ist, kann auch der letzte Gott, das Wehen des letzten Gottes, in keinen Rahmen der Sichtbarkeit und Bildhaftigkeit, Materialwertigkeit mehr eingehen. Die Farbe haftet sehr stark am Ding und kann deshalb mit diesem nichtssagend, von seinem, mit seinem Geist gleichzeitig entleert werden; aber beim tönenden Erz schäumt das Tönen über und bleibt nicht das Merkmal des Erzes, sondern hebt sich als neues, menschenhaftes Attribut heraus; dergestalt, daß die Mittel des sich Hörens und Vernehmens schließlich dem Geist näher stehen als Farbe und Stein oder das fragwürdige Heimweh dieser unkategoriell gewordenen Materie nach Gott. Man kann sagen, die Musik verherrlicht seit alters die andere Wahrheit, die pia fraus, die konstitutive Phantasie, die neue Philosophie unter den Künsten. Nur der Ton, dieses Rätsel der Sinnlichkeit, ist unbeladen genug von der Welt, von Vogelstimmen, ja selbst von dem an sich schon jenseitigen Heulen in den Schluchten und Wasserklammen, von allen Konkurrenzen und Halbfabrikaten der Naturschönheit oder eines anderen bereits realen Gestaltetseins. Das soll durchaus nicht heißen, daß der natürliche Ton an sich schon ein göttlicher Teil wäre oder auch nur eine seelische Enklave in der Natur, aber die Beziehung bleibt insofern unabweisbar, als das Hören des Tons, das sich in ihm Hören und Vernehmen, mithin die Gebrauchsmöglichkeit des Tons zu seinen ihm fremden, unphysischen Seelenkategorien allerdings eine bestimmte Ähnlichkeit dieses Materials mit dem »Material« Gottes cum grano salis zu konstatieren erlaubt. Wenn man jedoch weitergehend aus dem, was der Ton an sich ist und gibt, irgend etwas ablesen will, fremdgesetzlicher und astralischer Art, so wird dieses zu einer unzulässigen Zurückverlegung der Musik in die mathematische Naturwissenschaft, wo sie so wenig vorzukommen pflegt, als sich jemals in der Phänomenologie der musikalischen Wirkung ein mathematisches Moment auffinden ließ. Und darum führt von dem reingemachten Ton, im Sinn seiner Überwindung durch Grad, Maß und Quantum, wie es einem psychologischen und physikalischen Gegenstand ziemt, niemals ein Weg zu dem gewollten und musikhaften Ton, zu dem rein akustisch völlig Unhaltbaren temperierter Stimmung, enharmonischer Modulation, zu der Spannung seiner Melodie, der dissonanten Buntheit seiner Harmonie, der willenshaften Prägnanz seiner Thematik oder dem vielfachen, menschenhaften Schatten-, Licht- und Muskelspiel des Kontrapunkts als des künstlichsten Gebildes der Welt.

Die astronomische Musiktheorie.

Trotzdem vermochten hier die heidnischen Spuren im weiteren nicht zu schrecken. Man scheut sich, unfromm genug, den Ton nach oben hin offen und dem Inwendigen entgegen zu halten. Es ist noch nicht so gar lange her, daß man ut, re, mi, fa den vier Elementen und die sieben Töne der Oktave den Planeten gleichsetzte. Nicht nur die Weddas heulen ihre geheimen Regenweisen, nicht nur die Abstände des chinesischen Saitenspiels sind nach dem Abstand der Himmelskörper gestimmt, auch noch Dietrich Buxtehude machte sich anheischig, in seinen sieben Klaviersuiten »die Natur und Eigenschaft der Planeten artig abgebildet zu haben«. Kepler vor allem hat dazu verholfen, die Musik direkt auf mathematisch gegenständliche Logik abzuziehen. Hier sollen sogar die verschiedenen Stimmlagen verschiedenen Planeten entsprechen, das Moll soll im Perihel, das Dur im Aphel seine Deckung finden, ja das gesamte Tonsystem mit allen seinen Harmonien wird als Abglanz des Sonnensystems beschrieben und nur innerhalb dieses Systems auf den Begriff gebracht. Man hat wenig gewonnen, wenn der Bezug seelenhafter umbenannt wird, denn auch dann landet der Ton nicht im Inwendigen des Menschen. So wurde beispielsweise von dem spekulativen Pater Singer ernsthaft versucht, das Moll in seiner Trauer daraus zu deduzieren, daß es auf der Verminderung des zweiten Tons im Dreiklang beruhe und derart auf Golgatha als dem Herabsteigen der zweiten Person in der Gottheit hinweise. Solches klingt zwar unbedeutend und skurril, auch täuscht die christliche Sprache über Jesus als Sonnensohn und den bodenlosen Astralzauber hinweg, aber es wiederholt sich hier und auch in der modernen Theosophie der Musik nur jene unfruchtbar mystische Formalausklaubung par tout, die, wie Abert gezeigt hat, die gesamte Musikanschauung des Mittelalters unter der Botmäßigkeit der Astronomie, der Zahlensymbolik, Instrumentensymbolik und Astralmystik halten konnte. Selbst bei Schopenhauer spiegelt noch der schwerfällige Baß die Steine, der Tenor die Pflanzen, der Alt die Tiere, der melodieführende Sopran das Menschenreich, und das Orchester wird dergestalt zum Querschnitt der Welt. Selbst bei diesem allerchristlichsten Philosophen also bleibt die transzendentale Gegenstandsbeziehung der Musik kosmisch abgezielt; denn der Mensch ist ja wiederum keine Pointe der Natur, sondern nur die stärkste, mittaghafteste, deutlichste Willensobjektivation und als solche gerade dazu berufen, den Schein der Individuation vor der Allnatur zu zerstören. Gänzlich jedoch liegt für Schelling das musikalische Gold in der Siebenzahl begraben, und der Keplersche Pythagoreimus feiert in dieser Philosophie der Kunst, wo sie sich auf Musik bezieht, seinen wahren ad absurdum-Triumph. Hier wird zwischen dem gesprochenen Wort, das allmählich erstarrt und bildlich, welthaft wird, und dem Akt des lebendigen göttlichen Sprechens selbst unterschieden. Aber der Klang will nicht sterben und kann doch nicht leben, er bleibt auf halbem Wege stehen und rangiert deshalb hierarchisch unterhalb der bildenden Kunst, die sich ihr deutliches und konsequentes Teil erwählt hat, die das in den Tod eingegangene Leben symbolisiert und derart vollkommen die äußere und reale Seite des Universums in sich spiegelt. War bei Weiße der Ton ein gestaltloses Schwärmen, über dem sich antithetisch jene kräftige Sichtbarkeit der bildenden Kunst erhebt, die in der Poesie wiederum zum gesättigten Klang, zu dem deutlichen und gebildeten Wort zurückkehrt, so ist bei Schelling der Ton lediglich eine Art sehr unvollkommener Architektur ohne jede geisthafte Beziehung, und allein die Poesie zeigt sich der inneren und idealen Seite des göttlichen Erkenntnisakts im Universum konform. Schelling kennt also nur die Leier des Amphion, der Theben aufgebaut hat und nicht die Leier des Orpheus; von ihm stammt das eigentlich Begriffliche des Satzes von der Architektur als geronnener Musik, und danach wird es diesem Philosophen freilich ein Leichtes, die Musik mit dem gequälten Unsinn erloschener Astralbezüge zu ruinieren. Er liebt nur die griechische Musik, die er als Melodie schlechthin wertet und danach auf die geordnete Planetenwelt bezieht; und er verabscheut die neuzeitliche Musik, die er als verworrene, unrhythmische Harmonie bezeichnet und als solche auf die zentrifugale Kometenwelt reduziert; womit also der gesamten »unarchitektonischen«, nachgriechischen Musik die Heimat im Planetensystem und damit nach Schellings soeben entwickelter doppelter Logosdefinition die Möglichkeit einer gehaltvollen, logisch gegenständlichen Disputierbarkeit entzogen wird. So weit nach unten, ins Sinnlose und gänzlich Unsachliche führt der Ton mit seiner naturphilosophisch anhebenden und durchgeführten Konsequenz. Es ist, als ob die christliche Seele, diese musikhafte Seele schlechthin, überhaupt noch nicht erwacht wäre, als ob die Feuer, die Lampen unserer Sehnsucht und unserer Arbeit das astralische Kristallgewölbe noch nicht durchgebrannt hätten und immer noch das Tiefste in der Welt nur als das Objekthafteste kosmischer Art gedacht werden könnte. Aber desto kräftiger muß die Mahnung werden, sich bei der Chiffredeutung des Kontrapunkts durchaus nur an die menschliche Rezeptivität zu halten, die nichts von aller Astralmystik in der Musik weiß, und an das alleinige Wunder der Genialität, die ebenfalls keine andere als die ihr homogene Seelentranszendenz setzt.

Der transzendentale Kontrapunkt.

Denn das Ohr hört mehr als der Begriff erklären kann. Oder anders gesagt, man fühlt alles und weiß genau, woran man ist, aber das Licht, das im Herzen brennt, erlischt, wenn es in den Verstand gebracht wird; wozu uns gerade in dem bisherigen musiktheoretischen Bemühen ein bedenkliches Beispiel anblickt. Es ist nicht möglich, hier etwas rein verständig zu erklären und dann unmittelbar hinüberzubeziehen. So wird etwa behauptet, daß Beethoven die Gewichte der ergänzenden Themen mit größerem Verstand als Mozart einhängt. Aber wenn man nun fragt, was es denn für ein Verstand sei, der hier ausspielt, ordnet, Gewichtsfunktionen, Dynamik, Statik und Kräftesystem schafft, dann wird sich schwerlich ein tieferer und tiefer verfolgbarer Usprung als eben jenes reichlich willkürliche Durcheinanderwerfen der zerschlagenen, entzweiten und überraschend konfrontierten Themen in der Ordnung des dynamisch-statischen Zeitraums feststellen lassen. Das reicht ersichtlich nicht aus, um das gehörte Geschehen, um die mystische Buntheit der Sonate zu erklären. Es ist auch nicht so, daß lediglich das Geniefeuer hinzukommen müßte, als eine an sich nur intensive Weise der Verwirklichung, um dem formell Vorliegenden Leben einzuhauchen. Denn auch hier ist das zuhörend lösende, schöpferisch schenkende Wie wichtiger als das Was, ja es ist das Was und verliert sich in viel weitergehendem Sinn als bei der Fuge in jenes Irrationale, in die Vernunft des Irrationalen, von der alles Formelle nur ein ans Ufer geworfener Teil ist. Es ist nicht nur besser, wenn Beethoven irrt, als wenn ein Theoretiker Recht hat, sondern auch dieses, worin Beethoven strenge und weise ist, läßt sich letzthin nicht nach dem Kontrapunkt, auch nicht nach dem zweiten, kaleidoskopischen Kontrapunkt des Nacheinander, als Strenge und Weisheit reflektieren. Es gibt keinen direkten chiffrehaften Anschluß zur gehörten und spontanen Tiefe und es ist selbstverständlich nichts als Täuschung, hier etwa mit dem Kämpfen, Siegen, Unterliegen oder mit bildhafteren Aufbesserungen, etwa mit dem zwischen den Geschlechtern anhängigen Prozeß, ausgefochten in der Form der Sonate, weiterkommen zu wollen. Nicht minder dürfte das formell, das heißt hier stets, auch das der Form nach Gegebene versagen, wenn es gilt, nicht nur das Woher, das zur Not noch aus der konträren Reibung und Läuterung der Themen »erklärt« werden kann, sondern das Wohin, den Sturm, in dem diese Musik dahinfliegt, das Wozu und Worauf des Sturms und namenlosen Kampfes, das tiefere Wieso und Was des Beglückenden im Gewinn und alle die übrigen geistlichen Kräfte dieses der formalen Chiffre nach so dürftigen und ziellosen Spiels zu deduzieren. Hier geht alles hinüber an einen hochgelegenen, jenseits des Sterbens gelegenen Ort, ganz im Gegensatz zu den Künsten dieser Welt, die am Grabe Halt machen. Aber was man am Gerüst ersehen kann, so ist das die Dorfbühne, auf der

Garrick den Hamlet spielt, oder es ist wie das Gehirn, in dem man auch stundenlang umhergehen könnte wie in einer Mühle, ohne daß sich von der Existenz des Gedankens überhaupt nur eine Ahnung fassen ließe. Wie der psychologische, so ist auch der musikalische Gedanke durch einen autogenen Sprung von seiner vorgelagerten, gelichteten, wie immer transmissiven Nervenmasse der Form getrennt. Darum ist es sinnlos, in der musikalischen Theorie als solcher auf eine Wissenschaft ohne Beinamen zu hoffen oder aus dem noch so hieroglyphischen Gepolter eines direkt, mathematisch-transzendentalen Kontrapunkts Erleuchtungen über die logischen Geheimnisse der Musik zu erhoffen. Es ist besser zu glauben, daß der Ton nur die Herzen zu schmelzen habe, daß er nichts als aufzulockern und zu verwunden habe, um die Wallfahrt in sich selber herbeizuführen. Es ist besser, nur an die Wechselbeziehung zwischen der Tonbewegung und der Seelenbewegung zu glauben, in guter Übereinstimmung mit den Kirchenvätern, vor allem mit Augustin und seiner Lehre von der ausschließlich ethischen Gegenständlichkeit der Musik. Sowenig aber der Ton ehemals in der Astronomie landen konnte, so wenig mag es auch gelingen, mittelst der flüchtigen Chiffren von Spannung, Lösung, Abenteuer, monarchischer Unterordnung, Einheit in der Mannigfaltigkeit oder wie immer in einem neuen christologischen Quadruvium etwa die himmlische Jurisprudenz als werkmäßige, wunderbar erreichte, direkte und geschlossene Gebietskategorie der Musik zu installieren. Es ist ein Sprung da, freilich: der Satz, daß nichts im Verstand sei, was nicht vorher in den Sinnen wäre: nisi intellectus ipse, hat auch den Chiffren wie der von ihnen aus kontinuierlichen Formtheorie gegenüber seine Geltung. Sie sind bedeutend für unterwegs, aber wie über dem höchsten Gebirge noch der Adler schwebt und über der am schwersten erreichbaren Pflicht noch die rechte Liebe gilt, so ist nicht dieses geisthaltig und logisch im tieferen Sinn, von dem man versichert, daß es am meisten mit sich als Richtigkeit oder auch mit einem begriffenen Faktischen als empirische Wahrheit zusammenstimmte, sondern vor und über allem steht noch ein Liebesprimat, der es bemerkt, der sich hingezogen fühlt zu dem, was gegenerleuchtend in dem Wesen der Sache treibt, und dadurch erst, jenseits aller bloßen Mechanismen der Beweisbarkeit, die echte Beweiskraft der subjektiv-metaphysischen Evidenz erkennt. Das ist aber dasselbe, wie wenn wir sagen, daß es Bach oder Beethoven selber sind, die als transzendentaler Kontrapunkt existieren; Bach und Beethoven allein und dasjenige in unserer Rezeptivität, das Bach und Beethoven antworten kann, als dem Zeugenden und Unableitbaren, als der lebendigen Kraft, vermöge deren allein alles dieses geschieht, als dem einzig wesentlichen Halt diskontinuierlicher Musiktheorie, als dem großen Irrationalen einer bestimmten, zu ihrer Sphäre hinzwingenden Subjekthaftigkeit und als dem Bach oder Beethoven benannten Individuum, das an Ort und geschichtsphilosophischer Stelle so allgemein und kanonisch ist, daß es gleich den Engeln Plotins als die wirkende Kategorie dieser einzig möglichen transzendentalen Kontrapunktik stehen kann. Was bloße Satzanlage ist, umfaßt nicht das, was man so genau vom Hören her kennt, den Spiegelsaal und die Gäste der Musik, dieses Theaters der Zaubereien und Illusionen; und auch die tieferen Formen des Kontrapunkts bleiben ohne den neuen, autogenen, metaphysischen Einsatz eines das Bachsche oder Beethovensche Wesen weiterbetreibenden Subjekts bloße höhere Zahlenstufen von Mechanismus, die keineswegs zur Fuge oder Sonate im Stand der Idee kontinuierlich überführen können. Mithin, alles steht auch hier auf zwei Augen, es ist auch hier ein anderes Ich, das als erlebendes und wiedersehendes die Form in Schmelzfluß bringt. Dafür darf er eigene Verfahrungsweisen benutzen, der scheinbar indirekte und doch so sehr direkte Essayist und wahrhafte Phänomenologe: er erlebt Musik wie kein anderer, und wenn er über sie spricht, so sind es nicht mehr die Atelierurteile und Kategorien der Akribie, in denen kein einziges bekanntes Gesicht zu sehen ist, die nur die bewußte Qual der Vermittlung sind, und von denen der Künstler selber oft genug zurücktreten muß, um den Geist der Werksphäre nicht zu verlieren, sondern es ist das, was der Zuhörer im Überrieseln besitzt und an der ungeheuren Überbewußtheit des Künstlers ahnt; das erste genialisch flammende Licht, noch ohne alle Abbiegung durch das rezeptive Mißverständnis des Eudämonistischen oder gar des spontanen Schemas seiner Mitteilung, und doch auch ohne das Zucken und die gefährdete Unfertigkeit des bloßen ersten Visionszustands. So betritt man, gewiß nicht ohne von Formanalyse mannigfach gestützt und belehrt, aber eben nicht eigentlich gewiesen zu werden, den schädlichen Raum zwischen der musikalischen und der philosophischen Form. So gelangt man durch den wahrhaften Hiatus zwischen Ton, Harmonie. Rhythmus, architektonischem oder auch dramatischem Kontrapunkt einerseits und dem bewahrten ethischen Antrieb, der bis zum Ethischen reingewordenen Form oder dem Castel Merveil der abgehaltenen, im Spiegel erreichbaren Menschentiefe des Kunstwerks andererseits ans gute Ende. Was sich derart über den Kopf der Form hinweg deuten läßt, hat in drei methodisch eingesetzten Dingen: in dem bedeutenden Ich, in dem Verlorengehen des bekannten Alten und dem Auftauchen des noch unbekannten Neuen (womit das Problem des verschwundenen Hellsehens und der damit in Beziehung gebrachten heraufkommenden Musik gemeint ist) und zuletzt in der Gegenerleuchtung des musikalischen Objekts aus der auch andere Zusammenhänge mit einbeziehenden Metaphysik seinen Ursprung. Das Verfahren besitzt so in gewisser Weise seinen Vergleich in Kants Vorgehen, der ebenfalls Newton und die Kritik der reinen, mathematisch-naturwissenschaftlichen Vernunft verlassen und das Glauben und Hoffen des lebendigen Menschen einsetzen mußte, um zur Spezifikation der Natur oder zur Achtung als dem moralischen Affiziertwerden durch das Ding an sich zu gelangen; wie es niemals mittelst der bloßen Verknüpfungsregeln des unemotionalen Wissens zum Gegenstand der Erkenntnis werden konnte, wie es aber freilich tiefsinnigsterweise auch in der Methodologie des Glaubens und Hoffens nicht als erreichtes, real abgeschlossenes Sein, sondern lediglich als Aufgabe, Geltung, ungelöstes Postulat oder Essenz objektivierbar wurde. Was hier aber mit den feurigen Armen des sich nach Hause Wünschens emporgehoben wird, ist keine zurechtgestellte Lüge des wie immer erfreulichen Scheins, der eben als Schein unter der Wahrheit zu stehen hat. Es ist jedoch ebensowenig, womit zwar der Schein zu einem gewissen vertröstenden und irreführenden Widerschein umgewertet wird, die Versprechung zu irgend einer menschenleeren Hinterwelt, zu irgend einem sinnlichen Reflex der seit alters als menschenfrei gedachten, allgemeinen Idee, sei sie als Nus, als Pneuma oder auch als Wille zum Leben, als kontemplativ begonnenes Nirvana fixiert. Denn auch Schopenhauer ist noch weit davon entfernt, das wahrhaft Apeironhafte der Musik zu verstehen, sofern er diese nur passiv, kosmisch und nicht im Individuellen, Heroischen, Christlichen verankert, sofern er mit anderen Worten der Musik zwar die Kraft gibt, der Erscheinung das Ding an sich hinzuzusetzen, jedoch dieses Ding an sich lediglich als ein Metaphysisches unbestimmter, individuationsloser, vorutopischer und bereits empirisch allerrealster Art definiert. Die Selbstbegegnung, (und es ist in jedem wahrhaft Schaffenden eine tiefe Leidenschaft erkenntnißmäßig zu beziehen), wie sie als das Grundproblem der Wertphilosophie letzthin der Apokalypse als dem Grundproblem des gesamten Systems der Philosophie entspricht, darf das Wahre weder als einfach induktive Tatsachenlogik, noch auch als griechisch definitive Umfangslogik eines Allgemeinsten und darum Realsten bestehen lassen. Die Seele weint in uns und sehnt sich hinüber, setzt Gott und den Traum; was aber das Dunkel der Nacht vor sich herjagt, wie Orpheus die Schatten, ist rein aus der Seele geboren und hat nichts als diese innerste Euridike zum Ziel. Es gibt, wodurch eben der verantwortliche Künstler dem Philosophen näher steht als der subjektlose Empiriker, noch eine andere Wahrheit, als diejenige dessen, was gerade existiert; eine, die nur auf uns geht, auf den Umkreis der von uns gefärbt erlebten, beschleunigend aufgefaßten und religiös vollendeten Welt, auf eine durchaus »subjektive« und doch zuhöchst substanzielle Welt — jenseits des bloß empirisch-komparativen Status des gegenwärtigen Zustands und seiner einfach erreichten Seinslogik — gerichtet auf das Innere und unbekannte sich Vernehmen hinter der Welt. Und dazu unterhält der Mensch in der Musik allerdings starke korrespondierende Gegenstandsbeziehungen, zum großen Teil noch künstlerisch-spezifischer und bei entsprechender Erweiterung des Begriffs auch immanenter Art, vor und hinter den Regeln der transzendentalen Synthesis künstlerisch-phantastischer Apperzeption; die sprunghaft indirekte Beziehung auf den unsichtbaren Menschen, auf die im Klangbild vernommene, sich annähernde Gestalt des Hauptes, des Ingesindes, des eschatologischen Seelengrundes, der Wiederherstellung des Großen Menschen aus dem Labyrinth der Welt.

Das Geheimnis.

Wir suchen, wohin das Hellsehen verschwunden sei. Ein Fluß versiegt im Boden. Plötzlich taucht weit davon entfernt ein anderer Fluß auf, der nie vorher an dieser Stelle zu sehen war, der mindestens in diesem trockenen Gebiet keine Quelle hat. Kann man so bestimmt, wie man diese beiden Flüsse in einen zusammenlegen darf, auch das Hellsehen und die Musik in Zusammenhang bringen? Sie waren nie gleichzeitig zusammen zu erblicken, aber als das Eine ging, wuchs das Andere langsam groß und wie es scheint, genau aus den gleichen Kräften groß. Es ist freilich unbekannt, ob auch zum gleichen Kräftegebrauch und sympathetischen Gebilde. Wenn wir also fragen, was das früher gewesen sei, das jetzt Musik ist, um eben dadurch genauer zu erkennen, was Musik sei, so reicht selbst die erkannte Verwandtschaft an sich noch nicht zur näheren Bestimmung aus.

Denn wir werden allmählich blind auch für das, was um uns herum liegt. Für dasjenige, das über uns liegt, sind wir schon lange blind geworden, auch das christlich aufhellende Licht ist vorbei. Die sinnlichen Augen haben sich zwar später geöffnet als die übersinnlichen und kamen, als diese sich schlossen, oder vielmehr, durch den sinnlichen Augenaufschlag, den empörerischen, sich selbst eindrängenden, ist die übersinnliche Welt steigend zurückgetreten und allmählich ganz vergangen. Früher, in den Tagen, aus denen uns die Märchen erhalten sind, waren die äußeren Dinge verschleiert oder ganz unsichtbar, aber dahinter bewegten sich aufs Hellste ihre Gruppenseelen, die Quellgeister, Baumgeister, Schutzengel, Sirius und der Jäger Orion, die bunten Wolken des nächtlichen Himmels und die ganze Nähe der anderen Welt. Jedoch man erinnert sich jenes römischen Admirals, der das vorher Unausdenkbare wagte, die heiligen Hühner, die nicht fressen wollten und so der Seeschlacht eine schlimme Prognose stellten, ins Wasser werfen zu lassen: wenn sie nicht fressen wollen, so mögen sie saufen! und das noch zur Zeit der sibyllinischen Bücher. So bildeten sich bald die sinnlichen Organe schärfer aus, die sichtbare Welt wurde dicht, erdrückend, abschließend real, und die unsichtbar gewordene, übersinnliche, sank zum Glauben, zum bloßen Begriff, zur platonisch-plotinischen Himmelsleiter oder Ideenpyramide. Selbst die Orakel wurden zweideutig, ja unverständlich, und so verstärkte sich die Diesseitigkeit, die Ausbildung der zunächst nur mehr mit Militär, Jurisprudenz, Kalkulierbarkeit und realem Kausalnexus rechnenden Gesinnung immer rationaler, bis endlich in den Tagen des Kaisers Augustus jede sinnliche oder auch gedankliche Berührung mit der Transzendenz verschwunden war. Da wurde Jesus geboren, die Seelenwanderung Gottes selber, und die Menschen durften sich vor der Gnade dieses auch in die Finsternisse scheinenden Lichts, das heißt also, dieser wieder öffentlichen, auch den sinnlichsten Organen erkennbaren Fleischwerdung, Erdenfahrt, Publizität des Logosmysteriums aufs neue des Überirdischen versichert halten, freilich um den Preis der damit verbundenen halb griechischen Fertigkeit und halb orientalischen Transzendenzhaftigkeit des Christlichen. Wir sehen aber seit vierhundert Jahren, seit Luther und der Renaissance, trotz der wieder hervortretenden Diesseitigkeit, selbst trotz der erneuerten Gewalt, mit dem sich ein Freies, Männliches, Wirkendes, Luziferisches, Vernunfthaftes bewegt und in Welt und Überwelt hineinstürzt, ein Doppeltes am Werk. Denn es beginnt auch rings um uns allmählich finsterer zu werden, nachdem es sich über uns schon lange zugezogen hat. Die Nacht rückt weiter vor und nicht nur einseitig wie in der römischen Zeit, sondern auch die sinnlichen Vordergründe beginnen zu entweichen, so sicher wie die darin geschehene obere christliche Transzendenz schon lange entwichen ist; und es läßt sich andererseits nicht behaupten, daß mit dem Entschwinden der realen, welthaft gebundenen Logik, als welches sich allein schon in dem zunehmenden Reflexivitätscharakter der Einzelwissenschaft widerspiegelt, nun auch so eindeutig wie in der vorrömischen, astralmythischen Zeit die alte Durchsichtigkeit, der alte, völlig naive, transparente Deskriptionscharakter der oberen Mysterien wiedergekehrt wäre. Gewiß, wir sind, Gott verlangt nach uns, die Seele ist sein Faden, und an sie ist alles gute Ende gewiesen. Wir dürfen noch immer warten, denn wir sind das Einzige, das in allem äußeren und oberen Dunkel nicht ausgelöscht werden kann, und daß der Heiland lebt und wieder kommen will, dies ist nach wie vor unangreifbar verbürgt; aber er und Gott selber haben wie alles Objektive die eigene Kraft, zu kommen, und scheinend zu wirken, eingebüßt. So gibt es hier nur eine einzige Rettung, und das ist die sich empörende, sich über allem Fremden suchende Verbindung zwischen dem moralischen Ich, das allein noch, obwohl auch in dieses die Nebel der Ermattung und Gottferne gedrungen sind, in der Nacht des Äußeren und Oberen Licht brennen kann, — die Verbindung zwischen diesem Ich und dem schweigenden, uns verlassenden, vor seiner Verwandlung zum heiligen Geist zögernden Gott, als die Rufe, Gebete und die tiefe Ernennungskraft des heroisch-mystischen Atheismus selber.

Damit aber, indem wir trübe und schwanger sind und uns dennoch sonderbar schön zurückstrahlen, ist ein anderes Hellsehen wiedergekehrt. Es war schon früher da und wirkt jetzt gleichsam ricochettierend, aber alles daran ist anders geworden, einsamer, unterstützungsloser, produktiver, Fremdes nicht mehr widerspiegelnd, sondern in ein Leeres vor uns hineinstrahlend, schon in seiner Funktion. Der treffende Blick hat sich gewandelt; die Perser und Ägypter, die Griechen und Scholastiker, allesamt ohne jede nennenswerte Tonkunst, diese Meister des Fertigen und Geschlossenen, der festen Figuren und Definitionen, der Abspiegelungen statt der Erzeugungen, haben ihren Lohn, den Lohn des bildhaften Hellsehens und des garantierten Himmels voll lauter Sichtbarkeiten und Objektivitäten dahin; aber den neuen Menschen ist statt des alten Bilderreichs, statt des alten heimatlosen Überschwangs der Trostgesang der Musik geschenkt worden. Darum wurden die großen Musiker in dem Maße bedeutend, als sich die feste geistige Bindung des Mythos lockerte, und sie sind in dem Maße gewachsen und konstitutiv geworden, als auch die Philosophie gezwungen, begnadet wurde, auf Tathandlung, die Substanz als Prozeß, die Wahrheit als Weltaufhebung auszugeben. Es ist derart ein anderes Licht in diesem Hellsehen des Ohrs, der Musik und der Erzeugung, und sein Planet hat sich, völlig im Gegensatz zur alten Mystik, die es mit fertigen, an sich überklaren Realitäten zu tun hatte, noch nicht so weit gedreht, daß sich auch seine andere, sowohl uns wie sich selbst noch abgewendete Seite erkennen ließe. — Wir brauchen hier aber nicht zu fürchten, enttäuscht oder gar betrogen zu werden. Es ist nicht mehr erlaubt zu sagen, daß so wie die Träume vergehen, sobald man erwacht, so auch dasjenige, was nur im Ich lebt und sonst unbestätigt ist, unbedingt wesenlos sein müsse. Das mag für unsere kleinen Erregungen gelten; es mag sein, daß uns hier das dicht um uns gewickelte Zudeck des Körpers eben die Qualen und Freuden des Lebens zuspielt. So wie wir schlafend unter herüberfallenden Bergen zu ersticken glauben, wenn das Deckbette sich auf unsere Lippen überschlägt, so wirft diese Erde, dieser Leib in den siebzigjährigen Schlaf des Unsterblichen Lichter und Klänge und Kälte, und er bildet sich daraus die vergrößerte Geschichte seiner Leiden und Freuden; und wenn er erwacht, ist nur wenig wahr gewesen, ja es läßt sich diesem Satz Jean Pauls hinzufügen, nichts davon ist wahr gewesen, das alles ist reflexiv und hat mit der sehnsüchtig bewegten Seele, die sich nicht nur vom Leib, sondern auch von jeder Pflicht und sozialen Definierbarkeit hinweghebt, nichts, nicht einmal den Gegensatz gemein. Wenn aber das, was der Ton sagt, von uns stammt, sofern wir uns hineinlegen und in diesem fremden, großen, makanthropischen Kehlkopf sprechen, so ist das nicht ein Traum, sondern ein fester Seelenring, dem nur deshalb nichts entspricht, weil ihm draußen nichts mehr entsprechen kann, und weil die Musik als innerlich utopische Kunst über alles empirisch zu Belegende im ganzen Umfang hinausliegt. Wir brauchen hier aber auch nicht darum besorgt zu sein, daß sich dieses Hohe und Bessere als wir nicht in uns zurückbilden möchte. Sowenig wie wir vor der Musik, wie allerdings zumeist bei den bildenden Künsten, empört zu sein brauchen, daß hier etwa eine Sperre aufgerichtet ist und der Mensch dauernd an der Domestikentür der bloßen

Kontemplation zu warten hat. Man braucht sich hier auch nicht damit zu trösten, scheinheilig zu trösten, daß wir unsere eigenen Tränen leichter verwinden als wir den namenlosen Jubel der Engel verwinden könnten, und man braucht in das uns in der Musik geschenkte echte Symbol nicht erst noch mit verzweifelter Eifersucht einzubrechen wie in die bildnerischen Gleichnisse und das Symbolische alter Zeit, das menschenfremd, zum mindesten halb außermenschlich war, das uns, wenn es gänzlich sichtbar geworden wäre, gleich dem ungemilderten Zeus verbrannt hätte, und dessen im Sichtbaren, uns Zugeneigten immer noch ungebrochene transzendente Unfaßbarkeit gerade seinen Symbolcharakter konstituierte. Denn der Ton geht mit uns und zieht sich nicht am Ende in seine uns fremde oder gar verbotene Heimat allegorisch zurück. Wenn das Tonhafte nur andeutend, noch uneigentlich bleibt, so ist es nicht etwa in Zeichen gestellt, so will uns seine Rätselsprache nichts überirdisch Gelöstes verbergen, sondern die Funktion der Musik ist vollste Offenheit, und das Geheimnis, das verständlich-Unverständliche, das Symbolische an ihr ist der eigene, sich *sachlich* verhüllte Menschengegenstand selber. Der Ton geht mit uns und ist Wir, nicht nur so wie die bildenden Künste bloß bis zum Grabe mit gehen, die doch vorher so hoch über uns hinaus in Strenge, Objektive, Kosmische zu weisen schienen, sondern wie die guten Werke auch noch über das Grab hinaus mitgehen; und zwar gerade deshalb, weil das Erhabene als Musik, das neue, nicht mehr pädagogische, sondern reale Symbol in der Musik, so sehr niedrig, so sehr nur bloßer feuriger Ausbruch in unserer Atmosphäre scheint, obwohl es doch ein Licht am fernsten, allerdings innersten Fixsternhimmel ist. Der gestaltete Klang bleibt so kein Gegenüber, sondern es ist etwas in ihm, das uns die Hand aufs Herz legt, das uns mit uns selber umstellt, und derart unsere bedürftige, ewig fragende Rezeptivität mit sich selbst, zum mindesten mit ihrer unabgelenkten, rein gewordenen, als sie selbst widerhallenden Frage nach der Heimat beantwortet. So wirft der Ton sowohl einen außerordentlich weit vorgeschobenen, überrealen als auch einen unallegorischen, nur hinsichtlich der Unvollendung seiner Ichornamentik symbolischen Wall des menschlich an Menschen Intuitionierbaren überhaupt, des menschlichen Namenszugs vor sich auf. Wenn wir also fragten, was das früher gewesen sei, in den hellseherischen, aber musiklosen Zeiten, was jetzt, in der Neuzeit, anfängt, als Musik zu erscheinen, um eben dadurch zu erkennen, wohin und zu welchem Ende Musik sei, so reicht die erkannte Verwandtschaft des Hellsehens und dann der Musik doch nur zur Bestimmung des gemeinsamen Niveaus, aber weder zu der der gewandelten Funktion noch gar zur Inhaltsangabe des weiter gezogenen Objekts aus. Es wäre hier die schlimmste Ablenkung, wollte man wegen der Ähnlichkeit der beiden königlichen Wege auch das alte Ziel mit herübernehmen, wollte man also den insgesamt tönend geborenen Tag, den vordem nur für Geistesohren tönend geborenen Tag, das ungeheure innere Himmelsbild der Musik, die uralt geahnte Klanghaftigkeit der devachanischen Welt im Gegensatz zu der Farbenaura der bloß astralischen Welt — nun trotzdem mit den Gestaltungen des Astralmythos oder auch des noch halbastralischen Trinitätsmythos bevölkern. Sondern es kommt ein Anderes, Unnennbares, unsere geheime Herrlichkeit selber herauf; »doch gehen wir, ergraut ist schon die Welt, die Luft gekühlt, der Nebel fällt, am Abend schätzt man erst das Haus«; und nicht ohne allertiefsten Grund sind erst die Wirrnisse, die luziferischen und auch satanischen Zusammenstürze alles Oberen, die paradox verfinsterten Adventsnächte der Neuzeit zur Geburtsstätte der Musik geworden, zur Geburtsstätte unseres eigensten, geschichtlich innerlichen Weges als der Erlösung nicht nur vom Leib, sondern von jeder bloßen Pflicht und sozialen Definierbarkeit, als der Loslösung von jeder Naturschönheit und tragischen Sozialproblematik, als der Loslösung schließlich zu einer Ethik und Metaphysik der Innerlichkeit, die die Rettung und letzte Heimlichkeit der Welt sein wird.

Mithin: das Hellsehen ist längst erloschen. Sollte aber nicht ein Hellhören, ein neues Sehen von innen im Anzug sein, das nun, wo die sichtbare Welt zu unkräftig geworden ist, den Geist zu halten, die hörbare Welt, die Zuflucht des Lichts, den Primat des Entbrennens statt des bisherigen Primats des Schauens herbeiruft, wann immer die Stunde der Sprache in der Musik gekommen sein wird? Denn dieser Ort ist noch leer, er hallt in den metaphysischen Zusammenhängen nur erst dunkel wieder. Aber es wird eine Zeit kommen, wo der Ton spricht, ausspricht, wo Klang und Licht in das obere Ich hineingestellt werden, wo das, was Brangänen noch wie Hörnerschall klingt, Isolde im Schweigen der Nacht als Quell hört, wo die neuen Musiker den neuen Propheten vorhergehen werden: und so wollen wir den Primat eines sonst Unsagbaren der Musik anweisen, diesem Kern und Samen, diesem Wiederschein der bunten Sterbenacht und des ewigen Lebens, diesem Saatkorn zum inneren mystischen Meer des Ingesindes, diesem Jericho und ersten Wohnort des heiligen Landes. Wenn wir uns nennen könnten, käme unser Haupt, und die Musik ist eine einzige subjektive Theurgie. Sie bringt uns in die warme, tiefe, gotische Stube des Innern, die allein noch mitten in dem unklaren Dunkel leuchtet, ja aus der allein noch der Schein kommen kann, der das Wirrsal, die unfruchtbare Macht des bloßen Seienden, das rohe, verfolgungssüchtige Tappen der demiurgischen Blindheit, wenn nicht gar den Sarg des gottverlassenen Seins selber zuschanden zu machen und auseinander zu sprengen hat, da nicht den Toten, sondern den Lebendigen das Reich gepredigt wurde, und so eben diese unsere kaum gekannte, warme, tiefe, gotische Stube am jüngsten Morgen dasselbe wie das offenbare Himmelreich sein wird.

ÜBER DIE GEDANKENATMOSPHÄRE DIESER ZEIT.

Inhalt.

Noch hat sich nichts geschieden. Wir suchen nach den deutschen Menschen. Sie sind ausgiebig verschwunden, auch dort, wo man nicht rechenhaft wurde. Wir reden nicht vom Händler. Der ist abgetan, nicht tatsächlich natürlich, im Gegenteil, aber es hat keinen Zweck, gedanklich über ihn zu reden. Hier wächst nur die Faust und desto kräftiger von unten herauf, je kümmerlich schlauer und armselig geriebener sich der Kaufmann ausweitet.

Die Genießenden.

Aber darüber sieht es gemischt und sonderbar aus. Fast nichts kocht hier im eigenen Saft. Es ist schmerzlich zu sehen, wie weithin alle die freier gewordenen jungen Menschen versagen. Die Eltern drücken nicht mehr, die Schule drückt nicht mehr, man fühlt sich nicht mehr wie noch Hans Vockerat über die Stränge schlagen. Sondern das, was man eigentlich ist, erwachsen, die Träume früher Freundschaft, das sich selbst Geloben jenseits des verruchten Unsinns der Schule wartet darauf, erfüllt zu werden. Alles könnte ruhig kommen, man dürfte phantastisch sein nach Belieben, man könnte zum mindesten an den Sonntagen und auf dem Papier das va banque seiner Individualität spielen — und siehe, es ist nicht einmal ein ehrlicher Händedruck übrig geblieben. Der Krieg wird nur eine neue Ausrede für das, was auch ohne diese Störung seit Geschlechtern nicht mehr gelebt und geleistet wurde. Das Volk ist klanglos und seine geistigeren Menschen sind snobistisch und instinktlos geworden. So ist es der bleichste Mißwachs, der, wenn nicht regiert, so doch den ressentimenterfüllten Durchschnitt bildet. Sie wissen nicht, womit sie die Blöße ihrer melancholischen Leere verdecken sollen. So verzerren sie das Echte früher schon als es da ist, ein telepathischer Diebstahl. So greifen sie zum zweifarbigen Tuch von Innigkeit und Strenge, eine gefährliche Fälschung der Echtheit und karikaturistische Verzeichnung ihrer Wege. Denn auch wo man sie nirgends gerufen hat, setzen sich die Fliegen an den Tisch. Sie werden von dem gestärkt, das sie töten sollte, sie machen alles wieder gemütlich, besprechbar und phrasenhaft, was aktiv und Urerlebnis sein sollte, sie ermatten den Geist, dessen einzige Sendung es werden sollte, tätig zu sein, Tiefe zu proklamieren, sie reiten alles zu Tode, die Schwätzer und Industrieritter, die Waschzettelgrößen, Agenten und Literaturmacher dieser Zeit, mit dem gleichen schnellen, amüsiersüchtigen Verbrauch. Nichts ist vor ihnen sicher, vor Nietzsches koketten Wanzen, die so lange nach dem Unendlichen riechen, bis das Unendliche nach Wanzen riecht; und wie vor kurzem der Gedanke der Freiheit, so wird bald auch das Geheimnis der Gebundenheit ausgesogen sein, von der unüberbietbaren Trivialisierungskraft dieser Zeit.

Die Geheimlehrer.

Nur um wenige wird es jetzt schon eindeutig heller. Vielleicht gehören die Männer vom tätigen Geist dazu, so wenig sie auch vorerst selber tun und inhaltlich sind. Aber wir glauben an das, was in Marc brannte, und ahnen darin dasselbe Licht, das von Strindberg, anders noch von Mahler aus seherisch weiterbrennen wird.

Hier sind vor allem diejenigen zu zählen, die die religiöse Farbe der Zeit bestimmen. So zunächst Stephan George, ein gewaltiger Lyriker und dem, der an ihn glaubt, auch Priester. Es wäre oberflächlich, um ihn herum nur eitelstes Mittunwollen, Mittundürfen lebendig zu sehen. Denn dieses gilt nur für die zahlreichen streberischen oder affenhaften Naturen, die nirgends fehlen, wo es um heraushebende Klüngels geht, und die nirgends darüber entscheiden. Überall sonst hat der Georgekultus zweifellos vieles Gute unter die Jugend gebracht, Demut, verecundia, entsagenden, zeitfremden Sinn fürs Echte, Freude am schönen, am formvollen Gewachsensein, Ablehnung aller frechen Verständigkeit, die die Sprünge nicht ahnt, und der notwendigen Armseligkeit ihres Subjekts dahinter. Aber, und dieses ist entscheidend, das alles könnte auch ohne das Andere bestehen; denn es braucht das Tiefere, das aristokratisch Magierhafte minus Christentum, wie es der Georgegemeinschaft eigentümlich ist, nicht zu seiner Ableitung. Darum, wir wollen über das Innere schweigen, zumal da ja dem Geist des Georgekultus alles Proselytentum und aller Wille zur Disputierbarkeit völlig fernliegt, und nur von weiter her einbeziehend, indirekt, von den Früchten her erkennen: daß zwischen Gundolf und Dilthey nicht der Unterschied zu bestehen scheint, als ob Gundolf etwas völlig Unerreichbares außer eben der Lebendigkeit des gewaltigen Lyrikers begegnet wäre, und daß bessere Hölderlinausgaben oder bessere Literaturgeschichten noch nicht auf das Saatkorn deuten, aus dem ein anders großer Baum zu wachsen hätte, geschweige denn, daß sie dieses mystische Saatkorn zu ihrer Erzeugung notwendig hätten. Während es allerdings fühlbar werden kann, bei einem so kleinen Menschen wie dem französischen Theosophen Schuré, wenn er über Pythagoras schreibt, daß er aus einer anderen Quelle schöpft wie Zeller oder Windelband.

Es ist nicht zu leugnen, daß diese Quelle Steiner heißt.

Das ist freilich trübe und bedenklich genug. Ein armseliger Zeitungsschreiber, viel geschwätzig und viertels gebildet, hat hier Geheimes zu versenden. Fast alles ist dabei problematisch, Mensch wie Schrift, aber zuweilen macht gerade relativer Schmutz fruchtbar. So ist denn Steiner, der durch seine Anhänger, seinen Stil und den Bildungsgrad seiner Werke dreifach kompromittierte Mann, der Einzige in diesen Tagen, der das alte theosophische Erbgut wieder lebendig zu machen weiß. Es ist in ihm, wenn auch noch so getrübt, etwas Wesentliches verschlagen, und es gibt bei diesem sonst kaum erträglichen Mann einen Punkt, von dem aus gesehen alte, seit langem gebrochen und tot daliegende Verbindungen wieder aufzuleben und sich zusammenzufügen scheinen.

Nun ist es zunächst wichtig, das alles von dem eigentlich Wunderbaren möglichst fernzuhalten. Vieles wirkt hier ähnlich wie bei den tierischen Giften. Denn wir reagieren überwiegend auf solche Stoffe als giftig, die bei der ersten Bildung des Leibes nicht in seinen Kreislauf aufgenommen worden sind. Darum greifen sie später als zerstörende Fremdelemente in die Gewohnheit des organischen Zusammenhangs ein. Aber es erhellt, mindestens alle tierischen Gifte müßten unschädlich werden, wenn man den Leib vorübergehend aufheben und um diese Stoffe in einer neu zusammengeschlossenen Bildung vermehrt, wieder in Gang setzen könnte. Ebenso scheint es nun mit allen Tatsachen der Fernwirkung wie des Spiritismus und den meisten Lehrinhalten der Theosophie bestellt zu sein. Wenn es sicher beglaubigt wäre, daß es Wahrträume gibt, daß sich Sterbende telepathisch ankündigen können oder daß irgend ein Yogi das Wunder der Elevation vollbracht hat, dann wäre dies, so aktuell unerklärlich es auch sein mag, doch bei genügender prinzipieller Weite des Weltbilds nicht viel weniger rätselhaft als die Vorgänge bei der Befruchtung oder gar bei der Entstehung genialischer Gebilde. Das alles kommt für uns nur deshalb zu seiner alle Begreiflichkeit zerstörenden Bedeutung, weil wir seit Newton und Leibniz eine durchaus mit Auslassung dieser Bestandteile aufgebaute Weltanschauung besitzen. Dagegen würden wir ohne weiteres alle unteren, verstimmenden und phantasielos phantastischen Partien des »Okkultismus« verschwinden sehen, wenn wir die Wagen des Begriffs bis zu der Stelle wieder zurückfahren ließen, wo die Pakete der »jenseitigen« Tatbestände herausgefallen und liegen geblieben sind, um sie derart in die Erwartungszusammenhänge des ganzen Zuges aufzunehmen und ein gegen die fremden Elemente bereitwilliges Begriffsgebilde zu gestalten. Wir sind überzeugt, daß sich dann an dem ganzen prinzipiell diesseitigen Weltbild der einzelwissenschaftlichen Forschung, das ja sowieso schon in der Geschichte Sprunghaftes und Diskontinuierliches genug zulassen muß, nichts Wesentliches zu ändern brauchte. Das Grauen ist kein religiöser Zustand, und das Hereinragen gespenstischer oder auch »geistiger« Welten ist an sich noch kein moralisches oder metaphysisch sprengendes Paradox.

Freilich gibt es noch ein Anderes darin, wohl zu gebrauchen. Man darf dabei allerdings nicht vergessen, daß das alles nicht mehr ganz wahr ist, daß sich viele derartige Erscheinungen aus Zeiten her erhalten haben, die geistig fallen gelassen worden sind. Und ebenso, daß Steiner vielfach auslegt und nach seiner Bildung ergänzt, zurechtmacht, was er nicht »sieht« oder wenn er es sieht, nicht »versteht«. Es wäre jedoch verfehlt und unsachlich, wollte man nicht erkennen, daß hier zunächst und mindestens historisch außerordentlich wertvolle Aufschlüsse vorliegen. Nur durch die Mitteilungen der übrig gebliebenen, wenn auch kleinen Hellseher kann der Gespensterglauben, können alle die dunklen Berichte über Gebräuche der Vorwelt, über die jetzt noch bei sämtlichen primitiven Völkern gang und gäbene Zauberei heilkundiger oder prophetischer Art, über Hexenglauben und Magie erläutert werden. Wer darf sich rühmen, den Opfertrank, die Grabkammer der Pyramiden, die Sternbilder, den Tierkreis, die Erweckung des Lazarus, die Höllenfahrt Christi, das Tau des Kreuzes oder das I.N.R.I., das Igne Natura Renovatur Integra, ganz zu verstehen? Das ist alles ebenso fremd geworden, wie etwa die Verspottung der alten, kaum mehr nachfühlbaren und doch damals wahrhaft ungeheuren Streitfrage wohlfeil geworden ist, die ehemals das Konzil von Nikäa als der Kampf um das Jota in der Homousie oder Homoiusie Gottes bewegte. Es gibt keinen Religionshistoriker und ganz eigentlich auch keinen Theologen mehr, der trotz der neueren babylonischen und astralwissenschaftlich parallelisierenden Forschung die religiösen Symbole oder gar die Vorgänge bei den Mysterienkulten, die doch noch etwas anderes waren als bildliche Einführungskurse in die mathematische Geographie, adäquat in einer wie immer vergleichenden Esoterik begreifen könnte. Dazu tritt eine Erwägung, sachlich weitaus tiefer verpflichtend. Wir dürfen es uns freilich versagen, auf das hilflos schwerfällige Bemühen einzugehen, mit dem bei Steiner etwa eine Abfolge von je sieben Unterrassen innerhalb der sieben Wurzelrassen das Ganze der geschichtlichen Entwicklung einfassen soll. Es liegt hier ein Ähnliches vor wie dasjenige, was Kant an Swedenborg zugleich abstieß und doch zugleich wieder anzog, ja das ihm in seiner merkwürdigen, ironischen Bekenntnisschrift zu Swedenborg dessen Theosophie als einen so wichtigen Hilfsbegriff zur Lehre der praktischen Vernunft von dem Bürgertum zweier Welten erscheinen ließ. Man kann dieses etwa in Husserlscher Sprechweise derart formulieren, daß bei den Theosophen durchschnittlich sehr wenig gewußt, aber trotzdem maßlos viel »gesehen«, »gehört«, »gegeben« ist, und daß deshalb ebensowohl außerordentlich zahlreiche Meinungsakte unkultivierter Zufallsbildung und Zufallsauslegung vorliegen, die sich nicht »erfüllen« und so nutzlose, reflexive Kompliziertheit, wo nicht gar Charlatanerie bleiben, wie auf der anderen Seite wiederum eine große Anzahl möglicher »Materie« intentionaler Akte, die aber, obwohl sie gesehen ist, blind bleiben muß, sofern sie nie adäquat intendiert wurde, also niemals in den Fokus einer vorhergehenden, ihrer würdigen Erkenntnistheorie eingerückt ist. So bleibt denn auch hier schwer zu entscheiden, was unerträglicher an diesem trivialisierten Rosenkreuzertum erscheinen mag: der Seelendunst an Stelle des Pneumas, als ob man an einer sinnlichen Welt noch nicht genug hätte, also die ganze so völlig unreligiöse, sich szientifisch gebärdende Hineintreibung naturwissenschaftlicher Methoden in die oberen Geheimnisse zwecks Erzeugung eines versetzten Materialismus höherer Ordnung (und dies mitten im Zeitalter der reflexiven Physik und der historischen Selbstbesinnung); oder aber die wahrhaft gymnasiale Pedanterie, mit der sich das Einzelleben wie der Weltprozeß zu einem abzuarbeitenden, fest vorgeschriebenen Pensum verwandeln, dessen Ziele zudem trotz aller »geisteswissenschaftlichen« und letzthin auch rein anthroposophischen Methodik immer noch von naturphilosophischen Kategorien umspielt, wenn nicht diktiert sind. Aber wie dem auch immer sei, schmiegt sich nicht allein schon im Märchen eine lebendige Spur in alles spekulativ gesinnte Denken herauf? Haben nicht die Gesichte der ägyptischen Priester die Arbeit aller großen griechischen Philosophen begleitet, ja sagt nicht Aristoteles selber, der den Sprung vom einzelwissenschaftlich klassifizierenden zum bildhaften, ontologisch schöpferischen Denken aufs Genaueste verzeichnen konnte, daß ein Freund der Weisheit auch jederzeit ein Liebhaber der Sagen und Märchen sein müsse? Darum scheint es immerhin von Nutzen zu sein, die besseren Bestandteile der neu erwachten Geheimlehre, unter Absehung ihrer zufälligen minderwertigen Aktualisierung, vor allem aber unter Berücksichtigung der gänzlich veränderten Organe des nicht mehr empfangend gebliebenen, sondern schöpferisch selbst offenbarend gewordenen Eingedenkens und des vollkommen veränderten Status der Götterwelt ernsthaft zu rezipieren. Und zwar vor allem den ethisch unumgänglichen Gedanken der Seelenwanderung, vielleicht auch Einzelnes aus dem eindrucksvollen Lehrbegriff der Akashachronik als dem Blick auf die auf- und niedersteigenden, das heißt sich verkörpernden und entkörpernden Himmelskräfte, die sich die goldenen Eimer reichen, und die damit die letzthin so unbegreifliche Bewegung der irdischen Erscheinungen und Kausalitäten aufs Glücklichste nach obenhin in einer ruhelos eintretenden und austretenden metaphysischen Impulsreihe begründen. Es geht für einen Verstand, der auf das sittlich und theoretisch Unbedingte drängt, derart freischwebend in allen diesen letzten Fragen zu, daß die Fragestellungen und Lösungsfragmente der wahrhaft metaphysisch gegenständlichen Theosophie endlich eingeholt und überholt werden sollten. Was wir jetzt besitzen, ist bestenfalls das gläubige Erlebnis, jenes innere Licht, das mit Recht als die ärgste aller Beleuchtungsarten bezeichnet wurde, und seine Inhalte mußten zwischen den Domen als der ästhetischen und der rein konstruktiven Dogmatik als der philosophischen Werksphäre ihr stets nur uneigentliches Unterkommen suchen. Sobald wir jedoch die geläuterte Geheimwissenschaft besitzen, tritt zu dem religiösen Erlebnis der in ihm von vornherein angelegte Ort hinzu, zwar nicht als ein Feld, in dem nun alles befriedet und objektiviert wäre, denn erst die Apokalypse ist das eigentlich adäquate religiöse »Werk«, aber doch als das Feld jener unabgelenkten, das heißt nicht mehr konstruktiven, sondern bildhaften, ontologischen Demonstrierbarkeit, die uns wenigstens den schützenden Raum vor allen falschen, an diesem Ort ungültigen, aus fremden Sphären stammenden Rationalitäten garantiert. Daß uns vieles daran eben nur »bildhaft« oder gar in alten Mythen spielend erscheint, bedeutet keinen historischen Analogiegebrauch, sondern stammt daher, daß im modernen Sinn das Bildhafte zurückgesunken ist und dann vor allem aus dem weniger wesentlichen Schwächegrund, daß den Meisten das Ontologische nur noch die völlig reflexive Erinnerung an alte Mythen hervorzurufen pflegt.

Die modernen Philosophen.

Es lohnt hier nicht, von den Kleinen zu sprechen. Sie haben ihr Brot und ihr Amt und sonst nichts, freilich nicht immer zur Freude der auf sie angewiesenen Jugend.

Denn eines daran ist klar. Daß nämlich die Sorge nichts oder fast nichts von jenen lernen kann, die gegenwärtig auf den öffentlichen Stühlen das Denken lehren. Hier mag die Enttäuschung nach allzu frühem Liebesgenuß viel Ähnlichkeit mit dem Erstaunen haben: also so sieht ein Philosoph aus, das also ist die alte Liebe zur Weisheit, aus der Nähe und in Funktion gesehen?

Die Versuchsleiter.

Und solches nicht nur, weil hier unten allmählich zu viele Farbenkreisel laufen. Gewiß, die beliebigste Aussage wird durch diese verpflichtend, wenn sie nur in einer Dunkelkammer geschieht. Der eiligste Querschnitt durch zwanzig Dummköpfe kann hier die Selbstbeobachtung eines ganzen Lebens belehren und korrigieren. Würde dasselbe am abendlichen Biertisch gesagt werden, so möchte kein Hahn nach den jungen Füchsen krähen, und der entsprechende Professor müßte nachsichtig blinzeln: wichtig wird das alles erst, wenn es auf Anfrage in einem Raum des psychologischen Instituts geschieht, als ob sich dadurch die Versuchsperson von dem, was sie meint, gehört und gelesen hat und das schon in das einfachste Konstatieren ihrer Aussage hineinspielt, befreien und zum objektiv reagierenden Seeigelei übergehen könnte. Desto schlimmer, wenn der Generalnenner solchen Laientums auch nach oben hin übergreift und wertbetonte Vorgänge bestimmen will, als experimentelle Ästhetik und ähnliches auf Tabellen aufgezogenes Zeug. Die Fünftelsekundenuhr, sagt Weidenbach, ist die Guillotine des Begriffs; oder was hat die Psychologie anderes mit der Philosophie zu schaffen, als daß sie ihre Lehrstühle besetzt? Indem sie das freilich tut, werden die philosophischen Kollegs für das allgemeine geistige Bewußtsein allmählich so gleichgültig und von dem Philosophieren genau so abgeschieden werden wie die Gymnasiallektüre von den großen Dichtern. Was also die Denker der Rußmethode außerdem, im Nebenfach, zwischen Gemüse und Rindfleisch, an Philosophie gezeugt haben, ist abscheulich. Es gibt nur wenige bessere ältere Männer in diesem subalternen Kreis; so der scharfsinnige Stumpf, und dann jene langsam aussterbenden enzyklopädischen Köpfe, wie Külpe, dessen erkenntnistheoretische Untersuchungen, so unphilosophisch hier auch alles gesinnt ist, doch aus einem weit gediegeneren Zwang als dem der akademischen Notposition stammen, zuletzt auch Wilhelm Wundt, der freilich, da er so lange lebte, zu einem Lexikon geworden ist, in dem alles steht, also unter dem Buchstaben P auch Philosophie; indes bei diesen allen doch das Philosophieren in eine schmachvolle Zwangslage geraten ist, die irgendwann einmal ihr ehrliches Ende nehmen muß. Hier also ist der Zusammenbruch offenbar. Auch wenn sie weniger windig und besser fundiert wäre, ja gerade dann erst recht, hätte die experimentelle Psychologie ihren allein rechtmäßigen Platz in der ersten Sektion der philosophischen Fakultät, als ein vorklinischer Prüfungsgegenstand neben den anderen naturwissenschaftlichen Fächern. Zu mehr reicht sie nicht aus, wenn anders Münsterberg, der klügste und gerade erkenntnistheoretisch genaueste unter den Psychologen, recht behält, daß nicht die geteilt beobachtende, sondern nur die andere, fügsame, grundsätzlich unanalytische Psychologie der Stellungnahme, jenseits des kausalen Begriffsgitters, für Lehrer, Historiker und Richter nützlich werden kann. Es geht zwar die Rede, daß das Tabellenschreiben unter dem unklaren Zustand nicht weniger leide als die Philosophie, aber die Experimentatoren wissen nichts von den philosophischen Leiden, und so bleibt das Eine sicher, gemäß dem durchschnittlichen Ausgang beim Zusammenstoß des Alltäglichen mit dem Ungemeinen, auch der willigsten Mediokrität Verschlossenen, daß ausschließlich die Philosophie die Kosten dieses Duumvirats mit nur einem Mann zu tragen hat.

Die Werttheoretiker.

Aber nun, mag sich das, was die reinen Philosophen unterdes produziert haben, allzu sehr davon unterscheiden? Man kann auch hier sehr lange unbelohnt herumsuchen. Man könnte nicht minder weit genug ohne jeden Erfolg zurückblättern. Denn schon seit achtzig Jahre sind auch diese Männer mit dem geistigen Niedergang beschäftigt. Wir beschränken uns auf die letzten Jahre, die freilich gleichfalls bald genug vergessen sein werden. Dann muß man sich allerdings fragen, wie können auch diese Menschen bestehen, ohne selber an dem kümmerlichen Spaß ihres Treibens Ekel zu empfinden. Es sind die Blinden, die von Farbe sprechen, und ihr Sprechen ist danach, bei den Jungen noch mehr wie bei den Alten. Auch diese Männer können sich nur deshalb von dem Ausruf des alten Moor: »Gott sei mir armem Sünder gnädig!« dispensiert fühlen, weil sie überhaupt nicht mehr wissen, wie die echten, die legitimen Kinder aussehen. Wenn es schon immer so war, daß sich das graueste, traurigste, durchschnittlichste Alltagsdenken nach Erlernen einiger Fachsprache disziplinenhaft herauszuputzen wagte, so steht man in diesen Tagen, nachdem schon so lange die gewaltige Gegenwart eines echten Philosophen verschwunden ist, vor der Tatsache, daß sogar das ganz allgemeine Bewußtsein darum, was Philosophie eigentlich sei, also die einfache phänomenologische Intuition des Wesens Philosophie verloren gegangen ist. Es mehren sich die lieben Schüler, die nichts waren, bevor sie nicht ins philosophische Seminar kamen, und die nun wunder wie scientifisch zu sein glauben, wenn sie auch nachher nichts können, als was sie im Seminar gelernt haben. Und daraus eben entnehmen die jungen, das heißt gar nicht mehr so jungen, sondern prinzipiell unerwachsenen Durchschnittsdozenten den Mut zu dieser ihrer langweiligen Mühe und Schuljungenexaktheit, in der alles bloß ihnen Schwerfallende zum endlosen Schriftsatz wird, während die wahrhaften Schwierigkeiten jenseits der Privatprobleme ihrer Begabung überhaupt nicht geahnt werden. Zwar haben auch die bedeutenderen Freier längst schon den Bogen des Odysseus weggestellt. Sie haben es sich einfacher gemacht, legerer, wie man zu sagen pflegt, und glauben, daß ihnen so der Schuß gelingen möchte, die Kleinen und die Großen, Lask, Simmel, Rickert, ja selbst Husserl, wie ist das alles Hekuba, wo es um Metaphysisches geht! Lask, ein ahnender Mann, aber den großen Fragen im engsten Rahmen zugewendet. Simmel, der feinste Kopf unter den Gegenwärtigen, aber darüber hinaus völlig leer, ein zielloser Mann, der alles will, nur nicht die Wahrheit, ein Sammler seiner vielen Standpunkte um die Wahrheit herum, ohne sie jemals besitzen zu wollen und zu können, kurz abbrennend und nur von Fall zu Fall, zumeist nichts als geistreich, nichts als stets wiederholter methodischer Schaum und Eiertanz und darum rasch zur Langeweile umschlagend, kokett, ohne jemals Farbe zu bekennen, und im ganzen durchwegs außer Willens, außer Stande, die Sensibilität seiner Methodologie, seiner darum herum gehenden Methodologie jemals in die Sache selbst als der breit, zusammenhangsreich begriffenen Objektivität einzusetzen; ein sich überall hinein- und auch wieder herauswindender Psychologe, dem man zu viel Härte des Begriffs antut, wenn man ihn als prinzipiellen Relativisten bezeichnet. Dagegen ist nicht zu leugnen, daß Simmel, gerade in seiner Anschmiegung und versuchten Lebensnähe, nervösen Seelennähe — den Lichtern seiner Untugenden — dem Gedanken eine Fügsamkeit und Temperaturerhöhung verliehen hat, die, wenn sie nur aus den Händen der geborenen Kernlosigkeit genommen wird, der Philosophie allerdings große und gegen Simmels Feinheit wohlverpflichtende Dienste zu leisten imstande ist. Gegen ihn gehalten, ist Husserl ein sehr viel ärmerer Denker, trocken und um seine Scheidungen doch nur der Entscheidung zuliebe bemüht. Aber so brauchbar im Einzelnen auch manche Begriffsbildungen Riehls, vor allem auch des scharfsinnigen Rikkert, und Cohens des Denkers aus dem achtzehnten Jahrhundert, sein mögen, so ist Husserl doch, außer Lask, der Einzige der Zeit, der wirklich selbständig gearbeitet hat, und der von dem bescheidenen, mühevollsten Gebiet der Bedeutungsanalyse aus an die großen, nicht nur historisch nahegelegten Probleme sachlich herangetreten ist; so klein sich auch noch die ganze Husserlsche Welt darstellt und sosehr vieles anderes, sogar ganz heterogenes Wasser noch diesen Fluß hinunterfließen muß, bevor sich die Bedeutungsanalyse aus einer klärenden Terminologieanlage nur halbwegs zur Schelerschen Philosophie erweitert. Was im Übrigen vor vierzig Jahren die Freude war, daß man nun Ferien habe und vom Überdenken tiefer Dinge neukantianisch dispensiert sei, das ist allmählich, gemäß dem Umschwung der Zeit, in der es ja aus allen Ecken und Enden symbolisch zu wehen beginnt, in der jeder Salon die Teetasse für den Messias bereit hält und es manchem zu passieren scheint, der Messias zu sein — zur Pseudomystik geworden, zum gehaltlosen Schönschreibenwollen über Leben, Vollendung, Werterzeuger, Wertdeduktionen Religionsphilosophie, Metaphysik und ähnliche Dinge, von denen die verlegenen Meister des Interregnums auch nicht die leiseste Spur in sich vorfinden würden, wenn es nicht die sie untereinander stützende Wirtschaft der schätzbaren Beiträge: das Paternoster als Aufzug, Bethlehem als Munitionsfabrik, den Logos als Lesezirkel, und vorher keine Geschichte der Philosophie gegeben hätte. Es nützt hier selbstverständlich wenig, spekulativ »fortzuschreiten«. Daß einer einmal weit aufs Eis hinausfuhr, heißt nicht, daß ihm alle anderen wieder folgen können, auch wenn sie, die Gelernten, die ewig seßhaft Geborenen noch so heftig an seinen Berichten herumkorrigieren; und nur der selber Ausschweifende, Exzentrische, Produktive kann sehen, an einem Lagerpflock, an einer unbeschriebenen Feuerstelle, wie weit der Vorfahre gekommen und der Pol entdeckt worden ist. Wenn schon die ältere Generation fast unlösbar mit allen Fragestellungen und Denkmöglichkeiten im Neukantianismus verstrickt blieb, so wird es hier noch hoffnungsloser, seine unerheblichen Gedanken an Hegels feurigem Begriffswesen aufwärmen zu wollen und derart die philosophische Renaissance vom sogenannten Neuhegelianismus zu erwarten. War es Notwendigkeit, kantianisch zu werden, so ist es Untergang zu Hegel zurückzukehren, zu dem vernichtenden Glanz dieses fertigen, jeder Subalternität abwinkenden, und so wie es ist, keiner Weiterarbeit bedürftigen Werks, das so völlig im Gegensatz zur Kantischen Philosophie seinen Leib nicht begraben lassen kann, ohne daß auch der Geist damit verloren geht. Darum insgesamt: wie ist es möglich, daß erwachsene, sittlich gefestigte Männer, Lehrer, die sich über ihre Begabung längst im Klaren sein könnten und was sie ihnen erlaubt, nicht nur, wie es wohl noch denkbar wäre, Methodenlehre traktieren, obgleich auch hier die metaphysische Gesamtanschauung alles ist, sondern an das Ungeheure gehen, aus bloßer Erkenntnistheorie heraus Mystik, negative Theologie, korrigierten Neuplatonismus, Geltungsmetaphysik zu probieren, im gleichen Raum des Gedankens, wo bereits Symposion, Ethica, Kritik der Urteilskraft stehen? Wenn schon künstlerisch nur das Genie vorkommen darf, so kann das Talent in der Philosophie erst recht nicht mehr als bloßes Dirigieren, bloße Exegese des Geniewerks bedeuten, ja sogar noch weniger als in der Kunst, da in dieser auch das Eigenartige, nichts zutiefst Betreffende ein gewisses Recht, das Recht innerhalb der anderen virtuellen Bilder haben kann, während die Leistungen der Genialität in der Philosophie seit Kant fortschreitende konstitutive Schöpfungsakte sind, in denen die Welt mit dem Feuer übergossen wird, das hinter der Welt ist oder angezündet werden soll, und das sich nur aus Personen, aber nicht aus dem zweiten Rokoko historischer Lösungsfragmente ernähren kann.

Dazu nun sind wir seit kurzem weit weniger spröde geworden. Man bemerkt vieles, das vordem nicht auffiel und schmiegt sich näher in jenes Bunte ein, das um uns lebt und gleitet. Zu diesem ist nun das Erlebnis selber als Gedanke hinzugetreten, als Bergsonscher Gedanke. Man kann sich denkend in alles mitten hinein versetzen, und der Lebemann wie der amerikanische Mensch scheinen, indem ihre Beweglichkeit rezipiert wurde, überholt und von dem Gelehrten im eigenen Feld geschlagen.

Nun rauschen mit einem Male nie vereinte Dinge zusammen. Daß Stendhal noch zwischen Frau und Buch wählen ließ, hat im neuen Denken keinen Sinn mehr, denn der stärkere élan vital liegt gerade im Begriff, freilich in einer völlig veränderten Art des Begriffs. Bergson sieht noch in dem Vergehen eines Stück Zuckers das Leben und wieviel mehr erst in den glänzenden, atemraubenden, namenlosen Aufschwüngen, die gerade dem Verstand entgehen oder unter dem Ballast seiner Begriffe ersticken müssen. So wird hier das sich Versetzen in den Fluß und der intuitive Blick verkündigt, die alten Konfektionskleider der Begriffe und Symbole werden weggeworfen, und die Skepsis ist zum ersten Male aus Überschwang und nicht aus Not und Müdigkeit mystisch geworden.

Das sich hinein Versetzen besitzt jedoch bei Bergson einen doppelten und zirkelartigen Sinn. Es ist einmal jenes beständige Wallen und Fluten von instinktiven Kenntnissen, die sich aus dem Mienenspiel, aus den Gesten, dem Gesang, der Klangfarbe, dem Tonfall und aus der vor allem weiblich entwickelten Fähigkeit der blitzschnell erschließenden, auf das Ganze gehenden Antipathie oder Sympathie gewinnen lassen. Das ist ein Zustand, der gerade auf der Schwelle zwischen dem Unterbewußtsein und dem geteilteren, wachen Bewußtsein liegt. Wenn bisher schon die Türe zwischen beiden nur lose angelehnt war, so sucht sie Bergson ganz zu öffnen, damit uns diese selber noch im Leben versunkenen Kräfte zugleich das packendste Wissen von dem schöpferischen Zug in der Welt vermitteln. Sobald wir die triebmäßigen Bewußtseinsformen mit dem Verstand verschmelzen, werden wir ein Bewußtsein gewinnen, weit wie das Leben selbst und fähig durch jähe Rückwendung gegen den Lebensvorstoß, den élan vital, den es hinter sich fühlt, von ihm eine, wenn auch nur dämmernde Totalvision zu erlangen. Damit wird also ein ziemlich wirres Ineinander von Trieben und Instinkten, von Unruhe, Unordnung und offen bleibendem Wissen in dieser Intuition des ersten, sozusagen psychologisch methodischen Sinns verkündet und in das intuitiv durchleuchtete Medium des Intellekts eingeführt. Es ist ein reines Anschauen. Nun wäre freilich anzunehmen, daß das innige Achten auf das, was ist, überall den gleichen Fluß antreffen müßte. Auch Husserl ist auf ein bloßes sich hinein Versetzen tieferer Art zurückgegangen. Er hat ebenfalls alle theoriehaften Gitter durchbrochen, um statt dessen von dem freigewordenen Erlebnis der äußeren und inneren Wahrnehmung her, aus der kategorialen Anschauung, aus der rein deskriptiven oder phänomenologischen Wesensschau die Gestalten dieses Geistes zu verdeutlichen. Aber was Husserl dabei fand, war überraschenderweise nicht Bewegung und der Fluß einer absoluten Dauer. Es zeigte sich vielmehr, daß das Mittel des sich zur Evidenz Bringens überall eine feste Reihe von theoretischen Formen und eidetischen Beziehungen, Sachgehalten und Beständen zum Vorschein brachte. Husserl hätte jedoch trotz des Hintreibens unseres Bewußtseins auf diese Formen unmöglich ihre Gegebenheit finden können, wenn er nicht bereits von vornherein und malgré lui die Inhalte der reinen Logik nachkonstruktiv von einer festen, vor allem mathematischen, aber außerdeskriptiven, konstruktiv gefügten Gegebenheit her besessen hätte. So ist es nun auch bei Bergson, es ist etwas nachkonstruktiv vorausgesetzt, aber ein Anderes als bei Husserl, und dieses löst den sonst unverständlichen Widerspruch in den Ergebnissen der gleichen Methode, die selber weder das Eine noch das Andere der Lehrinhalte hätte finden lassen. Denn mit der bloßen Intuition des ersten, überwiegend nachträglichen und rezeptiven Sinns hätte nur Jakobis matte Glaubensphilosophie entstehen können. Und ist es nicht im höchsten Grade lehrreich, daß Husserl dort zur Ruhe gelangt, wo Bergson vermittelst des nämlichen, wenn auch unvergleichlich breiteren Sichversenkens den thrakischen Taumel des Lebens erblickt? Wie Husserl die ökonomische Begründung ablehnt, um für die echte Form ganz konstitutiv sein zu können, so nimmt zwar Bergson scheinbar Duhem, Poincaré, Mach und die pragmatistischen Grundsätze an, aber gleichfalls nur, um dadurch um so stärker die reflexiv bleibenden Hilfsbegriffe, ökonomischen Modelle und Symbole der falschen Form abzulehnen und für die echte Form des Prozesses konstitutiv sein zu können. Wie Husserl weiterhin seine Ergebnisse aus dem wechselseitigen Einfluß von treibender Phänomenologie und nachkonstruktiv verwendeter Axiomatik gewinnt, so ordnet Bergson, und dies ergibt die verschwiegene Intuition des zweiten, sozusagen systembildend methodischen, halb geschichtlichen, halb biologisch-mystischen Sinns, die ganze an sich richtungslose Breite seiner Erlebniswirklichkeit nach der leitenden Fragestellung und der in ihrer historischen Endlosigkeit verbleibenden Hypothesis einer Geschichtsphilosophie der organischen Natur.

Nun entzündet sich dieses Denken allerdings schon an dem bloßen amorphen Fließen der Augenblicke. Aber zunächst, haben wir selber nichts mitbekommen, um mehr zu sein? Sind wir mit unseren aufbauenden Kräften nicht lebendiger als das Leben? An uns allein ist es, zu raten, zu befehlen, zu entscheiden, was an Neuem kommen soll. So geht es hinaus, zur Tat, zum Handeln, zur verachteten Maschine, zum Vergewaltigen des Lebens, damit es Leben sei. Es ist vergebens, hier den demütigen Blick vor dem draußen so überreich Gegebenen herauszukramen. Es ist schädlich und gefährlich, diese alte, ehemals hochgeartete griechische, vielleicht auch gotische Haltung während des Sturms und der Gottleere dieser Tage erneuern zu wollen. Wir haben das Band verloren, furchtbarer als es Scheler und den anderen sich schikkenden Lebemännern hinter Bergson jemals zu Bewußtsein kam, und nur mitten durch die besserwissenwollenden, revolutionär, utopisch organisatorischen Energien hindurch ist der Anschluß wieder zu fassen. Es nützt nichts, sich so zu verstellen, gönnend, liebreich partout, betrachterisch vornehm, mit Demut, Ehrfurcht und der Gebärde einer phänomenologischen Gottesruhe, als ob alles noch so wäre wie einst, als ob uns nicht Fichte, der höchst Bewegte, der selbst aus Gott das Sein austrieb, unendlich viel antibourgeoiser, dem Propheten und seiner irrationalen Energie verwandter erschiene denn alle diese behaglichen Mystiker zusammen genommen, wie sie sich von den Renten der ihnen gewordenen, ihnen genügenden Welt ernähren. Wir stehen fremd zu den »freien« und bedürfnislosen, religiös unbegabten Menschen, aber wir werden gequält vom Anblick der Frommen aus dürftigster Gewohnheit, die nie das Brennen gekannt haben, und es wird – nicht weil sie uns zu viel wären, sondern weil sie uns zu wenig sind – zum Bruderstreit, zum erbitterten, versöhnungslosen Kampf, der hier gegen die eitlen, zurückblätternden, falschen Mystiker und Panlogistiker des Neukatholizismus und seiner Unterschlagung der Priesterkraft, der Zitation auszutragen ist. Nur durch die Tat und ihre Unruhe geht der Weg zur neuen, echten Innerlichkeit und nur durch die weiteste utopische Einstellung dieser Innerlichkeit kann an der Sphäre jener Gnadenwirkung gesogen werden, die nicht mehr nur von Gott zu geben ist. Wer sie herzlicher zu haben glaubt, die Gnade, wer die neue, ganz andersartige Unseligkeit, wie sie Dostojewski und Strindberg zeigen, mit dem common sense-distinguo der alten Beichtbücher oder auch mit den erloschenen Spekulationen der Neuscholastiker zu analysieren oder gar zu beantworten sucht, der verlegt den neuen, sich leise von Rußland her einbildenden Ethisierungsweisen die empfindlichsten Wege und verhindert derart, mitten in diesen qualvollen Adventsnächten, die Reichszeit als das letzte Zeitalter der Offenbarung zu kommen. Sie haben keinen Gott mehr, diese wahllos umarmenden Lebensfreunde und arkadisch kopierenden Männer, oder vielmehr: Gott liebt einen einzigen ehrlichen Atheisten, der weiß, was das heißt, mehr als Tausende dieser Frommen. So bleibt das alles irgendwie bei dem bloßen kruden Lebendigsein ohne unsere Manneshand darin stehen. Wenn aber der Weg zur inneren Freiheit gesucht wird, so liegt es bei Bergson lediglich an der ungenügenden Durchbildung seiner Methode, daß er die Maschine und prinzipiell auch das Recht als geschichtliche Umformungsmächte ablehnt. Er denkt hier inkonsequenterweise nicht in der Verlängerungslinie des organischen Lebens, das gerade in den Erweiterungen des menschlichen Aktionsradius seine höchsten Triumphe und Intensitäten findet. Darum ist auch das pragmatistische Erbe schlecht angetreten, sofern Bergson in dem hinreißenden Tempo der Maschinen oder in den Phänomenen der Großstadt und des alles umformenden, sprunghaft ernennenden und fast schon einer

Wiedergeburt vergleichbaren Gedankens der Rechts- und Gesellschaftsordnung nur Äußerlichkeit oder allzu inhaltliches Schema sieht und nicht jene weithin beeinflussende menschliche Kraft, die in diesen Vehikeln und Apparaten nur die weitere Ausbreitung und die fruchtbare Bindung ihrer Gehalte betreibt. So gerät Bergson, was er biologisch vermieden hat, gerade moralisch, wo der Dreifuß seines allertiefsten Grundes stehen könnte, ins Schwärmen und in eine völlige substanzfremde Beziehungslosigkeit. Man könnte sich denken, wie hier die stets sich neu ergießende und gütige Seele gegen den starren, grundsatzmäßigen Charakter ausgespielt würde; wie hier die großen, gänzlich freien und schöpferischen Augenblicke des Beisichseins, ja sogar die an zahllosen Wendungen und Erneuerungen reiche Autonomie der sich selbst setzenden individuellen Einheit jedes Lebens gegen die Armut inhaltlich fixierter Machtgebote gepredigt würde. Jedoch gerade das selbstzerstörerische Glücksspiel des Flusses kann nichts Sittliches beweisen oder garantieren: und wenn schon Kant wegen der fehlenden Deduktion des obersten Prinzips der Moralität ins Leere und Undeutliche gerät, so muß der Haß gegen alle Entspannungen, capita mortua und automatisch gewordene Ableitungen dort erst recht unkräftig bleiben, wo die nicht im mindesten hypothetische Strenge der Kantischen Ethik und ihres zwar überinhaltlichen, aber auch überhistorischen Prinzips fehlt. Sodann aber, endgültig genommen, was soll das Achtgeben auf das Vergehen eines Stücks Zucker mit dem Leben zu tun haben? Muß nicht jedem glühenden Menschen der Zeitablauf auch in der höchsten Beschleunigung als etwas Unerträgliches und Stockendes erscheinen? Ist es nicht so, daß gerade die reißendste Bewegung die Zeit und ihr Leben tötet und ihren Ablauf feindlich und widersinnig macht, ja fast zum Stillstand, zum einfachen Nebeneinanderrücken zweier Orte zu verwandeln strebt? Wer lange wartet und nun plötzlich von dem Trommelwirbel in der Ferne, von dem raschen Näherkommen der Musik, von dem Auftauchen der Fahnen und Feldzeichen erschüttert wird, dem kann das Anschwellen und der zeitliche Verlauf nichts als Mittel sein und nur insofern die Reize einer ungewollten Regie enthüllen, als hier ein großes Ereignis im Anmarsch ist, das die lange Zeit des Wartens durch den Blitz der Erfüllung sprengt. Nichts ist matter als auf jede beliebige Koketterie des Lebens einzugehen und nichts liegt gerade dem feurigen, affektvollen, zielhaften Menschen näher, als den zunächst grundlosen Elan endlich zum Stillstand, zur Farbe und zur Konfession zu zwingen. Man soll nicht jenem horazischen Bauer gleichen, der vergebens darauf wartet, daß der Fluß endlich einmal abfließt, und man soll nicht vor den Türen der mehr oder minder großen Augenblicke wie vor einer Theaterkasse antechambrieren, statt die Zeit in jeder Sphäre zu überholen und den Mangel an Entelechie zu füllen. Das völlige Mitgehen, das Raten und Suchen nach dem Ziel, das Gehen um anzukommen, das tätige und helfende Mitbewegtsein vertieft sich so gut und noch besser wie die Intuition in den Fluß, die Dauer und das Wagnis des Prozesses; aber es nimmt ihm die Eitelkeit auf seinen unabgeschlossenen Affektcharakter, auf seine ziellose Apotheose der Unordnung und führt letzten Endes in eine andere Tiefe des Lebens, des gestalteten, gebauten, beherrschten, zur Entscheidung kommandierten, von dem Rationalismus des Irrationalen durchstrahlten Lebens, als sie das bloße Bergsonsche Beteuern und stets antithetische Ausspielen gegen den Begriff, die Automatie und Materie gewinnt. Man kann einen Fluß nicht einmal denken, ohne die Mündung mit zu meinen. Indem aber Bergson das Leben überhaupt nicht anders als polemisch zum Toten erläutert (Kant brauchte sich nicht stets mit Wolff zu konfrontieren, um an diesem Negativen zu zeigen, was Kritizismus sei), bleibt Bergsons Lebensbegriff mannigfach in einer schwankenden Mischung zwischen der bloßen Erlebniswirklichkeit einerseits und der Mystik des Organischen andererseits befangen: zwischen jenem Leben also, worin Sämtliches durcheinander und nie zu Ende geht, als dem bloßen amorphen Fließen der Augenblicke und alleinigen Problem zu einer Erkenntnis – und jenem Anderen, enger, präziser Leben benannt, das aus dem bloßen aktuellen Querschnitt der Erlebniswirklichkeit bereits als der Genius und Leitgedanke einer organischen Sphäre herausgearbeitet worden ist. Sofern es sich aber in diesem letzteren bewegt, herrscht bei Bergson schließlich allein die schlechte Freude an dem leeren, in sich weglosen Akt des Schaffens, des göttlichen unter sich Schaffens, wie es, eben gemäß der zweiten, wesentlich naturphilosophischen Hypothesis der Bergsonschen Intuition, in den niedrig sprunghaften Gebilden der gärenden Natur erkennbar ist. Das ist der merkwürdige Fall eines genau wiederholten Schopenhauerianismus mit den reflexiven Gehirnfunktionen und dem Ding an sich: ebenfalls als solches erlebt im eigenen Blut, ja sogar hineingetrieben in Zeit und Geschichte, aber trotzdem bejaht durch eine Philosophie, die kein Leid, keine Kraft, keine Menschentiefe und derart auch keine konstitutiven Gehirnfunktionen über dem Willen zum Leben kennt und anerkennt.

Husserl und Hartmann.

Dagegen gehalten ist Hartmann gewiß nicht seelischer, aber schärfer, uninteressanter, gründlicher als Denker, und zudem spielt bei ihm ein tieferer Schopenhauer mit herein. — Auch hier kehrt ein sonderbares Beschreiben wieder. So wird uns zunächst auch Husserl von neuem mannigfach verwandt nahegelegt. Freilich zeigt sich bei der phänomenologischen Analyse ein vielfaches und unter sich nicht ganz vereinbares Tun am Werk. Das Beschreiben, das Verdeutlichen, das wesensmäßige Aufzeigen des Gegebenen und zuletzt das anamnetische Eingedenken werden durchaus nicht deutlich als die verschiedenen Unterströmungen und Methoden der Phänomenologie auseinandergehalten. Sie haben ihre Richtigkeit, jedes an seinem Orte und in reinlicher Trennung eben des Pedantischen und Ekstatischen. Man weiß besser seitdem, was Meinen und Denken ist, als es neukritisch möglich war, wo es sich erst rückschließend aus seinen Früchten erkennen ließ, die begrenzt und zufällig genug sein können. Weiter, aus dem außerordentlich fruchtbaren Brentano-Husserlschen Gegensatz zwischen Aktverdeutlichung und Gegenstandsverdeutlichung läßt sich ein vollkommen neues Bild der Psychologie gewinnen, zum Beispiel: »Grün-Empfindung«, »Gewinn-Streben«, also noch über die Stumpfsche Unterscheidung von Erscheinungen und Funktionen hinaus, wobei wahrscheinlich nur die einzelne Farbgebung, also der spezifische Aktvorgang psychologisch bleiben wird, während die davon freilich durchgehends gefärbte, determinierte Reihe möglicher psychologischer Gegenstände einer allgemeinen Gegenstandstheorie oder, wenn man den Nutzen dieser uferlosen Versammelbarkeit nicht einsieht, den einzelnen Wissenschaftskomplexen zufallen wird. Drittens, und das ist, verständig, formal angewendet, einer der Hauptgewinne phänomenologischer Methode, es wird möglich sein, daß sich scharfsinnige und mit sonst nichts beschwerte Forscher insoweit höchst nützlich betätigen können, als sie die ganze begriffliche Sprache auf ihr Meinen hin durchmustern, um uns alle Bedeutungen, sowohl die der sinnlich dingmäßigen als vor allem die der gedanklichen Bänder, der Gegenstände höherer Ordnung, in einer reinen, phänomenologischen Logik klar zu legen. Nur darf das nicht gepreßt werden, man darf nicht den Wortgebrauch, wie er geht und steht und abgestanden ist, geradlinig weiter verfolgen wollen. Wer sich das Löwenhafte an sich verdeutlicht, weiß nichts von den Löwen, sondern nur von gewissen Arten heldenhaften Verhaltens; wer feststellt, was mit dem Wort Wille oder Aufmerksamkeit gemeint ist, hat, wie man Külpe zugeben muß, diese noch nicht psychologisch tatsächlich und gesetzlich erkannt, sondern lediglich Bedeutungsanalyse getrieben und Bedeutungsrichtungen fixiert. Wird es weitergeführt, sucht man Weiterforschung mittelst des Gemeintseins, der kategorialen Anschauung oder wie immer zu gewinnen, dann ist auch Eulenspiegel ein guter, wenn nicht der treueste Phänomenologe, und seine wortklauberischen Exaktheiten, bestenfalls noch die common sense-Philosophie triumphieren. Oder nicht einmal diese, sondern die möglichen Meinbarkeiten werden gesammelt; und daraus entsteht ein Bilderbuch, ein Bilderkabinett, ein stilles Obdach heimatsloser oder heimatsfremder Gegenstände, ein Mosaik, völlig unbewegt und ohne Zug (denn auch der Zug, der Zusammenhang ist ein für sich stehender Gegenstand höherer Ordnung), und zwar kein byzantinisches Mosaik, das völlig hierarchisch gewertet ist, sondern trotz der sich in der Husserlschule allmählich durchsetzenden Phänomenologie der Sphären, der regionalen Eidetik, ein innerlich totes Inventar begriffsinhaltlicher oder sonstwie gegebener Mannigfaltigkeiten. Wird aber dieses vermieden, wird zugegeben, daß das große Sehen, das durch den Kopf des Phänomenologen gehen mag, nicht auch zugleich das historisch Irrationale in den realen Objekten durchdringt und sich zur Deckung bringt, dann erhebt sich die Bedeutungsanalyse sowohl den einfachen Begriffen gegenüber wie im tieferen Hinblick auf Bedeutungs- und Begründungseinheiten zu außerordentlichem Nutzen. Es ist sehr wünschenswert zu wissen, was unter möglich, ähnlich, Stück, Moment, Abstraktum, Vertrag, Verbindlichkeit und ähnlichen Spezies zu verstehen sei; und wenn diese Sammlung von Bedeutungsanalysen vollendet wäre, dann besäße man eine schöne Reihe von reinen Terminologien, eine Art von Grimmschem Wörterbuch der Philosophie. Daß es notwendig ist, diese klärende Terminologieanlage zu besitzen, zeigen die Definitionen, die Spinoza jedem Teil seiner Ethik voraufschickt, zeigt vor allem die Einleitung zur Kritik der Urteilskraft, die eine klassische Bedeutungsanalyse des Zweckmäßigkeitsbegriffes enthält. Ebenso gibt es sicherlich, obwohl dies Husserl ablehnt, eine noch genauer zu untersuchende Beziehung aller reinen, d.i. der »Wesensanschauung« sich unmittelbar und treu anmessenden Deskriptionen zu den ideal bestimmten Begriffen der objektiven Wissenschaft, dem schwerelosen Faden, dem homo oeconomicus, mindestens zu den einzelwissenschaftlichen Idealtypen, vielleicht auch zu den Ideen im Kantischen Sinn. Viertens aber hebt sich der Blick, gerade bei den bedeutenderen Köpfen, weit über solche bloße Wortbilder hinweg auf die Sache selbst hin, sie aufzublättern und phänomenologisch anzublicken. Dazu muß zunächst der Akt selber verschwinden, weiter muß die Existenzsetzung eingeklammert, ausgeschaltet werden; was dann noch übrig bleibt und keinem Zweifel unterliegt, ist mein Erfassen des Dings, samt seinem Korrelat, dem vollen Dingphänomen, das heißt dem in den verschiedenen Empfindungs- oder Erinnerungsreihen sich stets als dasselbe gebenden Objekt. Es wird in Husserls Schule mannigfach bezweifelt, ob die Beziehung auf das reine Ich, dieser neukantianische »Rest« in der phänomenologischen Fundierung, notwendig sei, ob überhaupt die Phänomenologie eine Bewußtseinswissenschaft und nicht vielmehr eine Ontologie bilde. Sicher ist jedenfalls das Eine, daß sie ein nach außen gewendetes Bemühen ist wie noch nie zuvor, und zummindesten in diesem ihrem vierten Sinn ein Verfahren reinster Objektivität; so sehr, daß beispielsweise das Erfassen fremder Personen als allein konstitutiv für die eigene Person definiert wird, daß weiterhin auch nach Durchstrich des Aktes und nach Ausschaltung des Daseinskoeffizienten, die dann beide späterer Akt- und Daseinsphänomenologie zur Last fallen mögen, das volle, einladende Dingphänomen, Weltphänomen mit allen seinen jeweiligen Schichten hintereinander übrig bleibt, ein völlig neues Reich von wahrzunehmenden Gegenständen in einer strukturell genau vorgeordneten, jeder Subjektivität entzogenen Wesenswelt. Nun bleibt freilich dieses ganze unsinnlich sinnliche Aufzeigen weithin innerhalb der bloßen Erlebniswelt stehen und kann daher auch, sofern wenigstens die Phänomenologie einfach nur der Tendenz auf volles Erleben, also den in dem Haben des Phänomens weiterschwingenden Tendenzen nachgeht, lediglich das Ineinander, Durcheinander der Dinge in dieser Erlebniswelt spiegeln. Sofern sie dieses nicht tut, und sich aus dem wesensmäßig explizierten Phänomen eine von selber in der objektiv kontingenten Sachlogik gnadenhaft gegebene Seinswissenschaft herauszustellen scheint, sodaß die Phänomenologie also nicht nur ein Verfahren, sondern vielmehr eine Inhaltswissenschaft, ein exakt vollendbares System materialer Philosophie involvierte, wirken hier stärker als es der Husserlschule bewußt ist, vorschreibende Kräfte, spontane Energien, aufweckende, kopernikanische Taten, Baukünste der Ordnung, Kategorial- und Sphärenfunktionen freilich nicht subjektiver Art, an deren Ende erst das Weltauge, die ideierende Abstraktion und beantwortende Kontemplation der Phänomenologie erscheinen kann. Endlich fünftens gibt es, wobei allerdings eine ganz andere als die übliche, leidenschaftslos betrachterische Haltung einzunehmen wäre, irgendwie eine Beziehung der Phänomenologie zu dem Eingedenken, dem Gesolltsein, den ethisch-ontologischen Begriffen. Hier ist zwar das Rote scheinbar immer noch nichts anderes wie die Treue. Aber das Treusein ist doch etwas anderes, es sprengt das Meinen, schwingt wahrhaft über alle Definitionslogik hinaus und bewahrt Sokrates oder die Viktoriner davor mit Eulenspiegel verwechselt zu werden. Einiges von dieser moralisch-religiösen Aktverdeutlichung haben Plotin in seinen Aufzeichnungen über die Erinnerung und dann vor allem die beiden Viktoriner in ihrer »Phänomenologie« der cogitatio, meditatio und contemplatio geliefert. Wenn etwa gefragt wird, ob man in sich den Tod finden kann, oder ob dieses, wie es Richard von St. Viktor darstellt, der Prüfstein der vollkommenen Liebe sei, daß beide Liebenden wünschen, es möchte ein Dritter an ihrer gegenseitigen Liebe derart teilnehmen, daß dieser von beiden im gleichen Maße geliebt werde, wie sie sich gegenseitig untereinander lieben, woraus der Mystiker die Dreieinigkeit beweist, mittelst des tiefsinnigen circulus in probando tatsachenfreier Evidenz, das heißt also nicht nur Wahrnehmung, sondern Einleuchtung überhaupt: so sind hier überall Stellen erreicht, an denen das sich Denken wahrhaft gleichsteht mit dem sich Sein und ontologisch Realität setzt; an denen das Ich einsam in seiner Welt nach seinen Wesensbestimmungen sucht, durchaus über dem Niveau bedeutungsanalytischer und erst recht natürlich realwissenschaftlich objektslogischer Forschung. Nun aber wäre hier überhaupt zu sagen: soweit auch das Sehen hineinschwingt und fortleitet, so darf doch das bloße passive Zusehen nicht mit dem Sehen des Gegebenen verwechselt werden, wie es immer erst am Ende steht und mühsamste, meinende Gedankenarbeit voraussetzt. Man hält gegenwärtig vor der gewaltigen Umkehrung, daß das Anschauen nicht mehr als zu Überwindendes am Anfang, sondern am Ende, und umgekehrt der Begriff nicht mehr am Ende, sondern eben allein am Anfang steht: als bloßes Geld, um Anschauung zu kaufen, als bloßes Einstellungs-, Vorbereitungs-, Intentionserlebnis vor dem Vorhang der »Sinnlichkeit«, als bloßes motorisches, wenn auch noch so wichtiges Vorspiel, erster Akt, Explikation, um gesehene, eingesehene Wahr-nehmung, Erfüllung des Gemeinten, Dekkung, Selbstdarstellung in Evidenz, Selbstgegenwart, Selbstgegebenheit des Objekts in persona, Füllesteigerung der Augenwelt, Ohrenwelt, Seelenwelt ringsum zu erfahren. Aber sosehr auch der Gedanke damit aufhört, oberster Wert und Ziel zu sein, so gründlich werden doch die Ergebnisse dieser Revolution aller Erkenntnistheorie erweisen, daß man den konstruktiven Adam nicht zu frühe ausziehen darf, daß also zunächst das realwissenschaftlich erforschende und dann vor allem das Kantisch Konstruktive, das heißt rufende, erzeugende, unpassive, produktive Denken seinen sicheren Platz vor aller schließlichen Adäquation des »Intellekts« mit der »Sache« als dem erneuten scholastischen Wahrheitskriterium gewinnen muß. Wer das Eine tut, darf das Andere methodisch nicht lassen: man kann mit dem Sinnen nicht denken, sondern nur erfüllen und die gleichsam auf sie aufgelegten Intentionen antwortend bestätigt hören; man muß also erst motorisch-phantastisch gewesen sein, um kontemplativ werden zu können, um danach Sehen des Einzelnen, Erläuterung der Anschauung durch Kategorialnachfolge, Hellsehen, Hellhören, sich Vernehmen des Utopischen, je nach dessen Rang, zu gewinnen; gemäß dem noch Finsteren und Verschlossenen in den Dingen, gemäß der harten, alogischen Kruste des zunächst Gegebenen und dem fernen, auf die rufende, spontane Menschenlogik, auf den »naiven« Realismus wartenden Schlaf in allem zutiefst Gegebenen überhaupt. Daraus erst könnte das Fünfte, der fünfte Sinn der Phänomenologie entstehen, nämlich total gesprochen: das sich entgegen Sehen, bis das Ding sich darin entgegen sieht, oder wie Malebranche es ausdrückt, die Aufmerksamkeit als das natürliche Gebet der Seele, das Eingedenken, die Entdeckung einer ontischen Phänomenologie, wie sie lediglich auf das keimende Innere der Dinge, auf eine universale Selbstbegegnung, Christusbegegnung in allen Teilen der Welt, zutiefst auf das moralische Innere, gerichtet wäre: — bis zur aufgehobenen Berührung, bis zur völligen Deckung Makariens in den »Wanderjahren« mit dem Sonnensystem, bis zum Sehen des Du in natürlicher Größe, bis zum unmittelbarsten Durchgang der menschlichen Intention durch den ontischen Seelenraum. Das wäre dann, wobei also die übliche, leidenschaftslos betrachterische Haltung einer Liebeskraft sondergleichen gewichen wäre, die vollendete Beziehung der Phänomenologie zu dem Eingedenken, dem Gesolltsein, den ethisch-ontologischen Begriffen als der eigentümlichen Schicht keineswegs nur privat reflexiver Akte, obwohl ihnen die objektiv reale Erfüllung, zutiefst auch Erfüllbarkeit überhaupt noch fehlt. — Mithin, zusammenfassend, hält man sich an das, was bei Husserl offen gegeben ist, dann bleibt vieles denkpsychologisch und bei entsprechender Feinfühligkeit vorab terminologisch wertvoll. Dagegen dürfte sich das Aufblättern der Dinge, die Ansicht jedes Phänomens als exemplarischer Unterlage einer Wesensbetrachtung des an ihm Gegebenen, nicht ohne Mitarbeit an seiner Bewegung, nicht ohne spontan konstruktive, seinem historisch Prozessualen verwandte Kräfte betreiben lassen, Auch das Eingedenken ist ohne vorheriges Denken und ohne die leidenschaftlichste, Kierkegaardsche Lebenssorge des Subjekts nicht zu erreichen; wie denn überhaupt der Gottesgarten reiner Wesensbestimmungen nicht außerhalb des Problems der realen Bedeutung des Logischen, sondern erst hinter dem komparativen Gesetzesstatus und dessen allein geschichtsphilosophisch aufzuschließendem Theoriegitter seine Stätte hat.

Damit ist nun freilich nicht Hartmanns Lobrede auf die induktive Methode gemeint. Sie war es, die hier letzthin alles zufällig und das Denken bloß abrundend machte. Oder auch »wahrscheinlich«, da der Denker danach nichts anderes zu tun hat als mehr oder minder zusammenschauend gewisse allgemeine Ergebnisse an den Beobachtungsgrenzen auszugleichen. Das Beobachten und Abschreiben hat jedoch Hartmann in seiner Arbeit wenig genützt, und gerade die Kategorienlehre zeigt, wie einflußlos diese Selbsttäuschung auf die eigentlich philosophische Arbeit bleiben mußte. Er sucht, ähnlich wie Husserl, aus dem Empfinden, Anschauen, aus der Relation, dem reflektierenden und dem spekulativen Denken, vielmehr aus den in alldem vorhandenen kategorialen Begriffen die unbewußten kategorialen Funktionen der Logizität zu erschließen. Was ihn dabei von Husserl, aber auch von Kant und Hegel trennt, ist zunächst die Ablehnung, mit dem Bewußtsein selbst unmittelbar die vorbewußte Entstehung des Bewußtseinsinhalts zu belauschen, also a priori die apriorischen Funktionen erkennen zu wollen. Dabei wird möglichst auf dasjenige geachtet, was bereits fertig draußen zu erfahren ist, da man es ja selbst bewußt nicht erzeugen könnte und das Bewußtsein ein bloßer kraftloser Schatten und Zuschauer kategorialer Netzbildungen ist. Das ist nicht so zu verstehen, als ob wir es nur vergessen hätten, in der Länge der unterdes verflossenen Zeit oder sonstwie, daß wir das Ganze gemacht haben, gemäß der Maimonschen Deutung des »Gegebenen« als der petites perceptions oder des Differentiale des Bewußtseins. Sondern das Bewußtsein selbst ist und war jederzeit daran unbeteiligt; es ist ein bloßes Intermezzo, eine bloße, nichts bewirkende Stupefaktion des Willens, daraus stammend und darin beschlossen, daß ein Willensatom auf das andere aufstößt, daß eine Willensregung noch etwas anderes, Willenshaftes, außer sich vorfindet. So kommt es also bei Hartmann nur darauf an, aus dem Bewußtseinsinhalt gewisse, bald einzelnere, bald allgemeinere, fließende

Beziehungsformen heraus zu reflektieren und von diesen bewußten Repräsentanten aus die Betätigungsweisen der unpersönlichen Vernunft mit möglichst zahlreichen, sachlich induzierenden Seitenblicken zu erschließen — ein rein aposteriorischer Gewinn des Apriori unter Aufgabe jedes apodiktischen Erkenntnisgrades. Aber einmal bleibt es doch eine bewußte Arbeit mit bestimmten Anteilen, die empfindend, anschauend, denkend herauslösen und ordnen läßt. Weiterhin ist zwar das Bewußtsein, aber auch der Stoff nach Hartmann nur in der subjektiv idealen Sphäre vorhanden, als der noch chaotische Rest nicht aufgeklärter Formkomplexe. Soweit die Begriffsbildung selber vorgedrungen ist, hat sie es lediglich mit Formen und ihrer Hierarchie innerhalb des natürlichen wie des geistartigen Gebiets zu tun. So bezeichnet Hartmann etwa die morphologischen Typen für das diskursive Denken als die Spuren und Marksteine der natürlichen teleologischen Weltordnung und die gleichsam plastischen Versinnlichungen der natürlichen Zweckidee. Es ist klar, daß dieses nicht mit der Tatsachenforschung zu vergleichen ist, sofern eben Typen und Formhaftes nicht mehr rein tatsächlich gegeben sind, sondern zugleich irgendwie vorausbekannt, nachkonstruktiv ausgelesen werden müssen. Es hebt zwar notgedrungen empirisch an, den Formprozessen auf die apriorische Spur zu kommen, aber es geschieht nur am Empirischen und weist darüber wesentlich auf die Selbstdifferenzierung der nicht weniger übertatsächlichen als überbewußten Vernunft zurück. Und man darf nicht vergessen, daß Hartmann selber alles Große, letzthin Treffende, Geniehafte menschlicher Leistung außerhalb des Bewußtseins in ein Unbewußtes, mithin sehr wohl in ein sich selbst genügendes apriorisches Funktionieren und Objektivieren des Unbewußten und Apriorischen verlegt hat. So wird aus Hartmanns eigenster Voraussetzung klar, daß die empirischen Typen und Korrelate überwiegend nicht als Induktionsgrundlagen, sondern im Gegenteil als nachträglich begrüßte und erkannte, wenn nicht gar nachkonstruierte Zeugen, Erläuterungen, Korrespondenzen apriorischer und auch a priori intuitionierter Prozesse figurieren. Zudem muß Hartmann selber zugestehen, daß die letzten Begriffe, die Begriffe des spekulativen Denkens, also Ursache, Zweck und Substanz, in keiner Weise empirisch auffindbar sind. Sie stellen keine bestehenden Beschaffenheiten dar, die man aus dem, was erfahren ist, einfach denkerisch herausarbeiten könnte. Sie sind vielmehr Beziehungen, die zu dem im Bewußtsein gespiegelten Bild des Seinsinhalts erst nachträglich durch denkende, also erzeugende Rekonstruktion hinzugefügt werden. Seltsamerweise soll nun trotzdem auch hier eine Art von induktivem Verfahren, nur mit geringerer Wahrscheinlichkeit vorliegen, obwohl Hartmann diese Hinzufügung ausdrücklich eine Supposition des Denkens nennt, das der Wirklichkeit seine subjektive Produktion als bewußtideale Reproduktion einer explizite bestehenden transzendenten Beziehung unterstellt. Es unterliegt keinem Zweifel, daß eine solche Hinzufügung, die am Schluß doch wieder zu einer Spiegelung oder besser gesagt zum einfachen Dasein des Wesens wird, den eigentlichen Herd des gesamten Wahrheitsstrebens bildet, sowohl des induktiv-nachkonstruktiven Blicks für die vestigia dei wie der deduktiven Antezipation der Prinzipien selber, und daß deshalb in diesem auch von Hartmann gestreiften Begriff der Supposition das eigentlichste Problem einer Erkenntnistheorie der Philosophie als einer wesentlich geniehaften, aus dem Ganzen alles überschauenden, wesentlich deduktiven Wissenschaft vorliegt. Letzthin geht überdies Hartmann in der Verselbständigung eines Ganzen kategorialer Akte und ihrer Abhebung von der ewig lückenhaften und unvollständigen Induktionsgrundlage so weit, daß er gleich Kant und Hegel statt der bloß bewußten, subjektiven und formalen Logik eine supraindividuelle und absolute Logik erreicht zu haben glaubt. Allerdings wirkt dabei die induktive Begründung scheinbar insofern nach, als die Kategorien keine Schubfächer der absoluten Vernunft mehr darstellen sollen. Sie haben kein Ansichsein in der Art präexistierender Formen, die im ichhomogenen, apriori erreichbaren, absoluten Geist bereit liegen, sondern sind, wie sich Hartmann mit einer interessanten Wendung zu dem Problem offener Kategorien ausdrückt, logische Selbstdifferenzierungen der logischen Determination, so daß die Kategorien erst an und mit der absoluten Vernunft gesetzt werden und nicht etwa ihr Prius sind. Aber Hartmann täuscht sich, wenn er glaubt, daß es der gebrochene, immer nur hypothetische Charakter der induktiven Methode sei, der derart die einzelnen Kategorien flüssig macht, obwohl er rätselhafterweise das Ganze als »System« nicht stört: was hier zwingt, ist vielmehr der durchgeführte Gedanke, die völlig *apriorisch* gegebene, ontologische Maxime des »Prozesses«, die mindestens alle weltlichen, enzyklopädischen Kategorien als bloße wellenhafte, übergleitende, unendgültige Gestaltqualitäten setzen läßt, mag auch Hegel, trotz seines prozessual angelegten Systems, noch inkonsequenterweise auf Platons fixierten Himmel zurückgegriffen haben. Nun gibt es allerdings einen letzten Punkt, an dem sich die geringe Anteilnahme des Bewußtseins an sich selbst und das einzelwissenschaftliche Ghetto, die empirische Bescheidenheit dieser Philosophie trotzdem gerächt hat. Sie wäre gut gewesen, mit Maß verwendet und nur hier und in die aufbauende Arbeit eingemengt. Nämlich überall dort, wo das Denken erkennt, daß seine Gegenstände zunächst als individuell-intensive einfach hinzunehmen sind, weil sie nicht rein logisch abgeleitet werden können und doch da sind und gedacht zu werden fordern. Denn es ist uns bereits vorausgewaltet, ja in gewissen Grenzen bereits vorausgedacht und entschieden; es ist nicht nur etwas außer uns, sondern auch etwas vor uns gewesen, das Geleisanschluß verlangt; dieses zu wissen, wird zugleich eine gute doppelte Sicherung bei dem Problem des objektslogisch Konstitutiven gewähren können, sofern der Mensch und seine Gedankenwelt nur das Schlußkapitel der Welt darstellen und so alle vorgearbeitete Logik, mag sie auch schwach oder bedenklich sein, irgendwie in dem neuen transzendentalen Realismus des Logischen berücksichtigt werden muß. Aber dadurch darf nicht das Logische selber und total mit dem Glück des Aufreihens zusammenfallen. *Daß* ein Stein fällt, ist alogisch; *wie* ein Stein fällt, sofern er fällt, das $\frac{1}{2} g t^2$ der Regel und Formel seines Fallwegs ist freilich nicht mehr alogisch, sondern »logisch«; aber doch nur logisch im einzelwissenschaftlichen, induktiven Sinn einer jederzeit gültigen Berechenbarkeit und nicht in der anderen, philosophischeren Weise, die vom Logischen letzthin und mindestens durchscheinend das Gerechte, Lösende, Einleuchtende und religiös Ergreifende überhaupt verlangt: dein Wort ist die Wahrheit oder Gott wohnt in der Wahrheit, wie dieses seit jeher die Verwandtschaft der Apokalypse mit der absoluten »Logik« bezeichnete. Alles, was bei Hartmann erschlossen wird, ob es auch noch so scharf von dem bloß Kraftbegabten unterschieden ist, bleibt doch nach der induktiven Erschließung und Aufeinanderbezogenheit zum Inventar überbewußter Vernunft genau so unbegreiflich und einfach nur gegeben, gleichgültig und unevident wie das Kraftbegabte, Verwirklichende, bloß Intensive und Alogische selber. Daher kommt auch Hartmann zu dem für einen Denker, der nur in der Ganzheit leben sollte, völlig niederschmetternden Satz, daß man von seiner induktiven Philosophie die Spitze weglassen darf, wenn man von einem bestimmten Grad ab die naturgemäß abnehmende Wahrscheinlichkeit der Ergebnisse des Systems nicht mehr mitzumachen wünscht — Ergebnisse, die am Ende nicht nur induktiv-naturwissenschaftlich, sondern gemäß der rein gesetzhaften Fassung des Logischen, Entelechetischen auch materialistisch abgestimmt sind. Wie bei Moleschott das Leben so eng wurde, daß nicht einmal ein Kopf mehr darin Platz hatte, so wird bei Hartmann das Bewußtsein zur bloßen Episode; wie dort die menschlichen Seelen und Werke an der Materie lediglich phosphoreszierten, als unkräftige, nichts bedeutende Begleiterscheinungen und äußerliche Produkte, so ist in der Philosophie des wesentlich Unbewußten, wie bereits zu sehen war, das Bewußtsein zum bloßen Stutzen, zur bloßen vorübergehenden Stupefaktion des unbewußten Willens geworden: es haftet lediglich an den ihm aufgenötigten Empfindungen, indes dahinter die Verknüpfung und Ordnung der Empfindungen zu Anschauungen, Wahrnehmungen und Vorstellungen auf ein unbewußtes Subjekt als Träger und Produzent der Bewußtseinswelt zurückweist, und die Materie selber, der Baumstamm der Welt, zum Geistartigen, ja sogar zur plotinischen Usia, aber durchaus mit dem beibehaltenen, aus dem Materialismus stammenden Charakter des Unbewußten, Unpersönlichen umgedacht wird. Immerhin: zwei Dinge sind bei Hartmann wesentlich, und sie werden nicht mehr aus der philosophischen Diskussion verschwinden. Das ist einmal der wichtige Gedanke, daß es keine reinen Vernunftbeziehungen geben kann, da mit ihnen keine eigentliche Beziehung, sondern nur eine ungespannte Identität zustande kommen könnte. Alles logisch Erscheinende ist zweiseitig, ist ein Beziehungsbegriff zwischen einem Daß als der Form der Tätigkeit, das heißt der potentia oder des geistlosen Intensiven, und einem Was als der Form der bloßen Möglichkeit, das heißt der possibilitas oder des in sich kraftlosen unentfalteten Logischen. Es ist hier nicht der Ort, um auch nur andeutungsweise die Hartmannsche Entwicklung der Kategorien zu untersuchen; noch weniger, ob Locke und der auch bei Hartmann verwendete psychologische Leitfaden oder Kant und der formallogische Leitfaden der kategoriellen Aufreihung den Vorzug verdienen; und ebensowenig, ob die überweltlichen, schlechterdings, das heiß tempirisch konkurrenzlos geltenden, überenzyklopädischen, paradoxen, wohl gar letzthin rein mythischen Kategorien, diese entscheidenden Gegenstände der Gründlichkeit und Vollkommenheit, in der von Hartmann eingesetzten dritten, metaphysischen Sphäre des Kategorialsystems einen Ort finden könnten. Was aber zum Anderen fortwirkt und Hartmann in gewisser Weise stärker noch als Nietzsche und Schopenhauer teleologisch hervortreten läßt, das ist die Leidenschaft, mit der wenigstens anfangs der Philosoph des Unbewußten den Kulturprozeß apokalyptisch einzuspannen suchte. Es ist freilich wenig daraus geworden, die Person und ihre schließlich unechte, unfromme, philiströse, nur am Gedanken trunkene Grundgesinnung reichte nicht aus. Hartmann spielt mit den Geheimnissen und macht aus ihnen Unterhaltungen und wunderliche Pedanterien; trotzdem, es ist nicht unbedeutend und letzthin von einer dem Subjekt des Philosophen überlegenen Großartigkeit des Aspektes, wie hier Enttäuschung über Enttäuschung sichtbar gemacht wird, wie unterwegs sogar die Absicht einer Geschichtsphilosophie der fortschreitenden Desillusionierung des Menschengeschlechts erscheint (gleichsam eine gedankliche Parallele zu der Flaubertschen Tentation de Saint Antoine), und wie letzthin ein Weltende durch Parlamentsbeschluß proponiert wird, als Frucht und Majoritätsakt eines Pessimismus, der die allzu schmale Schopenhauersche Individualerlösung mit allen Mitteln der Kulturorganisation zur Universalerlösung erweitert. Dabei kehrt auch wider alle Abrede das Bewußtsein wieder, und zwar als weltenwendende, willenswendende Kraft katexochen; allerdings schlägt gleich dahinter auch der latente Materialismus des Hartmannschen Systems wieder zusammen, sofern der Passionsweg der Welt schließlich in dem lächerlichen und trostlosen Epizyklus eines Unbewußten endet, das entsprechend der Pseudologik seines Grundes, seines mehr aus Materie als aus Nirwana bestehenden Substrats, die Auferstehung zu einem Grab und das Himmelreich zu der höchst unabsoluten, labilen Möglichkeit neuer Weltelende degradiert.

*

So bleiben hier selbst bedeutendere Denker instinktlos allein. Nietzsche, die Kirche und die Philosophie.

Denn die Lampen unseres gläubigen Ichs brennen gegenwärtig allzu trübe. Wir schweigen von dem verdorrten jüdischen Gesetz, dem nicht nur die schlechten, die hohlgewordenen Juden entfliehen. Wir schweigen noch mehr von der wässerigen Feuerseele des sogenannten liberalen Protestantismus, der ein einfacher Rechenschaftsbericht moderner Lauheit, Glaubenslosigkeit, Dummheit und Gottleere ist. Daß es so steht, macht diese Menschen auch noch überheblich und zufrieden. Aber es wäre, wenn die Hoffnung auf sie sterben könnte, nicht minder das Beste, auch über die große katholische Kirche mit Trauer hinwegzugehen. Sie ist ängstlich und kraftlos geworden wie ein altes Weib und lebt wie dieses fast nur noch in der Vergangenheit. Sie glaubt, wenn sie mittelmäßig ist, korrekt zu sein und zittert vor jedem Studenten der Chemie, daß er mit seinen Experimenten das Dasein Gottes erschüttere, dieselbe Kirche, die einst so sicher war, daß sie sich von dem Heiden Aristoteles ihren ganzen Lehrbegriff vermitteln ließ. Seit fünfzig Jahren ist der Kirchenstaat verschwunden, aber statt das nach oben hin offene Barock zu begreifen und zur Gesinnung zu erwählen, hängt das Auge des offenbar zur Antiquität übergehenwollenden Katholizismus an dem verderblichen Polisgedanken seines Mittelalters und an dem fertigen Panlogismus des Allgemeinen überhaupt. So kann die Kirche zwischen Voltaire und Kierkegaard keinen Unterschied mehr machen. Sie kann nicht begreifen, daß der eine wie immer nur zu hassen und zu verfolgen ist, während der Däne das Leben hält und berufen ist, als echter neuer Kirchenvater verehrt und studiert zu werden. Nicht anders steht es mit Nietzsche, dem wollenden, zielhaften Denker an sich. Allerdings dürfte die blonde Bestie nicht als die entsprechendste Lebensweise des Übermenschen beibehalten werden. Denn Nietzsche hat fast jede Schranke zwischen dem Jetzt und dem Nu außer acht gelassen, und Zarathustra verkündet eine zwischen der niederen praktischen Gegenwart und der letzten mystischen Gegenwart schwankende und unreine Aktualität. Er hat nicht nur die organische Kraft undeutlich zu der ethischen Kraft emporgeschraubt, sondern auch jede Umrechnung und qualitative Transzendenz des moralischen Ichs versäumt oder wenigstens, mag er auch noch so heidnisch, noch so freudengöttlich, dionysisch bleiben wollen, im metaphysisch Unklaren gelassen. Darum können alle die Mittel, die Nietzsche nach oben richtete, um den Sturm auf den zögernden Himmel zu ermöglichen: der Wille zur Macht und das Bild einer aus endloser Wiederholung imitierten Ewigkeit, darum können alle diese viel zu zeitlich, militärisch und irdisch, halb aus der Welt und halb aus der Überwelt durcheinandergebildeten Imperative nur den mißglückten Versuch eines dritten Testaments darstellen, das an seinem zu niedrig und dann wieder allzu abstrakt gelegten Apriori zugrunde geht. Und doch besteht an der Gewalt dieses veränderten, zielhaften Denkenwollens aktivistischster Art kein Zweifel. Es ist, wenn man will, aufs Neue der stoischen, rein menschlich interessierten Bewegung verwandt, wenigstens wird Nietzsches Lebensarbeit, außer ihrer schlechten Mitte, völlig erfüllt vom Kampf gegen den kalten, undionysischen, unmystischen Menschen, gegen das Daseinsrecht und die Wahrheit der wissenschaftlichen Wahrheit überhaupt, ohne Subjekt und ohne Traum. Nietzsche ist so durchaus auf den Befehl oder die Gesetzgeberschaft der Kultur eingestellt und von einer solchen Erschütterung der Intellektualität, des unpathetischen, alles als fertig begreifenden Rationalismus innerviert, daß sich mühelos die Beziehung auf die umgekehrte Tendenz in der Renaissance ergibt. Darum leuchtet hier zuerst die Ahnung eines noch nicht bewußten Wissens auf, darum macht sich hier das nicht Entsagenkönnen, die Unersättlichkeit der Forderung schöpferisch, um ihre tausend Flaschen und Essenzen aus dem Essayraum der Hoffnung in das Werk hineinzugießen, darum zieht hier ein umwendendes Wollen, ein motorisches Denken des Neuen herauf, als die große, bisher noch völlig undurchforschte Bewußtheit oder Bewußtseinsklasse eines Eingedenkens, wie es unter Abzug aller bloßen Wiedererinnerung und alles bloßen erfüllten Alphas des Platonismus oder Hegelianismus der Welt ihr Ziel geben möchte; darum zeigt sich die Gesinnung dieses so bedeutsam pragmatistischen, sowohl auf das zurück Wollenkönnen des Willens gegen das, was war, wie auf das Neue, auf moralisch-metaphysische Einbrüche gerichteten Philosophierens von einer Welt beleuchtet, die noch nicht da ist; unmittelbar an der Brücke zur Zukunft, an dem von dem eigenen Willen beherrschten Problem der Teleologie gelegen. Es ist derart gewiß, daß Nietzsche, ja kräftiger gesprochen, daß Luther, Kant, Fichte, Feuerbach, Kierkegaard, Dostojewski, Schopenhauer und Nietzsche, daß alle diese zerstörenden, das heißt letzthin ehrlichen und guten Geister der Neuzeit, diese gründlichen Humanisten und Atheisten, in denen alle Schrecken des ausgelöschten Jenseits fruchtbar und mit mehr oder minder moralischer Ausbiegung überdacht worden sind, — daß also auch der befehlende, prophetische, um das Wohin und Überhaupt bekümmerte Nietzsche noch einmal vorkommen muß, wenn keiner von allen systematischen Freunden und Erklärern des unteren, objektiven, geschlossenen Systems, auch Hegel nicht mehr, diskutierbar geblieben ist. Denn hier hört die gelehrtenhafte Ruhe auf, die ehemals indisch oder gnostisch erlaubt gewesen sein mag. Hier wird eine andere Selbständigkeit als die des lumen naturale verlangt, und die Welt hat in der zweiten, gefährlicheren Epoche der Neuzeit aufgehört, ein bloßes Rätselspiel für den begreifenden Intellekt zu sein. Sowenig also auch der Traum der absoluten Erkenntnis ausgeträumt ist, so sicher ist doch jeder fertige Panlogismus vorüber und abgetan. Es muß auf das Leidenschaftlichste darauf gedrungen werden, daß das Erbteil der seelischen Müdigkeit und Gottferne, aber auch die Kraft der Sehnsucht, die alte von Jesus verliehene Magie des Fürsprechens und der heiligen Messe neu zum Begriff kommen; das heißt, daß auch in der Kirche, diesem mit allen Kräften wieder zu gewinnenden Umbau aller Philosophie, die Veränderung ehrlich reflektiert werde, die sich sowohl in der einsameren, noch objektslos schwangeren Innerlichkeit wie auch in der göttlichen Objektsreihe seit den Tagen der spätantiken und gotischen Dogmatik, gemäß der Geschichtsphilosophie des Apriori selber, vollzogen hat. Hier führt ein subjektiv-apokalyptischer Weg herauf, und den müßte der allzu politisch, allzu korrekt und hellenisch-thomistisch festgelegte Katholizismus allerdings zu Ende gehen, wenn der entartete Individualismus der Neuzeit zu seiner ethisch-metaphysischen Prädestiniertheit genesen soll, und wenn anders nicht die Kirche selber ihre Führungskraft in dem neuen metaphysischen Zeitalter verlieren will.

Innerlichkeit und System.

Fast alles in uns ist schon irgendwie bei Kant vorgedacht, sonderbar und streng verschlossen.

Gewiß, wie er sich gibt, ist er nicht unmittelbar reich. Seine Inhalte spielen sich allesamt in einem sehr zufälligen Rahmen ab. Wir sehen englische Zweifel, preußisches Pflichtgefühl, Glaubenwollen, aber nicht Glaubenkönnen, gelähmte Intuitionen und ein kümmerliches Leben obendrein, sichtbar an der Mehrzahl seiner Beispiele und gewissen unbeschreiblichen rechtsphilosophischen Bestimmungen, zum Beispiel solchen der Ehe.

Damit arbeitet Kant, und es ist begrenzt genug, woran sein Denken anhebt. Er fragt, wie die Formel der Massenanziehung möglich sei, um daraus, daß sie möglich ist, das vernünftige Vermögen zu umschreiben. Es läßt sich mit Recht bezweifeln, ob denn diese zufällig nach Newton und nach nichts anderem orientierten Grenzsetzungen und transzendentalen Beschaffenheitslehren des Geistes innerhalb einer größeren phänomenologischen Weite des Bewußtseins überhaupt noch etwas zu bedeuten hätten. Denn man kann ersichtlich genau so gut fragen, wie javanische Tanzriten, indische Mysterien, chinesischer Ahnenkult möglich seien oder, um westeuropäisch und, sofern man für Newton die Scholastik setzen kann, auch szientifisch zu werden, wie der Opfertod Christi, die Gnadenwahl, die Apokalypse und gewisse andere ähnliche synthetische Urteile möglich seien, vor allem, wenn man nicht einen Winkel, sondern den ganzen, uns Menschen zugeteilten Geist ausmessen will. Darum will der Kantsche Spott gegen das Schattenreich, gegen die Luftbaumeister des Gedankens so wenig besagen. Was soll es dem Anderen ausmachen, daß das Verfahren des Einen, das als Muster gesetzt ist und wirklich für alle grauen Enten gilt, für das Andere, das wegen seiner Seltenheit, Aristokratie oder Höhe nicht als Muster gesetzt wird, konsequenterweise nicht gilt, eben weil es ein Schwan ist und anderer Regeln Lauf hat. Von hier aus läßt sich kritisch nichts beweisen und so kann, wie es in gewisser Form schon Scheler und Hartmann sahen, auch die transzendentale Dialektik, sofern man andere als die der Kantischen individuellen Phänomenologie immanenten Zusammenhänge sieht, nichts weiter als die banalste Ungerechtigkeit und Tautologie bedeuten. Es bleibt also letzthin völlig unerheblich, wenn sich die Verfahrungsweisen, die die reine Mathematik und Newtonsche Naturwissenschaft als allein akzeptierte Erkenntnis möglich machen, auf Gott, Freiheit, Unsterblichkeit, mithin auf die moralischen und religiösen Objekte nicht anwenden lassen und deshalb diesen Erkenntniszusammenhängen auch den Charakter der empirischen Realität entziehen.

Aber es gibt noch einen anderen Kant, und dieser Kant ist nicht zu verbrennen. Es ist erschütternd zu sehen, wie das Gewaltige in ihm der Schwäche seines Körperbaus nicht fremder und gleichgültiger gegenüberstehen kann als der Enge seines individuellen Erlebnisquerschnitts. Er wehrt sich zwar gegen sein eigenes Genie, aber es zeugt von einer auf die Kniee zwingenden Gewalt dieses Genies, wie hier die phänomenologisch fast unzugänglichen Akte der Genialität jede Erklärung oder Beurteilung von den Zufälligkeiten, Gegebenheiten der Phänomenologie aus zuschanden machen. Darum behält die Frage, wie etwas allgemeingültig möglich sei, nur bei Kant ihre Größe. Sonst ist sie zu zufällig, auch zu buchmäßig, eine Geschichte der Wissenschaften, die in eine Theorie der Wissenschaften übergeht, und alles Begrenzte, Zufällige des Stands der als kanonisch ausgewählten Werke strukturell verewigt. Dasselbe gilt von den allgemeingültigen Urteilen a priori sittlicher und ästhetischer Art, bei denen ein Kant dazu gehört, um über dem begrenztesten inhaltlichen Material trotzdem eine den weitesten Inhalt mitbetreffende Überinhaltlichkeit der Formalerzeugung aufgehen zu lassen. Wie etwas a priori möglich sei — das läßt sich überhaupt nicht auf die Urteilsfunktion, auf die »Logik« der Natur, der Sittlichkeit, der Schönheit einschränken; mag auch bei der weitergehenden transzendental-realistischen Beziehung auf die darin wirkenden, fortwirkenden Dinge, Willensakte und Ideen die rein formale Vornehmheit des Apriori zugunsten eines realen Bedingungscharakters aller »Erfahrung«, besser noch: zugunsten eines Apriori als metaphysischer Deduktionsursache des Seinsollenden, »Logischen«, Kanonischen in der Welt vertiefbar sein. Aber Kant besitzt, wie gesagt, die folgenreiche Fähigkeit, seine eigenen spärlichen Inhalte durchscheinend zu machen und dem, der es wünscht und soweit es der eigene Gang Gottes, also die Geschichtsphilosophie des Metaphysischen erlaubt, sowohl die indischen Mysterien wie die Apokalypse transzendental einzuordnen. So sind bei Gelegenheit der englischen Astronomie alle die weiteren und prägnant wissenschaftlichen Zusammenhänge der Tatsachenlogik getroffen, und so sind weiterhin durch das Verbot, diese Kategorien auf den preußischen Moralismus oder die gelähmten Intuitionen anzuwenden, also durch das »unglückliche« Verliebtsein in das, was man bisher unter Metaphysik verstand, einerseits die Wege zur Postulatslogik und andererseits die Wege zu der ehrlichen, großen, subjektiv-ethischen Metaphysik des Zeitalters der Gottesferne frei geworden.

Hier, mit Kants tieferen Denkantrieben tritt alles Leiden und Abgetrenntsein von den Mitteln der Erkenntnis ins Bewußtsein. Wir sind nicht mehr imstande, einfach nur zu sehen. Wir sind nicht mehr so glücklich, daß sich irgend etwas sinnlich oder eingeboren einfach empfangen ließe. Und so zeigt sich in dem Kantschen Begriff der Erzeugung auch die platonische Lehre von der Wiedererinnerung, von der bloß versteckten Existenz der transzendenten Verknüpfungsformen, innerhalb des neuen, nordischen Mühe- und Arbeitsbewußtseins endgültig aufgehoben. Statt dessen führt Kant den Nachweis, daß sich der Vorgang, nach dem die synthetischen Erfahrungsurteile notwendig gemacht werden, jenseits unserer Empfindung souverän vollzieht. Freilich formt sich auch dieses Erzeugen letzten Endes als ein Abspiegeln und Besinnen hinsichtlich der apriorischen Aufdeckung einer Regel oder einer Reihe von allgemeingültigen Beziehungskonstanten, die in einem abschließbaren Inventar der reinen Vernunft als das unbedingte Prius vor aller Erfahrung zu fixieren, sind. Jedoch, es handelt sich bei Kant letzthin gar nicht um Kepler oder Newton und die objektiv gültigen Verknüpfungen zwischen den Erscheinungen, sondern um jenes unbedingte Ganze der Bedingungen, um jene prinzipiellen Grenzbegriffe, die nur gewollt und gedacht, aber nicht erkannt werden können, weil sie zwar unmittelbar praktisch zu »erleben«, aber noch nicht »anzuschauen« sind, weil also ihr Gegenstand kein Sein ist, und die nun in einer Metaphysik der Aufgaben als die regulativen Vernunftideen des Unbedingten ausgebreitet werden. Hier werden wir frei und der Ring springt; die Hoffnung macht auch wohl erdichteten und sonst unbelegbaren Gedanken gegenüber parteiisch. Denn wir vermögen uns selbst und unserer erscheinungsartigen Daseinsform insofern zu entrinnen, als wir intelligible Charaktere bilden. Hier werden das Labyrinth der Welt und das Paradies des Herzens getrennt sichtbar; die Welt im focus imaginarius, in unserem verborgeneren intelligiblen Subjektteil, beginnt in die Erscheinung der Hoffnung der Zukunft zu treten. Wir bewegen uns durch die Zurücklenkung derselben Funktion, die uns zuerst mechanisch beengte, auf sich selbst so stark aus dem Erzeugen und Erzeugtwerden eines bloß reflexiven Mechanismus heraus, daß die Achtung vor dem Gesetz als ein Affiziertwerden von dem moralischen Ding an sich definiert werden kann und die Bürgerschaft in einem Reich höherer und auch inhaltlich produktiver Intelligenzen sichergestellt wird. Dabei bedeutet dieses Affiziertsein selbstverständlich keine Anwendung der hier ja verbotenen Kategorie der Kausalität, sondern, als verstandesmäßig Unbegreifliches, Paradoxes, das rein geltungstheoretische Mitbetroffensein von dem Zug des göttlichen Geistes, ja das produktive Auftreffen, Mitbeteiligtsein, die Adäquation an ihm selbst als der schöpferischen Form an sich oder der moralisch archetypischen Funktion und ihres Inventars. Wir sind derart hier mit uns allein gelassen und aller Sicherungen vom an sich realen Jenseits her entblößt. Wir müssen gut handeln, obwohl wir nichts von der realen und, genau betrachtet, nicht einmal etwas von der inhaltlich idealen Legitimierung des Wertes wissen können. Wir sind einsam und stehen in dem Dunkel einer unendlichen, bloß asymptotischen Annäherung an das Ziel; selbst der ferne Stern leuchtet nur in einem sehr ungewissen, nichts sonst am Himmel erhellenden, kaum als konstitutiv erfaßbaren Licht, und doch muß alles, was nicht ganz in den allgemeinen Formen einer Kritik der reinen theoretischen Vernunft untergeht: das Einzelne, die

Spezifikation der Natur wie das sich Entschließen der Individuen zur Kultur, dem Primat des Sittengesetzes untergeordnet und zugeordnet werden. Was aber hier als Glauben auftritt, ist nur fähig, die Freiheit, die Unsterblichkeit und die sittliche Weltordnung in Gott als bestimmte, einleuchtende Postulate einer zweiten Wahrheit auszusprechen, die sich nur auf eine Geltungssphäre, auf ein noch nicht erschienenes Übersinnliches der Bürgerschaft intelligibler Welten beziehen und daher dem offenbaren heroischen Atheismus dieser Lehre keinen Abbruch tun. Es ist also keineswegs darüber zu klagen, daß Kant derart das Gelten immer noch leise inhaltlich beibehält. Er tut sich nichts auf ein freischwebendes, keinerlei Sein enthaltendes Sollen zugute, und die Absichten eines nichts durchbohrenden Methodisierens finden in einer gewissen sonderbaren Rezeption Swedenborgs ihr Gegengift und den Widerpart eines doch irgendwie realhaften, metaphysisch objekthaften Rahmens. So greift bei Kant eine unerhört ehrliche und großartige Gesinnung durchaus zu den Gegenständen des Hoffens als dem einzigen oder wenigstens eigentlichsten philosophischen Interessengebiet. Hier ist alles hypothetische oder relativistische Wesen getilgt, und wenn die sichersten Werte und Ideen trotzdem eine regulative Akzentuierung erhalten, so bezieht sich dies überwiegend nur darauf, ob die Idee existiert und nicht, ob die Idee existiert. Es ist mitten in der deutlichsten Wiedererinnerung und Aufdeckung der letzten Gegebenheit das große christliche Pathos der Gefahr, das hier gegen das einzelwissenschaftlich geschlossene System der Physik oder Jurisprudenz so gut wie gegen jede Versicherung, daß Gott bereits im Himmel sei, also gegen jede in der Neuzeit unerlaubte Kopie des platonischen Panlogismus zu Felde zieht, — ohne daß jedoch das beständige Problem des wirklich Bedingenden auch noch des kategorischsten Imperativs, des moralischen Als Ob als eines theologischen Noch Nicht verloren gegangen wäre. Vielleicht wird dabei eher noch, wie Hegel richtig fühlte, des Guten zu viel als zu wenig getan, sofern man unter dem Guten die inhaltliche und reale Unbestimmtheit des Postulats erblickt. Denn so wichtig es ist, daß der Wille den einzelnen Zwecken enthoben und dem Überhaupt zugewandt wird, so dringend erhebt sich doch die Verpflichtung, in dieser inneren Form, in diesem Überhaupt des sittlichen Willens eine Sonne aufgehen zu lassen und einen realen Himmel zu wölben. Daher wäre vielmehr darüber zu klagen — im Gegensatz zu den rein formalistisch transzendentalen Auslegungen Kants und Begründungen der »Objektivität« —, daß Kant das Gelten endlos macht, insofern es in einen unendlichen Prozeß mit einem nur im Ausblick des Geistes gesetzten, nur als Idee gesetzten Ziel verlegt wird, und Hegels Abneigung gegen diese Art des Kritizismus, gegen die mit Bescheidenheit, Nüchternheit oder Begeisterung, je nachdem, unternommene Perseverierung der Methode an sich hat einen gewissen, wenn auch seinerseits selbst reichlich bedenklichen Grund. Man muß einsehen, das Sollen oder Gelten ist ein bloß pädagogischer Begriff. Es gibt kein Gelten ohne ein wenn auch noch so bedrohtes Sein, wie es auch kein Symbol ohne Realität gibt, und wenn es auch nur die Realität der objektiven Hoffnung und Essenz wäre. So bezieht sich das Sollen oder Gelten allein auf den abstrakten Abstand, auf die bloße, noch unverwirklichte, vielleicht erstrebte, aber noch uneingesenkte Essenz eines Gesetzes oder Wertes, so dunkel auch seinerseits der Realitätsgrad dieses logischen Überschusses erscheinen mag. Es gibt, logisch betrachtet, von einem die Zeit überholenden, utopisch-absoluten Subjekt aus, überhaupt keine eigene Geltungssphäre, sondern nur eine für uns zu predigende, für uns noch geltende überweltliche Sphäre, eine utopische Wirklichkeit oder eine noch nicht erreichte, wohl aber geltende Realität der Idee, so daß das »Sinnliche« und das »Übersinnliche«, die untere empirische Welt und die obere, vom apokalyptischen Überhaupt erfüllte, überempirische Welt, im Ernstfall durchaus die einzige Alternative für den Ort der Idee bilden.

Hegel.

Nun gibt es allerdings keinen besseren Totengräber als den völlig inhaltlichen Begriff. Es ist Hegel wesentlich, alles Innere nach außen gebracht und alles Kantisch Offene abgeschlossen zu haben, zugunsten des gewiß vorhandenen, aber auch bedenklichen Gewinns eines ausgeführten Systems.

Wem es gut geht, der hat es leicht, gut zu sein. Auch Hegel tut so, aber am falschen Platz, nicht gut seiend, sondern alles gut findend, um nicht gut sein zu müssen.

So hört man hier auf, zu leiden und zu wollen, menschlich zu sein. Das prägt sich darin aus, wie schlecht Hegel auf alles Fordern zu sprechen war. Er will sich ausgleichen, ohne daß auch nur ein Stachel in allem übrig bleibt, was ihm an der Welt wesentlich erscheint, was der kalte, klare, leidenschaftslose Begriff auf der Seite des objektiv Seienden entdeckt. Sich besser als die Welt dünken, sagt Hegel in einem dafür bezeichnenden Wort, heißt nur besser als die Anderen die Welt verstehen.

Hegel ist sowohl zu ärmlich als zu reich, um noch fordern zu können. Seine wahre innere Stellung ist von Fall zu Fall verschieden und läßt sich auch im Ganzen schwer entscheiden. Es bleibt jedenfalls dunkel, wer und welche Gesinnung hier so anhaltend und konservierend, aber auch so absolutistisch spricht; ob es das fühllose, geheimrätliche Wesen in ihm ist oder aber der sehnsüchtige Freund Hölderlins und der überschwängliche, gotische Phänomenologe des Geistes, der mit dem vollkommenen Jetzt keine irdische Gegenwart mehr denkt.

Zunächst freilich verlieren wir uns gänzlich, nichts an uns wird beantwortet und gelöst. Ob wir leiden, ob wir selig werden können, ob wir als einzelne existierende Menschen unsterblich sind, darum bekümmert sich der Begriff nicht. Denn der Denker ist auf dem Wege kein Mensch mehr zu sein, er überläßt uns das Schlimmste und geht stolz aus einer Existenz, die so wenig das Interesse der Abstraktheit berührt. Aber nun besteht, wie Kierkegaard sagt, die Not des Existierens gerade darin, daß den Existierenden die Existenz unendlich interessiert. Es ist daran leicht zu erkennen, ob man mit einem geprüften Manne spricht oder mit einem Münchhausen. Wer nur erzählt, etwa: wir verließen Peking und kamen nach Kanton, am vierzehnten waren wir in Kanton, der verändert nur den Ort, nicht sich selbst und daher ist die unveränderte Form des Erzählens in Ordnung. Aber hier, im Geistigen, heißt den Ort verändern, sich selbst verändern und darum ist alles direkte Versichern, dahin oder dorthin gekommen zu sein, nur ein Versuch à la Münchhausen. Es ist die Aufgabe des subjektiven Denkers, sich selbst als existierend festzuhalten und sich selbst in Existenz zu verstehen. Wir und immer nur wir werden von den christlichen Gleichnissen angeredet und fremdartig selbsthaft erleuchtet. Es ist der Mensch, das Erste, Letzte, Freieste, oder noch hüllenloser gesehen: das Wir, das den Messias sucht und auf den Messias wartet. Aber der abgelöste Denker unterliegt der Versuchung, dies alles als einen Anlaß ins Bewußtsein zu nehmen, um sonst ganz unberührt zu bleiben, ja sogar auf dem leichten Weg des Ausschmückens, darüber Redens und Spekulierens zu guten Tagen, zu Ehre und Ruhm zu eilen, je schwieriger die Sache des sich Findens der Seele, des Sprungs und der Innerlichkeit wird. Darum ist es, wie Kierkegaard sagt, bei weitem vorzuziehen, ein Geärgerter zu sein, der doch fortwährend in einem Verhältnis zu Jesus steht, als ein Spekulant, der ihn verstanden hat, der aus den Leiden der Herrlichen theoretisches Material macht und das Christentum bis zu einem gewissen Grade wahr findet. Wir werden noch erkennen, wie wenig wir besitzen, wenn wir uns auf die Ablenkungen jenes Begreifens eingelassen haben, das gar nicht verlangt wurde, das aber dem Menschen als Frage die bloße Welt als Antwort aufbürdet und jedes andere als das ad hoc von der enzyklopädisch-logischen Lösungsmöglichkeit her bestimmte Problem erlöschen läßt. Der abgelöste, abstrakte Denker ist imstande, selbst die furchtbaren Forderungen des Christlichen in der Entfernung seiner wurzellosen, nirgends bodenständigen Gescheitheit zu erledigen und alle Sprünge oder Dunkelheiten zu bloß vorläufigen Paradoxien zu machen, bei denen der Gang der Spekulation nicht stehen bleibt. Wir sind nun freilich so matt und seelisch verschleiert geworden, daß wir unsere Armut kaum mehr fühlen. Wir sind tiefer als die alten Völker gesunken, die sich vor ihrem Gott noch fürchteten, und erst recht menschlich tiefer als die mittelalterlichen Völker, die durchmachten, was heute nur noch ein Bankerotteur vor dem Selbstmord erlebt, die sich selbst und ihre Sünde als das nicht Bezahlthaben einer ganz klaren Schuld vor einem ganz klaren Gott begriffen und nach der Seite der Verdammnis wie nach der Seite der Erlösung alle Folgen dieses drohenden Zusammenbruchs kannten. Jedoch wir heutigen Menschen sind leer, ungläubig, ungediegen, dumpf und gänzlich verlassen, wir leben in dem durch unsere Hohlheit selbstverschuldeten Dünkel einer Verlassenheit, die trotzdem im selben Maße ungefühlt, ja, wenn sie genannt wird, den heutigen Menschen im selben Maße paradox erscheint wie der Sprung und die unserem und Kierkegaards tiefem Atheismus entsprungene Paradoxie der christlichen Postulate selber. Dazu, zu dieser Ermattung und Verschleierung, hat zweifellos der abstrakte Denker mit allzu ichentferntem, von der subjektiven Erhitzung befreitem Konstruktionszauber das Seine beigetragen.

Nun ist aber zum Anderen Hegel scheinbar fertig, überschlagend und gewohnt von oben her zu begreifen. Denn nur so lange erscheint das Denken in der Zeit, als es nicht seinen reinen Begriff faßt. Es ist, wie Hegel ausdrücklich sagt, nicht nur die höhere, sondern die höchste Stufe, auf der der Geist seine Bildung wieder anfängt, von der Weihe des Endes bewegt. Darum ist bei Hegel der Gang von dem ungebildeten Standpunkt über alle seine eingehüllten Erinnerungen hinweg zum absoluten Wissen nur propädeutisch und nicht systematisch von Wichtigkeit. Wir, also die kleinen Inhalte des Lebens, das Mitreden des psychologischen Ichs und der substanziell ungebundene Einfall des Subjekts, sind von vornherein ausgeschaltet. Es kommt auf nichts als auf die Vorsehung an, schon die Geschichte wird zu einer heiligen Geschichte verwandelt, und der Denker, der gehalten ist, die Ordres des Weltgeistes mitzuschreiben, gibt im Wesentlichen nur die erneuerte Leistung dessen, was vor alters im Gegensatz zum bloß frommen, sich unmittelbar verhaltenden Menschen als die höchste Stufe des Mysten galt, nämlich die Erkenntnis des vermittelten Lebens Gottes bis zur höchsten Stufe hinauf. Er erschleicht nicht, wie man zu sagen pflegte, sondern Hegel verbessert die Tatsachen, ohne deutlich zu bemerken, wie wenig hier bereits wirklich ist und wie wenig das Leben schon die Siebenmeilenstiefel des Begriffs anhat. Es verhält sich bei Hegel so, daß der zuletzt übrig gebliebene, späteste Mensch sich freundlich gewisser bereits gediegener Gestaltungen aus dem erledigten Prozeß erinnert, während das Ganze, auch das empirisch Brauchbare und erst recht das Geistige dieser Vorgeschichten vom Ende des Apriori her ausgewählt oder auch vom Gedankengegenstand her in das Objekt eingesetzt wird; wonach also jedes Wünschen und Gesolltsein, jedes Bloßlegen der Falten seines Herzens, jedes Pochen auf die subjektiven Ideale und ihr antihistorisches Raisonnement unterschiedslos verfolgt wird, und dieses alles aus dem gleichen, mit uneingestandener Endweisheit in die Empirie zurückgeschobenen Vollkommenheitspathos panlogischer Art. Deshalb, infolge dieser Verwandlung des Subjekts in die Substanz, werden auch die Mittel des Begreifens, also die innerlichen formallogischen Beziehungen der Urteilstheorie hemmungslos auf die reallogischen Beziehungen einer Objektstheorie übertragen. Bezeichnenderweise kommt die formale Logik selber erst am Ende der Hegelschen formal-metaphysischen Logik zum Vorschein, und der Lauf dieser formal-metaphysischen Logik enthüllt sich nochmals in der Abfolge der Religionen und Philosopheme am Ende des Systems. Als der Gedanke, der weiß, was er ist, existiert er bei Hegel nicht früher und sonst nirgends als nach der Vollendung der Arbeit. Er ist ganz und gar Beziehung auf sich selbst, er ist nicht vorbei und nicht noch nicht, sondern wesentlich jetzt, wesentlich Denken des Denkens, in sich zurückgebogen, geschlossen und ganz gegenwärtig, nicht historisch, sondern schlechthin metaphysisch präsent, seiner absolut sicher und als wahrhafte Unendlichkeit oder absolut gegenwärtige Tiefe sämtlicher Momente ein in sich geschlungener Kreis, ja ein geschlossener Kreis von Kreisen. Die Seele geht verloren, aber das Denken verliert sich bei Hegel jedenfalls während des Prozesses so wenig aus den Augen, daß es sich in seiner formalen Einleuchtung vielmehr gekräftigt, großgezogen und entfaltet am Ende des Prozesses als völlig reale und absolute, als die Weltlogik wiederfinden kann. — Daran ist freilich zunächst das eine bedenklich, daß Hegel trotzdem dieses Vollendete in den Weltzustand fälschlich hineinsieht. Wie kann er hier der Tugend bestreiten, sich gegen den irdischen Lauf, der nichts von ihr weiß, zu sperren? Dazu tritt unvermeidbar zugleich das andere Bedenkliche, daß Hegel die Kreisläufe seines dialektischen Verfahrens ebenfalls bereits in den Weltzustand mit völlig »erscheinendem« Schlußglied einverleibt hat. Noch bei Kant wurde das Sollen als ein Etwas definiert, das in der Natur nirgends vorkommt, weshalb auch die Geschichte nicht in der Tatsache, sondern durchaus nur in dem Problem eines Reiches sittlicher Zwecke ihren Leitfaden a priori besitzen kann. Nun hat Brunstäd äußerst scharfsinnig bemerkt, daß die Phänomenologie des Geistes nachträglich dasselbe für die praktische Vernunft leisten will, was die Newtonsche Naturphilosophie als ein bereits Vorliegendes für die theoretische Vernunft geleistet hat, daß also die Hegelsche Geschichtsphilosophie das historische Erfüllungssystem für den Primat der praktischen Vernunft darstellen möchte. Nur bemerkt man bei Hegel nicht, wo das Empirische endet und das Logische anfängt: er will alles recht finden, was ist, er fühlt noch einen Idealismus in den blauen Husaren, einen notwendigen Stand in den Feudalherren, einen tiefen Sinn in der Erbsünde, aber weder ist das Subjekt namhaft gemacht, das diesen utopischen Frieden doch erst stiftet, noch ist vor allem die (besonders in der Hegelschen Geschichte sehr lebhafte) Mischung der logischen Halbfabrikate der gediegenen Erfahrungskenntnis mit der Abgeschlossenheit und werttheoretischen Deduktion des Systems irgendwie im Sinne des erkenntnistheoretischen Realitätsproblems zum Untersuchungsgegenstand erhoben. So tritt bei Hegel der sonderbare Fall ein, daß einmal zu wenig wirkliche Welt, das heißt zu wenig Gang, Widerstoß und individuelle Differenz, und andererseits wieder zu viel Welt, das heißt zu viel Gesammeltes, als real Ausgegebenes, zu viel bereits eingestellte Wahrheit der Sache, zu viel logisch bereits abgelaufener Weltzustand anerkannt wird, und daß deshalb die ganze gediegene Erfahrungskenntnis, der ganze Hegelsche Empirismus nur in dem ungefähren Ausmaß des scholastischen Realismus als solcher verstanden werden kann. Daraus eben entwickelte sich zugleich das weiter Bedenkliche, eine letzte Bestätigung der Armut des Hegelschen Geistes, daß Hegel die Seele und Freiheit Gottes zerstört hat, draußen, innen und oben, zugunsten eines bloßen Intellektprozesses, eines sprunglos vermittelten, nichts Neues bringenden dialektischen Intellektprozesses mit restaurierendem, kalkulierbarem Ausgang. Was soll hier also die Redensart bedeuten, daß Gott im menschlichen Bewußtsein, das die wiederholte Geschichte ist, zu sich kommt? Es klingt freilich stolz und nach der erschütterndsten häretischen Vermessenheit alter deutscher Mystiker, aber wenn man genauer zusieht und vor allem den schwachen, intellektualistischen Gott betrachtet, dann zeigen sowohl das denkende Ich wie der gedachte Gott entthront und in den Umkreis eines allzu weltlichen und enzyklopädischen Bewußtseins verbannt. Man muß sich hier die tiefen Worte Baaders ins Gedächtnis rufen, daß nur der Teufel die stofflichen und psychologischen und weltlichen Vermittlungen braucht, um völlig existenziell zu werden. Denn als die abgefallenen Seelen unaufhaltsam nach abwärts sanken, hielt Gott die Erde in ihrem Höllensturz auf, schuf aus Mitleid die Materie und rettete dadurch die verirrten Menschen vor dem hoffnungslosen Verderben, daß er mittelst der Schöpfung der gesamten anorganischen, organischen und psychologischen Natur ein versinnlichtes Material der Pflicht schuf und andererseits durch den gewaltigen Ätnasturz der gesamten Materie und Natur auf den Teufel diesen selbst nur mehr durch sie hindurch zum Menschen kommen ließ, also die direkten Schädigungen des Tartarus fernhielt. Es ist hier gleichgültig, wieweit diese Begriffe stimmen, wichtig ist nur das Eine, daß sich an das gelehrte, bloß gelehrt arrivierte, methodologisch aufsteigende Bewußtsein nicht der höchste Zustand Gottes anschließen läßt, daß es eine andere Innerlichkeit und »Subjektivität« als die des bloß intellektuellen Welthistorikers und Absolutisten geben muß, um die Wahrheit zu sehen, und daß allein der Sprung, der moralische Einsatz gegen jeden scheinbar in der Weltenzyklopädie erschöpften Gottesrealismus, zu dem Überhaupt Gottes und seiner personhaften, in nichts pantheistischen Realität berufen sein kann. —

Von hier aus wird auch klar, wie sehr die rein zurückkehrende dialektische Bewegung unwirklich ist. Es gibt zwar etwas in uns, das sich mit ihr wohlfühlt. Nur wer krank war, weiß das Glück der Gesundheit zu schätzen, nur bei ihm hat die Gesundheit unterwegs etwas erlebt, sich am Anderen erlebt. So bildet die Bereicherung, das Wiederfinden auf dem Umweg den Grundsatz dieses Verfahrens. Es kommt scheinbar aus dem, was ist und sich durchführt, und versinnbildlicht trotzdem, wenn man es wirklich nimmt, nur einen geschäftigen Müßiggang oder den Selbstgenuß des Stillstands. Wie es Hegel darstellt, ergibt das bloß verständige Denken die ungeschichtliche, abstrakt klassifizierende Thesis, der unvermeidliche Umschlag zum Widerspruch ergibt die weitertreibende Antithesis oder die weltliche existenzielle Sphäre der Differenz, und der nochmalige Umschlag, das Aufheben im dreifachen Sinn des elevare, subtollere und conservare, mithin die nochmalige Verneinung, ergibt den positiv vernünftigen, konkret allgemeinen Standpunkt der Synthesis. Aber es bedarf keiner Begründung, daß weder die einzelnen Tatsachen noch auch ihre Gesetze mit den einzelnen Elementen dieser Umschlagsreihe gleichgesetzt werden können. So klar, so lehrbuchhaft beweisbar, so logisch ist die Welt nicht beschaffen. Es ist zwar denkbar, daß ihre Erforschungsweise dialektisch verläuft, aber dann darf der Gang von einem ersten Überschlag zur Erforschung der Tatsachen selber und zur schließlichen, den Überschlag empirisch modifizierenden Theorie nicht über seine heuristische Bedeutung hinaus ausgedehnt werden. Daher muß Hegel, so geschickt er auch die fünf Sinne oder die fünf Erdteile in die Dreizahl einzufügen verstand, in der politischen Geschichte eine Vierzahl der Weltreiche bestehen lassen. Auch die rechtliche Formel, die — in dem sonderbaren Nacheinander von Recht, Verbrechen und strafend wiederherstellender Gerechtigkeit — durch das Verbrechen die in sich identische Thesis und Synthesis voneinander abtrennt, kommt in der juristischen Wirklichkeit nirgends vor und stellt sich lediglich als die verfrühte Anwendung einer allein im menschlichen, methodischen Denken sich zutragenden Behandlungsweise oder auch logischen Werttheorie dar. Darum verändert sich auch die wirkliche Erkenntniskraft des dialektischen Verfahrens in dem gleichen Augenblick, wo die weiteren und eigentlichen, auch sachlich, ipso facto konstruktiven Gebiete erschlossen werden. Auch hier sind zwar bei Hegel nur die Teile der einzelnen Gruppen, aber fast niemals die einzelnen Disziplinen seines Systems selber unter sich, mit Ausnahme der ganz großen gewaltsamen Rubriken des Ansich, Außersich und An- und Fürsich, in eine dialektische Beziehung zu bringen. Aber man braucht nur darauf hinzuweisen, was Weber, Vaihinger, Meinong als idealtypische, fiktive und gegenstandstheoretische Annahmen, Vorbegriffe oder soseiende Objektive in die Diskussion eingeführt haben, um die eminente Fruchtbarkeit der dialektischen Methode auf allen rein werttheoretisch konstituierten Gebieten zu erkennen, so vor allem auch in der Entwicklung der Urteils- und Schlußfiguren und weiterhin in der Abfolge der ästhetischen Kompositionen vom formalen Korrektiv bis zum erfüllten Korrektiv der transzendentalen Synthesis hinauf, ja zuletzt in jeder nicht nur einfach erzählenden, sondern Durchführungshaft metaphysisch konstruierenden Erfassung des Geschehens überhaupt. Doch gerade in dieser obersten, methodologischen, aber reflexiven Fruchtbarkeit liegt das Gericht für die absolute Anwendung der dialektischen, panlogistisch befriedeten Methode zur Erzeugung des Weltinhalts oder auch seiner empirischen Umsatzregeln und Kategorien. Gewiß braucht nicht überall das Leid herbeigerufen zu werden. Es zeigen sich auch so manche einfache Dinge fertig und, gleichsam ohne daß es sie etwas angeht, zerlegbar. Ganz anders liegt jedoch der Fall, wenn das Leid, die Gefahr der Vereitlung auch in allen höheren realen Zusammenhängen geleugnet wird. Bei Hegel fehlen so die Tat, der Kampf, die den handelnden Menschen aufrufende Sorge oder Verzweiflung auch im Ganzen der Geschichte und Kultur. Darum wird, sofern sich der Begriff überschätzt, wirklich zu sein, das Leid zur Würze und das Schmutzige, Sperrende des Lebens zur ungefährlichen Zeremonie. Darum erkennt auch Hegel, genau betrachtet, nur insofern einen realen historischen Fortschritt an, als hier die Völker den auch ohne sie fertigen Geist in ihr Bewußtsein treten lassen, und ihre Aufeinanderfolge das eigene zeitliche Begreifen der zeitlosen, an sich völlig unbewegten, vielleicht leereren und weniger fugierten, aber gleichwohl bereits beschlossenen Selbstbewegung der Idee darstellt. Nirgends wird der Begriff der Entwicklung anders gefaßt, als daß ihm eine innere Bestimmung, eine an sich vorhandene Voraussetzung zugrunde liegt, die sich zur Existenz bringt. Es ist ein belehrendes Auseinanderlegen und wieder Zusammensetzen fertiger Würfel zu einer fertigen Pyramide. Wie ein Lehrer an der Tafel mathematische Lehrsätze oder philosophische Schemata »entwickelt«, die wesentlich fertig sind, so kommt auch bei Hegel ersichtlich nur dem Begriff und nicht dem Wesen eine »Entwicklung« und Metamorphose zu. Man erkennt, wie hier das unaufhörliche Ankämpfen der Individuen gegen jenes fremde, dunkle, stockende, erbarmungslose Fahrwasser, das das Leben und die Welt bedeutet, zur bloßen Schwierigkeit innerhalb der menschlichen, bestenfalls noch der eigenen göttlichen Rezeptivität abgeschwächt wird. Man kann sich also keine harmlosere Herabsetzung aller Gefahren oder Fruchtbarkeiten denken als die Art, mit der Hegel einmal die Verwirklichung völlig aus Gedankenstoff bestehen, ja als den bloßen Umschlag des abstrakten Gedankens herausspringen läßt und andererseits zu einer durchaus im Dienst der konkreten Idee stehenden Funktion verwandelt. Und wenn das sich Besondern des Allgemeinen schon an den Fällen der unteren Wirklichkeit, an der unteren Schranke des Logischen scheiterte und nur im Konstruktiven eine gewisse methodologische Bedeutung besaß, so kann ermessen werden, wie heftig das sich Aufschließen und nur scheinbar negativ geschehende Konkreszieren des Abstrakten zum konkret und real Totalen an den Fällen der oberen Wirklichkeit, also an der oberen, existenziell-moralischen Schranke des abstrakt Logischen versagen mußte. Hier hilft der unsittliche Glaube an einen bereits fertigen Fachwerkbau der Welt und das im Alpha bereits völlig entschleierte Omega der absoluten Idee, dieses oberste Deduktionsprinzip der dialektischen Methodik überhaupt, nicht weiter. Wir fangen gewiß nicht von vorne an und leiden unter dem, was vor der Kultur an Dunklem geschehen ist. Darum kann man den Sündenfall und die Vertreibung aus dem Paradies, damit also auch das Paradies selber als eine irgendwohin anfänglich gesetzte Gesinnung, mithin als eine im Plancharakter verharrende Thesis betrachten. Dann muß unsere Aufgabe in der Sühnung und Aufhebung bestehen, was von der menschlich-luziferischen Seite und von der göttlichen substanziellen Seite vor der Kultur gefehlt worden ist. Wie schon die Menschen vor Christus dunkel durch diesen schattenhaft geschehenen Plan bedrückt waren, so hat sich seit dem wieder ferner gezogenen Christus der Widersacher in Gott erst recht real auf das Verderben des Keims, auf die endgültige Ausschließung der Menschen aus dem Paradies verlegt, freilich nur mit dem Ergebnis, daß sich daran die Richtung der Liebe genauer gewinnt, daß sich daraus eine weitgehende Gegenerleuchtung des verborgenen Ziels entwickelt, und daß das uralte Zeichen der Vertreibung aus dem irdischen Paradies, umgekehrt, positiv gelesen, desto besser und inhaltlicher die Idee des himmlischen Paradieses erläutern kann. Zweifellos bildet also für das auseinandergesprengte Wir das langsame sich Reinigen und Sammeln seines luziferischen Wesens und die ganze Theogonie von Herr, Vater und heiligem Geist, mithin die gesamte Arbeit in der Kultur eine Mitte und das Ziel der Apokalypse einen Syllogismus. Aber das ist, sofern eben die Vertreibung wie das Paradies nur als Gesinnung, nur als Plan des Endes vom geahnten

Ende aus irreal an den Anfang gesetzt ist, wiederum nur als »methodologische« und nicht als reale Logik haltbar. Man sucht bei Hegel vergebens nach jener allein nach oben weisenden und neuzeitlichen Gesinnung, die sich in Fichtes Worten ausprägt, daß es außer der bloßen Wiederholung dessen, was da ist oder da war, ein tatbegründendes Wissen oder ein zum Handeln treibendes Gesicht aus jener Welt geben muß, die nicht da ist, aber die da sein soll; daß man also die Welt nicht zu ertragen habe um Gottes Willen, sondern anders machen soll um Gottes Willen, der, existenziell-moralisch gefaßt, ganz entgegen der dialektischen Methode durchaus nicht der Wille zur Restitution eines bereits dagewesenen und genau gekannten Alphas der Kultur ist. Bei Kant war das Denken ein einsames Licht, die Nacht dieser Welt zu verbrennen. Bei Hegel wird der Gedanke zu einem Schulmeister oder wahllosen Advokaten des Seins, das ihn beauftragte, und die Nacht der Welt rückt in das bloß unbelehrte Subjekt zurück. So breitet sich hier also die schöne Wärme der Lehrstube aus, damit all das Schmerzhafte, Unerträgliche und Ungerechte des Lebens, die andauernde Notwendigkeit seiner Widerlegungen, die Selbstverbrennung der Natur und die gesamte herkuleshafte Passionsgeschichte der Idee als ein Ungefährliches, immer Geschehendes, nie Geschehendes entwickelt werden kann, dessen eigentliche Auseinanderlegung entweder nur auf der Tafel steht oder aber gemäß der ewig beschlossenen, ewig fertigen Logosruhe der eigentlichen Realität eine bloße Zeremonie ist, dessen Prozeß sich also lediglich in einer transzendental-pädagogischen und nicht in einer transzendental-produktiven Deduktion begründet zeigt. Das ist eine wahrhaft gegen Kant gerichtete Restauration; aber so wenig der schwindelhafte Schnaps in Goethes Bürgergeneral ein Jakobiner ist, so wenig hat Hegel das Kantische Sollen widerlegt, so wenig bildet die laue Zufriedenheit des dialektischen Verfahrens, sich alles zurechtzulegen, den Geist der philosophischen Methode, und so wenig bewahrt diese dreitaktige Logik den wahren Formcharakter der Kantischen Philosophie, der Philosophie überhaupt als eines praktisch-transzendentalen, transzendental-realen Methodismus zugunsten des ernsthaften Logos, wie er sich in der Welt bestenfalls mittelst mehr oder minder vorgearbeiteter, mehr oder minder indirekter Anzeichen und Symbole realisiert. Wenn hier also die Spannung zwischen dem Erreichten und dem Gesollten durch wechselndes Mischen und unmerkliches gegeneinander Ausspielen verschwunden ist, so haben doch unerachtet aller mehr oder minder uneingestandener Nachkonstruktionen des Realen zum Utopischen, des Utopischen als Reales Konstruktionen das Sollen und das Gelten den größeren Preis für diese bedenkliche Weltlichkeit, Weltrealität des Geistes bezahlt. Es waren sicher nicht nur die Einflüsterungen eines guten Geistes, die zu diesem Fieber des bloßen Begreifenwollens, zu der als Real gesetzten bloßen Dialektik, zu dieser Küstenschiffahrt der bloßen Systematisation, rings um die sicheren Kontinente herum verleitet haben, um derart so völlig im Gegensatz zu dem echten, weit ins Dunkel hineingreifenden, sich seiner als konstituierend bewußten Methodismus der Kantschen Philosophie, den inneren Gott als äußerlich und sein utopisches Apriori als mögliche, bereits in jedem Alpha dialektisch realierte Empirie erscheinen zu lassen.

*

Und dennoch zum Letzten: es streiten hier zwei Typen, zwischen denen nicht nur zu wählen ist. Kant bleibt innerlich und unendlich, seine Forderungen verdämmern bewußt uninhaltlich in der Ewigkeit; Hegel wirkt dagegen als die glänzendere, großartigere, machtvollere, an Händel und Beethoven gemahnende Erscheinung, als ein Denker der Weite und wahrhafter Weltbesitzer mit dem unermeßlichsten Zug unterworfener und durchdachter Objekte im Gefolge des Systems.

Aber nicht alles, was innerlich ist, braucht schmal und schwach zu sein. Auch weiß man bei dem weiteren Rundbild nicht, ob sich dies alles noch bewegt oder überhaupt bewegen will. Andererseits aber kann man bei Hegel weiter sehen als bei Kant, weil er gebaut hat und derart auf Zinnen stehen kann, weil er eine Steigerung und vor allem statt des ungegliederten, unmittelbaren Gefühls ein vermitteltes Denken kennt. Zwar teilt auch Kant und leitet ab, es wird noch verschränkt genug zu sehen sein, wer mehr »baut«, Kant oder Hegel, es ist nicht nur einfach regellos nebeneinander liegendes philosophisches Material, und daß das »Wollen« nach dem »Erkennen« folgt, bildet wahrhaftig nicht nur einen einfach zeitlichen Zufall. Zunächst ist schon das: wie es zu vermögen sei, also die Kraft und Leidenschaft des Deduzierens, dieser ironische Essay, der an dürftig Gegebenem Absolutes meint, die gesamte Einheit der transzendentalen Methode in den drei Kritiken, ein großes systematisches Band; und dann, daß das theoretische Sein abhängig sei von dem ethischen, die ganze Weiterbildung Kants im Fichteschen System, ist bereits bei Kant latent und ein systematischer Grundgedanke prinzipiellster hieratischer Ordnung. Aber das wirkt nicht bis zum Einzelnen herab, auch ist gerade die Dreizahl der Kritiken keineswegs deduziert, schon die Dreiheit selbst statt der theoretisch-praktischen Zweiheit ist reflexiv (denn die Urteilskraft ist nur sehr ungefähr ein »synthetisches« Drittes zwischen Natur und Freiheit), nach der Dreizahl eines veralteten psychologischen Grundrisses gebaut; und so bleibt die Kantsche Anordnung doch im wesentlichen eine bequeme und sonst reflexive Notizendisposition, während das Hegelsche System konstitutiv ist, sein Inhaltsverzeichnis bereits die Kategorienlehre und sein Baugedanke eine wesentliche Wasbestimmtheit des Geistes. Das ist um so wichtiger, als eben durch Kant das Denken frei und versuchend geworden ist, ein neues, nicht mehr empfangendes Medium der Selbsttätigkeit; und so gerade der Mensch als Frage die Welt als Antwort in Bewegung setzt, so auch gerade die kopernikanische Tat nicht anders gelingen mag als durch das Weiterbauen der Welt, durch die Ausbreitung des noch objektlosen unendlich-inneren Kompendiums zur Weltarchitektur, zur Breite und Fülle kräftig vollendender Sphärenbildung und Systematik. War es gesellschaftlich und in der Kunst so, daß das Mittel zumeist wenig ist, und das Ich und sein Gegenstand wesentlich über das Schwach oder Stark, über das überwerkhafte Gewicht des Werks entscheidet, so bleibt dieses zwar auch in der Philosophie nicht anders zu halten, aber der Unterschied ist doch der, daß hier die Form, das Anhaltende, Knochenbildende der Form, der Horos im Gegenstand selbständiger als bei Staat und Ästhetik innerhalb der Gegenstandsreihe gegründet ist; sodaß also Kant in diesem Punkt durch Hegel vollendet wird. Aber andererseits wiederum ist das innere Buch letzthin weder Welt noch überhaupt ein Buch. Denn das Denken ist zwar dasselbe, weswegen der Gedanke, aber nicht dasselbe, weswegen die Welt ist, und noch weniger ist es in der unemotionalen Hegelschen Fassung dasselbe, was über der Welt ist oder sein soll; und selbst wenn es dieses wäre, bliebe die Kategorienlehre, nicht nur, weil sie noch unmaterialisch ist, weit davon entfernt, die ganze Philosophie, das letzte, rein ichhafte, moralische Zentrum der Philosophie zu bilden. Das reine Denken kann daher auf keinen Fall den wesentlichen Seinsinhalt des Universums dialektisch reproduzieren, sofern nicht das Denken »subjektiv« geworden ist, und der wesentliche Seinsinhalt auf das zur Welt und auch noch zu ihrem mit sich selbst abschließenden System schlechthin Paradoxe eines »subjektiven«, ethisch-religiösen Mysteriums reduziert wird. Davon ist bei Hegel letzthin keine Rede: das Bewußtsein, das bei sich angelangt ist und seinen Schleier ablegt, mit Fremdartigem behaftet zu sein, ist, sofern seine geschehene Darstellung selbst mit der Natur des absoluten Wissens zusammenfällt, durchaus das Ende der Philosophie; der Kreis von Kreisen, der Selbstbegriff der Philosophie ist nichts anderes als die einfache, noch einmal als Logik des Logischen identisch gesetzte Ganzheit der Philosophie selbst, ohne alle Rückkehr und Einkehr aus den entfremdeten Objektivitäten des Systems in die Philosophie der Innerlichkeit.

Nun aber ist Kant zwar seelisch und innerlich und es fehlt ihm das Weite, das sich vermittelt und welthaft ergießt. Indem jedoch Kant wesentlich meint, produktiv, spontan ist, liegt ihm, wie bereits angedeutet, zugleich rein sachlich der Bautrieb paradoxerweise näher als Hegel, der, soviel er sich auch auf sein »vermitteltes« Wissen zugute tut, dennoch goethischer, direkter ist als es den Anschein hat. Denn wenn auch Kant noch so sehr innerlicher und existenzieller ist als Hegel, so sieht dieser doch ebenfalls an, ja sogar mit mehr Erfolg als Kant, der das sich Fühlende zunächst hinter dem Rufen, hinter dem Bautrieb zurücktreten läßt, um dieses sich Habende am Ende der begrifflichen Intentionen zwar in einem gewissen sich in Existenz Verstehen, in einer gewissen Intensität rein auf das Individuum bezogener Begriffe, wie der Achtung, aber noch nicht in angeschauter, völlig »subjektiver« Evidenz, sich Selbstsein des Subjekts zu erreichen. Freilich hat es Hegel leichter als Kant phänomenologisch zu sein, sofern ihm die angeschaute Weite noch nicht die Seele als Weite ist, sofern sich also Hegels Evidenzerlebnis nur erst auf ein gewisses Weitschichtiges, Marschierendes, historisch Ausgebreitetes, »Logoshaftes« bezieht, wie es bestenfalls bloße Vordergrundsmaterie der Erfüllung, bloße Selbstgegenwart des kosmischen Aggregatzustands der Seele zu liefern vermag. Insoweit allerdings ist bei Kant die Gliederung primärer als bei Hegel, der entweder rein für sich nur ordnend oder aber versetzt, uneigentlich systematisiert; und umgekehrt bei Hegel die Wesensschau primärer als bei Kant: die einheitliche, im tiefsten Grund über aller Gliederung projektierte Verwandlung Myschkins in das Du, Makariens in das Sonnensystem, des Subjekts in die Substanz. Das zeigt sich (wie es der Säule gleichgültig ist, wo man sie hinstellt) überall dort, wo das Teilen von Hegel wie eine zufällige Ansicht an das phänomenologisch weite Eine herangetragen scheint. So wenn etwa die Anschauung des Griechischen, der Griechheit in allen Sphären wiederkehrt, juristisch so gut wie ästhetisch wie religionsphilosophisch wie in der Geschichte der Philosophie, ja selbst in der weit weniger geschauten Hegelschen Naturphilosophie dürfte ein dem Urphänomen der Griechheit Entsprechendes aufzufinden sein. Hier hat Lukács mit großem Scharfsinn bemerkt, daß selbst bei Marx ein solches Hegelsches Querschauen, das heißt eben ein an sich ungeteiltes Schauen weiterwirkt, sofern nämlich auch im ökonomischen Materialismus eine ungebrochene Anschauung, ein einheitliches Dasein gleichsinniger Urphänomene mindestens in jedem Zeitalter vorausgesetzt ist, das dann erst in die einzelnen Sphären und die kausale Prävalenz der ökonomischen Sphäreninhalte auseinandergelegt wird. Nicht minder dürfte gerade die Beobachtung, daß Hegel nur gedanklich, aber nicht real »entwickelt«, auf die Einheit einer phänomenologischen Gesamtanschauung zurückweisen, so wie ja auch in Goethes Wahlverwandtschaften das Schicksal der handelnden Personen nur scheinbar frei und in der Zeit geschieht, während dahinter die fertige Notwendigkeit eines mit einem Male seienden Schicksalsplans, eines gelassenen erotischen Urphänomens vorliegt. Ebenso scheint die erstaunliche Disposition, wonach im Grunde in jeder Trias der dialektischen Methode dasselbe stehen möchte: Tasten – Hören – Sehen; oder Anschauung – Vorstellung – Begriff; oder Obersatz – Untersatz – Schlußsatz; oder Afrika – Asien – Europa; oder Fichte – Schelling – Hegel; oder Kunst – Religion – Philosophie; oder An sich Gottes und Plan der Welt – Außer sich Gottes und Differenz der Natur – An und Für sich Gottes und Erfüllung des Universums — gerade dieses wenigstens ungefähr Verwandte und Austauschbare der einzelnen Syllogismen, jedoch bezeichnenderweise nicht der einzelnen, sie übergreifenden, prinzipiell von Kant und weiterhin von Christian Wolff übernommenen Disziplinen, weist deutlich auf die Einheit einer aller Sphärenbildung voraufgehenden »Phänomenologie« des Geistes hin. Das tritt noch klarer und völlig einleuchtend hervor, wenn man die Hegelsche Terminologie beachtet, in der ja nichts ohne Bedeutung bleibt: daß nämlich zwischen der Erscheinung und der »Erscheinung« zu unterscheiden sei; wobei das Eine, das bloß erscheint, zwar den Sinnen, aber auch dem bloßen Verstand zugewiesen wird, also zugleich als die noch unbestätigte abstrakte Thesis betrachtet werden kann, während das Zweite, das sich erscheinend zur Erscheinung, zur konkreten Manifestation bringt, in der Synthesis seinen Ort hat, die den Verstand »erfüllt«, das heißt also seine Thesis als wirklich, als real fundiert aufweist, und die, wenn auch nicht die Sinne, so doch »die Vernunft« als Erfüllungsgrundlage, als das evident bestätigende Adäquationsmoment der andern Seite, als das phänomenologisch Reale, Substanzhafte schlechthin der Welt besitzt. Nun aber sagten wir bereits, daß sich Hegels Evidenz nur erst auf ein gewisses Weitschichtiges, Vorstufiges, historisch Ausgebreitetes bezieht, dem der Klang der Seele, die Seele selbst als Breite, Kosmos und Realität noch fehlt. Damit stimmt zunächst überein, daß hier alles eigen Gebaute schwach und beliebig ist, daß die dialektische Dreiheit, mag sie auch tausendfach korrespondierend wiederkehren, doch nur als hilfskonstruktiv bedeutsam erschien, ohne genaueren Bezug auf das wirkliche Geschehen. Damit verbindet sich weiterhin die Einsicht, daß wenn es schon um Reales gehen soll, die Marxsche, das heißt zwar Hegelsche, aber prinzipiell Kantische, von Hegel nur unausgeglichen übernommene Sphärenbildung, Sphärenrelation dem realen Geschehen zweifelsohne näher steht als die Wesensanschauung der querlaufenden Urphänomene oder der damit nur lose verbindbaren dialektischen Dreiheit. Freilich braucht sich nicht alles ohne weiteres sichtbar mit der einfachen Anschauung oder auch ihren einfachen Regelgehalten zu decken, um doch erfüllbar zu sein; es ist schon schwer zu sagen, wo sich etwa »bald« oder »und« oder »etwas in die Wege leiten« und ähnliche höchst wichtige kleine Meinensakte erfüllen, und so wäre es auch sehr wohl denkbar, daß die dialektischen Dreiheiten eine adäquate Erfüllung hellseherischer oder anders evidenter Art besitzen. Es hat jedoch nicht den Anschein, als ob die dialektische Methode auch nur anthropologisch, geschweige denn kosmisch fundiert wäre, indes bei Hegel allerdings die Sphärenbildung nicht nur von außen herangetragen bleibt wie bei der Schopenhauerischen Definition des »Systems« als eines gegen den Sphärenaspekt gleichgültigen »Organismus«, sondern sich gerade bei Hegel wesentlich aus einer noch unentschieden bleibenden Verbindung der Kantischen Sphärentheorie mit einer tieferen Konsequenz der Welthaftigkeit konstituiert, nämlich mit der Wesensanschauung des Hegelianismus gegenüber dem eigenen, über sämtlichen einzelnen Urphänomenen gelegenen Total-Urphänomen des Prozesses der Idee und seiner Hierarchie. Das Ganze reduziert sich dergestalt auf die Frage: ob die Sphärenbildung überhaupt, wie sie sich über der bloßen Erlebniswirklichkeit erhebt, lediglich auf die Seite der intendierten Hilfskonstruktion fällt oder ob ihr, die sich dann nicht nur über die amorphe Erlebniswirklichkeit, sondern auch über jede Mannigfaltigkeit der Urphänomene regelnd, gemäß dem harten, kein Überlaufen duldenden Bauprinzip der Kantischen Philosophie erheben würde, eine Erfüllung in der Realität entspricht. Gibt man das letztere zu, wie es außer Marx allein schon die Tatsache wahrscheinlich macht, daß der Unterschied der Wesensanschauung und Sphäre bei Hegel fließend ist und durcheinander geht (denn auch die Säule korrespondiert sich als solche griechisch und gotisch, wonach also die selber querlaufend korrespondierende Griechheit ihr gegenüber wieder »enger« und wie eine Sphäre, etwa herausgeschnitten aus der Menschheit wäre), daß weiterhin Kant und nach ihm auch Hegel die Sphären brauchen, um jedem Ding seinen Platz zu geben und es danach zu erkennen, um überhaupt Mannigfaltigkeit der Wesensanschauung und vor allem ihre letzthinige Einheit in der Idee zu gewinnen:

dann scheint entsprechend die Gliederung bei Kant nicht nur primärer zu sein als bei Hegel, sondern auch, als Gliederung nach Disziplinen, das heißt eben nach Sphären, konstitutiver; dann scheint bei Kant vor allem auch, sosehr er die Aufgabe unendlich macht und die Adäquation des Intellekts mit der Sache als »eine elende Diallele« ablehnt, das letzte Anschauen, das wieder Hervortreten der Sinnlichkeit über den Verstand, des Inhalts über die Form, das geheimnisvolle Paradox eines produktiven Anschauens, die Wesensschau am Ende der konstitutiv aufteilenden Sphären, also die Achtung als Affiziertsein durch das moralische Ding an sich und das einheitliche Auftreffen sämtlicher Sphärenkonstruktionen auf den archetypischen Intellekt — weitaus tiefergehend und ebenfalls konstitutiver zu sein, als in Hegels sowohl reflexiver gegliedertem als auch intentional kürzerem, welthafteren System der Weite und lediglich prozessualen Hierarchie. Zwar, wer mit Zungen redet, bessert sich selbst, wer aber weissagt, der bessert die Gemeinde: jedoch es ist noch wichtiger, daß das sich bessernde Ich in der Welt nicht verloren gehe. So scheint es dieser Orts nötig, Kant durch Hegel hindurchbrennen zu lassen: das Ich muß in allem übrig bleiben; mag es sich auch zunächst zu allem entäußern, durch alles nochmals begreifend, vollendend sich hindurchbewegen, um die Welt aufzuschichten und gesammelt vor Gott zu bringen, so ist doch das wünschende, fordernde Ich, die uneingesenkte Postulatswelt seines Apriori die beste Frucht, der einzige Zweck des Systems; und Kant steht deshalb letzthin so sicher über Hegel, wie Psyche über Pneuma, die Ethik über der Enzyklopädie und der moralische Nominalismus des Endes dem noch halb kosmologischen Realismus der Hegelschen Weltidee übergeordnet ist. Das Ziel wäre dann erreicht, wenn es gelänge, was bisher nie ganz zusammenkam: das Zungenreden und das Weissagen, das Seelenhafte und das kosmisch Totale, zu vereinen; dergestalt, daß das Rufen und Erarbeiten durchgehends vor das Antworten gelegt würde, daß weiterhin alle unteren, bereits realen Formen der Vermittlung systematisch wohl durchlaufen werden, daß schließlich auch die Befreiungsmächte der Gesellschaft und die Erziehungs-, Theurgiemächte der Kirche sorgfältig objektiv aufgebaut und durchdacht werden: um daraus erst, von diesen großen Observatorien her das Innerliche, die Seele als echten Kosmos, die Selbstbegegnung als den Inhalt aller Kulturwerte, die Feinde und Genien der universalen, absoluten Selbstbegegnung in der Apokalypse zu systematisieren, als welche allein den völligen Mechanismus des Erwachens und der mystischen Selbsterfüllung in Totalität vorstellt.

Beschluß, Programm und Problem.

Es will um uns anders werden.

Aber noch hat sich nichts geschieden. Wir sind arm und reich zugleich. Kaum, daß genau zu sagen ist, wieweit wir das Eine oder das Andere sind.

Man ist abgetrennt und findet sich allein zusammen. Es ist nicht sehr leicht, hier zu leben, in dieser übermäßig frostig gewordenen Luft. Noch schlimmer, daß es uns im Ausland wieder schwer gemacht wird deutsch zu sprechen, sofern man sich damit falsch zu bekennen scheint. Daß wir so sehr preußisch statt zu uns hin russisch geworden sind, das ist unser Unglück und unsere wahre Erniedrigung.

*

Es darf aber so nicht weiter gehen. Die Deutschen.

Gegen diese Art sich zu geben, kann niemand draußen oder drinnen neutral bleiben. Viel Feind, viel Ehr', gut für die Ritter, aber ein arbeitenwollendes Land kann auch zu sehr geehrt werden. Der Gendarm ist nicht das deutsche Gesicht, und das preußische Gift, das sinnlos zu Tode organisierende, muß aus dem Reich verschwinden. Es kann zwar süß sein und manche täuschen, ja seine Propaganda liegt gerade dem zuchtvollen Menschen zunächst verblendend nahe.

Sie ließe sich etwa folgendermaßen denken. Was kämpft ringsum gegen die Deutschen? Es ist nicht das Volk, das freie Volk, das sich gegen den Geßlerhut empört, der es ja gar nicht drücken konnte, da er doch in fremden Landen hängt. Und wenn man den anderen Völkern vorspiegelt, daß sie dennoch von Preußen, von dem unruhigen, eroberungssüchtigen, waffenstarrenden Nachbar fortdauernd bedroht gewesen seien, so ist das angesichts des imperialistischen Säbelrasselns in den eigenen Ländern, angesichts des erlangten Tripolis, Marokko, Persien — um nur von den jüngsten, einseitig ententehaften Kolonialerfolgen zu sprechen — kein besonders starkes Argument. Er ließe sich sogar lieben, der wehrkräftige Nachbar; vom wildwestlichen Rauhreitertum angefangen bis zu der zuchtvollen Kriegerhaftigkeit der neuen französischen Jugend müßten ihm alle noch unbürgerlichen, noch nicht zu Haustieren gewordenen Herzen, die wilden, unverschnittenen Hengstherzen der Männer par excellence zufliegen; und ein Überdruß ohnegleichen an den eigenen Rechtsanwälten, an der ganzen Seßhaftigkeit und friedfertig erheuchelten Anglikanersitte wäre wohl zu begreifen. Der Krieg ist dort durchaus nicht abgeschafft, er ist nur ins Privatleben zurückgedrängt und erzeugt in dieser Stockung — da man Polemos Gift zu trinken gab — Ausbeutung und Lieblosigkeit ohne Maß, Haß, Neid, Hämischkeit und alle übrigen Formen von Ressentiment; während in Deutschland, wenn nicht tatsächlich, da England weithin vergiftet hat, so doch prinzipiell, die Wehrhaftigkeit, oder wie Scheler einmal sagt: der noch offen vorhandene Gesinnungsmilitarismus um seiner selbst willen herrscht. Es ist das, was sich gegen alles Gezähmte, Berechnende schlechthin wendet und es vertilgt. Es ist jene selbstverständliche Wärme und patriarchalische Anständigkeit, die Treue gegen Treue gibt, verantwortungsreiche Führung gegen vertrauenden Gehorsam. Es ist dasjenige, was Friedrich Wilhelm IV. in den Verfassungskämpfen so ganz vortrefflich als Idee seines absoluten Königtums gebrauchen konnte: daß sich zwischen ihn und sein Volk kein geschriebenes Stück Papier drängen solle. Es ist die Abneigung gegen alles vertraglich Festgelegte, gegen alles kodifizierte Mißtrauen; die gute alte ungeschriebene Anständigkeit und Frömmigkeit des altpreußischen Herrentypus, der — wohlabgestuft und sonach gerecht — jedem das Seine gibt: dem Volk Brot und väterliche Liebe, den Herren den scharfen Blick, die sichere Hand, die bedenkenlose Kühnheit, Jägertum, Duellantentum, Kriegertum, das todesmutige Herz, die Pflicht zum Schutz des Landes, zum Fallen für des Landes Ehre, die alten mystischen Tugenden des Hochgearteten, des Samurai und der Kriegerkasten aller Zeiten. Es ist nicht zum Letzten dasselbe, was sich als die Spannung des Geisteszigeuners zu dem Familieneremiten auf anderen Ebenen abspielt. Es ist aber vor allem auch der Kampf der Selbstlosigkeit, der organischen Staatsauffassung, des alleinigen Blühens der Individualität in ihrer allgemeinen Pflicht — gegen die liberale Fahrigkeit der Weststaaten, gegen die Schlamperei ihrer Demokratie, gegen den verantwortungslosen Dilettantismus ihres Freigeistertums, mithin gegen die von der deutschen spekulativen Philosophie des neunzehnten Jahrhunderts längst überholte contrat-social-Theorie der Aufklärung. So ist Preußen-Deutschland nicht nur ein wehrhaftes, sondern auch ein gebautes Reich, der Hort der Organisation, von Lenschs Sozialdemokratie bis hinauf zu Rathenau und dem Chef des Kriegsamts. Und es ist nicht nur ein mechanisches Gefüge toten Zwangs, sondern es wirkt auch machtvollste Überlieferung, Geschichte, Mystik darin: derart, daß sich in der spezifischen Organisierung Preußen-Deutschlands die westlichste, modernste, rationalste Kalkulation mit dem Geist des Aufbaus, mit de Maistres, Metternichs, Goethes, Hegels organischem Formgedanken, organischem Traditionalismus vereinigen, mit dem Geist der Autorität, mit dem Staatsglauben des Allgemeinen, Überpersönlichen, mit der erblichen, geheimnisvollst verwurzelten, von Gott selbst gesetzten Hierarchie. Sollte dieses auch besiegt werden können, so wäre ein Großes und Schönes untergegangen, sich lange genug noch, überkräftig, sperrend vor der flachen Majorität. Wilhelm II. wirkt wie der letzte Herrscher, wie der Späteste, Stärkste im Erbe Chosrus, Hadrians, Harun al Raschids, Justinians, Friedrichs II., Ludwigs des Sonnenkönigs, ein Ragender in den Zauberreichen von Adel, Hofglanz, herrlicher Ferne, Unbeweglichkeit, Erhabenheit des Zeremoniells, byzantinischer Magie; versinkend noch gegrüßt von allen seinen Brüdern und Ahnen seit den ältesten Tagen assyrischer Zarenherrlichkeit. —

So ungefähr könnte man sprechen und zufrieden sein. Man braucht dazu nicht einmal das andere Gute zu bemühen, das sich sonstwie noch geistig vorfinden ließe. Wird es doch so schon zuhause als ziemlich überflüssig betrachtet, der Junker, die Pflicht, der Machtzauber genügen.

Aber nun ist die russische Revolution losgebrochen. Und vor ihr erst zieht der Ernst herauf, die Werte an die richtige Stelle zu legen und aus ihrem täuschenden Bündnis mit dem Unwert zu lösen. Es ist jedoch die deutsche Schande, daß die russische Revolution losgebrochen ist unter bewußter Loslösung von dem bisherigen deutschen Einfluß und unter Mitwirkung der großen westlichen Demokratien. Das ist gewiß nicht buchstäblich zu verstehen. Denn den Krämern uud Ausbeutern aller Zonen werden noch die Augen übergehen vor dem, was sich hier gegen sie zuträgt. Unendlich war die Gefahr, daß der Kampf gegen die preußische Militärherrschaft auch England und Amerika immer weiter militarisierte und schließlich, wie er von vornherein, ohne Wilson, wenig Tieferes als ein geschickter Vorwand war, zu einer hemmungslosen Steigerung der imperialistischen Expansionspläne verhelfen könnte. Aber nun entstand der Arbeiter- und Soldatenrat, fern und fremd aller Privatwirtschaft, feindlich und die Ankunft des Ministers zu allen, die im Kerker schmachteten, das Nein, das Veto, das Zerreißen der Geldwirtschaft, der alles Böseste im Menschen preiskrönenden Kaufmannsmoral — schon im bloßen Und des Arbeiter- und Soldatenrats, dieses sonst stets erwartbar gewesenen Gegensatzes aller früheren Revolutionen, ein Umbruch der Macht zur Liebe. Trotzdem bleibt es erstaunlich, daß die westlichen Phrasen von Menschlichkeit oder Kampf gegen die Militärautokratie, hinter denen sich doch das überall gleiche raubgierige Bourgeoisgesicht verbarg, plötzlich ein Ferment von Echtheit in sich enthielten oder wenigstens von dem tiefen Rußland als solches mißverstanden werden konnten: die Geburt des freien und nun gar erst des russisch freien Menschen, im Bruch mit allem abhängig haltenden Feudalismus, jenseits auch der Weiterungen liberaler Oberflächlichkeit, jenseits auch der angelsächsischen Banalität oder des gottlosen Kleinbürgertums deutscher Sozialdemokratie. Und doch, das Andere, das, was der europäischen Bourgeoisie dereinst noch viel furchtbarer und radikaler erscheinen wird als das deutsche Arsenal oder die von der ganzen Welt verworfene deutsche Staatsmystik: stammt es nicht wiederum aus Deutschland, aus einem anderen Deutschland, noch nicht in die Geschichte eingetreten — Karl Marx, der Sozialismus als Wissenschaft, die alte deutsche Philosophie, alle die an der russischen Grenze vordem so sicher der Zensur verfallenen Bücher, das System der organisierten Freiheit, den Prätorianern gegeben, die jetzt in der russischen Revolution zum ersten Mal Christus als Kaiser einsetzen?

Erst von hier aus wäre der deutsche Ruf wieder wohl zu verbreiten. Von ihm aber scheiden sich, wiederum ernsthaft gesprochen, sowohl das rüde Wesen wie der endlose Zwang der Obrigkeit deutlich genug ab. Und zwar dürfte der hochfahrende Ton gar nicht deutsch genannt werden, sondern die Engländer haben ihn viel gründlicher in den Muskeln und Nerven, freilich ohne so viel Gerede darüber zu machen, da sie ihn ja nicht erst nachzuahmen brauchen. Es ließe sich leichthin weiter zeigen, daß sogar das trotzige und ungezähmte Wesen, das in der milden Schreiberwelt scheinbar so einsam und wie ein letzter Rest der festen, schön gerundeten Manneswangen des Zeus von Otricoli dasteht, bei genauerem Zusehen nur sehr wenig eigene Barbarei enthält. Denn auch diejenigen haben sich tapfer geschlagen und sind gefallen, die vordem bescheiden genug zu leben hatten. Und die Ritter selbst haben sich der allgemeinen Rechenhaftigkeit nur insoweit entzogen, als sie sich durch bürgerliche Geldheiraten vor einem derartigen Beruf zumeist zu schützen wußten. Ebenso dürfte sich der weitere Abscheu des Adels vor der Solvenzmoral lediglich in der Richtung bewährt haben, daß er die von ihm wohlbesetzte konsularische oder diplomatische Auslandsvertretung deutscher Kontorinteressen nur in sehr mangelhafter Weise auszuüben geneigt war. Was sich trotzdem an herrischen Gestalten regt, pflegt in den meisten Fällen nicht aus ihnen selbst, sondern eben aus der erwerbstüchtigen Organisation abgeleitet zu sein, die die sogenannten ersten Kräfte, die routinierten, wo nicht gar seriösen Persönlichkeiten, die Rayonchefs und Direktoren, die Unternehmer des Erwerbs und nicht etwa des Charakters oder der weiten, persönlich getragenen Idee bevorzugt und sich derart so durchaus domestizierte Typen wie die Häupter der großen Schiffahrtslinien oder den Kaiser selbst herangezogen hat. Sollten aber trotzdem unter diesen noch einige Heldenseelen ohne Auftrag vorhanden sein, zusammen mit den wenigen echten, gut konservierten Junkern, so dürften diese Konquistadoren doch nicht ohne weiteres mit jenem Irrationalen verwechselt werden, das in den großen alten Kriegerstaaten herrschte. Denn es ist so, es ist zum Ekel, wie luftleer hier das Geistige schweben muß, wie machtlos es zwischen den Klassen umherirrt. Nicht nur die großen Menschen, schon die schönen alten Städte, Halle, Magdeburg, Frankfurt, Köln, voll von uralter gewachsener Baukultur, sind in einer Weise reglementiert und auf einen Generalnenner von Nüchternheit und Traditionslosigkeit gebracht worden, der auf den alten Kulturböden der übrigen Bundesstaaten, trotz des Maschinenzeitalters, nicht entfernt seinesgleichen findet. Der italienische Bauer und Verdi, der französische Jüngling und Bergson, der russische Mensch und Dostojewski — das sind insgesamt bruchlose Zusammenhänge, die man in diesem neuen Preußen-Deutschland vergebens suchen würde, wie es bösartig beziehungslos oder bestenfalls mit wurzellosem Snobismus an seiner einsamen Intelligenz vorbeigeht. Darum also: während hier kaum etwas Großes geschieht, das von oben her nicht mißbilligt und verfolgt worden wäre, während Gerhart Hauptmann nur infolge eines Kriegsgedichts mit Will Vesper zusammen zum roten Adlerorden vierter Klasse aufrücken konnte, während die deutsche Kunst und Wissenschaft nach Lloyd Georges' richtigem Bild offiziell bestenfalls wie ein Lanzenschaft gewertet wird, dessen Spitze die Armee ist; während der Imperator Rex der Deutschen, der sich das Instrument des Himmels nannte, mit den Tönen dieses Instruments, ein zweiter Arion, nur die Architekturen der Siegesallee um sich aufzaubern konnte oder den mäßigen Deismus der anglikanischen Hochkirche: war es selbst kulturell so unfruchtbaren Machtstaaten wie der Türkei oder Assyrien, von Rom ganz zu schweigen, prinzipiell gegeben, eine geheimnisvoll verwandte Anziehung ihres Irrationalen zu dem anders Mystischen großer Kulturen auf ihrem Wege zu verspüren. Aber selbst, wenn auch der preußische Adel noch das fruchtbar Große alter Zeiten besäße, selbst wenn seine Realität nicht in einem solch niederschmetternden Gegensatz zu der frommen Feudalidee bestände: — die Herrentugenden haben keine Stunde mehr, der Adel des Gebietens geht schon rein sozial seinem Ende entgegen, sofern es in der heraufkommenden ethischen Demokratie niemanden mehr zu beherrschen gibt, niemanden mehr zu beherrschen gilt, und die Kraft zur Güte und Brüderlichkeit, die eigentlich erst mystische Liebeskraft des Menschen eine völlig neue Rangordnung der Werte in die Welt einstrahlen lassen wird. Was aber schließlich die Organisation selbst angeht, diesen zweiten deutschen Fremdkörper, so ist sie einmal in dem zentralisierten Frankreich viel früher zu Hause gewesen, und dann ist sie von dem kleinen wendisch-vlämischen Mischvolk der Brandenburger (also nicht Westfalens, nicht Rheinlands, nicht Schlesiens, nicht unbedingt »Preußens«) aus der Gründlichkeit und Systemkraft des übrigen deutschen Geistes einseitig herausgebrochen worden; als eine bloße zum Selbstzweck gewordene Disposition, die sich beim Regenerieren des gesamten deutschen Volkskörpers prinzipiell wieder auf einen sinnvollen Formgedanken, auf den Sozialismus des Unwesentlichen und das individuelle Apeiron des Wesentlichen zurückführen ließe. Wie denn überhaupt nur deshalb eine täuschende Propaganda preußischen Wesens denkbar bleibt, weil dieses alles, wie es hier lebt, herausgebrochen und karikiert ist nach einem Früheren, ihm Fremden, ihm Erloschenen; karikiert als hinaus Streben, als wildestes Stürmen, als deutsches Amoklaufen, aber mit total ausgewechselten undeutschen Inhalten, als Don Quixotterie ideenlosester Realpolitik und zuletzt als Pflichttreue, Machtzauber, Organisationsmystik, jedoch ohne alle tiefere Sittlichkeit und Transzendenz.

So also bleibt zu fragen, was das fremde russische Glück auf den deutschen Ruf einzuwirken vermöchte. Es ist eine töricht schlaue und echt bourgeoise »Ehrensache«, daß man von dem derzeit feindlichen Ausland keine innere Reform, nicht die Früchte des eigenen sozialistischen Einflusses annehmen dürfte. Der Fall lag anders, als die Bourbonen ehemals auf dem Gepäckwagen des Auslands wieder in ihr Land zurückkehrten: einmal weil es Reaktion war, die zurückkehrte, und dann auch, weil sie sinngemäß von den Feinden nicht nur Frankreichs, sondern zugleich des französischen Volkes, des ganzen vordem neu in die Welt gebrochenen Genius dieses Volkes diktiert wurde. Dagegen die Revolutionen stecken frei und influenzierend an; sie gehen selbst im Krieg nicht von den Feinden des Volkes, des eigenen Proletariats aus, sondern reißen einen anderen Querschnitt, bei dem plötzlich die eigene Regierung auf der Seite des echten, des endlich als solchen erkannten Feindes steht, und der ungeheure Betrug des kapitalistischen Weltkriegs mit einem Schlag vor die entblödeten Augen tritt. Bisher sind erst wenige Männer der Arbeit in Deutschland aufgewacht. Es zuckt und schwält nur im Inneren, der radikal demokratische Pulsschlag des ganzen Erdkörpers teilt sich auch dem Land der Untertanen mit, das sich in der tragischen Situation sieht, auf seinem Posten gegen eine Idee kämpfen zu müssen, die es aus dem Tiefsten liebt, die sich aber durch seine eigene Schuld wesentlich auf den Gegenspieler herabgesenkt hat. Wenn es jedoch anders geriete: und ein unglücklicher Krieg zu einem glücklichen Frieden führte, wenn mit einem Mal der feige Selbstbetrug verschwinden würde, und die ungeheure Niveaudifferenz zur demokratischen Welt keinen Schutz mehr hinter der Militärmauer ringsum findet und an ihren Strebepfeilern im muffigen Zuhause: dann wäre es allerdings eine berauschende Perspektive, daß die Letzten die Ersten werden; daß die deutschen Bücher endlich leben, Taten werden, daß, wie Hölderlin vorhersagte, der Blitz aus ihrem Gewölk bricht; daß das schläfrig servile Land verunglückter Bürgerputsche wenigstens die Früchte seiner eigenen proletarischen Theorie zu genießen versteht; daß Reue komme, Umkehr, daß das Zentrum geistig schwunglosester Reaktion zu einem anderen Zentrum, immer noch zu einem Zentrum werden könne; daß die Deutschen ihren mißleiteten Hegemonietraum statt im Überbieten Englands im tiefer eingeborenen Bestehenbleiben neben Rußland bewähren; daß sich mithin – wie die Zentralisierung später als in Frankreich, aber desto gründlicher kam, so auch die demokratische Sozialisierung in Deutschland herrlicher noch als in Rußland verbreitet; daß aber auch, wenn anders der germanische Geist überhaupt noch eine Sendung hat, jenseits des Drucks und der Karikatur seiner ablenkenden Mandschu-Fremdherrschaft, – Rußland das Herz und Deutschland das Licht in der Tiefe erneuter Menschheit anzünden wird.

Denn es war nicht umsonst einmal ähnlich darum bestellt. Das bürgerliche Leben um 1820 zeigt ein Bild von solchem weiblichen Liebreiz und solcher schwärmerischen Nachdenklichkeit auch des Durchschnitts der Männer, daß man gerne glaubt, hier nicht nur ein Einmaliges, Zufälliges, sondern das endlich öffentlich sichtbar gewordene deutsche Volkswesen überhaupt zu besitzen. Das war damals gewachsen, bunt, anmutig, zart blühend und ganz und gar im gleichen Takt mit allem, was sich geistig zutrug, im schönen Einklang mit der noch völlig agrarischen Landschaft und den kleinen spitzgiebeligen Städten; aber innen war alles noch viel herrlicher aufgebaut, die Felsenriffe, engen Gassen, türkisgrünen Himmel des Mittelmeeres waren hier die Seelenlandschaft des deutschen Menschen geworden, ins Unsichtbare gewendet oder wie Schelling sagen konnte: die Natur ist sichtbarer Geist, der Geist unsichtbare Natur. Man ist leicht versucht, auch die früheren, volksmäßig unbekannteren Zeiten nach dem Anblick des Biedermaier zu deuten und derart alles Seltsame, das sich hier im deutschen Süden und Westen zeigte, als ein eingeboren Deutsches, als das Ferment sittlicher und politischer Volkserneuerung, als das wahrhaftige, niemals gänzlich auszulöschende, apriorische Genie der deutschen Nation insgesamt zu begreifen. Dann müßte es freilich auch möglich sein, seine Rückkehr zu betreiben. Es ist eine Tatsache für den, der in Deutschland geboren ist und seine alte verschollene Kultur in sich trägt, daß er in keinem anderen Volk und Land, auch in Rußland nicht, das Erbe dieses krausen, überströmenden, weitstrahlsinnigen Zuviel anzutreffen vermag, des spekulativen Blitzes von Aufgang bis Niedergang, demgegenüber alles romanische Feuer noch nicht einmal Irrlicht ist. Dagegen in ihm selber sieht man alles: man fühlt hier Genua und Paris, auch San Franzisko, man fühlt des Gewissesten, daß hier einmal die blaue Luft und die leichte, farbige, klingende Mittelmeerkultur, wie vom Nordlicht beschienen, zu gewinnen war, und daß man auch nicht allzu weit zu reisen brauchte, um dem russischen Menschen zu begegnen: Herr Hoffmann, Student aus Deutschland, das alte, vergessene, phantastische Reich, das Land jedes Grundes. Auch jetzt sind wir arm und reich zugleich; arm, da wir verschleiert sind und in einer stumpfen Luft leben, die alles zersplittert, die Laute immer wieder abzubrechen zwingt und das deutsche Volk als solches seine Seele verlieren ließ; begnadet, sofern sich bei den wenigen jungen schöpferischen Menschen eine Kraft von solcher Ursprünglichkeit und mythenbildenden Gegenständlichkeit zu regen beginnt wie nie zuvor. Nicht um uns, aber vor uns in der Zeit liegt ein großer Schatz verborgen und zu diesem haben wir die Schlüssel. Was drüben begonnen wurde, sich auszusagen, das ist hier tiefer geworden als in Paris; die Zeichnung der Geste, das bloße sich Hineinversetzen in den

Elan lag den Franzosen näher, aber die Expression, die große, rasende, singende, kommandierende, in die Tiefe gestürzte Leidenschaft des Was, des Inhalts, des Ziels ist deutschem Wesen urverwandt und kommt erst hier zum offenen, zum gotischen Überschwang seiner Reife.

*

Exkurs: Der Alexanderzug.

Man ist freilich nicht einfach nur deutsch und war es nie gewesen. Nur wie man es ist, griechisch zu sein, christlich zu sein, macht das Deutsche aus, sein eigenes Was ist schwer zu finden. Und nun, wir sind nicht mehr griechisch. Unser Herd ist nicht mehr so nahe und so einfach nur südlich gelegen. Wenn wir die Augen schließen, bleibt uns keineswegs die italienische Landschaft als Bild unserer genaueren Sehnsucht stehen. Die Erziehungsmittel der italienischen Reise sind uns allmählich zu eng geworden, uns, dem neuen phantastischen Geschlecht, dem der Neger fast mehr zu sagen beginnt wie der Grieche. Damit reißt sich das scheinbar verbrauchte Geschehen von neuem in seinen Zuflüssen und seiner Tiefe auf.

Denn jetzt haben sich die Dinge auch wirtschaftlich umgedreht, balkanisch gedreht. Fast alles Erstaunliche, das der Unternehmer, ohne es zu wissen, gebracht hat, der westöstliche Schlafwagen, der mitteleuropäische Verband, »unsere« Zukunft, die nun wieder auf dem Lande liegt, das ganze Näherrücken des Ostens, weist in diese Linie. So ziemt es, dem wenigen, das das expansionslustige deutsche Kapital an Gutem gebracht hat, seine mögliche Güte zu bewahren und ihm vielleicht noch die Fahne eines besseren, es selber austilgenden Zieles in die Hand zu geben als das des bloßen Landweges. Wie der Unternehmer überall, wo er festen Fuß faßt, auch den Proletarier hervorruft, so schafft auch die neue, östlich befruchtende Orientstrecke, bei grundsätzlicher Ablehnung jeder Annexion, möglicherweise eine Gesinnung, die den kalkulierenden Bürger vermindert und die irrationalen Seelenteile endlich ergänzt.

Freilich, man darf hier nichts überschätzen oder an sich schon geistig erwarten wollen. Wenn wir es nicht zwingen, zu bedeuten, bleibt alles Wirtschaftliche leer, und der Geist, den es erleichtern kann, erhebt sich aus ihm nicht als Überbau, sondern als Sprung. Was kam, das ist der türkische Überlandweg, die sicherste Verbindung mit den Märkten fremder Weltteile. Was zu erwarten bleibt, das ist, daran anschließend, vielleicht nur ein Wirtschaftskomplex ausgeprägt südöstlichen Umfangs, mit Ausläufern bis zur Ukraine und dem Pamirhochland hin. Damit aber dreht sich der westliche Strom wieder um und bringt zunächst dem Balkan und Kleinasien Geld und Interesse. Denn die serbischen Bergwerke verfielen einst in dem Augenblick, als Blei, Silber, Kupfer und Gold von Amerika herüberkamen, als der westöstliche Gürtel riß, und der europäische Schwerpunkt von Venedig und Wien so entscheidend nach Amsterdam und London rückte, wie er sich jetzt wieder anschickt, zurückzukehren und mit dem Balkan als neuem Umschlageplatz die ausschließlich westliche, englisch-amerikanische Orientierung zu brechen. Man hat das allerdings recht verengert, sofern man einem schutzzöllnerischen, imperialistischen Mitteleuropa das Wort geredet hat, das sich nur deshalb die Verteidigungslinie zwischen der österreichisch-, unter Umständen auch zwischen der balkanisch-reichsdeutschen Grenze erspare, um sie desto besser nach Ost und West hin ziehen zu können. Aber es ist klar, daß man bei dem schmalen Gesicht dieses Plans nicht stehen bleiben kann; soweit sich wenigstens von hier aus schon vorherbestimmen läßt, nachdem die eigentlich lenkenden, bewußt Geschichte machenden Subjekte fehlen, wird die neue Linie nicht nur vom Südosten her verlaufen, sondern schon das polnische Gebiet schiebt nach oben, und auch Rußland, das unbedingt auf den Westen angewiesene Agrarland, geht mit, die ungeheure, zur See nicht erreichbare Masse Chinas gerät in Fluß, ja selbst die Vereinigten Staaten der anderen, westlichen Seite würden die Folgen dieses neuen Stromkreises in der Art zu spüren bekommen, daß die Beringstraße zum zukünftigen Hellespont wird, daß sich der stille Pazifik belebt und das blühende San Franzisko die Entdeckung Amerikas von Asien her, diese gleichsam mittelalterliche Entdeckung besiegelt. Freilich kehrt auch diese Bewegung letzthin wieder zurück. Sie verläuft nicht ins Breite, Östliche, um Frankreich oder Deutschland mit leeren Händen stehen zu lassen. Sondern dieses kontinentale Europa bleibt durchaus der Kopf des Ostens. Mag dann England die südlichste, schon lange unterhalb des mittel- und nordasiatischen Gürtels gelegene Straße, die ägyptisch-indisch-australische Wasserstraße für sich behaupten. Mag auch das östliche Nordamerika seinen bisherigen, durch die ungeheure Finanzkraft dieses Landes wohlgesicherten, aber nicht mehr ausschließlichen Rapport mit dem westlichen Europa weiter unterhalten. Wichtiger als all dieses, das besteht, aber ausgedorrt und abstrakt geworden ist, scheint das unendliche Hinterland, wie es sich östlich von Paris und vor allem Berlin her ausdehnt; hier bekommt man Moskau in die Mitte, hier tritt die Entdeckung Sibiriens und Chinas, zweier unendlicher agrarisch-mineralischer Gebiete, der Entdeckung Amerikas, also der westlichen, englisch-amerikanischen Wirtschaftsgeographie kräftig zur Seite; hier kann Moskau zur Hauptstadt dieser neuen Welt werden, und Deutschland, je nach seiner geistigen Kraft, entweder den bloßen europäischen Wirtschaftsexponenten oder aber das Haupt, den synkretistischen Mischungs- und Klärungsort, das große Alexandrien dieses neuen Weltreichs bedeuten.

Wie anders? Denn stets ging der geistige Weg wieder östlich.

Auch die Griechen haben von hier aus begonnen. Sie beeilten sich zwar, ihre mykenischen Lehrjahre rasch zu durchlaufen. Es kamen Handel, großartige, aber unfromme Heldengesänge. Es kamen Liebesgedichte, Nachdenken auf eigene Faust, zuerst jonisch, dann athenisch und in allem neuzeitlich bestimmt, bis die Sophisten den Höhepunkt dieses Ichgefühls erreicht hatten.

Unverstanden ragten die Orakel in die so bestimmte, völlig unreligiöse, nur leicht sentimentale Wohligkeit herein. Aber schon bald hatte Aristophanes warnend zurückgewiesen, und wie Heraklit oder Zenon das Bindende, Mysterische niemals entschwinden ließen, so brachten Äschylos, Sophokles, auch Euripides wieder die Moira ins Bewußtsein; und Sokrates führte entscheidend, wenn auch noch mit rein logischen Mitteln, zur Umkehr. Es ist bekannt, wie kräftig Platon und dann, diesen ausführend, Aristoteles wieder babylonische und ägyptische Quellen in das ausgetrocknete Strombett leiteten und so nicht nur Breite, sondern auch theologische Tiefe gewannen. Lange blieb die Kraft geschwächt. Aber die römische Zucht und zugleich ein neuer Ernst dringt ein, das unbegreifliche Lächeln erlischt, das gottleere Leben wird bewußt, und die Frage, was zu fliehen und was zu suchen sei an Gütern, wird vor anderen philosophisch, ja sie rückt an die Stelle des Philosophierens überhaupt, mit allen Elementen einer neuen, schwachen, nur erst auf den Gedanken angewiesenen Sehnsucht untermischt. Freilich, das bloße Entsagen, das gnadenlose, konnte nicht sättigen, und so kam am Ende all dieses eitlen, phantasielosen stoischen Tugendstolzes endlich das Erbe Alexanders: östliche Kulte und das christliche Licht von oben her, ein von neuem erschlossenes Orakel.

So kehrten die Griechen zurück, der wieder mykenisch anlangende Kreis wurde rund. Es begannen die strengen konstantinischen, byzantinischen Formen, und Philon, Ammonios Sakkas, Plotin bedeuten ebensoviele Vollendungen der platonischen Philosophie wie des griechischen Mittelalters überhaupt. Als nun der Boden von Barbarentritten wiederhallte, es war dunkel geworden, der heidnische Weltglanz längst vergangen und leuchtete nur mehr wie eine fernhinziehende Abendröte, aber in der Kirche brannte noch Licht und nicht nur unten, sondern die Nacht war eingebrochen und so glühten die Sterne auch vom Jenseits herüber, als der Feuerschein eines Glaubens, der nicht mehr an diese Welt und von dieser Welt war, — da nun zeigten die germanischen Völker keine Kraft, um auch dem Geist mit Wildheit und Individualität zu begegnen, um ihr lebendigstes Mut- und Besonderheitsgefühl gegen den sterbenden Adam oder die maßvollen abstrakten Universalien einzusetzen und derart ihr frisch aufgebrochenes Wesen gegen die herrschende mittelalterliche Antike in Neuzeit und Individualismus überzuführen. Oder vielmehr, die Kirche war wieder griechisch statt hellenistisch geworden; sie ging von Plotin zusehends auf Aristoteles zurück und verarmte so das griechisch-orientalische Mittelalter Plotins um den eminent primitiven, eminent orientalischen Zug der betenden Selbsttätigkeit, der Theurgie. So schwälte nur eine unaufhörliche Ketzerei im Zeitalter der Gegenemigration, und lediglich in der Gotik, aber nicht in der Scholastik ist das Problem des Nominalismus und des Realismus zugleich — als organisch sich eindrängende Abstraktheit – gelöst worden. Der griechische Mensch wurde hier zwar innerlich, aber nicht grundsätzlich gebrochen, er wurde nur um den halben indischen Menschen vermehrt. Wie es sich von da ab erst vergrößert zeigte, war der Grieche niemals aufständisch, er blieb selbst dort, wo er kämpfte, dem »Weisen« verwandt; selbst das Sterben ist ihm ein philosophischer Akt. Das gilt nicht nur für das perikleische Zeitalter und ist auch keineswegs eine bloße Empiretäuschung, die Weiß mit Gold für antikisch hielt, sondern auch das wilde und das heilige Griechenland sind befriedet und kennen keinen Sprung. Man sah, als der Blitz während der Aufführung einer sophokleischen Tragödie in Olympia einschlug, darin ein Zeichen göttlicher Zustimmung; und derart ist in Hellas alles vereinigt oder konzentrisch, das Hier und das Dort, Ich, Natur und Zeus, so bruchlos, abgrundlos, sprunglos, wie es nur je der entwichenen, vor dem Dunkel wie dem anderen Paradox des Heils ausweichenden Immanenz erscheinen konnte. Der Grieche ist entlaufen und hält sich für befreit, er ist innerlich fast problemlos und wirkt deshalb, als ob er die Problemlösung vorweggenommen hätte. Er dient nicht mehr wie der frühe Jude und der Orientale, der sich sündhaft fühlende Adam, mit der bettelnden Furcht vor dem Herrn; und ist doch auch noch diesseits der Freiheit der Kinder des echten Gottes, die den Stein zur Erde fallen und die Flamme der Seele zum Himmel brennen lassen, ja selbst diesseits der sich unerhört hinüberdrängenden, wenn auch gleichfalls allzu früh vollendeten Selbsterlösung und parakletischen Karikatur Indiens. Und dieser selbe griechische Mensch ist trotz des heftigsten Erlebens von Sündenfall und Bußfertigkeit auch im Mittelalter, in dem stokkenden Glanz des Mittelalters, am Leben geblieben. Denn bald wird hier nicht minder schön gerundet, und so schmerzlich auch die Wege sind, so sicher geht doch alles zu einem freundlich feierlichen Ende: die Vögel fliegen in Kreuzesform, die Gemeinde wird zur festen, verselbständigten, neuen irdisch-geistlichen Polis, weltlich metaphysiziert als von Anfang an existent in Gott; und die Auferstehung oder gar die Apokalypse wird zur gern unterschlagenen Tautologie am Ende des wieder zugeschlossenen Weltalls. So liegt neben der Frage auch die Lösung, dicht darüber, in einer, wenn auch paradoxen, so doch unausbleiblichen, garantierten Verbundenheit. Das Leid, die Gefahr, die Unentschiedenheit des Ankommens, auch das Problem des Neuen, alle diese eminent christlichen Sorgen, sind zeremoniell geworden, zu den bloßen Mitteln eines Gleichgewichts, das die hellenische Einstoffigkeit der Welt nur aufgegeben hat, um dagegen das reizvollere Gebilde einer heterogenen Harmonie einzutauschen. So herrscht hier die Neigung, das Utopische bereits als seiend anzusehen, entsprechend der Rezeption aristotelischer Philosophie mit ihren reinen, abgeschlossenen, im Seienden und nicht in Zeit und Ewigkeit gesetzten Sphären; und der christliche Sprung wird im offiziellen Mittelalter ungestraft zur halbantikischen Stufenleiter in einem geistlichen Kosmos verwandelt. Freilich, daß hier das Griechentum so kräftig umgedeutet bestehen bleiben konnte, auch dieses ist wesentlich nur durch die Vormacht Asiens im europäischen Mittelalter gelungen, aber eines niederen, besser gesagt, mißverstandenen Ostens, wie er Europa zuerst in den Gesichtskreis treten mußte: als ein halb noch buddhistisches Christentum, das nur mit der individuellen Stille ein trübes, gemischtes, ruhendes Jenseits erreichen konnte, im Gegensatz zum jüdisch, aktivistisch gefaßten Christentum, das der Tat und dem Feuer der Individualität vertraut und gerade dadurch zur Transzendenz emporgetragen wird.

Es war nicht lange so zu halten. Die Völker entliefen jeder Bindung und trennten sich beim ersten geldwirtschaftlichen Anlaß. Das Ich erwachte, das tätige Denken erwachte. Damit biegt also der geistige Weg scheinbar noch mehr westlich, unfromm, traumlos zurück.

Das Ich geht hier, statt zu warten. Das griechische, aber auch das pseudoorientalische als das ohne weiteres gläubig gebundene Wesen bekamen einen Riß. Damit gerieten die romanischen und mehr noch die germanischen Völker in das ihnen notwendige, vorenthalten gebliebene Fieber der Besonderung, leider auch der neuzäsarischen, im Norden trotz ihres heidnischen Charakters sogar religiös infizierten Staatsallmacht. Ebenso traten hier auch endlich die rein auf sich gestellten, subjektivistischen und rationalistischen Gedankenexperimente — eine wahrhaft verantwortliche, wahrhaft transzendente »Sophistik« — ans Licht.

Das ist übrigens nicht nur ein Verlaufen, sondern enthält auch

Regel. Sie ist selbstverständlich fortdauernd verschieden gefärbt, aber doch nicht so stark, daß man nicht in all dem Wirren und Bunten des geschichtlichen Ablaufs einen gewissen gleichmäßigen Pendelausschlag bemerken könnte. Es gibt bestimmte einzelne Seelenzustände, die wirtschaftlich anhebende, künstlerisch und religiös immer intensiver fortschreitende und lau, gemischt, abgekältet, epigonal beschließende Seele jedes Zeitalters, — die das Ganze der Geschichte in Generationen und Epochen aufteilen lassen. Und zwar: vom jonischen Handel bis zu Aristoteles; von Alexander über die Stoa und Philon bis zu Plotin und dem Christentum; von den Kreuzzügen bis zu Thomas und Duns Scotus; von der beginnenden Stadtluft über Filippo Lippi bis zu Nikolaus von Cusa, ein kleines frühes Vorspiel; von den Entdeckungen über Lionardo bis zu Michelangelo, Shakespeare, Bach und Leibniz und dem sonderbar überleitenden Abgesang des Rokoko; von der französischen Revolution über die Romantik und die Goethe- und Hegelklassik, diese Klassik eines literarisch eingeholten Barock, bis zu dem ebenfalls wieder sonderbar überleitenden Historizismus des letzten Epigonenzeitalters. Es ist dieses ein immer neu einsetzender Beleuchtungswechsel, eine immer wieder spiralenbildende, epochenerzeugende Rhythmik, die sich derart von der motorischen zur impressionistischen, romantischen, klassischen (wobei das Klassische ein Ausdruck der Reife und kein Inhalt ist) und dann wieder halb impressionistischen, halb formalistischen, das heißt eben überleitend epigonalen Phänomenologie hin abspielt. Aber sieht man genauer zu, so haben auch diese Einschnitte noch ein Höheres über sich, dessen geistige Regel eine Mitregierung von Drüben her anzeigt. Es gibt uns fremde und uns befreundete Tage. Das wird nicht von uns aus, sondern von drüben, von den wechselnd wiederkehrenden Abgeschiedenen und ihren wechselnd in die Zeit eintretenden Denkantrieben bestimmt. Wie einem gelassenen, unmusikalisch gesinnten Menschen Phidias näher und verständlicher scheint als Dante und das Parthenon weniger Antiquität als die Kathedrale von York, so schiebt sich hier noch eine zweite Trennung zwischen die Epochen oder über sie: nämlich Neuzeit und Mittelalter, freier, individualistischer Komfort und das Bindende, Substanzielle der Autorität, Tradition und Transzendenz auf der anderen Seite. Ja, es liegt selbst über diesen umfassenden Rubriken noch ein Weiteres, Drittes, zu dem hin und von dem her beeinflußt, das menschliche Geschehen seine letzten Klangfiguren bildet. Man ist hier gezwungen, sofern man die Geschichte nicht in der bloßen und eigentlich kaum von der Stelle rückenden Springprozession von Reizsamkeit und Lenksamkeit festhalten will, – der großen historischen Steigerung noch jenseits dessen, was die verschiedenen Stadien des westeuropäischen Gesamtprozesses für die Realisierung von Neuzeit und Mittelalter als den beiden alternativischen Werten geleistet haben, das Ihre an einer notwendig unhistorischen, überhistorischen, diskontinuierlichen, metaphysischen Begründung zuzuerkennen. Das ist nun freilich nichts, das gleitet, und dadurch dieses, was vorher in der Zeit war, zugunsten dessen, was nachher an schöpferischer Entscheidung kommt, vergißt oder absetzt. Es gibt bei diesem Höheren überhaupt kein Aufsteigen mehr, ja es gibt nicht einmal eine Urgeschichte, sondern der Sprung steht am Anfang und nicht nur am Anfang, sondern genau so abrupt und diskontinuierlich, was die ganz großen Wertbewegungen dieses Letzten angeht, in der Mitte und am Ende des menschlichen Prozesses. Und zwar liegt der Fall nicht so, daß es nur die Täuschung der Fernsicht wäre, die diesen Sprung, dieses sich Abspielen und Verankertsein in anderen Ebenen, an den Anfang verlegen läßt, wo die Quellen ausgehen oder die Übergänge sich verwischen. Denn es gibt auch hier Unterschiede, und die Steinwerkzeuge sind sich vierhunderttausend Jahre, durch vier Eiszeiten hindurch fast gleich geblieben, bis plötzlich ein hoher Lehrer kam, hier Kadmus, dort Krishna, dort Hermes, und die unbegreiflichen Wunder Ägyptens fast über ein Nichts hin, über die banalste Prähistorie hin beginnen. Das ist das Eine, aber war es nicht auch in der hellsten Zeit, als sich in den Tagen des Kaisers Augustus das Gewölk des Mythus, historisch mitspielender Transzendenz von neuem und unerwartbarer als je über der Geschichte zusammenzog? Darum kann uns, wenn man die im Tod vorgebildete und in alle Weissagungen eingeschlossene Apokalypse überhaupt noch in die Zeit einbeziehen will, nichts gewisser sein, als daß es mindestens drei große Diskontinuitäten gibt, in denen sich der Geschichtsprozeß bewegt, und an deren Ineinander von Warten, Würdigkeit, Neigung und

Schöpfung seine oberen Substanzen den einzig möglichen Ort ihrer Deduktion besitzen. –

So fällt auch über das späte Jungwerden des sechzehnten Jahrhunderts neues Licht. Nur das russische Volk blieb unberührt, das heißt, wie es sich nur wenig verschob, wie es keine eigentliche Völkerwanderung in sich verspürte und notwendig hatte, ja nicht einmal ein Mittelalter kannte, so liegt es auch außerhalb jedes neuzeitlichen Sturzes und jeder barocken Kreuzproblematik. Es hat ihn vielleicht schon ohne weiteres Aufheben hinter sich. Denn das russische Volk scheint alle diese Bewegungen nicht als Haupt- und Staatsaktionen, sondern ganz eigentlich unwerkhafter, in Moral und Religion zu vollziehen. Ja es ist überhaupt die Frage, ob Rußland, das keinen Achilles und keinen Siegfried kennt und die byzantinischen Formen wahrscheinlich nur als Schutz- und Reifehüllen einer verborgenen, völlig andersartigen Orthodoxie bewahrt hat, Neuzeit und Mittelalter in dem griechisch-westeuropäischen Staats- und Werksinn zuläßt. Es scheint aber um so eher möglich, auch in Westeuropa auf den Zustrom eines neuen Mittelalters zu verzichten, als der Epizyklus, den die antiken Völker zur Gebundenheit hin beschrieben haben, kein unbedingtes geistiges Schicksal darstellt, das auch die europäische Neuzeit, einen einzigen anachronistischen Krankheitsprozeß, zugunsten eines zweiten Mittelalters mediatisieren müßte. Man kann hier nichts einfach umkehren; die vier Jahrhunderte neuzeitlicher Geschichte sind kein Geschwür und keine rückdrehbare Mechanik mit dem jederzeit wieder erreichbaren status quo ante, sondern notwendiges geistiges Wachstum, das überdies von selber im Barock, dieser unbegreiflichen Religiosität der Gottferne, seine Gegenrenaissance, eine von sich aus direkte Rückkehr des geistigen Wegs nicht nach dem stillen, sondern nach dem echten, theurgischen »Asien« erzeugt hat. Und da das innere Band nur deshalb entzweigerissen ist, weil sich der Himmel zugeschlossen hat, der erbarmungsvolle, aber die Welt noch erhaltende Himmel der Kirchenzeit, weil, tiefer gesagt, ein anderer als der Weltschöpfer endgültig regieren wird, so wird es zu einer formalistischen Oberflächlichkeit und Kopie, diesen unseren kranken, mit der Magie des Gedankens, mit der Reichszeit schwangeren Modernismus durch den bloßen Vater panlogistisch zu entbinden, noch ganz abgesehen von der geschichtsphilosophischen Undenkbarkeit eines fertigen, hierarchisch geschlossenen Gottessystems ohne Apokalypse.

Damit ist nun also, auch wenn wir bewegter geworden sind, nicht zugleich das östliche Lebensgefühl getroffen, wie es das Mittelalter nur erst in uneigentlicher, indischer Form beherrschte. Wir suchen weiter nach jenem Korn, das hier nicht wuchs. Es möge nochmals aufblühen; es möge wieder das bunte, phantastische Muster wirken und den Teppich unserer Zukunft bilden. Stets schon hatte sich die Abwehr gegen den Osten als nutzlos erwiesen, er ist es, was das Auge an dem Geliebten sieht. Europa wehrt sich nicht nur vergebens, sondern, wie ein Mädchen, auch unecht und ohne rechten Willen gegen Asien. Die Griechen kämpfen gegen die Perser, es gelingt ihnen Marathon und Salamis, aber Alexander vermählt sich mit Roxane, entläßt die mazedonische Leibwache und stirbt in Babylon. Scipio zerstört Karthago, aber der semitische Petrus zerstört Rom, und die Buße des Kaisers Theodosius vor dem Mailänder Bischof ist die späte, endgültige Rache für Zama. Die Franken kämpfen gegen die Araber, es gelingt ihnen Tours und Poitiers, aber der Papst befiehlt die Kreuzzüge, und mit den Helden des heiligen Grabes wandern auch die Elemente der Gotik wie der Scholastik, dieser spezifisch semitischen Gelehrsamkeit der Exegese, vom Morgenland nach Europa herüber. Es war schon viel und Schwieriges, was uns das zerfallene römische Reich hinterlassen hat: im Osten den Balkan und im Westen das Kirchenproblem, aber das alles ist lösbar, und der Norden braucht sich deshalb nicht aus seiner Pointe herauszubewegen. Dagegen was den Orient angeht, dieses urbare Chaos aller großen Religionen, so ist Europa vor ihm eine kleine Halbinsel, deren Schicksal es bleibt, Kontakte zu suchen, um nicht immer wieder in ihrer Kleinheit und rein denkerischen, unprimitiven Haltung zu erkalten. Wir sehen nur deshalb die griechischen Ereignisse so übermäßig vergrößert, weil wir sie wertbetont im Hinblick auf die griechischen Künstler und Denker akzentuiert haben. Was wäre uns sonst der nächtliche Überfall auf die spartanische Besatzung in Theben, dieser bloße Polizeibericht? Und was könnte uns veranlassen, den Sieg, den das kleine Häuflein Bürgersoldaten bei Marathon über das Expeditionskorps des Großkönigs erfochten hat, so treu durch alle Geschichtswerke zu schleppen, wenn sich nicht eine extrem-klassizistische, gegen das spätere: ex oriente lux ganz sinnlose Urbanität als erwähltes Bedeutungsapriori dahinter wirksam machte? Niemand kennt die einzelnen Kämpfe der italienischen Stadtstaaten; und die politische Geschichte des Orients, der durchaus einmal ein Ganzes bildete, und der in Teheran gleichsam einen Einheitspunkt, ein von Tanger, Tunis, Kairo, Stambul, Bagdad, Delhi, ja sogar Peking repräsentativ besuchtes mittelalterliches Olympia besaß, – pflegt nicht einmal in Umrissen bewußt zu sein. Aber Alexander lenkte bewußt nach Persien ein, zwanzigjährig, der jugendliche Mensch, ein seinen Träumen nachziehender Jüngling des Märchens, nicht nur so eitel und substanzlos jung wie vor ihm Alkibiades und nach ihm, in selbstverständlich viel reinerer Weise, etwa Otto III., sondern mit Gesichten und Zielen, Griechenland nach Asien hinüberzurichten und großen Logos in die Geschichte zu bringen, gewaltsam genug, den gleichgültigen Zufall der sogenannten Weltregierung zu ihrem Logos zu zwingen. Er zog gewiß nicht aus, um zu fluchen und dann wider Willen segnen zu müssen, trotz des den Lakedämoniern und Athenern vorgegebenen Zwecks, Rache an dem Erbfeind zu nehmen; er ging zum zweiten Male nach Troja, aber nicht, um es zu zerstören, denn es gab zuhause kein Tiryns und Mykene mehr, sondern Alexander, der erwählte Bundesfeldherr der Hellenen, hat Griechenland aufgegeben, um auf seine »Vorstufen« herabzusteigen, müde des ganzen künstlichen Okzidentalismus, nicht anders wie schon Heraklit, Pythagoras und Platon die allzu menschlichen Bildsäulen, die abgrundslose Euphrosyne und die vollkommene Sphaira der Welt aufgegeben haben, um die Sehnsucht, das Jenseits und seine Zweiweltentheorie auszuspannen. Wir suchen weiter, auch unsere Seelen gehen wiederum nach dem tiefsten Orient, Zauber und Patriarchenluft zu kosten, nach dem mütterlichen Land. Was der echteste Grieche verließ, hat auch Michelangelo, haben Schelling und Schopenhauer verlassen, und weder Rafael noch Winckelmann noch der ganze scheinbar hellenische (denn dafür war es viel zu prozessual) Kulturgedanke der Goethe- und Hegelzeit kann hier von dem winkeligen, musikalischen, barocken, romantischen, gewaltsam mythischen Leben abdrängen, als dem eigentlichsten Expressionsgeist der Neuzeit, der zugleich total werden wollenden Orientzeit. Denn sosehr wir auch unsicherer, johanneischer, um das Arbeits- und Zeitproblem vermehrt worden sind, was den morgenländischen Geist erschwert, hinausschiebt, aber dann um so leidenschaftlicher liegen läßt, so stehen uns doch sowohl Morgenland wie Spätantike wie Mittelalter, dieses wenigstens indirekt vom Orient durchwohnte Europa, immer noch näher und immer noch mehr als Korrektiv vor Augen wie Griechenland und das Mißverständnis der Renaissance; mit uns verbunden durch das gleiche geheimnisvolle, nach oben weisende Lebensgefühl, das die ganze Erde zu einem kategorialen Beziehungssystem zwischen Hier und Dort verwandelt, in den Himmel eingebaut oder als eingebaut gefordert. Wir werden daran nicht zugrunde gehen, und jederzeit mehr bedeuten können als bloße Form zu fremdem Inhalt. Es liegt uns doppelt nahe: in der russischen Wärme und Wundererwartung, die Ströme, die Ebenen, ein Indien im Nebel, als das uns das ganze maßlose Rußland erscheint; und dann im deutschen Denken, dieser Wünschelrute und Wunderlampe, diesem Zerreißen der Tiefe und Kelch des Geisterreichs, aus dem uns die andere schirokaja natura, die Unendlichkeit der Musik und des Geistes entgegenschäumt. Ja der ganze Norden ist Osten, ein nicht gegebener, aber erwählter Orient, der Osten als Traum, als Nordlicht, als Licht im Nebel, das stärker und wie im Ausschnitt glänzt: Regenabend, der Rangierbahnhof, das öde Haus, die Schiffslaternen, der Rauch des Hemshofs, der tückische Bettler, der Laden in Basra, der weise Muley, die ganze Traum- und Jugendgeographie, die vom Malstrom aus schneller zu dem Prinzen Zein Alasman und den sieben Bildsäulen in Kahira reist als von Athen. Aber in griechischer Sprache ist das Neue Testament geschrieben; und so gewiß Griechenland ein westlich schönes, immanentes Gift enthält, das das Christentum entspannte, so gewiß kann doch auch Indien ein asiatisch quieszierendes Gift versenden — und so fraglos ist in unserem bewegten Wesen, in der Sehnsucht und der die Welt verändernden, verbrennenden, umschaffenden, umdenkenden Geistigkeit Europas eine Gottheit gegenwärtig, die, wenn sie nach Asien sieht, doch immer nur den Teppich, die Frau, das Korrektiv unserer tiefsten Ruhegegenstände und nicht seine Inhalte selber sucht. Das heißt — und nun wird die eigentliche Bestimmung des östlichen Lebensgefühls, Asiens fällig, wie es bisher nur erst im theurgischen Hellenismus und nicht im Mittelalter, dieser uneigentlichen, indischen Form Asiens, seine Hegemonie in Europa fand — das heißt aber, es gibt darüber, wie auch Scheler aus katholischen Gründen eingesehen hat, ein zweites Asien, und dieses ist nicht nur stimmungsmäßig, sondern auch motorisch dem nordischen Europa tiefer verwandt als es den Anschein hat. Denn sehen wir dasjenige bei uns an, was vor allem westlich wirkt, Calvins Lehre, so ist dieses nach unten hin lebhaft, aber gegen Gott hin still, der Werktag ist vom Sonntag grundsätzlich getrennt. Sieht man dagegen demjenigen im Osten zu, was vor allem asiatisch wirkt, vom Zauberer, Schamanen und Medizinmann angefangen bis zur Kraft des jüdischen Hohepriesters und dem davon zehrenden Mysterium des heiligen Meßopfers, so ist dieses umgekehrt nach unten hin still, es schickt sich in die Dinge und übersieht die untere Welt, es fängt überhaupt erst vom kranken Menschen ab zu handeln, nach oben hin zu handeln und kennt keine geheimnislos zu vermögende Zivilisation; aber es drängt sich dafür aufs Stärkste beschwörend nach oben ein: als Regenzauber, als tief konzentrierte Selbsterlösung, dienende Götter beim Tod des Buddha, des Thatagata, als Bewährung der Gebetskraft, diesem eigentlichen Charisma der chinesischen Kaiser, als der Diktaturzwang des irdischen gegen den himmlischen Hohepriester oder Metatron — und der Berufsdienst ist hier so wenig vom Gottesdienst getrennt, daß fast aller Gottesdienst zum Zauberdienst, Berufsdienst und Werkdienst geworden ist. War Gott im europäischen Kreis das Tun selbst, wurde vor ihm die Seele wie ein Weib, und erbte er alle Lebendigkeit von diesem passiven Subjekt, die Sprechstunde des Sonntags, ein Tyrann der Ostindischen Kompagnie in seiner eigenen Welt: so hört im asiatischen Kreis diese Gnadenkraft und Gnadenwahl, diese alleinige Weltlenkung und dem Subjekt undurchdringliche Offenbarung auf zu wirken, und Gott wird hier stillste Ruhe, Unfähigkeit ohne den Menschen auch nur einen Monolog zu halten, Gnade ohne Gnadenwillen, Kismet, aber ohne vorherbestimmendes Subjekt darin, Seligkeit des Endes, verschwebender Grenzbegriff des Urgrunds, wie man denn gerade die echte, also nicht europäisch mißverstandene Buddhalehre mit Recht als einen sehr sublimen Atheismus bezeichnen kann. Wir werden also daran nicht zugrunde gehen und Asien gegenüber nicht nur jederzeit mehr bedeuten können als bloße Form zu fremden Inhalten, sondern es ist dasselbe vom europäischen Geist unten betrieben, was der asiatische Geist oben zunächst so gänzlich motorisch, so gänzlich unkontemplativ betreibt. Dergestalt, daß das Abenteuer, der Berufsdienst, die Kolumbusseele nur auch noch Gottesdienst zu werden braucht statt umgekehrt, wie im Calvinismus, die göttliche Aktivität zu den unabwendbaren, unerforschlichen Ratschlüssen zu hypertrophieren; und wir sind folgerichtiger auferstanden, auch das Mittelalter ist in seiner uneigentlichen, mißverstanden indischen Form besiegt, Europa ist wieder an dem hellenistischen Drehpunkt angelangt, und das derart *völlige* Europa ist bruchlos zu einem völligen, religiös aktiven Asien übergegangen, zu einem motorischen Europa auch der Transzendenz. Freilich, indem der hineinwirkende Westen in Asien sich selbst findet, radikal, transzendent geworden, geht dieses Hineinwirken nicht wie in der unteren Welt haltlos weiter, hebt sich nicht nur die Schranke zwischen Ich und Drüben, zwischen Wille und Gnade auf, umgekehrt wie in der engen Lehre Calvins, sondern auch der Gott des Orients bewegt sich vor diesem vermehrten Ansturm der Menschenaktivität aus seinem stillen Abgrund hervor, und es erscheint am Ende dieses motorischen Durchschlagens und Rufens in die obere Welt zugleich auch die genaue Korrespondenz zwischen Wille und Gnade, zwischen beschwörendem Subjekt und wunderartig überschüttender Substanz – soll das Gebet überhaupt erhört, konstitutiv, wahrhaft weiße Magie und Theurgie gewesen sein: und insofern ist Asien allerdings in seinem letzten Prinzip nicht nur die Vollendung Europas, sondern doch auch der Teppich seiner Ruhe; jedoch eben der bloße *Teppich* seiner Ruhe mit keineswegs auch für das angelangte Europa absoluten Ruheinhalten, da schließlich das vollendete, vordem motorisch lediglich giebellose Europa nicht noch letzterdings wie das europafremde und motorisch wurzellose Asien die Geschichte, das unendlich quillende Subjekt beantworteter Menschheit aus der Substanz auslassen wird. Man darf nach alldem im Zweifel sein, ob man das bunte, kühne, wunderartige Wesen durchaus morgenländisch nennen will, nach dem allerdings fast physiologisch latenten Zustand, den die motorisch transzendente Gesinnung dort hat: das Eine ist sicher und außer Zweifel, daß Xenophon nichts davon bemerkte, als er durch Persien zog und insofern den Typus des niederen Europäers darstellt, während Alexander ebensogut Asien brauchte, um Alexander zu sein, wie Jesaja und Paulus, im anderen Sinn hohe Europäer, dagegen nach Europa wiesen: als nach dem luziferisch bewegten Land, als nach dem Unterbau und Subjektkern Asiens, mit der Substanz nicht als Eigenschaft, sondern als Problem, — und daß deshalb Europa, der europäische Geist, ebensowohl höher wie tiefer als Asien steht, freilich immer nur tiefer als das Asien seines eigenen Traums, seines eigenen Rechts, seiner eigenen fernsten christlichen Phänomenologie, und nicht als das schlechtweg gebundene Asien der geschichtslosen, subjektslosen Substanz.

*

Symbol: Die Juden.

Zudem erwacht endlich der Stolz, jüdisch zu sein. Es treibt in uns ruhelos, noch bleiben diese Menschen gemischt und zweideutig; es gibt flinke und harte, darum herumredende und sachliche Personen darunter, wie überall, nicht wie überall; aber das Flache und Unfruchtbare will zusehends verschwinden. Wenigstens scheint bei den jüngeren Juden die ausgeprägt händlerische und zugleich formalistische Neigung keinen Boden mehr anzutreffen. Man sieht hier ein Warten vor sich, das schon einmal bei diesem Volk Früchte getragen hat.

Seit langem ist die nur sozial bedingte Unterwürfigkeit und Selbstverspottung verschwunden. Nun ist dadurch freilich zunächst nichts Besseres gekommen als ein Greifen nach dem lang entbehrten Genuß. So kam zu dem früh gewohnten Schachern eine Sucht nach Wohlleben und Äußerlichkeit herauf und mit ihr ein Mangel an Demut und eine Ungläubigkeit, die alles, was je ein anderes Volk an seiner Begabung, an seinem eingeborenen historischen Halt verloren hat, weit überbietet. Die westlichen

Juden sind stärker an diesem freisinnigen Gift erkrankt als die Juden Polens und Rußlands und an sich völlig selbstlos geworden, gleichlaufende Zeiger, gleichlaufende Uhren in der allgemeinen geschäftstüchtigen, amystischen Bürgerzeit. Man kann hier zunächst nach keiner Seite hin übertreiben; das durchschnittliche jüdische Seelenleben straft ihren fremdartigen Anblick Lügen; von den mandelförmigen Augen, von dem Sulamithtypus, vom Stolz, der edelsten Rasse anzugehören und der Verpflichtung daraus zeigt sich bei diesen wulstigen Vitalitätsjuden, bei diesen mehr oder minder geglückten Assimilanten keine Spur. Nun ist dadurch allerdings auch vieles Falsche, Ghettohafte verschwunden, das den Ostjuden noch völlig unjüdisch, ebenfalls modernistisch anhaftet. Überdies scheint bei vielen jungen und ernst gewordenen Menschen statt der tief unwürdigen Assimilierungssucht, statt der rein geschäftlichen Begabung, dem Wucher und dem vor nichts Halt machenden Schachergeist, statt der lieben, heiteren Mendelssohns und Heines, aber auch statt des selbst in der Kabbala ungemein fühlbaren Formalismus eine eigentümliche Einkehr und gleichsam unbedenklichere, direktere Strenge heraufzuziehen. Sie hat derart viel gelernt, sowohl von den Antisemiten, die jeder stolze Jude an Schmerz und Haß tausendfach überbietet, wie auch von den Strebungen eines staatlich festgelegten Zionismus; dessen Schaden freilich ist, daß er die gesamte Kraft des Auserwähltseins leugnet und derart mit dem Begriff des Nationalstaats, wie er im neunzehnten Jahrhundert ephemer genug kursierte, aus Judäa eine Art von asiatischem Balkanstaat machen möchte. Aber dafür sind Kraus und Buber allmählich moralische Atmosphären geworden: beides, der Judenhaß wie die Nationalflagge, sind bloße Hilfslinien zur Selbstbesinnung des Judentums, wie es allmählich sich selbst und nicht nur seinen Gott als eigenes, unendlich tief verflochtenes, nicht minder religiöses Problem zu erfassen beginnt.

Denn immer noch sind die Juden nicht müde. Sie werden nicht aussetzen, sie sind wie Herzzellen und lassen sich nicht entspannen. Wie man die Juden zuerst sah, war es ein ackerbautreibendes, leidenschaftlich-naives und von religiösen Impulsen durchschütteltes Volk. Dann kam das sonderbare Erblinden vor dem, was in ihrer Mitte geschah. Es folgte die vorhergesagte Zerstreuung in alle Länder und, wenn man will, die furchtbar gezahlte Buße für das Blut Josuas von Nazareth. Und damit begannen zugleich außer der unermeßlichen Verinnerlichung, die das Studium des Gesetzes und noch mehr der Geheimnisse des Gesetzes ergab, die Lehrjahre der jüdischen Intellektualität. Zuvor blühten die Heldengesänge, die großen Predigten oder Prophezeiungen, und noch Paulus schreibt mahnend, kräftig und agitatorisch, freilich nicht ohne den deutlichen Einschlag der beginnenden pharisäischen Dialektik. Aber nun tritt Philon bei den Griechen in Schule und gibt ihnen dafür die ersten neuplatonischen Verbindungen zurück, Gersonides und Maimonides werden zu den Jüngern und Meistern der arabischen Kultur und damit der christlichen Scholastik zugleich, und als der Weg nach dem geistigen Abendland offen geworden war, bog Spinoza aufs Neue die kabbalistische und die mathematisch naturphilosophische Denkweise zusammen, um derart Europa sein starr strahlendes System als Ende der Lehrjahre, ja sogar als einen, obzwar für die jüdische Seele recht verlustreichen Sieg der jüdischen Intellektualität zu übergeben. Seitdem ist die Zeit der intellektuellen Abhängigkeit von Europa prinzipiell beendet. Bald darauf kam den Juden sogar das Abendland entgegen, ihr eigener Geist kam ihnen aus dem Abendland entgegen, genährt von den zahllosen gegenseitigen Beeinflussungen, die sich einerseits von der Bibel und Spinoza, andererseits von Luther, Goethe und Hegel her ausbreiteten. Vor einem großen Juden sind so die großen Männer aller übrigen Völker gleichsam nur bürgerliche Genies. Denn diese können fast nur für sich selbst sprechen, und wenn auch die Seele ihres Volkes darin widerklingt, so hat doch keine Rasse die gleiche, alles überdauernde Intensität und vor allem, die Geschichte keines Volkes brauchte nur niedergeschrieben zu werden, um als heilige Geschichte zu scheinen und als kanonisch-mystische Anthropogenie. Wenn wir versuchen können, das jüdische Weltgefühl schematisch zu definieren, so scheinen drei Züge letzthin wesentlich daran. Zuerst das eifernde, völlig willensmäßige Verhalten gegen die Welt; danach der Drang auf die Verwandlung des Lebens zur Reinheit, Geistigkeit und Einheitlichkeit, womit der Gerechte die Schlüsselgewalt über das Obere erlangt; und schließlich – mit überweltengroßen Visionen – das ebensowohl motorische als prägnant historische, unbildliche, unnaturhafte Gerichtetsein auf ein noch nicht daseiendes messianisches Ziel über der Welt. Damit stimmt überein, daß schon das einfache Buch Daniel eine Begriffsbildung pflegt, in der die Menschen nicht nur wie die Blätter wechseln, und daß das Christentum gar das unerhört Neue einer selbständigen Beachtung des Menschengeschehens, losgelöst und über der Physis, in die antike Gedankenwelt gebracht hat, wo der eigene Zeitpunkt nie betont war, und selbst die Buddhas tausendmal schon geboren waren und wiedergeboren wurden. Überdies, größer als das erste ist das letzte Wunder, heißt es in der Gemara, weshalb auch der Ursprung durchaus durch das Überlicht, der Adam Kadmon durchaus durch den letzten, hermaphroditisch wiederhergestellten Makanthropos, durch den Parakleten, und das Alpha, weit davon entfernt, fertig, unbeweglich, vorhistorisch zu sein, durchaus durch das erst motorisch-messianisch zu erringende Omega definiert wird.

Nun aber erhebt sich aus alledem eine große Frage.

Warum haben wir uns abgewendet? Es kam der Mittler, zu uns zuerst. Aber jeder Jude schlug bis vor kurzem vor ihm die Augen nieder. Und doch lag er einst nicht gar so fern, als den Juden noch dasselbe nur ein Ärgernis war, was den Heiden eine Torheit sein mußte.

Was ist hier geschehen, was kam dazu, daß sich der Haß gegen den »Gehenkten« so rasend auswuchs? Wir fühlen uns sonst stolz auf das, was zu uns gehört. Der dänische Dichter Pontoppidan hat in Jakobe Salomon den Typus einer bedeutenden Jüdin geschildert. Alles ist in ihr geblieben, trockenes, nervöses Wesen, zähe semitische Energie, Blick mit Einsamkeit und weitschweifenden Gedanken. Aber als ihr Geliebter in den steiermärkischen Alpen auf ein Kruzifix schießt, jauchzt sie phantastisch auf, und der Freisinn hat selbst bei dieser aufs Höchste rassenmäßig verdichteten Frau allen Traum und Transzendenz, erst recht aber, obwohl die Bindung des alten Väterglaubens weggefallen war, alle Blutsverwandtschaft mit dem nazarenischen Mysterium selbst auszutilgen vermocht. Und das, obwohl, ja weil sie ihr Volk liebte und bekannte. Aber das reicht nicht aus, um Jesus zu sehen, vielmehr, er wurde ihr zum Zeichen und zur Schutzmarke der Verfolgung ihres Volkes selber, so untrennbar hat in ihr sich die finstere Erinnerung an blonde Brutalität und Christentum zusammengefunden. Noch tiefer ist selbstverständlich die Abneigung gegen Jesus innerhalb des frommen alten Judentums selber. Hier sitzen die Männer in der Nittelnacht hinter verschlossenen Laden zusammen, spielen Karten und suchen das verruchte Geburtsfest blasphemisch von sich abzuwehren. Hier ließ sich der Rabbi Abarbanel alle Muskeln von der Folter zerreißen und brannte eher als Himmelsfackel am Autodafé, als daß er dasselbe tat und annahm, wofür Simeon den Herrn pries, was bei Nikodemus mindestens Scheu und Ahnung erregte und wofür Paulus in alle Welt auszog, den Ruhm seines Volkes und das Licht der Heiden zu verkünden.

Und abermals: was ist zum zweitenmal geschehen, daß jetzt plötzlich der Haß gegen den Kruzifixus so spurlos und keineswegs nur opportunistisch oder aus Gleichgültigkeit gegen die religiösen Inhalte verschwinden will? Fast allen Juden des jüngeren Geschlechts gleitet der Name Jesu leicht über die Lippen. Sein vergossenes Blut brennt nicht mehr außen, aber innen; die abergläubische Scheu vor dem nazarenischen Ereignis ihrer Geistesgeschichte verschwindet, Jesus kehrt endlich zu seinem Volk zurück, und sein Name, sogar seine Symbole sind leise und allmählich, ohne Riß und ohne alles Pathos in das Herz und die Gedanken der jungen, ernsten, nachdenklichen Generation eingegangen. Sie fühlen und verstehen, daß nur sie und niemand sonst, wie sie die Geschichte Josefs und die Psalmen miterlebt haben, so auch die frühchristliche Gemeinde und die Evangelien bilden konnten. Es hat den Anschein, als ob die Juden an der Stelle angelangt wären, wo sie es wieder als ihre eigenste Sache ansehen müssen, was als Christentum und in der entweichenden Substanz des Christentums vor sich geht, nachdem sich die anderen, die fremden Völker am Christentum müde und vielleicht zu Ende gearbeitet haben. Das bedeutet nicht, seinen Glauben zu verleugnen, der im Alten Testament ja doch nicht zu halten ist, sofern dieses so deutlich, wie die römische Republik seit den Gracchen ihrer Auflösung und seit Sulla ihrem Ende zugeht, so deutlich auch von den Propheten ab zum Neuen Testament hin transzendiert, um darin der Schöpfungsgeschichte als einen zweiten epizyklischen Höhepunkt die Erlösungsgeschichte gegenüberzustellen.

Zwei Dinge haben dabei von jeher die Auslegung beschäftigt. In ihnen verhaken sich gleichsam die Bücher des alten und des neuen Bundes zu wechselseitigem einander Bedürfen.

Es wird hier leicht, den blonden Bart, das blaue Auge beiseite zu lassen. Desgleichen auch das völlig Gleichgültige, daß die Galiläer ein halbarisches Grenzvolk gewesen sein sollen. Warum auch nicht; die blonden Juden sind heute noch nicht die vornehmsten, und es ist ein anderer als der Blutadel, der bei ihnen heilig wirkt. — Die eine der zwei Bibelstellen nun müht sich, den lange Verheißenen zu schildern. Es ist das Stärkste und Sprengendste, was der so rätselhaft gebliebene und mit seinem wahren Namen völlig unauffindbare Prophet Deuterojesaja gegeben hat. So spricht er von dem Gottesknecht: »er wuchs auf wie ein Schößling und wie eine Wurzel aus dürrem Erdreich. Keine Gestalt hatte er und keine Zierde, daß wir ihn ansehen und keine Schönheit, daß wir sein begehren mochten: verächtlich und gemieden von Männern, ein Mann der Schmerzen und vertraut mit Krankheit, ja wie einer, vor dem man das Angesicht verhüllt, verächtlich, daß wir ihn nicht würdigten Jedoch unsere Krankheit hat er getragen und unsere Schmerzen, die hat er auf sich geladen. Wir aber achteten ihn für einen Gebrandmarkten, von Gott Gegeißelten und Gepeinigten. Er aber ist durchbohrt von wegen unserer Sünden, zermalmt um unserer Missetaten willen. Mißhandelt ward er, da er sich doch beugen ließ und tat seinen Mund nicht auf. Dem Schäflein gleich, das zur Schlachtung geschleppt wird und dem Lamme, das vor seinen Scherern stumm bleibt, so tat er seinen Mund nicht auf. Aus Haft und Gericht ward er hinweggeholt und wen aus seinen Zeitgenossen bekümmerte es? Denn abgeschnitten wurde er aus der Lebendigen Land; wegen der Sünde meines Volkes wurde er zu Tode gepeinigt. Und so gab man ihm bei den Verbrechern sein Grab und bei den Missetätern seinen Leichenhügel, wiewohl er nie Gewalt geübt und kein Betrug in seinem Munde gewesen ist. Aber Jahwe geruhte, ihn zu zermalmen durch jene Krankheit: wenn du zum Schuldopfer wirst geweiht haben seine Seele, wird er Nachkommenschaft sehen, lange Tage leben, und was Jahwe gut findet, wird durch seine Hand wohlgeraten.« Man hat diese seltsamen Worte jüdischerseits auf das zerstreute und mißhandelte Israel bezogen. Aber nicht nur, daß der Knecht Jahwes deutlich in Vers 49 Israel entgegengesetzt wird, auch die ganze Beschreibung ist für ein solches Kollektivum zu individuell gehalten. Mag selbst der jüdischen Deutung das Ihre gegeben werden, daß immer wieder Jesus in jedem Juden gekreuzigt wurde, so hat doch dieses Volk nur Jesu Leid und nicht seine schuldlose Größe in sich einbezogen, wie denn überhaupt die Stelle des Deuterojesaja vom geknickten Rohr, das er nicht zerbrechen und dem glimmenden Flachs, den er nicht auslöschen wird, den stärksten Sprung von der altsemitischen, noch in der Apokalypse fortlebenden Grausamkeit zum vollkommen neuen Inhalt der Liebe und Segnung darstellt, weshalb also gerade der Knecht Jahwes sicher nicht die Realität, sondern höchstens den guten Genius des Volkes Israel bezeichnen dürfte. Zudem haben viele anerkannte jüdische Lehrer die Erwähnung und weissagende Beschreibung des Gottesknechts im Deuterojesaja auf den Messias bezogen, in guter Übereinstimmung mit der Haggada, die sehr wohl einen leidenden Messias kennt, wenn auch unter der Einschränkung, daß man den leidenden, den Sohn Josefs, durchgängig von dem herrschenden Messias als dem Sohn Davids unterschied. – Das Zweite aber, das zum Alten Testament zurückkehrt, um den fernsten Bogen in die Zukunft, zum »dritten Testament« zu schlagen, ist jene merkwürdige Stelle bei Paulus im Römerbrief, die zugleich einiges metaphysisches Licht darüber verbreitet, warum die Juden so seltsam vor den Toren ihrer eigenen Welt gelitten haben. »Denn ich gebe ihnen das Zeugnis, daß sie eifern um Gott, aber mit Unverstand. Ich sage aber: haben sie es nicht gehört? Zwar es ist je in alle Lande ausgegangen ihr Schall und in alle Welt ihre Worte. Ich sage aber: hat es Israel nicht erkannt? Der erste Moses spricht: ich will euch eifern machen über dem, das nicht mein Volk ist und über einem unverständigen Volk will ich euch erzürnen. Jesaja aber darf wohl sagen: ich bin erfunden von denen, die mich nicht gesucht haben und bin erschienen denen, die nicht nach mir gefragt haben. Zu Israel aber spricht er: den ganzen Tag habe ich meine Hände ausgestreckt zu dem Volk, das sich nicht sagen läßt und widerspricht. So sage ich nun: hat denn Gott sein Volk verstoßen? Das sei ferne! Denn ich bin auch ein Israeliter, von dem Samen Abrahams, aus dem Geschlecht Benjamin. Gott hat sein Volk nicht verstoßen, welches er zuvor ersehen hat. Oder wisset ihr nicht, was die Schrift saget von Elia, wie er tritt vor Gott wider Israel und spricht: ›Herr, sie haben deine Propheten getötet und haben deine Altäre ausgegraben; und ich bin allein überblieben, und sie stehen mir nach meinem Leben?‹ Aber was sagt ihm die göttliche Antwort? ›Ich habe mir lassen überbleiben siebentausend Mann, die nicht haben ihre Kniee gebeuget vor dem Baal.‹ Also geht es jetzt zu dieser Zeit mit diesen Übergebliebenen nach der Wahl der Gnaden. Ist es aber aus Gnaden, so ist es nicht aus Verdienst, sonst würde Gnade nicht Gnade sein. So sage ich nun: sind sie darum angelaufen, daß sie fallen sollten? Das sei ferne! Denn so ihr Fall der Welt Reichtum ist, und ihr Schade der Heiden Reichtum, wieviel mehr, wenn ihre Zahl voll würde? Ist der Anbruch heilig, so ist auch der Teig heilig; und so die Wurzel heilig ist, so sind auch die Zweige heilig. Denn so du aus dem Ölbaum, der von Natur wild war, bist ausgehauen und wider die Natur in den guten Ölbaum gepfropfet, wieviel mehr werden die natürlichen eingepfropfet in ihren eigenen Ölbaum. Ich will euch nicht verhalten, liebe Brüder, dieses Geheimnis (auf daß ihr nicht stolz seid): Blindheit ist Israel zum Teil widerfahren so lange, bis die Fülle der Heiden eingegangen sei, und also das ganze Israel selig werde. Nach dem Evangelium zwar sind sie Feinde um euretwillen; aber nach der Wahl sind sie Geliebte um der Väter willen.« Es war vergebens, diese Worte judenfeindlich umdrehen zu wollen. Das Ganze ist ein schwieriges Kapitel für die heidenchristliche Kirche geblieben. Neuerdings sind zwar die plattesten Exegesen beliebt geworden. Die Juden kommen danach am Ende ebenfalls an die Reihe, weil kein Volk der Heilszeit entgehen kann. Man hat, besonders protestantischerseits, das *πᾶς Ἰσραήλ*, das selig werden soll, auf die letzte vollzählige Gemeinde Christi, also auf das Israel im sogenannten geistigen Sinn geschoben, vor allem, nachdem Luther seine anfängliche Meinung, daß Paulus hier von der mystischen und sogar apokalyptischen Zukunft Israels gesprochen habe, antisemitisch reduzierte; freilich ohne sich genauer auf das Weitere einzulassen, das Melanchthon als ein Gott zu überlassendes Mysterium erklärte. Auffallend ist auch der Ton, in dem hier Schelling von dem Judentum zu sprechen beliebt. Sie sind neidisch auf Jesus, der ihnen nicht angehört, der mehr für die Heiden als für die Juden war und wirkte; oder: wie die Hülse verweht wird, wenn das lebendige Korn, das sie in sich trägt, heraus ist, so wurde das jüdische Volk auseinandergeweht, und hat seitdem keine eigene, selbständige Geschichte mehr, es ist im eigentlichen Sinn exsul, ausgeschlossen von der Geschichte. Sie sind hoffnungslos gezeichnet, denn die göttliche Gnade ist ironisch, das heißt, die Worte Pauli werden in jener dem Pathos des Apostels höchst unangemessen kontrastierenden Weise ausgelegt, daß die Juden zwar immer noch vorbehalten sind, vorbehalten dem Reich Gottes, in das sie zuletzt, aber nichts entscheidend, sondern nur am spätesten einzugehen bestimmt sind, damit auch hier jene erhabene göttliche Ironie sich behaupte, und die die Ersten waren, die Letzten seien. Es wäre unverständlich und wie ein böser Scherz, daß sich hier Schelling für gut genug hält, das Vorbei und Abgetansein, mit dem ihn die Hegelsche Schule zurechtkonstruierte, nun gleichsam auf das Judentum zurückzuschieben, wenn man sich nicht erinnerte, mit welch komischem Stolz andererseits der Philosoph der Offenbarung die dem Judentum fremden Potenzen des Heidentums schon zu Jesu Zeiten als das Wesentliche am Christentum herausgehoben hat, wodurch eben Schelling, ein Prophet aus anderem Blut, die Problemlage mit Ressentiment und irrationaler Sinnlosigkeit verdunkelte. Nicht alle bibelgläubigen Protestanten gehen hier mit, und die katholische Kirche steht unverrückbar auf dem Standpunkt einer dereinstigen allgemeinen Judenbekehrung durch Elias als einem der Zeichen der herannahenden Apokatastasis. Wie dem auch immer sei, die Juden sind von Paulus dauernd angesprochen, und es kann nur mehr eine kleine Weile dauern, bis sie die lange und rätselvoll sekretierten Worte auch vernehmen. Jesus ist seit alters latent im jüdischen Volk; denn alles ist schärfer und übertriebener bei ihnen geraten: der Wucherer und Hillel, Schmutz und Seele, der Profitgeist an sich und die Erzeugung des Sozialismus, die zehn verworfenen und die zwei erwählten Stämme, der niedrigst sündhafte Mensch und die Forderung: ein heiliges Volk, ein Volk von

Priestern sollt ihr mir sein! — und so ist für den Juden, den moralisch intensivsten Menschen, Jesus entweder seine Angst oder aber, indem er ihn mitlebt, jedoch nicht nennt und als noch nicht realisierten Messias anerkennt, das gute Gewissen seiner dem Endziel treuen Verstocktheit, für die das dergestalt radikale Judentum wohl gar noch den Lohn erwartet, nicht anders wie beim Widerstand gegen Baal und Astaroth. Deshalb läßt sich auch nicht so leichthin sagen, wie es Weininger tut, daß Beides, der Jude und der Christ, als Gesichter, religiös typisch schon entschieden seien. Nichts ist nach ihm leichter als ein Jude, nichts schwerer als ein Christ zu sein; früher war alles gemischt, nun ist alles zerfallen, Jesus war im alten Israel die eine Möglichkeit, die andere ist der Jude, die völlige Ichlosigkeit, Vieldeutigkeit und Gottleere, der Abgrund, über dem das Kreuz Christi errichtet ist; und das Geld ist noch das einzig Reale, an das sich dieses Gespenstervolk, außer seinen endlosen Religionswechseln auf Wohlergehen im Himmel wie auf Erden, festhalten kann. Jedoch die bestechende Schärfe, die auch hier Weiningers Antithesen auszeichnet, ist eine zwischen Begriffen und nicht eine zwischen Objekten: es ist durchaus nicht nur, daß es Simson gab und Josua und danach Jesus und dann nichts mehr, sondern die Juden konnten sowohl vorher wie nachher, trotz des Ekels der Diaspora, intensiv böse und intensiv gut sein, das Volk der Psalmen und Propheten lebte in seinen Liedern, in den wehmütigen, fern hinhallenden Melodien, in spaniolischen Tempelgesängen und dann im Chassidismus weiter; und zudem basiert das Ganze auch dieser Deduktionen letzthin auf der oberflächlich antisemitischen Kirchenlehre von der Spreu und dem Weizen, um derart den von dem Judentum niemals aufgegebenen Gedanken des Trösters, des Dritten über Jude und Christ, des Messianismus und des Tertium Testamentum zu überschlagen. Freilich, alles bringt dem Juden Europa entgegen, doch das eigenste Geheimnis der jüdischen Geschichte selber, das unter alle Heiden getragen wurde und nacheinander die römische, die mittelalterliche und die Welt des lumen naturale bezwungen hat, ist dem Judentum das alte Ärgernis und Paradox geblieben, das Paradox nicht nur des kreatürlichen, sondern durchaus des bereits beschnittenen, jüdisch geistigen Menschen, der synagogalen Weisheit selber geblieben. Und das, obwohl, womit zu Jesaja und Paulus ein Drittes hinzukommt, obwohl gerade die jüdische Geheimlehre von Hinweisen auf die christlichen Mysterien überfließt: dem Gedanken der Schlüsselgewalt, des Mittlertums, der großen Mutter Malchuth, ja der ganzen Dreieinigkeit selber; letztere zum mindesten zahlenmäßig und dann auch inhaltlich in der Form, die ihr der spätere Hamburger Kabbalist Eibenschütz gegeben hat, und woran sich deshalb der Baaderianer Molitor in seinem judenchristlichen Kabbalawerk leichthin anschließen konnte, so sehr diese Berührungen bereits durch den Einfluß Philons auf die spätere Dogmengeschichte wahrscheinlich gemacht worden waren.

Nach alldem ist es gewiß, daß man der Lösung der Frage, worin sich die Juden und Jesus versäumt haben, nicht näher kommt, wenn man nicht, was stets verfehlt wurde, aus der ethnologischen Frage die eigentlich treibende theologische Antithese herausgewinnt.

Was ist es also, das hier so fremd und schroff abgehalten hat? Was ist es zum Anderen, das die Juden, die so lange vor den Toren ihrer eigenen religiösen Welt gelitten und gewartet haben, nun plötzlich beim »Christentum« eintreffen läßt? Es ist dieses, daß die Seele jetzt letzthin darüber hinaus sieht und deshalb die Mitte begrüßen kann. Es regen sich andere Kräfte, und so ist Jesus, paradox gesagt, ungefährlich geworden, so kann also die Mitte, die hemmte, solange sie endgültig zu sein schien, gefahrlos in ihrer ungeheuren Menschentiefe verehrt werden. Denn das Leben, sagt ein alter Schriftgelehrter, wird denen ausgeblasen, die das Ende berechnen und nicht erwarten können. Aber die Juden sind erhalten geblieben, ein zu Großem aufgespartes Volk, und ihr Glaube ist grau geworden. Sie haben unverzagt ihr Schema Jisroel ausgerufen und bei dem alten Herrn Jehova, dem Gesetzeskaiser und eifernden Ritualgott ausgehalten; ja das Judentum ist noch hinter die lindernden, seelisch machenden Propheten zu einem bloßen formalistischen Traditionalismus und reichlich nüchternen, abstrakten Deismus erstarrt. Freilich, die Kirche hat ebenfalls und noch viel gründlicher die Welt zugeschlossen und wie die alten messianischen Hoffnungen so die Apokalypse selber unterschlagen oder vermittelst des Pfingstfestes zu einer bloßen universalen Wiederholungsszene und Tautologie des bereits Geschehenen abgeschwächt. Aber die Freude ist größer als das Gesetz, und wenn auch die Synagoge dieser Lehre der Chassidim fernsteht, so ist sie doch keine mysterisch gemachte Kirchenorganisation, sondern offen und gleichsam auf ihren Abbruch hin konstruiert, auf den Messias, auf das Rufen des Messias und den motorisch, moralisch, metaphysisch erst zu bewerkstelligenden kiddusch haschem als der Heiligung des Namens Gottes. Insofern kann man sagen, es lebt in diesem auf die Auflösung, auf die letzte Stunde hin gerichteten Glauben ein latenter Gnostizismus, eine bei den Propheten und Jesus, ja schon früher, an den wechselnden Psychologien Jahwes selber sichtbare Entgegensetzung des Guten und Erleuchteten gegen alles Kleinliche, Gerechte und Harte — eine Entgegensetzung, die keineswegs erst durch das außerjüdisch rezipierte Christentum erzeugt worden ist. Gerade indem Marcion, ein großer Mann, den Gott als Geschichte konzipierte, steht dieses sich Abheben, diese Antithese zwischen dem Demiurgen und der bisher unbekannten, durch den Christus offenbarten höchsten Gottheit, — steht dieser scheinbare metaphysische Antisemitismus der messianischen Geistigkeit näher als die ganze spätere, auch das Alte Testament versteinernde Heilsökonomik, die die Abfolge der Offenbarungen zur bloßen pädagogischen Maßnahme abschwächte und so den eigentlich theogonischen Prozeß vom Himmel selber fernhielt. Die Seelen müssen weiter in sich suchen und rufen, es gibt noch andere sittliche und auch geistige Kräfte als wie Jesus verkündigt hat. Denn die Menschen sind, was sich im weiteren Verlauf der Neuzeit immer stärker und furchtbarer zeigt, l e t z t h i n nicht jesuanisch durchtränkt, geschützt, imprägniert und vorbereitet, der ferne Messias ist noch nicht gekommen, die allkräftig beherrschende Idee der Welt ist noch nicht gefunden. Jetzt ist auch Jesus deutlich aus der Zeit gewichen und aus der Geschichte, ja aus der Welt dazu, in deren Mitte er fälschlich hineingestellt wurde, als ob nicht schon die kürzeste Handauflegung des wirklichen Messias diese Welt vergottet hätte. Die Menschheit ist von d i e s e r Seele Kanaans l e t z t h i n noch nicht metaphysisch betroffen worden, ihre Macht reicht nicht aus gegen die Gottleere des Endes und zu dem heiligen Geist hin. So beginnt Jesus, gut wie Hillel, als Rabbi, als

Prophet, größer, auch kleiner denn Moses, als Zeichen der Liebe und der Innerlichkeit auf dem Wege verehrt und erkannt zu werden, die zwar, eine ungeheure und wahrhaft hineinwirkende Tat des Propheten, den Herrn zwang, an dem Sohn zum Vater zu werden, die aber auch, da Jesus nur ein Helfer, kein Erlöser war, da die anders ungeheure und anders »wahrhaft« hineinwirkende Tat des Messias, der zaubernde Wunschtraum, der alte Titanen-»Frevel«, sich zum Messias zu ernennen, nicht gelingen konnte, da die letzte, unbekannte, wahrhaft sprengende Essenz der Welterlösung fehlte, — alles in uns Menschen, was kreuzigt und das Kreuz bespeit, und alles in Gott, was kreuzigen ließ und am Ende den Opfertod verlangte oder wenigstens nicht abschlug, noch stärker, erbsündenhafter aufglühen ließ oder wenigstens in der alten Niedrigkeit und wesentlichen Entfernung Gottes von sich selber, von seiner dritten Stufe als dem heiligen Geist zurückließ.

*

Es ist nur selten gestattet, zurückzugreifen und vergangene Gesichte zu erneuern, als ob nichts geschehen wäre, als ob nicht auch die Götter ihre Gezeiten hätten. Aber Eines gibt es, nach dem man nicht erst zu blättern braucht, weil es von selber unaufhörlich auf uns zurückgreift, sofern es als Weissagung, als die verzweifelte, immer wieder abgebrochene Weissagung des Messianismus unserer Aktualität bedarf. In ihm lebt zwar ein Dienen untereinander, aber auch trotzigste Selbstheit gegen Welt und Gott; es lebt darin keine Knechtsgestalt, kein alliebender und allwissender Vater, kein sichtbarer, bildhafter, unmusikhafter Gott, kein Opfertod, kein Gnadenschatz, überhaupt keine Garantiertheit und vorhandene absolute Definiertheit des Ziels, wohl aber die furchtbarste, moralische, Kierkegaard mit den Propheten vereinende Kategorie der Gefahr — die Menschen sind noch immer oder wieder, im Endgültigen schutzlos und ohne Himmel, aber in unserer Kraft zu wenden und zu rufen, in unserem tiefsten, noch namenlosen Inneren schläft der letzte, unbekannte Christus, der Kälte-, Leere-, Welt- und Gottbesieger, Dionysos, der ungeheure Theurg, von Moses geahnt, von dem milden Jesus nur umgeben, aber nicht verkörpert. Nun aber, hier werden sich die Juden und die Deutschen ewig begegnen, die leicht vertrocknenden und nach langem wieder aufblühenden Jerichorosen, als die ebenso motorischen wie vernehmenden, spekulativen Nationen; und so ist es immer noch denkbar und aus der Kurve der bisherigen Geschichte zu begreifen, anders, es muß wieder denkbar werden, es gibt keinen Zweifel daran, daß durch die tausendfachen Energien, durch die äonenweite Optik einer neuen Proklamation das Judentum mit dem Deutschtum nochmals ein Letztes, Gotisches, Barockes zu bedeuten hat, um solchergestalt mit Rußland vereint, diesem dritten Rezipienten des Wartens, des Gottesgebärertums und Messianismus, — die absolute Zeit zu bereiten.

Zur motorisch-phantastischen Erkenntnistheorie dieser Proklamation.

Wie wirkt das ein, das jetzt ist? Denn wir wollen handelnd und selbsttätig vorgehen. Nicht etwa um zu träumen oder einfach nur beliebig umzudenken. Denn im schöpferischen Kopf löschen alle bloßen Traumlaternen aus. Er ist aufs Strengste gebunden, sowohl von unten herauf wie nach oben hinüber. Er muß, wenn überhaupt, zum kanonischen Träumer werden, dem das, was den anderen bestenfalls sehnsüchtig und noch nicht bewußt anklingt, zum Eingedenken wird; zuerst nur mitwissend oder »weltlich«, enzyklopädisch, dann, mit wiederkehrender, völlig reif gewordener Ahnung, zum Eingedenken der eigenen Tiefe.

Man kann sich freilich auch vergessen und derart betrachtend, das heißt einzelwissenschaftlich arbeiten. Dann bleibt alles auf dem alten Fleck stehen und das immer wieder aus dem gewußten Leben auftauchende gelebte Leben bleibt ohne Licht. Denn hier soll gedanklich nichts aufgewendet werden, das von der erläuterten Anschauung, von dem Verstehen der darüber hinaus jedoch unerweckten Anschauung wegführt. Man hat sich dem Lauf der in den Dingen, Subjekten und Werken bis zu dem Forscher hin vorgearbeiteten Welt zu unterwerfen. Darum bleibt auch der Tonfall in einem vorsinnlichen oder wenn auch sinnlichen, menschlichen, qualitativen, so doch wertfreien Indikativ beschlossen, der mit dem »Früher« oder »Jetzt« nur adjektivisch verziert ist, ohne Einfluß des Vergangenseins oder der Neuheit. Es mag noch gleichgültig sein, wo der Chemiker innerhalb seines fast gänzlich ausgeschalteten Zeitbegriffs ankommt. Aber es ist problematischer, wenn sich das Geschehene unmerklich mit dem Geschehenden mischt, wenn das, was draußen saß, lebte und schrieb, plötzlich am Ende im Buch stehen muß, wenn sich infolgedessen sowohl der Historiker wie seine Epoche selber wieder entgegenkommen und dem wieder gegenwärtig Werden im rein tatsächlichen Fortgang der Geschichte ausgeliefert sind. Man kann schwer den Punkt angeben, wo diese peinliche Erhellung, diese allmähliche Steilheit des Gesichtswinkels und dieses aktuelle sich Wiederaufrollen oder Decrescendo der immanent feststellbaren Zusammenhänge, Wichtigkeiten und Historien beginnt, wo sich mit anderen Worten das politische dem historischen Urteil wieder unterschiebt. Noch schlimmer als mit der Geschichte ist es mit der Physik und am schlimmsten mit der einzelwissenschaftlich verdorrten Theologie und theologischen Metaphysik bestellt. Wir wissen nicht, was gelb oder blau oder was ein Blitzschlag als solcher ist. Denn die physikalischen Begriffe tauchen weder mit ihren unsichtbar bleibenden Trägern, noch mit ihren komparativen Gesetzen aus der Reihe des vorsinnlichen und damals gegenwärtigen Geschehens auf. Wir wissen noch weniger wie die religiösen Verheißungen, also die Inhalte einer fernen, im Zukünftigen verborgenen Gegenwart zu fassen sind. Denn da im theologischen Denken die gleiche Schwunglosigkeit wie in der Physik herrscht, so kommen die theologischen Begriffe nicht weiter als gerade bis zur Gegenwart ihres Trägers und seiner Geistigkeit. Die Kräfte des suchenden Ichs werden unterdrückt, das obere Leben wird bei dem Vater festgehalten, statt das Ernte- und Pfingstfest zu begreifen und Gott durch den heiligen Geist definitiv werden zu lassen, und die theologischen Begriffe werden trotz der weiterdrängenden Apokalypse innerhalb einer höchst ungereinigten Aktualität ihrer Wertordnung entspannt. Daher bleibt das farbige, flutende, von uns abhängige Jetzt der Welt brüchig und zu jeder mehr als privaten und relativistischen Funktion der Werttheorie untauglich. Wir gebrauchen zwar die menschliche Sprache für einzelwissenschaftliche Ergebnisse, aber was in ihr laut wird, ist doch nur die um den menschlichen Geist unbekümmerte, ihm oft schlecht entgegengeltende Wahrheit der Tatsachen. Die Wissenschaft baut unseren Anteil ab, sie zieht die Wurzel, wo die Kunst potenziert und die Philosophie mit dem letzthinigen Subjekt integriert. Was hier also im Ganzen hervortritt, ist, wofern sich der zunehmende Zwang, bloß ökonomisch, reflexiv denken zu können, gemäß der steigenden Unlogik der Gegenstände, nicht allzu fühlbar macht — jenes einfache Aufschreiben der Geschichte der Welt, das die Unabhängigkeit vom erlebenden, auffassenden und utopischen Ich als Kriterium seiner Wahrheit und empirischen Realität besitzt. Es ist — und daran scheidet sich aufs Deutlichste das einzelwissenschaftliche von dem philosophischen Streben — die bloße Stufenfolge von toten Gegenwarten und die bloß organisierende Verdeutlichung der jeweils aktuellen Tageszeit der Tatsachenlogik in den einzelnen Sphären.

Wie aber wirkt das ein, wo ich »jetzt« stehe? Wann und wieso kann das, was ich fordere nach dem, was ich bin, wahr sein, wieweit reichen die Kräfte des gesetzgebenden Denkens in das Leben herein? Wir werden doch nicht nur geboren, um hinzunehmen oder aufzuschreiben, was war und wie es war, als wir noch nicht waren, sondern alles wartet auf uns, die Dinge suchen ihren Dichter und wollen auf uns bezogen sein. Es ist immer nur halb geschehen, was geschehen ist, und die Kraft, die es geschehen ließ, die sich in ihm ungenügend genug herausssetzte, treibt in uns fort und wirft auch noch weiter ihren Schein auf all das Halbe und Weghafte, immer noch Zukünftige hinter uns. Was vor uns, ohne uns bloß zitterte, ist tönend, wärmend, leuchtend geworden; und wie sehen jetzt die Kreuzzüge aus? Sie haben sich doch gewandelt, denn auch das, was »damals«, das heißt an seinem vormenschlichen, physischen Ort Luft- oder Ätherschwingung war, ist für uns, durch uns Ton, Wärme, Licht geworden: sollte also der jeweils gegenwärtig gewesene Zustand in der Geschichte von uns unabhängig und unbeweglich weiterbrennen? Was niemals vergehen konnte, muß zerschlagen werden, was niemals ganz zu sich kam, muß gelöst und das nie ganz Geschehene in neuen Atemzügen vollendet werden. Freilich scheint das Vergangene fest geworden, eingeschlafen zu sein, da es sich, je länger wir daraus herausgetreten sind, mit zunehmendem Dunkel bedeckt. Aber das alles kann wieder erwachen, es ist fließend und schillernd geblieben und läuft unterirdisch weiter, es hat nichts Unveränderliches an sich wie Grabstätten oder bloße Unwiederbringlichkeiten oder auch wie irgend ein fertig Logisches, nur zu begreifen. Es besitzt als Vergehendes trotz der scheinbaren Fixierung zur Vergangenheit noch ein Heimliches, ein Element des Zukünftigen in sich, genau so wie auch die Fixierungen der Zukunft zur ruhenderen Gegenwart des Überblicks oder Werts noch immer Unentschiedenheiten, Alternativen, auf uns wartende, unbekannte Götter über sich haben. Dieses weiter zu treiben, das Pochende, Unterdrückte, Zukünftige, das nicht werden konnte in all dem zähen Teig des Gewordenen, es reumütig zu lockern, in immer noch lebendiger, besserwissender Mitverantwortlichkeit, es vor allem auch wertgemäß zu beziehen, zu erleichtern und einzuschließen, ist die denkerische, geschichtsphilosophische Arbeit. Man steht dabei genau so gut unten wie man oben steht. Man kann derart über das Einzelnste sprechen, ohne es eigentlich zu meinen. Dazu ist bereits das sonderbare essayistische, zur Gelegenheit Denken, um ebensowohl anschaulich als beschleunigend und hinwegführend sein zu können, ein vielsagender methodischer Beginn. Denn dieses ist dem essayistischen Denken zunächst eigentümlich, daß es zwei überall sonst widersprechende Gesinnungen verbindet: das liebevolle Betrachten des Einzelnen, ganz gleichgültig, ob es eingeordnet oder gar abgeleitet werden kann, und das schlechthin darüber hinwegstürmende – gemäß der Gesinnung: was habe ich, wenn ich nicht alles habe? – Tendieren nach dem Zielgemäßen, Sinngemäßen überhaupt. Es ist der kräftige Blick, allem verwandt zu werden, sich der Ackerkrume, den Wolken, Wettern und Elementen zu überlassen, von ihnen durchsetzt zu werden und dann wieder zu sich als dem Traum dieser Dinge aufzutauchen. Es ist im weiteren jene kühne und befreite Sachlichkeit, anzuschauen, sich auszugleichen, widerhaltende Stärke und Nahrung gegen das eigene innere Traumreich, gegen die ungelenke, ungelenkte Phantasie, gegen den zunächst bloß jakobinischen Flug der Spontaneität zu sammeln; voll Pflanze, Stein, Krug, Harfenistin zu werden, Gleiches mit Gleichem zu erkennen, das Angeborene, auch Kompendiöse in uns durch die Welt zu erwecken, wie es tiefer wieder diese erweckt; voll Welt zu werden, sich um die Welt reicher und geheilter machen, ganz in das Einzelne, Individuelle, Historische der Welt hineinzugehen und so, als lebendiges, eingebautes, menschliches, soziales, musisches und gläubiges Ich, auf diesen sechs Treppen, durch sechs Sphären hindurch steigend, auf dieser langen Brücke zu sich, zum Corpus Christi selber hinzuwandern, immer wieder aktuell untergehend, immer wieder durch die Geschichte in jeder Sphäre relativ hindurchgehend und immer wieder am Ende jeder Sphäre medial auftauchend, seine Wurzeln kennend, seine Krone intendierend, seine Ilias durchlaufend und derart wenigstens halb gelichtet im Dunkel der gelebten Aktualität. So geht es hinaus, ins Enge, ins Weite, ins Tiefe, durch die »Theorie des Lebens«, die »Theorie des Weltbaus«, die »Philosophie der Geschichte«, die »Philosophie des Staates«, das »System der Ästhetik«, die »Logik der Philosophie«, die »Ethik und Metaphysik der Innerlichkeit« hindurch, bis derart, in diesen sieben Werken (aber die Logik ist nur der Sammelort des Methodischen der Sphären und keine eigene Sphäre), bis in diesen sechs Empordrehungen also unserer selbst, in diesen spezifischen Selbstbegegnungen und immer hüllenloseren Objektivierungsprozessen, in diesen sechs großen Herausschlagungen unseres Haupts und schließlichen Aufrührung der mythischen Energien und Gegenstände des Endes, des Anfangs und des Endes — das »System des theoretischen Messianismus«: sturmreif zu machen, für die Propheten, für den praktischen Messianismus, vollendet vorliegt. Es ist mithin die wohldisponierte Fähigkeit, nochmals begrifflich durch die auf sechs Stufen immer wieder einsetzende Geschichte der Seele hindurchzuwandern, um solchergestalt die darin neu beschienenen, bis auf ihren noch ungeschehenen Grund hin beschienenen Dinge an ihre Orte zu stellen und damit — als allüberdenkender Philosoph gleichsam zum Erdgeist geworden — dem Einzelnen den Wald, den Hintergrund, die Tiefe seiner selbst und seines Orts zu geben, das heißt also der zuerst so übel amorphen Erlebniswirklichkeit der Welt ihre tiefere sphärenhafte Ordnung, den Umkreis ihrer organischen, physischen, historischen, politischen, ästhetischen, religiösen Entelechien zu bestellen; als unsere Reise und Kräftigung, als die heilenden mentalen Kreise, als Sprossen zum Namen, zu unserer verborgenen innersten Psychologie und letzterdings zu dem eschatologischen Entscheidungs- und Wahrheitsproblem der Welt überhaupt. Was einzeln ist, braucht also nicht zu bleiben, braucht nicht in sich zu Ende zu gehen, aber es hört deshalb nicht auf, wo immer es nur Farbe geben kann, ein zu Erlernendes zu bleiben. So läßt sich das Einzelne rufen, um mit ihm zu schwimmen, überholender noch als es selber, sich ihm hinzugeben bis an sein Ende, es in dem gleichen aufständischen Zug mitzuwollen, mitzuwissen, ja ihm gerade aus Aufstand verwandt zu sein und das Individuelle so in unserem zu uns selber Treiben bis auf den Grund widerhallen zu lassen. Aber das bedeutet nun nicht anzuerkennen, wie das Einzelne leben muß, also nicht die derzeitig objektive Ordnung der Dinge; Natur ist keineswegs alles mit einem Male, und so ist diese Fülle von Intendierungen des Einzelnen gerade aus dem gleichen Mitwissen fremd, überholend, schwärmerisch, ungoethisch. jesajisch, revolutionär gegen den komparativen Regelstatus, und derart letzthin, paradox genug, der stärkste Empirismus des Individuellen aus Gründen des stärksten Utopismus seiner Ziele. Und nun zeigt es sich, daß das Essayistische seinem eigentlichsten methodischen Verhalten nach eine Vorstufe des Geschichtsphilosophischen bildet; nicht nur, sofern es sich als die Neigung des Essays erweist, bereits Geformtes weiter durchscheinend zu machen, sondern auch der anderen Eigenschaft des Essays entsprechend, bei der Sache zu bleiben, indem man nicht bei ihr bleibt; vorausgesetzt nur, daß man den entelechetischen Begriff der Sache weit genug faßt, also das Einzelne und Intensive wahrhaft als Intensives, als Historisches zu fassen und dem Überschäumen der Merkmale über den Umfang ihrer Zusammenfassung zu seiner zurück- und hinaufwirkenden Methodik zu verhelfen. Denn essayistisch, in der Person des geborenen Geschichtsphilosophen, geht das sehr wohl zusammen: das Einzelne zu erfühlen, wie es keiner noch so empirischen Einstellung zugänglich ist, sofern diese stets zugleich auf seine derzeitige Regel, auf eine ihm völlig unwesentliche, komparative, empirische Logik ausgeht; und dann, aus dem Einzelnen, diesem Pochenden, Unterdrückten, Zukünftigen, Überschäumenden, überkomparativ Geladenen, aus dem Einzelnen, gegenerleuchtet mit dem Eingedenken, dieser integralsten Erfahrung des moralisch-logischen, Subjekts selber, die geschichtlichen Zielstrebigkeiten, die luziferischen Wesensanschauungen zu erlernen, als deren mögliche Befreiung (im Sinn einer individuell-intensiven Ausmalung, Brücke, Fundamentierung und Nachkonstruktion, vor allem zum sozialen, ästhetischen und religiösen Wertsystem hin) dann der vollendete Essay, der an seinen vielleicht engeren, aber vollkommeneren Ort gelangte Essay, mithin die Geschichtsphilosophie erscheint, Goethe plus Jesajas, die neugeborene, konstitutive Geschichte in dieser Geschichtsphilosophie. Denn das, was ist, kann nicht wahr sein, aber es will durch die Menschen zur Heimkehr gelangen. Was also darin wirkt und arbeitet, fortarbeitet, nach dem Grundsatz aller kategorialen Anwendung und transzendentalen Beziehung: »begonnen ist der Weg, vollende die Reise!«, ist nicht mehr die Frage, was die Dinge im jeweils Gegenwärtigen seien, in ihrer empirischen Verhaltungsregel und deren einzelwissenschaftlicher Kodifizierung, sondern es ist, anders betont und mit dem nicht Entsagenwollen religiöser Art, die Frage, was die Dinge, Menschen und Werke in W a h r h e i t seien, nach dem Stern ihres utopischen Schicksals, ihrer utopischen Wirklichkeit gesehen. Sobald das erkennende Ich derart gereinigt ist, läßt sich gerade die stärkste Abhängigkeit vom erlebenden, das heißt qualitativ färbenden, vom auffassenden, das heißt geschichtsphilosophisch beschleunigenden, und vom utopischen, das heißt werttheoretisch erfüllenden Subjekt in jeder Sphäre als Kriterium der philosophischen Realität auszeichnen. Zu ahnen, daß man eher abstellen als begreifen sollte, und daß sich das vorüberfliegend Wirkliche ohne utopische Bestandteile überhaupt nicht erfassen läßt, dieses allertiefste Gewissen entartet freilich leicht zur Posse seiner eigenen, in ihm angelegten Erleuchtung und Weltverbesserung. Es gehört ein hochgradig sachliches, kanonisches Ich dazu, um jene kämpfende Vernunft, die sich noch jenseits der durch Schaden klug gewordenen Phantasie, also noch jenseits der bloß aufzeichnenden, bloß kommentierenden Einzelwissenschaft erheben möchte und muß, — um jene besserwissenwollende Vernunft vom bloßen Träumen, vom zufälligen, privaten, ephemeren Utopismus, von der reflexiven Beziehungslosigkeit zum Wesen innerhalb ihres erweiternden Messianismus a priori rein zu erhalten. Dann aber freilich leuchtet überall und am stärksten in den vom Menschen bereits besetzten Gebieten jene messianische Tageszeit des Logischen auf, die statt des bloßen Kommentars der *gewissen*, also beobachtend erweisbaren Evidenz empirischer Kategorialdeckung und ihrer Tatsachenlogik die *einleuchtende* Evidenz, also die zweite Wahrheit und ihre lediglich moralisch-spekulative Logik, den Primat der praktischen Vernunft auch in der Logik heraufziehen läßt. Dieses Eingedenken hat sein doppeltes Gebiet: einmal die Besorgung der intensiv gegebenen Dinge, also die Mitwissenheit der bis zum Ästhetischen einschließlich zurückzulegenden Enzyklopädie; und dann die letzte Drehung, das sich selbst vor Augen Stehen, die Besorgung der eigenen Intensität und ihrer Ziele, die gänzlich die Unruhe und Frage des Ichs nach Gott mit sich selbst und seiner eigenen mythischen Gegenständlichkeit beantwortet, eine Füllesteigerung der Welt, bis sich auch Gott die Krone der Gottesglorie endlich aufs Haupt gesetzt hat.

Dorthin geht es hinaus, ratend, befehlend, erratend, was kommen soll, zum veränderten Denkenwollen, zum Umdenkenwollen der ganzen Welt. Wenn wir uns danach kennen werden, dann sind wir mit allem unterwiesen und bekannt. Es gibt nichts mehr, das nur zu entziffern wäre, und es stünde da, von unserem verschleiernden Auge befreit. Sondern wir selber sind an dem Gang der Welt, die kernlos ist, ja die überhaupt nicht wahr ist, mithandelnd, mitentscheidend, miternennend beteiligt. Fast alles ist zu uns geflohen, es zu schließen und wesentlich zu machen; denn das fahle Roß ist losgebunden, und was gegeben ist, beginnt stetig unwirtlicher zu werden. Um vom zunehmenden Elend und um uns Unbekümmertsein des »Laufs der Dinge« zu schweigen: rein wissenschaftlich gespiegelt, ist Poincaré oder das Geständnis des bloßen Rechnungsansatzes nur das letzte Glied in der Reihe objektslogischer Geistentleerung, die sich schon früher, entsprechend der größeren Höhe ihrer Gegenstände, bei Savigny oder dem historistischen Sturz des Naturrechts und bei Luther oder der Subjektivierung des Gottessystems als das transzendentale Verlustprinzip der Neuzeit gezeigt hat. Man fühlt, die neue philosophische Stunde katexochen ist da; denn die Logik der Tatsachen, dieser bisherige Hort reiner Realitätserkenntnis, schickt sich zunehmend an, immer mehr zu sinken, »transzendent« zu werden, in uns, das heißt ins reflexive oder utopische sich zurecht Legen, sich ins Gewissen schlagen zu flüchten. Das bloße Denken, unabhängig vom erlebenden und auffassenden Subjekt, die alte Intellektualität, das gemütlich probierende Spiel mit dem Welträtsel, als ob es nur an uns läge und auch sachlich weiter nichts auf sich hätte, wenn der Rebus, der nur für uns, aber nicht an sich einer ist, einmal gelöst wäre — das alles eilt einer Erschütterung, Auflösung und Umbildung entgegen, die nicht geringer ist als die umgekehrten reinen Wissenstendenzen der Renaissance. Denn diese haben zwar das Denken mündig gemacht, aber doch, trotz Münzer, Kant und Schopenhauer, seine tiefere Spontaneität nicht erkannt und den Geist nur insofern, nur um solchen Preis von der unkräftig gewordenen Offenbarung befreit, als mit dem lumen naturale, mit der Wiedergeburt der rein beobachtenden, rein theoretisch abgezielten Methode zugleich der Fetischismus einer Tatsachenlogik um ihrer selbst willen heraufzog, der die Philosophie zur Magd — schlimmer noch, zum bloßen Sammelbegriff der Einzelwissenschaften herabwürdigte und ihr derart den Advokatenberuf eines Panlogisierens alles Empirischen aufnötigte. Das ist rettungslos vorbei, nur in uns selber brennt noch Licht, nicht in der Welt. Gewiß, auch die Seelen sind zu leer, um noch gläubig zu sein, um noch Mythos zu haben; aber nichts fällt heraus, auch diese Leere ist nur ein Teil geschichtsphilosophischer Zusammenhänge, auf den sie notwendig und konstitutiv auftrifft, auch die Verlassenheit ist eine Art, eine furchtbare Art, von Gott umfangen zu sein: er ist nicht, Gott gilt erst, auch der »Atheismus« ist eine ungeheure Frömmigkeit, heißeste Gottesliebe, kann sie bedeuten: die Entlastung, Reinhaltung Gottes von dieser Welt und ihrer Regierung, von seiner Existenz in der jetzt möglichen Art; auch die irdischste Selbsthilfe des Pragmatismus hat ihren fernen utopischen Stern im Blut — wohlan, entdecken wir den Mythos dieser Leere am Mythos, und sie wird sich ebensosehr zur Hälfte füllen wie den nächstfolgenden, den Mythos der eschatologischen Menschheit erleuchten. Der Wunsch baut auf und schafft Wirkliches, wir allein sind die Gärtner des geheimnisvollsten Baums, der wachsen soll. Es hilft dazu die andauernde Traumkonzentration auf sich selbst, auf sein reineres, höheres Leben, auf das innere Hellwerden, auf die Erlösung von Bosheit, Leere, Tod und Rätsel, auf die Gemeinschaft mit den Heiligen, auf die Wendung aller Dinge zum Paradies; immer und überall – die Apokalypse ist das Apriori aller Politik und Kultur, die sich lohnt so zu heißen. Nur dieser denkende Wunschtraum schafft Wirkliches, tief in sich hineinhörend, bis der Blick gelungen ist: in die Seele, in das dritte Reich nach Stern und Götterhimmel, wartend auf das Wort, der Erleuchtung hohen Alters zugewendet: der Drang, sich gemäß zu werden, zieht Seele herein, er ist die Gedankenlösung für den völligen Krystall erneuter Wirklichkeit, und umwollend wegdenkender, schöpferisch dazu denkender Geist, stark wie ein Magnet in unsere, in die Zukunft der Welt hinübergerichtet, wie sie beständig nach uns blickt und allein der schlaffen Wahl Böses wie Gutes gleich unentschieden vorbehält. Es geht um uns und weiß nicht, wohin es geht, nur wir selbst sind noch Hebel und Motor, es stockt das äußere und offenbarte Leben: aber der neue Gedanke bricht endlich hinaus, in die vollen Abenteuer, in die offene, unfertige, taumelnde Welt, um so, in dieser seiner Stärke, mit unserem Leid gegürtet, mit unserer trotzigen Ahnung, mit der ungeheuren Gewalt unserer Menschenstimme, Gott zu ernennen und nicht eher zu ruhen, als bis sich unsere innersten Schatten unterworfen haben und die Erfüllung jener hohlen, gärenden Nacht gelungen ist, um die herum noch alle Dinge, Menschen und Werke gebaut sind.

DIE GESTALT DER UNKONSTRUIERBAREN FRAGE.

Es hat sich draußen grau und kalt um uns zugezogen.

Aber es ist uns morgendlich zumute, trotz allem. Es ist uns weihnachtlich zumute, mitten in diesen dunklen Tagen, unter diesem verhängten Himmel. Es ist irgendwie in uns selig, gottgeliebt, anders gewiß, daß wir uns nicht zu fürchten brauchen, denn wir können wenigstens wissen, was wir sollen. Es ist in uns, in der Zeit, wie ein erleuchtetes Fenster, hoch oben in der Stadt, wie ein erleuchtetes Bergschloß, mitten in der kalten, dunklen, winterlichen Nacht.

Denn wir können nicht verloren gehen, es ist so wenig, was wir tun müßten: gut sein, endlich einander zu lieben suchen, helfen, Licht machen mit dem herrlichen, rätselhaften menschlichen Verstand. Wir werden erwartet, und wie die Menschen rufen, so wird nach ihnen gerufen, der Tröster ruft draußen vor der Tür. Aber wir schlafen und niemand öffnet; und doch, wir wollen daran festhalten, daß wir nicht getrennt werden können, wir und der uns Ersehnte, in dessen Hände wir unseren Geist befehlen, so dumpf und leer wir auch alle noch leben müssen und so furchtbar uns selbst im Inwendigsten noch die Kälte des unwirksamen, wo nicht gar feindlich gewordenen Himmels zusammenpreßt. Irgendwie ist das Matte vorbei, ein uralter Sturm will sich erheben, wie er zweitausend Jahre unter den Horizont gebraust war an unbekannte Orte und jetzt wiederkommt, grau vor Macht und Feuer vergießend ringsum, der Lichtbringer.

Es gibt freilich so vieles, das unten liegen geblieben ist, daß man müde werden möchte, alles zu bewegen und sorgsam einzustellen. Aber wer überschlägt, beraubt sich nicht nur jeder Hilfe und Einwirkung von unterwegs, sondern versteht auch nichts von dem, was auf der letzten Seite steht. Man muß gehen und ehrlich durchschreiten, was endlich ist, um zu wissen, was unendlich sein kann; das Ankommen und das Ziel, beides steht erst für einander, und der zweite Morgen, das Wunder, glüht erst nach dem Tag. Denn ganz zuletzt, wo es nur um uns geht, bleibt es vorerst noch andeutend und sprunghaft; hier kann sich der Gedanke nur damit entschuldigen, wenn er sich heraussetzt, daß er sich doppelgängerisch ins eigene Gesicht sehen will, wenn er sich heraussetzt. Dazu muß das Ganze aber oben sicher stehen, als Licht erst auf der Spitze des Baus, das nun freilich nicht mehr unter einem festen Dach brennen kann, soll das Drüben angezogen und erleuchtet werden.

Von uns selbst.

Wie bin ich allein?

Das ist die erste Frage.

Wie kann ich mich kennen? Wo schleudere ich und bin verderbt? Wo bin ich gehalten und echt? Aber freilich, wir sind weder dieses noch jenes, sondern schlammig, lau und ausspeienswert anzusehen.

Das ist wenig genug, und fast alles fliegt dabei mit. Selbst das, was gut ist, weil der Mensch gleich unentschieden im Matten liegt und nichts zur Farbe kommt. Freilich das Letzte ist klar: nichts zu hören, ahnungslos am Anderen vorübergehen zu können, oder wenn wir auch wissen, wenn uns auch irgendwie das Helfen, das zum Anderen Werden näher kommt, werktätig oder sogar mit Einfällen, dann stellt sich die üble Selbsterwärmung durch Eitelkeit ein, und der Blick bleibt doch leer. Zudem sind die Meisten um uns, besonders seitdem sie geldwirtschaftlich verstrickt sind, so träge schmutzig geworden, daß fast keiner der dergestalt Verbrühten und Gezeichneten noch an schwierigere innere Regungen herankommt. Und die Freigelassenen, Geistigeren verfaulen bei lebendiger Seele, so fein sie auch das Reden, das sentimentale Erlebnis, den geistigen Genuß, die sittliche Empfindlichkeit, wenn es der Andere tut, wenn der Andere Hilfe will, ganz davon abgesehen, daß sie je sein Schweigen verstehen würden, an die Stelle tätiger Gediegenheit gesetzt haben. Wir frieren, es ist kalt unter uns zu leben. Kaum daß uns die Geliebte von dem Nächsten, von uns in ihrem Auge träumen läßt. Unser Spielen in Geselligkeit macht das andere, Menschenbedürftige, zum Nächsten Wollende täuschend erfüllt und zersetzt das kaum geborene, kaum erwachsene Organ der Güte. Der Takt, die Höflichkeit des Herzens, das linde, schöne Wahren der Distanz, das reibungslose Nicht-Verstehen, ist ein bloßes halbes Surrogat dafür. Wenn wir uns auch abbrennen, es ist zu den Verbrechern heruntergesunken, Angst, Reue, Schuld, das Regen des geistlichen Keims in uns zu haben; und die Trägheit des Herzens regiert.

Man darf hier nicht einzeln richten oder zuerteilen wollen. Was mir irgendeiner sagen kann, ist nur gewichtig, wenn ich es mir auch zu sagen habe und desgleichen umgekehrt, ich bin schuldig, nicht die Anderen, und wenn sie dunkel sind, so habe ich ihnen nicht genug geleuchtet. Nur vor sich selber gibt es ein Versagen, ohne daß man darin jedoch wissen kann, was man ungeschehen besitzt, und so kann nur der Einzelne vor sich aus dem, was ihm die ethische Rede an Zielen gibt, sein eigenes Gericht entnehmen. Daraus erhellt, wie schwer es ist, welch ein eigener, eigentümlicher innerer Reichtum dazu gehört, die ethischen Gesichter einzeln auszugestalten. Freilich, nicht je faltiger, sondern je tiefer es darin zugeht, desto mehr können sich die Menschen darin finden. Das Weitsein hat eine genaue Grenze, jenseits derer es in bloße sittlich gleichgültige Tonarten oder gar in Laxheit übergeht. Nicht die Feinheit, eine höchst wünschenswerte Gabe, sondern daß ein Subjekt darin sei, jenseits der lässig spaltenden Analyse, die Leidenschaft und Tiefe scheidet, entscheidet letzthin die Moral. Vielleicht gibt dieses, was Dostojewsky und Strindberg an »Psychologie« getrieben haben, einen Weg dazu, wie denn, worin er uns von neuem und aufs Tiefste verbunden nahesteht, Lukács, das absolute Genie der Moral, einer Form von Rahmenerzählungen zuzustreben scheint, jeder einzelnen Zerrissenheit aufs Innerlichste zugewendet und doch im Ganzen durch eine Hypothesis begrenzt, die Kasten auf metaphysischer Grundlage neu zu errichten, die endlich Fülle und Deduzierbarkeit in der Ethik vereinigt. Sehe jeder, wie er's treibe, die sittliche Rede ist keine Individualpsychologie, niemand sieht ins Herz, alles Achten und Nichtachten bleibt letzthin widerruflich, nur sozial, unter Vorbehalt, reflexiv, und das sittliche Inkognito des Einzelnen kann nur vor sich selber, ja letzthin nur am Ende der Tage vor Gott enthüllt werden, wie sich Gott selbst enthüllt. Aber trotzdem bleibt die Predigt bestehen, aus der eigenen Unseligkeit ernährt, und neben ihr die Begriffsbildung jener donnernden Ethik, der Ethik des Abstands, die nun zurückblickt, wie es »ist«, die die conditio essendi betreibt, nachdem die conditio cognoscendi des Sittlichen erledigt ist, die sich nicht anders auf das Vorhandene, Empirische und die Psychologie zurückwenden kann, wie sich Jesaja, Fichte und Moses zurückgewendet haben, als er mit den Ge- Die innere Rede.

setzestafeln zum Volk herabgestiegen kam. Das ist es also, was wiederkehrt, nicht nur bei den Sterbenden, denen ebenfalls alles gleichgültig wird, außer der Vergebung und dem gereinigten Gewissen, sondern auch angesichts der ausgehenden Welt und ihrer Philosophie. Wir müssen durch jedes Feuer, das der Begriff angezündet hat, zuletzt noch selber hindurch, damit das Feuer auch Licht werde. Es gibt daher auch letzthin im Schreiben dieser Dinge einen schwer zu treffenden Ton: nicht, als ob man schon selber der gute Mensch geworden sein müßte (der Verfasser ist nicht das Ich, das hier spricht, sagt Fichte, sondern dieser wünscht, daß der Leser es werde), wohl aber muß man den verzweifelten Glauben an das Rechte und dann die Ethik des Philosophen, die weite Spannung von der Intention zur leidenschaftlich einbezogenen, hereingezogenen Intuition innehaben; und dieser schwer zu treffende Ton kennzeichnet sich letzterdings darin, daß hier oben, im Innerlichsten, wo die untere, bloß zwischenmenschliche, soziale Moral mitsamt allem Formhaften, Disziplinenhaften abgelaufen ist, nur noch ein bloßes Aussprechen jenseits des Gestaltens in Geltung ist, eine gelehrte Tathandlung, ein so tiefes Hineinverlegen der Formkonstruktion in das Wesen, daß nichts mehr von der Form an Vermittlung, Indirektheit oder Sphärenbau erinnert, ein neuer Intuitionismus und jene direkteste Art von begrifflicher Menschengnosis, die dem Inneren gegenüber dasselbe zu gewinnen hat, was die alten Techniker der Orgiastik dem Götterleben abgerungen haben. Hier aber gilt es stärker noch als je, das Schämen von sich abzutun, die Scham zu verlernen, diese gefährlich verhüllende Tugend. Sie hatte ihr Recht als sozialen Schutz und Haltung, vielleicht auch noch als die bereits ethische Würde und Verwahrung des Tieferen in uns gegen den Mißbrauch unseres »Namens«, vor jedermann, an allen Orten, am beliebigen Punkt. Aber zu Beginn wie Ende jeder existenziellen Selbstüberdenkung gilt es bekennend und russisch offen zu werden: Demut hat die Scham der Eitelkeit zu überwinden, um unser häßliches, geschwüreübersätes Ich, wie es ist, diesen ersten Hüter innerer Schwelle, nackt zu sehen; Andacht hat die Scham der Kälte, der Schuld an unser Ziel zu überwinden, um den vernichtenden Glanz seiner Herrlichkeit, diesen zweiten Hüter innerer Schwelle, ertragen zu lassen. Das alles taucht auf, wenn es zum Ende gehen soll, unaufsaugbar für den äußerlichen, noch innerhalb der Welt enzyklopädisch bauenden Begriff; denn sämtliche Fragen dieser Art bewegen sich im Kreis des guten und sonach des tiefen Menschen: gut im russischen Sinn, im Sinn der tieferen moralischen Parteiangehörigkeit über dem sozialen Außersich, — tief im Sinn eines erneuerten Überschlags des letzten Ethischen in das letzte Logische, die Philosophie schließt als Logik, jedoch von der zweiten Ethik her beleuchtet, und darin eben schlägt, wenn es in die mythologieverwandte Tiefe des Endes gehen soll, die Ethik der Innerlichkeit zur Metaphysik der Innerlichkeit um.

Grund in der Liebe.

Wir können aber gar nicht mehr zuviel an uns selber werden.

Zwar das Weib empfängt und muß in Schmerzen gebären. Der Mann zeugt, geht davon und läßt den Preis sexueller Zeche unangefochten zurück.

Er ist sonst wenig besser als das, was er öffentlich tut. Hierin aber ist er geteilt und fast völlig berufsmäßig bestimmt. So steht er da, verarmt und allzu sehr zugespitzt auf die Art des Nutzens, der von ihm sozial verlangt wird. Der Rest hat sich zum Zuchthengst oder darüber bestenfalls zu einem kleinen, unernsten Bedürfen nach Genuß und unschädlichen Glanzlichtern auf den Ernst des Lebens verkümmert, nur selten noch zu anderer, ungebrochener Sehnsucht zu erwecken. Es drohte einige Zeit, daß auch die Frauen diesen Weg durchaus und möglichst genau so, ebenbürtig, beschreiten wollten. Aber wenn die Frau berufstätig wird, aus Not, worüber man sich dann nicht zu begeistern braucht, oder aus einem unerwünschten Spezialistentum ihrer Begabung, bleibt ihre Leistung ihr selber noch mehr unterlegen als die des Mannes, weil sogar die meisten sachlichen Vorzüge fehlen. Die Frau ist überall dort von der ängstlich genauen Farblosigkeit, nicht des Mannes schlechthin, sondern des Schülers und Subalternen, wo nicht ihr Beruf, selten genug, im Gebiet möglicher Wärme und innerlich ganzer Einfühlung liegt.

Nun aber kann sich der Mann zuweilen durch die Ehe retten, im Kleinen wenigstens ganz zu sein. Und solches nicht nur, weil die gemeine Erschlaffung, Ermattung des Mannes und die Frage, was mit den beiden Menschen nach dem Geschlechtsakt geschehen soll, durch die Ehe am vornehmsten gelöst wird – als dem beständigen Gast im Hause, als der vollen sexuellen Mitverantwortlichkeit, als dem aristokratischen Altwerden erotischer Beziehung, wieder Verlassenwerden von den Kindern, zu sich Entlassenwerden, zu dem Altersstil der Liebe. Sondern auch, weil hier der bedürftig leblose Mann gerade an der Wärme des Weibes und abendlichen Herdes, an dem Duft, der Fülle und Melodik ihres Seins grundsätzlich teilnehmen und derart von dem bürgerlichen Tod seines Wesens genesen kann. Allenthalben klingt im guten Hause, soll sie schon Alltag, Sorge, Geschäft und Streit noch so trübend überlärmen, die sieben Uhr-, die Dämmerungsmelodie aus Straussens Symphonia domestica. Zwar macht es sich vorher schon leicht genug, rasch und geduldlos zu lieben. Es hebt an, an den bunten Frauen, in begierigen und phantastisch gemischten Träumen, die das vom Leib verlangen, was die Seele noch nicht geben kann. Man wird in verschiedenem Tempo reif zur Liebe, und die Luft zwischen Mädchen und Mann ladet sich erheblich früher mit dem jäh verbindenden Blitz, als die Seele, trotz aller neu erregten Weichheit, Schwärmen und Ritterlichkeit, solche physiologische Ladung zum Tisch begreifen kann. Aber da die früh Geliebte niemals gänzlich verlassen wird, da es ihr gegenüber eine Treue, eine Dankbarkeit, ein tiefstes seelisches Gedenken geben kann, das feste Bilder schafft und unzerstörbar heilige Orte in ihnen, so haben diese Lehrjahre der Liebe, diese Überwindungen des falschen Morgens der Virginität, für die Besseren eine beständig quellende, wehmütig fruchtbare Schönheit, die durch nichts zu ersetzen ist oder gar mediatisiert werden kann. Trotzdem, an sich, außerhalb der grün ausgeschlagenen Erinnerungskammer mit den abendroten Vorhängen, ist das frühe Glück zumeist kein Wert, der als erlebter Dauer brächte oder erlangen dürfte: es ist dafür nicht frei genug, sondern viel zu eitel und auftrumpfend, das erste gemeinsame Frühstück im Hotel, die phantastisch zurechtgestellte Saskiapose, die erste gründlichste Entfernung vom abhängigen Sohn in sich, zu stolz auf das Gesehenwerden und im Ganzen nicht mit jenem anderen Glück verwandt, das als Anzeichen tieferer Verwirklichung aus dem Zusammentreffen des Wunschs mit dem Ziel, des Intensiven in uns mit dem Sinngemäßen außer uns resultiert. Denn gerade das »Neue« solch früher Liebe ist beliebig und zeigt nicht das Rechte; wohl aber wird es, wenn sie nur unablenkbar bleibt, der beständigen Sehnsucht genau gegeben, Fernes herbeizurufen, den töricht und brutal komplizierten Zufall zu zwingen und derart immer wieder der apriorischen Geliebten, der zu sich paradox identischen Verklärung, in dem jeweiligen Leben zu begegnen. Es gibt hier, nach dem, was man an Kraft dazu gewonnen hat, sehr wohl eine – vom Charakter stammende – Absichtlichkeit im Schicksal der Einzelnen. Darum, auch der weit bestimmte, produktive Mann findet erst, wenn die Geliebte zur Gefährtin geworden ist: die lichte, anmutige Seele, rasch und stark entflammt, mit dem stillen, frommen, tiefen, vollkommen innerlichen Leben im stahlblauen Blick: den Eingang aus den Abenteuern zu einem tieferen, erotischen Komplex, der Breite und Dauer braucht, um sich aufzuschließen, und erst hinter diesem Steg, jenseits der zerteilten Landabenteuer, schlägt die offene Übersee, trägt ihn der ungeheure Dampfer zu jener totaleren Reise in den unentdeckten, sich weithin rundenden Kosmos seines Lebens.

Nun bleibt dieses merkwürdig genug, daß sich Weib und Mann nicht deshalb zu vermischen scheinen, damit das Kind geboren werde. Noch die Bienen kennen jungfräuliche Geburt, und grundsätzlich ist bei jedem unbefruchteten weiblichen, ja sogar, wie es experimentell in einem Fall gelungen ist, an der männlichen Keimzelle die Teilung und Furchung mit ausreichenden Chromosomen einleitbar. Niemand könnte aus wissenschaftlichen Gründen widersprechen, wenn sich auch die Menschen, die Männer, als reine Stecklinge, als traumlos nüchterne Arbeitswesen auf lange hinaus vom gleichen Reis ohne jede Befruchtung vermehren würden, so wie etwa die von Napoleon gepflanzten Pappeln auf den rheinpfälzischen Landstraßen; und nur alle fünfhundert Jahre zur Auffrischung Liebespaare, Liebesmenschen »geboren« würden, die Glut einer völlig erotischen, unvernünftigen, phantastischen Rauschzeit, die wahrhaftige Komposition, von der ein halbes Jahrtausend lang die abhängenden Geschlechter psychophysiologisch zu zehren hätten. Das Eine steht jedenfalls ernsthaft fest, daß die Liebe rein organisch, im Umkreis rein organischer Zweckursachen, nicht genügend erklärt werden kann. Daraus erhellt weiterhin, so unabgeschlossen hier auch alles Material sein mag, daß die Liebe, wenn schon ihr körperlicher Vollzug organisch nicht unterzubringen ist, auch in ihren Lustreizen und weiteren, seelischeren Konsequenzen nicht mehr als bloße künstlich gefüllte Blume, als bloße, langsame, vielleicht kostbare, aber zutiefst geistfremde Retusche des sexuellen Akts betrachtet werden kann. Damit möchte sich aber auch die eigentümliche Banalität beheben, wenn nicht im Erlebnis, so doch in fast allen bisherigen Formulierungen des Pessimismus; wie er sich stets nur auf Gier, Geilheit und das ihr entspringende ungebildete Leid bezieht statt auf so sehr viel Tieferes: Körper, Tod, Welt, Bosheit, Dunkel des Ichs und der Ziele –, das furchtbarer wirkt als die unbefriedigten Gewächsprobleme der Sexualsphäre, hinter denen doch mindestens Goethes mögliches Leben und der Tristanmythos erschienen sind.

Freilich steht hier vieles unten, bei den Tieren, bereits genau so wie bei uns oben. Oft genug sind auch wir hier roh und allzu getrieben. Der nackte Vorgang schon, rauschhaft uneingehüllt, ist lächerlich und gemein. Er scheint vom Rückenmark völlig ausreichend versorgt werden zu können; wenigstens geht bei Fröschen, denen das Gehirn entfernt wird, die Kopula ungestört weiter, diese Art Liebe ist nicht anspruchsvoll. Auch der weibliche Molch schluckt den Samen, auch das hassende oder ungeliebte Weib empfängt die Frucht, in einem Körperteil zudem, der wie von woanders hergeholt die weibliche Leibesschönheit unterbricht. Der Gedanke an den Mann ist bei vielen jungen Mädchen, bei vielen, keineswegs frigiden Frauen weitaus schwächer als der Wunsch, aus dem gleichviel befruchteten Leib ein Kind zu gebären; und das Rätsel individueller Liebesnacht tritt dazu, anscheinend ohne Schaden für das Kind, kaum anders als operativ ins Bewußtsein. Zudem bleibt es, wenn schon tiefer geschürft werden soll, um das Zweigeschlechtliche der Befruchtung zu erklären, wie desgleichen mit Berufung auf einen Goethesatz mehrmals versucht wurde, — bleibt es schwer verständlich, warum bereits Fliegen, Kröten, Panzerechsen, Grönlandwale und ähnliche, unter sich völlig vertauschbare Anverwandte vom Vater die Statur, von Mütterchen die Frohnatur variabel zu mischen nötig haben. So ist es nicht ableugbar, daß die bereits allzu früh vorhandenen doppelten Phiolen der überorganischen Erklärung starke Verlegenheit bereiten. Denn auch das glühende Liebessterben der Johanniskäfer wirkt mystisch, indes nicht jedesmal die Seelen der zwei sich umarmenden Menschen auf Posten sind, im Biß und Vogelschreien, Raubtierrufen, inter urinam et faeces, Leib und Leben, Drang und Taumel, der wenig genug von unerweckter, unindividueller Brunst oder darüber von dem kümmerlichen Hochschlaf, den das Rückenmarksganglion zu spenden vermag, entfernt sein dürfte. Umgekehrt bleibt dazu zu halten, daß die gebärende Frau nicht nur das Kind, sondern — was seelisch wichtiger sein dürfte — auch sich als Mutter auf die Welt bringt, ja daß der Isoldetypus nicht einmal dieses Kind, den Ruf der ungeborenen Geschlechter, braucht, um sich in, hinter des Geliebten Ruf zu vollenden, — daß also die Liebe letzthin überhaupt nichts, sei sie noch so metaorganisch gefaßt, ja gerade dann, mit der gelungenen Befruchtung, mit dem Kind zu tun hat. Das würde bedeuten, daß die Liebe, gerade wenn sie also seelisch interpoliert wird, in dieser ihrer Seelenfülle tiefer reicht als alle noch so weit gespannte, bis zur Geburt des Messias hin gespannte metaorganische Bedeutung, dergleichen ohnedies schon alle Mal vom Eros Thanatos gründlich genug abgeschnitten wird. Damit stimmt zuletzt überein, daß hinter dem völligen Erlöschen des sexuellen Drangs — entweder gewaltsam, mit der Askese als trockenem, rein formalem Ziel, oder als Geschenk, mit dem sich Aufschließen anderer Zeugungs-, Gebärungsorgane — erst recht die Liebe, im christlichen Sinn, ein anderes Erwecken, der geniale Eros zum Anderen hin ohne wesentlichen Sprung aufzuleuchten vermag. Aber: wir ziehen uns doppelt an, warm und frei erwählend, und dieses bleibt nicht zu umgehen, soll überhaupt zu uns hin geboren werden. Mag es auch bei den Tieren noch verschwendet sein, mag es sich selbst bei vielen Menschen zum bloßen Genuß sexueller Spannung herunter gebracht haben. Es ist sogar zunächst gleichgültig, wenn das daraus geborene Durchschnittskind von der doppelt reichen Mischung unberührt geblieben ist. Wenn aber nun schon der Leib nicht ausreicht, die Flamme der Liebe zu ernähren: so dürfte noch weniger dieser so gegebene, weit über alles physiologische Gebären hinausweisende Liebestraum den doppelten und seelischen Anteil an der »Geburt« widerlegen, soll überhaupt S e e l e geboren werden. Indem wir uns geschlechtlich umarmen, sind wir gewiß zuerst nur begierig und zerreißen wollüstig das Weib, uns selbst als Fressende, Schändende leer genießend. Jedoch: bald wird der Weg weiter, und die Begierde, der der Liebe fremdeste Beginn, schlägt um; die Liebe wird stärker als das Ich, ja stärker als selbst der Tod, der ja gleich der Befruchtung aus dem bloßen tierischen Organleben nicht völlig erklärt werden kann. Dieses indessen bedeutsamster Weise aus verschiedenen Gründen: denn wenn die Befruchtung auch dumpf und krampfhaft bleibt, so hat sie doch schon bei den Tieren einen Sinn, der weit über die bloße blinde, unindividuelle Erhaltung der Gattung hinausweist: mindestens derart, daß mit der Befruchtung gegen das beständige Zerstörtwerden des individuellen Lebens gekämpft wird, daß mit ihr also der unsterblich gebliebene Zellkeim keimplasmatisch über den Tod des an ihn angeschlossenen individuellen Zellkomplexes hinweg gerettet und weitergegeben wird – wonach also bei den Tieren bereits die Befruchtung auf das Individuelle geht, und nur der Tod aus einem es austilgenden, unindividuellen Haßkomplex des »Allgemeinen«, Anorganischen stammt. Die Liebe ist menschlich und der Tod ist teuflisch, aber die Liebe kennt auch den glänzenden Zug, der sein brutales Matt überwindet; zunächst fortpflanzend, den sich neu verkörpernwollenden Seelen einen Leib schaffend, polar auf sie zubereitet, damit die Menschheit nicht aufhöre, bevor Er geboren und ihr letztes Wort gesprochen sei; und dann als solche überwindend, die ihn tiefer noch einbezieht, den Erzfeind, der zuletzt aufgehoben wird, ihn verschlingend in ihren Sieg: sofern hier im rauschendsten Effekt der Sinnlichkeit der Drang und selbstische Wahn abstirbt, und der echte Tod, die Nacht vor Tag, der am tiefsten einbezogene Tod zur Wiedergeburt hin, der Umschlag des noch individuell motorischen Wollens zum mystischen, um das Weib vermehrten Paradieseswollen – der Liebe sich verbindet. So zieht sich über den Geilen, den Eitlen, den läppischen Glückseligmacher, über den sich jedesmal anklingend fühlenden Lustmörder, zuletzt noch über Don Juan, diesen kalt und bedeutend das Werben und Überwinden an sich Genießenden, bis hinauf zum genialen Erotiker, der die Frau sich selber gibt wie sie ihm als seine Seele, als seine Fürbitte, als Ende seines Lebens, als sein ewiger Kern, als die apriorisch Geliebte, als Bewegung und Ziel der Liebe durchaus erscheint — ein deutlicher Prozeß luziferischer Lichtung, aus schmutzig bedürfendem Fraß, aus wahnhafter, generell kommandierter Brunst zur völlig persönlichen, Gnade bedürfenden Wallfahrt nach Innen. Bald also wird der Weg weiter, lang und märchenhaft gestreckt, verträumte Vögel singen, bunte Gestalten, wunderlich vertraute Spiegelfiguren jagen über die Mondscheibe, durch die Mondwildnisse der Liebesnacht; und man kommt nicht mehr als derselbe an, einfach nur gesättigt, als der das begierdenhafte Ich ausgezogen ist. Das macht, daß der einzelne Wille, wenn auch nur vorübergehend, eingeschlafen ist und so nicht nur das Kind, das ausfallen kann, sondern der Liebende selbst den Schoß, die nochmalige Geburt, das Weib, diese farbigste Verdunklung des Bewußtseins, das Ende seiner und der Welt durcherfahren hat. Das doppelte Blut zieht sich an, — liebend mit dem anderen ausgetauscht zu werden, hoch über aller Freundschaft und der doch immer nur vorletzten Mystik der Männerbünde; und ebenso bleibt die Vermischung zwischen Weib und Mann, der zwischen den Geschlechtern anhängige Prozeß letzthin aus dem Grund nicht zu umgehen, weil nicht so sehr die Frau als der Mann und hier vor allem der bedeutende Mann durchaus übermännlich, zweigeschlechtlich, so konstruktiv als kontemplativ geboren, wiedergeboren werden muß, von Jesus und Maria zugleich beschienen, soll die vollständige Seele sich verkörpern, sich vollenden können, in ihrer Rückkehr zur hermaphroditischen Urnatur des absoluten Menschen begriffen.

Denn zu empfangen bin letzthin nur ich, und nicht nur das Weib, auch der bedeutende Mann empfängt und muß in Schmerzen gebären. Er ist, wie er kindlicher ist, so schon hier dem Weib angenäherter als das durchschnittliche männliche Arbeitswesen; er wird zehnmal jung und alt, er ist fruchtbar wie die junge Erde und noch viel ausführlicher kommt ihm das Weib am Ende des Werks in beständiger Vision entgegen. In allem zuletzt ist ihre gute Hand, winkt die Stimme. Mein Haar wurde naß von seinen Tränen, singt das Mädchen in einem litauischen Volkslied. Aber vielleicht ist dieses noch zu weich empfunden, weniger männlich als mit Kleinkinderlächeln und dem bloßen unfertigen sich Verkriechen unter die alte Brutwärme gesagt. Darum mag solches tiefer führen: mich hat Gott verlassen, klagte der Geliebte, aber das Mädchen sagte: ich verlasse dich nicht; derart schon dem abgetrennten, magisch besitzlosen Mann die Quellen eines ungebrocheneren, der Welt und den Göttern traumhaft überlegenen Seins erschließend. So ist gerade dieses, was sich das Weib, wenn es zurecht geweckt ist, an Großem, Vollkommenem, Lösendem, Tiefem ersehnt, für den schöpferischen Mann die farbigste Verkörperung des kategorischen Imperativs seiner gesamten Produktion: daß er, daß es ihrer würdig sei, daß er ihre Farben trage und für sie kämpfe, als des Maßes aller Seele und des dem Schaffen aufgegebenen absoluten Apriori. Nichts kann völlig falsch sein oder vom Weg abführen, wohin eine Frau mitging, hineinsah, was sie bekränzte, was sie hell vorausfühlte, was ihre tiefere Phantasie erregte, worin sie sich adäquat wiederhallend gefunden hat; und wenn jener französische Gesandte den Utrechter Frieden auf den blühenden Lenden seiner Geliebten unterzeichnete, so ist dieses eine frivole, aber in allen höheren Situationen völlig parallel wiederkehrende Allegorie der Schutzes-, Besiegelungs- und Symbolkraft weiblicher Sinnlichkeit, Hingebungsevidenz aller Entscheidung gegenüber schlechthin. Drei Dinge sind es, sagt Mohammed, die mich beständig mit Andacht erfüllen: die Wohlgerüche, die Frauen und der Trost meiner Augen im Gebet – womit im tieferen Verstand ersichtlich nichts anderes behauptet wird, als was Kant dem bestirnten Himmel und dem moralischen Gesetz überwiesen hat. Aber solches nicht nur, weil die Frau, einmal befruchtet, die früher Vollendete ist. Gretchen verschwindet freilich und ist befreit von allem sich Bewegen am Kaiserhof, Griechenland, mystischer Demokratie, um dennoch früher im Himmel zu scheinen als Faust und den nicht mehr Getrübten zu höheren Sphären zu ziehen; der Mann ist ihr also durchaus nicht endgültig vorgelagert. Aber sie erhebt sich nur auf Geheiß der Madonna gloriosa; denn in dem Weib wirkt das reinste Staunen, ahnend und erfüllend, zutiefst erfließend, Jungfrau und Mutter zugleich. Sie hält den Kranz: Muse, Sibylle, weil sie als Frau stets schon und wieviel mehr erst nach der erotisch gelichteten Nacht ihrer Individualität, reinste Frage ist, der träumende Schoß, das unerfüllte Nichts inmitten aller Dinge und die

Ampel in diesem zugleich, das sich Sorgen, sich Freuen an sich, die stärkste, als das Ziel an sich gegebene Menschenfrage, die orgiastisch erstrahlende Ursehnsucht der Welt, die nur dunkel zu verstehende Heimatweise des Drüben, Eigentlichen, Letzten, das Wärmeland, Mutterland, Traumland und mindestens im gleichen Maße, als man in Napoleon das Gehirn zu Pferde, die reitende Weltidee sah, das sich selber lebende Grundproblem des Seins. Was der Mann ist, sieht er vor sich ziehen; aber wenn es wieder in ihn einkehrt, zurückkommt und mit ihm, dem Erhörten, Gewonnenen, produktiv Angetroffenen, letzthin wieder adäquat wird, dann ist es weiblicher Natur: er hat das Ideelle nicht nur nach Goethes geheimnisvollem Wort in weiblicher Form konzipiert, sondern das Letzte, das den Menschen überhaupt erwartet, die Antwort, die Seele Jesu, der transzendente Ichraum, Kybele, Maria, die große Mutter, das Um uns und der innerste Name alles Eros, die Taube des heiligen Geistes, der Phallos, von einem Kreis umschlossen, dieses uralte Symbol Gottes – das Letzte, das den Menschen derart jenseits aller Welt und im ewigen Leben erwartet, ist nach Gestalt und Wesen das Weib. –

Wir können darum gar nicht mehr zu viel an uns entbrennen. Geht man weiter in sich, so erleben wir nicht, daß wir zu viel, sondern daß wir zu wenig an uns selber sind. Denn das Ichsein ist gereinigt und steht nicht mehr in seinen gleichsam formal schon bösen Schatten. So erscheinen die Lauen, die Schlechten, die Bösen, dann die Verzweifelnden, die Gütigen, die Erneuerten, diese drei Letzten, auf die es ankommt, jeweils innerlich zwischen dem Heldischen und dem Mitleidenden, Mitwissenden bewegt. Aber die jetzt mögliche Selbstsucht ist kalt, schnöde und so wenig hoffärtig, daß sie klein, müde und armselig bei all ihrer eingeengten Brutalität wirkt. Ja, das kräftige Sündigen steigt sogar gleichzeitig, luziferisch, mit der Weite, Güte und bußfertigen Einkehr auf: und über einen reuigen Sünder, sofern nur dieser wahrhaft den Weg zum Guten zurückgelegt hat und den spezifischen Gehalt des Heißen, Kräftigen, Wagemutigen, Subjektiven der Sünde mitbringen kann, ist im Himmel mehr Freude als über hundert Gerechte. So ist es gerade der Kampf gegen das innerlich Kalte, Lieblose, gegen die wahrhaft subjektive Mattigkeit in uns, gegen die Mattigkeit des Subjekts in uns, der nach dem jetzigen geschichtlich religiösen Status der alten Furcht und vor allem der mittelalterlichen Askese entspricht, sofern damals das Ichhafte, auf den Menschen Dringende, Luziferische noch unterschiedlos im Schatten der Unreinheit und der prinzipiellen Häresie lag, so sonderbar auch bereits die Mystiker diesen Fanatismus des Objektiven gelockert hatten. Gewiß bedeutet das nicht, daß wir letzthin wahrhaft in uns ankommen können, wenn wir nicht im Anderen ankommen, aber das muß auf unsere Weise geschehen, sich dienend im Anderen zu gewinnen. Denn daß ich Ich bin, ist heilig und sowohl das Mittel der Hilfe wie der eigentliche Spiegel des Reichtums im Wir, wenn auch das im Anderen Sein den unumgänglichen Aggregatszustand und sofern der Andere das über mich gedrehte Wir repräsentiert, den wesentlichsten Inhalt des Sittlichen bildet. Es wirken hier, bei den an sich Verzweifelnden, bei den Gütigen, bei den heilig Erneuerten, die drei großen ethischen Gebietskategorien der Hoffnung, der Liebe und des Glaubens: als des an sich verzweifelnden, ringenden Ahnens, daß es Güte gibt; als des warmen, glücklichen, den Anderen verstehenden Menschen, der in der Güte und Liebe lebt; und als des in sich versunkenen, von weither gesandten, nicht mehr für sich wiederverkörperten, den Anderen durchdringenden, verwandelnden Menschen, der die Stufe des Glaubens und der Erleuchtung betreten hat. Aber daß man in sich bleibend zum Anderen werden kann, ist das summum bonum der Sittlichkeit, und nur das Ich, der weite, den Anderen spiegelnde, innere Ichraum ist der Ort aller sittlichen Kategorien. Das Ich steht fest, sofern es nur auf seine Weise den Anderen spiegelt, wodurch es eben sein bloßes, abgetrenntes, leeres selbstisches Freisein bricht, und nicht minder dazu mithilft, das Ganze des zu Spiegelnden zu bilden; oder anders gesagt, das Ich ist imstande, über sich in ein alle fassendes, aus vielerlei Rangordnungen aufgebautes Multiversum, in einen Vertikalismus von möglichen, inhaltlich wohldefinierten, wohldeduzierten Subjektivismen hineinzusehen, der gerade dadurch, daß er das Einzelne als Spiegel wie als Gegenstand festhält und gleichsam mit Distanz summiert, die Anderheit, das Wir, die intelligible Menschheit, »das Reich der Zwecke an sich«, das Ingesinde als Inhalt wie als Ziel des Sittlichen gewinnt. Es ist geheimnisvoll genug, derart liebend außer sich zu gehen und doch sich selbst zu gewinnen, zwar nicht seine Seele, aber mehr als dieses, das Heil seiner Seele. So kann man auch nur scheinbar zum Anderen werden, wie er ist; die Liebe wandelt zwar den Menschen in das, was er liebt, aber eben, indem der Liebende am Anderen den Bruder sucht, indem er in ihm, gütig, aber eifernd, die besondere Art, jedoch nur diese, — den vielfach unablässig verteilten Reichtum des Menschengesichts anerkennt, zu sein: blüht der Andere in dieser Wärme zugleich zu dem auf, als was er gesegnet wird, zieht der Liebende zugleich in die geliebte Seele ihren Christus hinein, wiederum das Heil ihrer, das Heil aller Seelen. So ruft das Leid, so ruft aber auch die als vollkommen sehenwollende Liebe den Messias herbei; von unten her helfend, um dieses dem geringsten der Brüder und gerade dem Dunkelsten am intensivsten zu tun, was man Jesus tun möchte, um mithin in der Nächstenliebe für sich und für den Anderen das Werk der verwandelnden Selbstbegegnung mit praktischer Mystik zu vollenden. Es wäre nicht sehr schwer, schauend stehen zu bleiben und drüben die Idee zu lieben, als welche uns nicht wieder liebt; es wäre auch kein besonderes Wunder zu erklären, wenn der liebende Mensch gemäß der indischen Alleinheitslehre keine Seelen, keine Icheinheiten anträfe, sondern in dem Leiden an sich, in dem breit dahingestreckten tat twam asi namenloser Weltkausalität mit transzendentalem Idealismus unterginge. Aber nicht allein, daß der wahrhaft Liebende nach unten und durchaus nach den Einzelnen sieht, um zu helfen, er verläßt sich auch nur kurze Zeit, als ob die Selbstverleugnung ein bloß Vorläufiges, ein bloßes Dunkel der Mitte, ein Tunnel und eine Methode wäre und drüben wirkt wieder der eigene Tag. So ist dieses das metaphysische Grundphänomen wahrhafter Liebe: daß sie den Liebenden gänzlich in dem Nächsten leben läßt, ohne seine Seele oder die des Geliebten anders als zu ihrem Heil, zum Heil dieser Seelen aufzuheben, zu dem bewahrten Und und Um uns, zu jener Spannung in Jesus, zu jener Vielheit im Einen, die das Menschenhaupt braucht, um Weinstock zu sein und dereinstiger blühender Spiegelglanz himmlischer Monadologie. Es ist derart Jesus, der aus dem Anderen, aus dem Geheiß, den Anderen zu lieben, zu uns spricht, weder zur Eigenliebe noch auch im Grund zur Nächstenliebe, sondern zu einem unbeschreiblichen Freudengefühl jenseits beider aufrufend; und der danach: als das Heil, als das Paradies der Seelen, als der Mitmensch, als der Grund der Kindheit und auch des Todes, der sich ihrer über allem Erwachsensein wiedererinnernden Seele, als der unbeschreibliche Reichtum jenseits des gänzlich Subjektiven wie des gänzlich Objektiven zugleich — die Reinigung des eigenen in dem anderen Selbst ohne jede fremde Objektivierung der Liebe ermöglicht.

*

Von der sachlichen Gediegenheit.

Wer bin ich, daß ich schaffen kann? Das ist die zweite Frage. Bin ich so geliebt? Es ist nicht überall zu verspüren, tief sinkt die innere Kälte unter das Maß. Woher sonst mag das stammen, was ich kann, nachdem man in sich nichts entdeckt, das zu ihm hinführt? Ja es schlägt sogar zurück; und wer ich sonst bin und nicht bin, glüht an dem, was ich kann und weiß, noch viel stärker auf. Mögen die anderen so hohl und unecht sein wie ihre ihnen zugänglichen Worte, so macht es den Schöpfer noch viel schwerer, verantwortlicher, durch verdienstloses Geliebtwerden bedrückter, daß seine Worte objektiv nicht so unecht sind, eingedenk der Worte Jakobi, wer da wisse Gutes zu tun und tut es nicht, dem ist es Sünde. Etwas Ähnliches mag Haydn empfunden haben, als er beim ersten Anhören des Lichtakkords in der Schöpfung auf die Kniee fiel und Gott dankte, daß er dieses Werk geschaffen habe. Das ist nicht Stolz oder braucht es nicht zu sein. Es ist das erste, zuerst sichtbare Gramerlebnis des Schöpfers, der zerbricht, wenn man ihn nach diesen Maßen mißt, und der sein erdrückendes Können Gott übergeben möchte.

Nun setzt das freilich noch immer voraus, daß ich selber an das Werk glaube. Aber wir schwanken gegenwärtig glaubenslos in der größten Verdunklung, sowohl des Inwendigen, als vor allem des Außen und Oben, die jemals in der Geschichte vorkam. Denn: wie für die Fortpflanzung der schwimmenden Wassernuß aufs Trefflichste gesorgt ist, während Hebbel halb verhungern konnte und für den Menschen überhaupt, der den Austritt aus der Natur, aus der Schalenwelt bedeutet, die organische Fürsorge merklich nachläßt, so war das zufriedene, pflanzenhafte, individuell relativ ungefährliche Mittelalter in dem Opalschein seines garantierten

Himmels geborgen, indes wiederum – parallel zu Hebbel – die Neuzeit und erst recht dieser unser, in diesen Tagen wartende Übergang zur Reichszeit, das heißt das Echtwerden, das Sichsagen, das sich in Existenz Verstehen, die Kierkegaardsche Umrechnung der Werke zum Papiergeld, zum bloß subjektiv-ethisch realen Reichtum, sofern diese Expression den Austritt aus der Kultur, aus der Werkwelt bedeutet, – von der furchtbarsten, freilich auch vielsagendsten Verlassenheit und Gottferne getroffen wird. Wir sind dazu bereit, unsere Stunde wäre da, ein anderes Meer als das der Werke zu befahren, weiter als je vorher in den vierhundert Jahren einsamer Individualität; und wieder hält der Widersacher die Hand vors Licht, wieder erhebt sich jener Nebel und durchdringende Verlust an Sicherheit, der einst die Menschen beim Austritt aus der Natur empfing und der jetzt, beim beginnenden Austritt aus der Kultur, angesichts des ferner gezogenen, uns schwerer gewordenen, nur mehr als Zeichen bei uns wohnenden, verdunkelten, selber ans Ende gezogenen Christus aufs Neue das Ziel verschleiern und verdächtigen möchte; so stark, daß seitdem etwas möglich wurde, was vorher überhaupt undenkbar war: der Zweifel an Gott als der normale Zustand, und die Haltung des Atheismus, der sich an Stelle der früheren Abgötterei als der dem Atheismus gesinnungsmäßig, freilich weder regulären, noch inhaltlich korrespondierenden Einstellung gesetzt hat. So bleibt es zu fühlen, daß uns alle Worte und Feste allmählich unerlebt und bloß niedrig angewohnt worden sind. Vielleicht glaubte Nietzsche an das, was er sagte, vielleicht auch Schopenhauer, der gewaltig Erlebende, vielleicht auch Spinoza, der nicht widerrief, aber allen fehlt das selbst »Gesehenhaben«, das heißt selbst Erlebthaben, und der Tag von Damaskus ist nicht zu ersetzen. Auch Kierkegaard glaubte nur an das Glaubenkönnen, auch Dostojewski hat das Gift der Großinquisitorszene keineswegs überwunden; und wie Luther bekennen mußte, nur zweimal an Gott geglaubt zu haben, so findet sich in der Pascalschen Apologie des Christentums der ehrliche Satz, daß es immer noch vorteilhafter sei, auf das Dasein Gottes und das Gericht zu setzen als auf ihr Nichtdasein – ein Argument der Wette, das sich nicht so zuredend, abwägend, versicherungshaft, so ganz und gar anders wie die mittelalterlichen Gottesbeweise an den Verstand hätte wenden können, wenn nicht auch bei Pascal die Glut erloschen gewesen wäre. Der Stoff ist lastend und die Seelen sind so schwunglos und ungediegen geworden, daß uns Weihnacht, Ostern, Pfingstfest wie ein einziger Karfreitag erscheinen, als unser trauriges Wissen, daß der Erlöser gestorben ist, aber so, als ob er bereits in der Krippe ermordet worden wäre. Darum bleibt nur zu hoffen, daß Fortleben, Erlöser, Gott, Himmelreich auch wahr seien, zu h o f f e n in einem sehr tiefen Sinn. Es bewegt und zieht erkenntnismäßig an, doch der inwendige Mensch bleibt halb stehen, sein Emotionales setzt bestenfalls nur den Begriff, nicht das Intensive daran. So sind wir wieder wie Hiob, die wir streben, arbeiten, ringen müssen, um zu glauben, wie es nur je einer Spätzeit auferlegt war, und doch nicht glauben können, bis wir von Gott erhört werden, bis das Gebet unserer Erkenntnis: möchte es doch so sein, möchte doch das Paradox des Genies an konstitutiver Tragkraft dem Paradox der Güte in der Ethik vergleichbar sein, möchte doch dieses den rechten Blick in das übermächtig rätselvolle Dasein bilden! — von dem Lebendigsten, Subjektivsten in uns beantwortet, erfüllt wird. Es ist von vornherein anzunehmen, daß die tiefe Glaubenslosigkeit, letzthin auch dem eigenen Werk gegenüber, nur am Menschen liegt und nicht zugleich ein verändertes Drüben widerspiegelt; jedoch nicht ganz ausgeschlossen und vielleicht auch transzendenter begründbar ist die andere Annahme, daß das Nein nicht so stark sein könnte, wenn es kein ihm gefährliches und bekämpfenswertes Ja gäbe, daß mithin unter all dem Matten, Verlogenen, Verschleierten, unter all dem Zurückverschlagensein und Rückschlag dieses auch innerlich sonnenlosen Weltalters doch eine irgendwie sittlich und phantastisch k o n s t i t u t i v e Kraft heranwächst, die endlich vollkommenen Ernst macht, die auf das Unbedingte, auf das Überhaupt der Welt, auf mehr als Fortleben, Erlöser, Gott und Himmelreich der O b j e k t s s t u f e ausgeht und der sich deshalb Nebel und Hindernisse aller Art entgegenstellen. Solange freilich auch dieses nur angenommen wird, nur eine bloße Arbeitshypothese mit ferner, schwacher, oft verloren gehender Rotglut und Gediegenheit bleibt, so lange können wir nichts als vorbereiten, als Worte und Begriffe leihen, bis der Prophet kommt, der sie aufnimmt und ihnen tiefere Gewißheit schenkt; nicht anders wie

Philon, der auch nur im Abstrakten weissagte, vor aller Bewährung und mit dem zuletzt sichtbaren, mit dem vollen Gramerlebnis des Schöpfers, nicht nur nicht würdig, sondern auch nicht gläubig zu sein an das notwendig Gefundene. Was hier spricht und vom Denken zurücktritt, ist das *zweite* Gramerlebnis als dem Makel der nur halben Sorge, des halb Spielerischen, oft nur denkerisch Artistischen des Werks, wie es noch in Zwischenschichten schwebt, allzuwenig selbst gesehen, das heißt selbst erlebt, allzu wenig *intensiv* ontologisch, ungegessen in seiner lediglich objektiven Evidenz und allzu konstruktiv auch noch in seinem dunklen Optimismus.

Zur Metaphysik der Innerlichkeit.

Aber nun, es gibt jetzt schon zweierlei, das uns ungeheuchelt bedrückt.

Zuerst, wenn wir uns vorhalten, wie wenig wir jeweils haben. Das Dunkel.
Es ist nicht zu sagen, wie wenig wir ganz eigentlich zu besitzen und zu erleben imstande sind. Alles gleitet und ist augenblicklich, gleitet in das nicht Erreichen, in Erinnern und Hoffen hinein. Also das ist zu leben? so sieht das von innen aus, wenn man es selbst ist, was man als Kind und Jüngling vor sich warten sah; so sieht das als ich selber aus, wenn man dreißig, vierzig, fünfzig Jahre alt wird, so alt wie damals die Mutter war, die fremden Gäste, alle die objektiv gesehenen Erwachsenen? Nie dabei zu sein, halb und ganz verschlafen, auch nicht bei den stärksten Erschütterungen, die sich vergebens bemühen, den Alltag des Fließens und Dunkels zu brechen, das also ist das wirkliche Leben dieser Frau, dieses Mannes, noch zwanzig Jahre und es war die gesamte Verwirklichung gewesen? Wann lebt man eigentlich, wann ist man selber in der Gegend seiner Augenblicke oder Verwirklichungen, Wirklichkeiten bewußt anwesend? Aber, so eindringlich das auch zu fühlen ist, es entgleitet immer wieder, dieses Schattenhafte, wie das, was es meint.

Doch nun gibt es noch ein Anderes, Festeres in uns, *fragend*, Das Staunen.
leicht berührt, ein inneres, tiefstes Erstaunen. Es entzündet sich oft völlig beliebig, ja unangemessen. Jedoch man weiß bei ihm

besser, woran man hält, denn es zeigt sich seltener, obwohl es locker genug liegt, und wird darum ebensowohl eindrucksvoller als faßbarer im Begriff. Vielleicht gibt es hier nicht einmal eine Regel, wonach im gleichen Menschen dieselben Anlässe des Staunens zu folgern wären. Aber wahrscheinlich ist das Staunen selbst jeweils identisch, sowohl dem Akt wie dem tieferen Gegenstand nach, auf den es sich hinter den Auslösungen bezieht, und nur den Stärkegraden nach verschieden. Ein Tropfen fällt und es ist da; eine Hütte, das Kind weint, eine alte Frau in der Hütte, draußen Wind, Heide, Herbstabend, und es ist wieder da, genau so, dasselbe; oder wir lesen, daß sich Dmitri Karamasow im Traum verwundert, wie der Bauer immer »Kindichen« sagt, und wir ahnen, hier wäre es zu finden; »die Ratte, die raschle so lange sie mag! Ja wenn sie ein Bröselein hätte!«, und wir fühlen, bei diesem kleinen, schnöden, sonderbaren Vers aus Goethes Hochzeitslied, hier, in dieser Richtung liegt das Unsagbare, das, was der Knabe liegen ließ, als er wieder aus dem Berg herauskam, »vergiß das Beste nicht!« hatte der Alte zu ihm gesagt, aber noch keiner konnte dieses Unscheinbare, tief Versteckte, Ungeheure jemals im Begriff entdecken. Man sieht, es sind ganz uneigentliche Anlässe und Inhalte, zu denen wir derart wünschelrutenhaft inklinieren. Es ist auch nicht so, daß es bestimmte wilder ineinanderklingende Worte wären: »der fremde Mann, die Mutter und der Tod«, oder gewisse einfachste, tiefe Worte: »... indessen droben der Heiland und die Mutter leise, leise sich unterreden auf dem Brücklein. Er trägt sein Kreuz und sagt nur: ›Meine Mutter!‹ und sieht sie an und sie sagt: ›Ach, mein lieber Sohn!‹ ...«; sondern das alles ist ganz anders, weitaus unkonstruktiver, irrationaler bestimmt, Emanuel Quints singendem Vogel auf der kleinen goldenen Dose oder Tolstois Beifußstauden im Schneesturm entgegen gewendet. Das einfachste Wort ist schon viel zu viel, das erhabenste Wort wieder viel zu wenig, und vielleicht gilt von diesen kleinen durchdringenden Symbolintentionen, was nur noch von dem Größten, Entferntesten gilt: von der delphischen Sibylle, von dem Wunder der Heiligen Nacht in der Missa solemnis, von den Urerlebnissen großer dunkler Dichtungen, von der »Gespenstersonate«, von »Und Pippa tanzt«, vom Faust und seiner, wie Goethe sagt, für Verstand dauernd inkommensurablen Produktion, von allen diesen Gebilden kurz vor Tag, wie man sie insgesamt doch irgend woher namenlos verstehen kann, als Antwort, auch wenn der nachträgliche Begriff, da er ja nur bei schlechten Poeten das Rückgrat bildet, also die vom Zuschauer oder Dichter selbst herangebrachte »Idee« noch so mager und unzutreffend versagt.

Man ist hier entweder mit oder bleibt draußen. Man muß hier entweder bejahen oder verzichten. Denn gerade indem uns die Worte bloß anklingen, fern, von Vorstellungen kaum noch umspielt, und doch zugleich so, als ob wir mit in die Ferne genommen wären, sinnlich, symbolisch und nicht minder direkt erhöht, wird der Kommentar zur entbehrlichen Grobheit. Freilich, es gibt auch noch einen anderen Verstand als den der schlimmen Mittler, die das Obere in das Untere des Durchschnittshorizonts erweichen, und dieser darf letzthin, grundsätzlich nicht versagen, darf nicht den faßlich-unfaßlichen Komplex, den Erben der singularen Frage, für sich in Anspruch nehmen. Das gilt vor allem für das philosophische Denken, für die Genialität des Begriffs. Wenn hier das Aussprechen und sich begrifflich Annähern das Gesagte flach macht, dann war das Flache von vornherein sein Wesen. Es ist für den Begriff Pflicht und Schuldigkeit schlechthin, aussprechbar, ausgesprochen zu sein, deutlich zu werden und das Durchgesprochenwerden ohne Einbuße zu ertragen, mehr noch, erst hinter dieser seiner ihm homogenen Äußerung aufzublühen. So gibt es hier nichts, das das Nachträgliche, Kommentierbare zu scheuen hätte, sondern die Auflösung ist im Begriff präsent und die Sache selbst. Allerdings, der Begriff wurde nicht flach, wenigstens dort; wo er wert ist, Begriff zu heißen, aber grotesk versagend: man suchte das Wesen der Welt, und als man es hatte, war es Wasser oder später, als man abstrakter sprach, irgend etwas Hohes, das nicht entfernt genug sein konnte, um gutes logisches Gewissen zu geben und oberste Kategorie zu heißen — je höher, desto allgemeiner, desto mehr Ferne, desto weniger Jetzt; lauter Gegenstände, die uns nichts angehen, lauter Ideale, und Gott erst recht ein Gegenstand, der »oberste« Gegenstand wie im byzantinischen Staat. Der bedürftige Mensch wünscht nur das Eine, das Fließende, Dunkle, Leidvolle in sich gelöst, begründet zu erhalten, und nun folgen die zahllosen davon ablenkenden, lediglich durch die Weltgegenstände bedingten Probleme: Druck und Stoß, die Urzeugung, die Fortpflanzung, die Entstehung der Arten, die catilinarische Verschwörung, die Sohnschaft Christi, und wenn sich das ursprünglich nur vom Selbsterstaunen bewegte Subjekt am Ende dieser immer nur objektiv beleuchteten, objektiv aufsteigenden Systematik befindet, so ist die Ichfrage vergessen und da kein Kläger mehr da ist, so wird es dem System ein Leichtes, sich als Tag der absoluten Reife und allumfassende Antwort auszugeben. Das hat man nicht gewollt und nicht gefragt, man ertrinkt, so viel Fremdes zu wissen. Denn wenn wir »gelernt« haben, wenn wir die begrifflichen Schleifen zurückgelegt haben, stehen wir so klug da wie zuvor, oder schlechter, denn eine falsche Sättigung ist gekommen. Wir bleiben noch stets draußen vor dem, was wir schaffen; der Maler malt, was er sieht, aber sich sieht er nicht, noch nicht; der Dichter sitzt am Schreibtisch vor dem Buch, aber nicht im Buch, denn hier ist er, selbst bei der Ichform, bereits verwichen und irgendwie überschlagen. Er kommt nur einigemale darin selber vor, zumeist recht äußerlich, so in Grabbes alkoholischem Lustspiel, aber hier doch kaum mit anderer Wirkung als im Don Juan- und Meistersingertext, wo die Meister sich selbst, ihr früheres Schaffen, nämlich Figaro und Tristan in rein werkmäßiger Reprise zitieren. Tiefer ist das Problem berührt, und die unheimliche Wirkung wird hier augenscheinlich, wenn der Herr in Hebels »Merkwürdiger Gespenstergeschichte« unter der Spiegelrahme das Buch hängen sieht, in dem eben diese ganze merkwürdige Gespenstergeschichte bereits steht, und das er nun liest, um sich die Zeit zu vertreiben; wodurch eben mit einem Male das Subjekt jedes Maß für Drinnen und Draußen verlieren müßte. Alles war vorher so ganz anders (ach unsere Taten selbst so gut als unsere Leiden, sie hemmen unseres Lebens Gang), es waren Seufzer, Unruhe, Mondschein, Wind, das Ticken der Uhr, die Erzählungen des Alten um uns wie um Heinrich von Ofterdingen. Aber nun sind wir als wir selbst, abgesehen von diesen wenigen seltsamen Selbstbegegnungen romantischer Dichtung und prinzipiell der Musik, in die Antworten nicht eingegangen, in diese fremden und, auch wenn alles andere Tatsächliche hineingearbeitet ist, teils allzu weltlichen, teils, gegenüber der tiefsten Tatsache, allzu anhaltend konstruktiven Erledigungen des Problems. Impavidum ferient ruinae — dafür darf aber der Mensch nicht selber gänzlich in den Orbus des Objektiven aufgeteilt worden sein. So bleibt dieses als letztes Ziel: die Frage nach uns zu fassen, rein als Frage, nicht als Hinweis auf die Lösung; die ausgesagte, aber unkonstruierte, unkonstruierbare Frage selber als Antwort auf die Frage. Statt ihrer wurden wir in der abstrakten Qualität des Begriffs auf Fragen abgezogen, die nur im Hinblick auf vorhandene Lösungsmöglichkeiten von Interesse sind, die uns gleichsam angepriesen und dem widerwilligen Käufer ganz ohne Bedürfnis aufgezwungen werden, weil sie einmal vorhanden sind, weil sie als lösbare vorhanden sind, zurechtgemacht und in Spannung gebracht auf erreichbare Antworten, aufgeteilt und deduziert als rein interne Schwierigkeiten und Überwindungen aus dem System, als rein theoretische ad hoc-Probleme, nicht anders wie die »Probleme« eines guten Detektivromans, die der Autor aus der ihm von vornherein gegebenen Lösung aufwickelt und nur zum Schein an den Anfang stellt. Freilich gab es immer wieder Empörungen dagegen, nachhaltigster und auch instinktreichster Art. So die Sucht nach dem Kinderglauben, der Triumph Schopenhauers über die Hegelsche Abstraktheit, Stahl, der letzte »positive«, gegenrationalistische Schelling, die ganze Theistenschule und ihr Kampf für einen persönlichen Gott an Stelle des spekulativen Alleinen, der ganze Drang nach Tat, Geschichte, Einzelnem, Realem, nach leidvoller, erlebter Erfahrenheit, nach der Härte des Widerspruchs statt der restlosen Auflösung der Welt und Gottes in logische Verhältnisse. Aber wenn man genauer zusieht, so ist selbst das: »ich weiß, daß mein Erlöser lebt«, wenigstens so, wie es diese sagten, die kleinen Systematisierer der Spinnrockenphilosophie, so ist selbst die Erlösung vom Übel, ja letzterdings sogar die Verneinung des Willens zum Leben noch viel zu weit, allzu historisch abgemattet, begrifflich befangen und ebenfalls nur als ad hoc-Problem auf vorhandene Gedankenantworten hin konstruiert. Denn nur einer, Kierkegaard, hat hier völlig das bloß Gescheite, uns letzthin Fremde hinter sich gelassen. Er ist der uns zugeborene Hume, wie er anders, bedeutungsvoller als dieser aus dem dogmatischen Schlummer erweckt. Wir sind, das allein ist unsere Sorge, wo es um das wahrhaft Gründliche geht, wir sind gerade in diesem Trüben des da-

Seins zusammen mit dem Unendlichen; und nur das Erkennen, das sich wesentlich zu unserer Existenz verhält, das sich in Existenz Denken, ist wesentliches Erkennen mit dem Paradox im Blick, existentielles Pathos, demgegenüber die ganze entäußerte, leidenschaftslos systematische Prozession nichts als lügenhaftes, wohlfeiles sich Herausreflektieren aus dem Unmittelbaren bedeutet, aus dem uns allein die Wahrheit entgegensieht. »Sittlichkeit ist Charakter, dieser ist das Eingegrabene, aber das Meer hat keinen Charakter und der Sand hat auch keinen und abstrakte Verständigkeit auch keinen, denn der Charakter ist eben die Innerlichkeit.« Dasselbe meint Eckehart, auch Gott zum Sand werfend: nichts zu wollen, nichts zu wissen, sich an nichts zu heften, auch an Gott nicht, weil alles Erschaffene und auch das bereits göttlich so Beschaffene die Seele ablenkt und trübt, wie sie allein nach dem ungeschöpflichen, unerschaffenen Leben verlangt. Dasselbe meint auch Böhme, wenngleich noch an Gott als Objekt gebunden und mit mosaischen Worten: »Willst du wissen, wo Gott wohnet, so nimm weg Natur und Creatur, als denn ist Gott alles. Sprichst du aber: Ich kann nicht die Natur und Creatur von mir wegnehmen, denn so das geschähe, so wäre ich ein Nichts, darumb so muß ich mir die Gottheit durch Bilde einmodeln. Höre mein Bruder, Gott sprach, du sollst dir kein Bildnüß machen einigen Gottes. Und ist das der nächste Weg zu Gott, daß das Bild Gottes in sich selber allen eingemodelten Bildern ersinke und alle Bilde, Disputate und Streite in sich verlasse und sich bloß alleine in das ewige Eine ersenke.« Und nicht minder deutlich schließt Kant seine erstaunlichen Vorlesungen über rationale Psychologie, zugleich weit genug den subjektlosen Trug des indischen Weisen abweisend, als wäre auch die Güte noch ein Haften, statt die Vollendung selber zu sein: »Gott und die andere Welt ist das einzige Ziel aller unserer philosophischen Untersuchungen, und wenn die Begriffe von Gott und der anderen Welt nicht mit der Moralität zusammenhingen, so wären sie nichts nütze.« Alle drei meinen so die Kraft zum Kern hin, wie er freilich nicht fest und rund hinter den Schalen zu liegen braucht, mit süßem Geschmack, sondern selber voll verworrener, mit dem Dunkel des gelebten Augenblicks verflochtener Nicht-Existenz subsistiert; und diese Kraft mag sich darin bewähren, daß sie die Wendung zur Subjektivität auch an die oberste Stelle, an den Ausgang der Ethik des Philosophischen, also in die letzte Logik selber einführt, worauf ja die Erzeugung unserer Welt, der Welt als »Irrtum«, die durchgehende Abhängigkeit des Erkennens vom erlebenden, auffassenden, utopischen Subjekt, der durchgehends festgehaltene Primat der praktischen Vernunft auch in der Logik, für Kant und gegen Platon, der Begriff der zweiten Wahrheit mit dem neuen, inneren Evidenzbegriff, der sich so gar nicht davor hütet, erbaulich sein zu wollen, mithin der endlich erwachte Wille zum Menschengeist statt der Welt und ihres Weltgeistes —, worauf alle diese Pragmatismen mit konstitutivem Anspruch ja schon von Anfang an intendieren.

Die Anweisung des Dunkels auf das Staunen.

Hier nun vereinigt sich der eine und der andere Gedanke völlig subjektiver Art. Wir haben nichts, weder außen noch innen etwas, das jeweils festzuhalten wäre. Darum bleibt alles so unendlich schattenhaft, nichts zu erleben, bei nichts zu sein, höchstens uneigentlich im Erinnern und, uns weniger preisgebend, im Hoffen. So mühevoll es schon ist, einen Punkt, von dem das Auge absichtlich wegsehen will, dennoch mit Aufmerksamkeit zu beobachten, so sehr wird doch diese schwierige Aufgabe der Selbstbeobachtung noch überboten, wenn es gilt, das jeweils Augenblickliche, ein durchaus nicht erst begrifflich Atomisiertes, ganz im Gegenteil, aus dem Zustand der melancholischen Schattenhaftigkeit seines da-Seins herauszuholen und hell, persönlich, nicht mehr nur bewußtseiend, sondern ohne Schleier und Gegenüber, seiend zu besitzen. Das ist nicht etwa nur eine bloße Schwäche; gewiß, hier gibt es Unterschiede — das Mädchen, das den nachgesandten Brief seines Geliebten liest, indes dieser soeben angekommen ist und den Brief viel besser »sagen« könnte, handelt aus Schwäche und nicht aus dem Dunkel des gelebten Augenblicks; es flüchtet sich, unfähig, das Unmittelbare leisten zu können, in die Liebe als »Werk«. Sondern es ist die Klage, nichts erleben zu können als das, was bereits vergangen ist oder erst heraufkommt; genauer gesagt, jedes Erlebenkönnen ist, damit es überhaupt ein Erlebenkönnen sei, notwendig gedanklich mit diesen erinnerungsmäßigen, vor allem aber, übrigens rätselvoller Weise, mit diesen dem dunklen Ich nahe verwandten utopischen Elementen gemengt, indes das Leben selber, gleich dem zenonischen Pfeil als Summe seiner Augenblicke gefaßt, ins Unwirkliche dieser Augenblicke zerfließt. Wir wissen so überhaupt nicht, wer wir sind; wenn etwas spukhaft ist, so ist es der, der sich den vorstellen will, der vorstellt. Nur im Gemeinen leuchtet ein kleiner Besitz und dann noch im Ekstatischen: aber das Eine ist mehr ein sich darin Verlieren, ein sich Selbsttäuschen, daß man sich »wirklich« verhalten könnte, wenn man gleichsam mit der Nase, mit allen seinen homogenen Sensorien auf die Dinge stoße (und doch eben nur stoße, denn mehr noch als das Räumliche steht das Zeitliche in, zwischen jeder Berührung); und das Andere gibt noch weniger von mir erlebte, aktualisierte Wirklichkeit, denn gerade das unmittelbare Nun, die letzte Gegenwart des Mystischen ist so unendlich weit entfernt, daß das Individuum zerbricht, Eros Thanatos, und alter Lehre zufolge lediglich das sich selbst Schmecken Gottes prinzipiell übrig bleibt. Nur die Musik nimmt schon hie und da an Beidem teil; sie läßt berühren und hebt zugleich das Gegenüber auf, ohne daß das Ich als letzter Gegenstand verloren ginge — schon darin eine bedeutsame Verbindung zwischen dem Dunkel des gelebten Augenblicks und dem Erstaunen der unobjektiven Frage. Aber sonst, das Verwirklichen bleibt das Unwirklichste, das es gibt, und die Gebiete des Erlebnisses sind allein durch die vorhergehende oder nachfolgende Reflexion des Erinnerns, der Vergangenheit, auf die sich vor allem die »Wissenschaft« bezieht, oder des Hoffens, der eigentlich religiösen Sphäre zu erleuchten. Was in der Mitte liegt, wir selbst, die sich bewegende, hindurchschwimmende Mitte der Zeiten, auf der wir uns in jedem gelebten Augenblick befinden, ist ein Schatten, der verborgene Keim, das fließende, halbe sich Beziehen des Bewußtseins als Erlebniswirklichkeit, ein bloßes, blindes, in sich versunkenes, indirektes Affiziertsein, eine dunkle Insel, auf der trotzdem ebensowohl der ganze Antrieb der Bewegung der Welt wie auch, nach dem sich selber Halten, Anhalten der Bewegung, also nach ihrer Beschwichtigung, der eigentliche Seinszustand, die eigentliche Realität und Logizität der Welt verborgen zu sein scheint. Das heißt weiterhin, daß wir, um wenigstens etwas zu sehen, jedesmal außerhalb unser gehen müssen; denn was unter uns, hinter uns liegt, könnten wir, wenn wir es nicht schon dadurch, daß wir es erblicken, über uns drehten, vergegenständlichten, so wenig betrachten, ja überhaupt ahnen, wie sich der Stein oder das Auge selber betrachtet, und der Akt des Bewußtwerdens, die Selbstanschauung des Ich ist eben nur deshalb ein Problem, das Weltproblem überhaupt, weil bis zur Stunde des Prozesses, des Weltprozesses, des Drehungs- und Objektivierungsprozesses katexochen noch kein sich vor sich selbst Stellen, sich selbst über sich hinaus Drehen, sich selbst Begegnen und Reflektieren gelungen ist. Wir wissen so überhaupt nicht, wer oder was wir sind, denn auch daß wir Menschen sind, ist nur eine mittlere, uneigentliche, organisch oder sozial bestimmte Form, vorläufig genug anzusehen. Wir haben kein Organ für das Ich oder Wir, sondern liegen uns selbst im gelben Fleck, im Dunkel des gelebten Augenblicks, dessen Dunkel letzthin unser eigenes Dunkel, uns Unbekanntsein, Vermummt- oder Verschollensein ist, wie denn alles Zerfließende darin aus dem derzeitigen Zustand des Subjekts herstammt als der noch zerstreuten, ungesammelten, dezentralisierenden, wenngleich nie abreißenden Funktion des Bewußtseins überhaupt. Dieses aber wirkt entweder rein punktuell indirekt, als eigentliche Augenblicklichkeit, oder, wenn es dem Dabeisein näher kommen will, räumlich, sphärisch indirekt, so daß das Bewußtsein des zerstreuten Subjekts prinzipiell nur die Vergangenheit und ihre Gesetze, bestenfalls noch die matter of fact-freien Geltungsgesetze überhaupt erreicht, ohne sich jemals in die fließende Zukunft oder gar in die Gegenwärtigkeit, in die adäquate Direktheit des wirklichen Lebens ebensowohl verwirklichend als mit einem sich Verwirklichenden zusammentreffend begeben zu können. Das verstärkt sich, sobald nicht nur wir, sondern auch die andere, gedrehte Seite unentschieden bleibt, sobald wir uns also dem Zukünftigen zuwenden, das selber, sofern es vor allem logisch neu ist, nichts anderes bedeutet als unser vergrößertes Dunkel, als unser Dunkel in der Ausgebärung seines Schoßes, in der Vergrößerung seiner weiteren Geschichte; und ebenso verstärkt es sich Gott als dem Problem des radikal Neuen gegenüber, der nicht etwa für uns nur sichtbar werden muß, um zu sein, sodaß sich der ganze Weltprozeß eleatisch zu einer Bewegungsbeziehung zwischen zwei »getrennten« Realitäten reduzierte, sondern der sich selber nur als Hoffnung, als nicht für sich Sein, gleich uns im schattenhaft Ungeschehenen, noch Unrealen innehat. Derart kann auch Gott, erlebt, ergriffen, im bloßen sehnsüchtigen Zusammentreffen dieser beiden Dunkelheiten des gelebten Augenblicks und bei dem Fehlen jedes vorherigen wenigstens in der Zeit Seins dieses Objekts, nur mit dem sehr schwer verständlichen, hier nicht weiter entwickelbaren, auch noch erkenntnistheoretisch und nicht nur, was selbstverständlich ist, inhaltlich rätselvollen Realitätsgrad des Keims oder der Essenz für sich fixiert werden. – Und nun scheint es, wie hier spruchreif wird, als ob das Andere, das in uns wirkt, das Staunende, die große ursprüngliche Frage, der zweite, bereits ausführlicher angedeutete Gedanke irgendwie an der Lichtung des Dunkels des subjektiv Wirklichen beteiligt wäre. Vielerlei weist auf diesen Zusammenhang hin: zunächst negativ, daß beides niemals selbst zu sehen ist, also ungedreht, unobjektiv bleibt, und dann positiver, daß beides nicht nur formal ein Novum in der Welt darstellt, sondern auch gegenständlich dasselbe Ich meint oder mindestens in der gleichen Gegenstandsbeziehung auf die herauszugrabende Subjektivität und unser logisches Inkognito hin bewegt ist. Wie wir jedesmal zu erschauern pflegen, wenn jemand über unser zukünftiges Grab geht, so läßt sich diesem alten Volksglauben entsprechend mit größerer Beziehungssicherheit behaupten, daß wir jedesmal die Symbolintention der unkonstruierbaren Frage erleben, sobald ein Wort oder ein sonstiges geistiges Gebilde, wenn auch noch so leise, über unser letztes Ich geht und, alle Zukunft überspringend, an den inneren Herd unseres und darin allen da-Seins herantritt. So nahe scheinen sich Dunkel des gelebten Augenblicks und Gestalt der unkonstruierbaren Frage zu berühren, daß gerade jene Begriffe, die nur aus uns kommen, die weder durch etwas außerhalb unseres inneren Evidenzbewußtseins Liegendes veranlaßt noch widerlegt noch bestätigt werden können, wie Held, Güte, Heiliger, Erlöser, Reich, also die rein ontologischen Begriffe der zweiten Ethik und Metaphysik, ebensowohl halb unsichtbar bleiben, an der Steilheit des aktuellen Gesichtswinkels teilnehmend, wie sie imstande sind, dem Sehnenden, Staunenden, Nahen und darin zugleich Fernsten der unkonstruierbaren Frage in uns mindestens die Wegrichtung, das subjektive System abzustecken. Es bereitet sich darin zur Überfahrt in das letzte Antworten, in das sich selbst Essen, in sich selbst Auferstehen, sich selbst Rezitieren der gnostischen Messe, in ein völlig erlebtes, in uns zurückverwandeltes, das heißt mit seinem Kern gedecktes Eingedenken, in ein intensiv und darin ontisch gewordenes Gegenwärtigsein von Person.

Jesus.

So wird es wahrscheinlich, daß wir Fließende, Dunkle, die nirgends vorkommen, irgendwie bei Jesus stehen.

Hier blutet zwar vor allem das Lamm. Gewiß, schon einmal waren die Pfosten des Hauses mit Lammblut bestrichen worden.

Noch jetzt feiern die Juden das Fest der dadurch gleichsam stellvertretend geretteten Erstgeborenen. Aber man erinnert sich, wo das Andere, Weitere überall noch vorkommt: aufs Rad flechten, ans Kreuz schlagen, das das Rad ist mit weggelassenem Reifen, Feuerbohrer und das gleiche Sonnen- oder Rechtssymbol, Rad, Rat, Recht, dann Rotbart, Ruprecht als Ruotperath, ein Beiname des höchsten germanischen Gottes, der um die Wintersonnenwende erscheint, die Beweinung Baldurs und alle die Opferzüge in der sehr tiefen Heraklessage. Das alles stimmt zwar zusammen und man könnte glauben, wie Sigfried, der Stifter der altgermanischen Einweihung, nur an der Stelle, die Brunhildens Kreuzstich anzeigte, verwundbar war, und Jesus nachher an dieser Stelle tatsächlich sein Kreuz trug, so sei hier das gleiche Heil, derselbe Paulus, ein druidisch-germanisches Christentum, wenn auch auf astralischen Umwegen, gesucht. Aber sieht man weiter zu, so waren bei den Fidschi-Insulanern Sonne und Mond einst Mann und Frau, sie haben sich getrennt, und nun will die Sonne den Mond verzehren, doch die Sterne, ihre Kinder, fürchten sich nachts allein zu wandern, und so haben sie der Sonne zu ihrem einsam gewordenen Lager Kängurufelle geschenkt, und das ist die Morgen- und Abendröte. Und ebenso gibt es indianische Sonnensagen von den Brüdern, die sich mit ihren Pfeilen eine Leiter an den Himmel schießen, um die Sonne zu töten, die ihren Vater, das Baumharz, an den Stamm festgeklebt hat, und nun wird der ältere Bruder die Sonne und der jüngere Bruder

der Mond, aber ihren Vater konnten sie doch nicht mehr erlösen. Und noch großartiger steigt der bunt divergierende Sonnenmythos an, wenn man Manis ungeheures und sogar rein arisches System berücksichtigt, wonach Sonne und Mond zwei Schöpfeimer sind, und zwar dergestalt, daß der Mond die abgeschiedenen reinen Seelen und das Licht ihrer guten Werke in seine Barke aufnimmt, also »voll« wird, um diese Materialien zum Aufbau von Ormuzds Reich an die Sonne abzugeben, die sie darauf an den Säulen der Lobpreisung dem höchsten Gott überliefert, bis endlich alles in der Welt gefangen gehaltene Licht durch die beiden himmlischen Mittlerschiffe nach oben in die Heimat gelangt ist. So sieht man bei einiger geographischer Breite, wie hier doch eigentlich nichts zusammenstimmt, wie alles in den Astralmythen hin und her schwanken muß, als einem Gebiet, in dem das Menschensohn-Mysterium nicht geschehen und daher auch, selbst wo es geahnt wurde, an einen zufälligen, illegitimen Ausdruck gebunden bleiben mußte, der jede vergleichende Esoterik, sowohl die der einfach breiten wie die großartige, genetische der Schellingschen theogonisch deduzierten Art unmöglich macht. Nur in Einem gehen die alten Blicke Hand in Hand: dort nämlich, wo es sich darum handelt, den Heiligen in der Sonne und nicht die Sonne in dem Heilandswesen landen zu lassen. Selbst wenn Osiris aufersteht, der große Sperber des Morgens, so kehrt seine ewig kalendarische Gottheit doch immer wieder nur zum Frühling, zum Größer- und Leuchtenderwerden der Sonne, zur Geschichte des natürlichen Jahres zurück, ja sogar im Mithraskult erscheint die Sonne weniger als Begleiter Gottes denn als der Gott selber, und wenn sich auch von ferne so große Gestalten wie die Mutter, Typhon und der Sohn heranbegeben, so bleiben sie doch Erde, Nacht und Sonne, so daß umgekehrt das Menschliche symbolisch für das Astralische steht, in dem schwerfällig geheimnisvollen Zug all dieser Naturgötzen und ihres mit falscher, sehnsüchtiger Heiligkeit umgebenen Begriffs. Trotzdem reicht das weit herüber, und umrankt auch das Leben Jesu. Oft ist es kaum zu verspüren, sind doch selbst Rotkäppchen und Hänsel und Gretel Sternmärchen, unmerklich begleitet nur die sorgfältige Angabe der Sternzeiten den erhabenen Wandel des Stifters. Aber das reicht aus, um außer dem Leben Jesu ein nachträglich konstruiertes Sterben Jesu, mit stellvertretender Genugtuung und dergleichen erkennen zu lassen, wie es sich zum Teil aus den vorderasiatischen Kulten des sterbenden und auferstehenden Jahrgottes, zum Teil auch aus der Neigung des Paulus zur antithetischen Denkweise ergeben hat. Jedoch bei genauerem Zusehen ergibt sich das Rettende, Wichtigste, wie es uns statt des bloßen Weltengottes den Menschensohn sichert; dieses alles ist unjüdisch und von einem Volksgeist hinzugefügt, dessen Mythen sich nur durch größere Feinheit und Tiefe, jedoch nicht durch einen Sprung, wie ihn der Prophetismus zurückgelegt hat, von der übrigen, vieldeutig unreinen Völkerpsychologie und ihrem Sabäismus unterscheidet.

Gewiß also, hier blutet anscheinend vor allem das Lamm. Und ebenso, wer mit Lammblut in der Exodusgefahr die Pfosten des Hauses bestreicht, an dessen Erstgeborenen geht der Tod vorüber. Zweifellos ließ sich daran leicht das andere Passahfest anschließen, aber sollte diese Stelle nicht bereits heidnisch erkrankt sein? Selbst in die Erzählung von Esther und Mordechai hat sich eine Sternsage eingedrängt, und was dieses Passahfest angeht, so lagen Lammblut, auch das geschlachtete Böcklein oder Josef in der Grube, der nach Ägypten Verkaufte, der weiße Stier und auch der Horusknabe der späteren Erinnerung noch nahe genug. Wenn man sich anderweitig auf die Schriften beruft, vor allem auf den Deuterojesaja, so steht dieser Stelle vom Gottesknecht, die überdies mehr aus der Weise des Sterbens als aus dem objektiven Akt selber Erlösung ableitet, das spätere Wort Deuterojesajas oder auch Tritojesajas, jedenfalls ein Wort aus dem gleichen prophetischen Komplex gegenüber, daß wer den Stier schlachtet, ist so viel als der den Mann erschlägt, und der das Lamm opfert, so viel als ein Hundeschinder, der Speiseopfer darbringt, als brächte er Schweineblut, der Weihrauch spendet als der einen Abgott preist. Es steht ihr vor allem gegenüber, daß Gott, als er nicht schlief, aber noch in den Zeiten Molochs und eines auch bei den Juden frühkabbalistisch blühenden polytheistischen Gestirndienstes, bereits die Opferung Isaaks verweigert hat, auf dem Berg Morija, auf dem Berg, da der Herr siehet, wie der Text ausdrücklich sagt, und der Erinnerungsstätte an die drei Schofartöne des oberen Versöhnungsfestes. Und schließlich, wenn sich Jesus in nichts mehr vom gesetzmäßig sterbenden und beruhigend wiederkehrenden Jahrgott, diesem eigentlichsten Inhalt der Sonnenmythen und damit auch des solarischen Paulinismus, unterscheidet, dann muß der gehorsame Judas notwendigerweise zum heiligsten Jünger und der Karfreitag zu einer Zeremonie, wenn nicht gar zu dem obersten Jubeltag selber werden.

Alles, was sich derart mit dem toten Umschwung mischt, ist vorbei und Totentanz. Mit dem Einen läßt sich das Andere nicht mehr umschreiben: das Salz ist verdorben, der mitternächtige Löwe ist sogar als quer hindurchlaufendes Sinnbild verschwunden. Das laue Bad der Lilie ist erkaltet, der Leib der Natur ist leblos, ohne Heilkräfte und ohne Magie, ein abgeschiedener Koloß; Merkur, Sulphur und Sal, die edelste Tinktur der Materie, die Planetenzeichen selber sind erloschen, und zwischen der chymischen und geistlichen Hochzeit ist Trennung von Tisch und Bett eingetreten; die Chemie hat aufgehört, das Heiligtum des Naturreiches zu sein, und die Alchymie eine Anleitung zur mystischen Theologie. Das möchte zwar so nahe liegen, wenn man das Schweigen der Steine gänzlich durcherfahren hat, dem gegenüber das Du des menschlichen Gegenüber zwar tief, aber nicht das Tiefste zu enthalten scheint. Dann müßte also gerade das vollendetste Ich wieder zu den Steinen zurückschlagen, und Makarie stünde in der Sphärenreihe mystischer Anschauung hoch über Myschkin: als der Fürst Myschkin der am schwersten zu durchdringenden Gruppenseele, des gleich Gott schweigenden Massivs der physischen und Sonnennatur. Dann wäre auch die Wendung unausbleiblich, daß der Glaube nicht nur bildlich, sondern tatsächlich Berge versetzen müßte, um zu kulminieren, daß also der Mensch und auch der Menschensohn nur einen Schlüssel, nur eine Methode zu dem schwersten Riegel, zu dem einzig verschlossenen Schatz und Mysterium, zu dem nicht nur heuristischen, sondern auch inhaltlichen Bethlehem der Physik zu bilden hätten; und der Schlüssel selbst brauchte keine Substanz. Jedoch, es kann nicht mehr, astralmystisch, das Drüben, sondern allein noch, soteriologisch, das Ende den Problemkreis schließen, und dieser Schluß ist ohne allen Zweifel auf den homogenen Gegenständen des Subjekts und der Geschichtsphilosophie, auf den Gotterscheinungen der Musik und Ethik basiert. Das untere

Grundwasser ist seit Jesus verlassen, die Lampe des Menschensohns hat auch das Kristallgewölbe durchgebrannt und das chaldäische mysterium naturae ist entwichen, gemäß den Worten des Apokalyptikers vom neuen Jerusalem: »und die Stadt bedarf keiner Sonne noch des Mondes, daß sie ihr scheinen; denn die Herrlichkeit Gottes erleuchtet sie, und ihre Leuchte ist das Lamm.« Darum also ist, so notwendig es auch sein dürfte, sämtliche Korrespondenzen ewiger Art aus der Natur herauszuholen, wie sie bewußtlos die christlichen Mysterien mitzufeiern schien, — darum also ist Mithras und der gesamte Niedergangs- und uns miterrettende garantierte Aufgangsmythos des Sonnengottes auch aus rein metaphysischen Gründen von Jesus fernzuhalten. Soll uns der Tod Jesu überhaupt etwas verkündigen, an dem so viel Schmutz der wirklichen Verhältnisse beteiligt ist, daß selbst das deutlich Widrige, Negative an ihm nicht klar zu konstruieren wird, so ist es einmal, daß wir uns mit maßloser Schuld beladen haben, mit der zweiten Erbsünde des ausgeschlagenen Seinkönnens wie Gott und dann, daß drei dazu gehören, um sich Sohn Gottes zu nennen, um Gott als unseren Vater zu rufen, und daß zwei Glieder aus diesem Bund, die Menschen und Gott, taub waren, versagten und den Propheten, der der Messias hätte sein können, dem Tod durch Satan überantworteten; und zwar so, daß dieser keineswegs dadurch besiegt, keineswegs das schuldlose Blut in den Haß der Welt gegossen wurde, daß keineswegs die Menschen mit diesem Lösegeld Satan abgekauft wurden, also durchaus nicht so freundlich, wie es ein Scholastiker meinte: »Was tat der Erlöser unserem Kerkermeister? er stellte ihm als eine Falle sein Kreuz und strich als Köder sein Blut darauf«, durchaus nicht so zufrieden panlogistisch, wie es Gregor von Nyssa erklärt, daß Satan, da er im Gottmenschen eben nur den Menschen sah, mit dem Köder der Menschheit zugleich den Angelhaken der Gottheit verschlungen habe; sondern nichts war in der Welt jemals vergeblicher und eine trostlosere Dishomogeneität zu seinem Gegner als die stellvertretende Genugtuung mittelst der Kreuzes- und Opfertodsmagie.

Wichtiger und fruchtbringender ist daher, was uns das Leben, die Worte Jesu selber überbringen. Und zwar nicht nur moralisch, sondern gerade auch, ohne Paulus, als Verheißung tiefster logischer Gehalte. Dermaßen kann der außerjüdische Paulinismus, wie er statt des Evangeliums Christi das zweite Evangelium, das Evangelium über Christus gesetzt hat, auch logisch außer Betracht gelassen werden, in dem immer noch ungehobenen reinen Christentum nicht nur der Moral, sondern auch der Erkenntnis. Es ist selbstverständlich dauernd fraglich, ob das je ohne »Beiwerk« gelingt, aber es gibt auch hier so etwas wie eine unkonstruierende Ontologie. Das ist: der ewige, von allem anderen unterschiedene Rang der Menschenseele; die Kraft des Gutseins und des Gebets, das zutiefst begründete sittlich Gute als Saatkorn, als Lebensprinzip des Geistes; die Kunde von der möglichen Erlösung durch Dienen untereinander, durch Hingebung, zum Anderen Werden, sich selbst Erfüllen mit Liebe als dem Geist der Versammlung und der universalsten Selbstbegegnung; die Kunde vom Vater als einer bisher unbekannt gebliebenen Gottheit, vom noch schwachen, dämmernden Gott der Geschichte, der Wiederherstellung, des Prozesses und des allein prozessual getragenen Reichs des ewigen Lebens. So nur schließt sich dieser unser verwundeter, heißer Tag, er faßt an dem, was anfangs gesündigt worden ist, an der Sprachverwirrung beim Turmbau, an der Vertreibung aus dem Paradies, am Sturz Luzifers aus dem Himmel — die Gegenerleuchtung zu dem, was in uns und Gott geschehen muß als Umkehr, als Weg zur einen heiligen Sprache, zur Rückkehr, Heimkehr ins Paradies, zur Annahme und Erfüllung aller Sehnsucht nach Gottähnlichkeit im Omega, dem endlich gutgemachten Alpha. Aber es muß in uns geschehen, nur hier werden wir frei und können uns begegnen. »Und ist noch nicht erschienen, was wir sein werden. Wir wissen aber, wenn es erscheinen wird, daß wir ihm gleich sein werden, denn wir werden ihn sehen, wie er ist«, schreibt Johannes in der ersten Epistel. Nur in uns schreiten die fruchtbaren, geschichtlichen Stunden, in uns muß die Schlüsselblume blühen. Vieles, das entweder noch altjüdisch oder zu schwach ist, das zu wenig Freude, Trotz der Innerlichkeit hat, ist auch an Jesus, dem bloß Vorletzten, abgelaufen. Es gibt noch ein anderes Frommsein als das sich Schicken, und die Hoffart ist so wenig unbedingt verwerflich, so wenig wir bis zum Ende der Dinge, gerade dem gegenüber, was uns von den bloßen Dingen mächtig, tückisch genug droht, mit Jesus homogen imprägniert sind; mag die Hoffart »widergöttlich« sein, es ist nicht alles Gott, nicht alles Gott geblieben, was es einst war. Dazu kommt: selbst in Jesu Worten eint sich das Trinken des Kelchs, den der »Herr« geschickt hat, also die Hiobsche, der ganzen religiösen Antike eigene Ergebenheit, mit dem Rütteln an den Stäben dieser demiurgischen Leids- und Todeswelt; wie kann es aber eine Innerlichkeit geben, und woran kann sie merken, daß sie eine ist, als Leid oder als wahrhaft paradoxe Freude, wenn sie aufhört, aufständisch und trostlos gegen alles Gegebene zu sein, besser gesagt, wenn sie ihre eigenen, fruchtbaren, das unbekannte Heil beschwörenden Wege sogleich mit der traditionellen Setzung eines bloß herangebrachten, innerlich undurchdringlichen, innerlich in dieser angeblich gesicherten Realitätshaftigkeit unauffindbaren, überinnerlichen Objekts versperrt? »Siehe, ich sage euch ein Geheimnis: wir werden nicht alle entschlafen, wir werden aber alle verwandelt werden. Denn ihr seid gestorben und euer Leben ist mit Christo verborgen in Gott. Wenn aber Christus, euer Leben, sich offenbaren wird, dann werdet ihr auch offenbar werden mit ihm in der Herrlichkeit«, predigt der wahrhaft »jenseitig«, wahrhaft »hebräisch« eingeweihte Paulus in den Episteln an die Korinther und Kolosser. So steigt es auf, sich zu bewegen und zu vernehmen, Seiende geworden, mit aufgedecktem Angesicht, bei Jesus stehend, dem Erstling unter denen, die da schlafen, Jesus-Luzifer-Christus entgegen, unserem Haupt, der Seele der Seelen, der N'schammah der N'schammath, unserem geheimsten Doppelgänger, dem Engel oder Fürsten des Angesichts, der Auferstehung in das Himmelreich der Seele. Es gibt aber nicht nur den trüben Adam in uns, dessen Sehnsucht nach dem Wissen, was gut und böse sei, allerdings von Jesus, dem Heiland und Asklepios, der wiedergekehrten, weißen, weißgewordenen Paradiesesschlange, gestillt wurde. Sondern höher steht der trübe Luzifer, und dieser ist noch ohne Wiederkehr und klärende Rechtfertigung, ohne den Gott selber klärenden Triumph seines Eigentlichen geblieben. Erst in diesem, der in Jesus schläft, dem noch allzu milden Helfer; der aber ruhelos geworden ist, seitdem er zum zweitenmal verlassen wurde, seitdem der Schrei am Kreuz wirkungslos verhallte, seitdem zum zweitenmal der Kopf der am Kreuze hängenden Paradiesesschlange zertreten wurde – erst in diesem großen kommenden, allmächtigen, dynamisch-innerlichen Christos imperator maximus Theurgos bricht das selbstische Ichdunkel zusammen, der wesenlose Demiurg erzittert und das wahrhafte Menschenreich, vielfältigste Selbstreich, die absolute Christförmigkeit über aller Welt kann beginnen. Es muß also in uns geschehen, nach uns selber verlangt Gott, daß wir ihn »preisen«, daß wir das Widrige vor ihm und das Dunkle in seinem Kern zerteilen, mit uns als den Betenden, mit uns auch als den Beginnenden und der Schlüsselgewalt über das Obere: so werde dein Name geheiligt, so komme doch endlich dein Reich, »und vergib uns unsere Schuld, wie wir vergeben unseren Schuldigern. Und führe uns nicht in Versuchung, sondern erlöse uns von dem Übel«, lauter Bitten an Gott, die den antithetisch panlogistischen Kausalitäten des Paulinismus den Boden entziehen, Beschwörungen, doch endlich den finsteren Molochsgrund in sich zu verlassen. Er konnte »Licht« sprechen, nun fängt das andere Wort an zu glühen, er selbst, sein Name, der Name der »Wahrheit«, des Ziels, zu dem hin alles geboren ist und zieht; denn Sohn und Vater oder Logos und heiliger Geist sind nur das Zeichen und die Richtung, in dem sich dieses große, den Uranfang lösende Stichwort, kiddusch haschem, die Heiligung des Gottesnamens, das allerverborgenste verbum mirificum der absoluten Erkenntnis bewegt. Da aber nicht nur die Dinge, sondern auch Gott der Scheffel über dem Licht sein kann, so wird die sehnsüchtige Seele auch noch hinter Gott selbst vordringen müssen. Das Wir und das Überhaupt fallen zusammen; und so beginnt letzthin das Wir, wie es sich in dem andauernden Fluß und Dunkel seiner gelebten Augenblicke immer weiter durch die Schalen der Natur und die Sachlichkeiten der Kultur zu fassen suchte, wohl auch noch den Gott der Geschichte, sowohl des Zeuger- wie des Vatermythus, als bloße Realität der Mitte des Prozesses zu überholen und mit brennender Liebe bis in sein Innerstes, Letztes, Heiligstes hinein zu zerbrechen. Wie er uns bereits wechselnd erschienen ist; wie wir die Furcht vor dem Herrn, die Sündhaftigkeit vor dem Vater und jetzt die Verzweiflung, die Melancholie unserer Bosheit und Leere vor der Liebe und dem heiligen Geist durcherfahren, wie sich die göttlichen Scharen zuerst nur im menschenleeren Sonnenriß versammelt haben, während seit Jesus der Heilige über den Engeln und der Prophet zur Rechten des Vaters thront; so zieht der Seele Wandel, der Gegenstand all dieser unwiderstehlichen Bewegungen des mythologischen Bewußtseins vom Astralmythus zum Logosmythus und darüber hinaus, — am Ende der Geschichtsphilosophie Gottes auch noch über diesen selbst, über Welt, Satan und Gott, diese bloße Hilfsobjektivierungen des Seelengangs, über die letzte weltliche Erscheinung in dem Gegenüber, in dem bloßen Erziehungszoll, in den Assignaten der göttlichen Objektivität hinaus. Er zerbricht und geht auf, Gott, als das Um uns, der Dritte, die beseelte Distanz, als Mütterlichkeit und die warme Luft des objektiven Herzens, wie sie uns schon in aller Freundschafts- und Liebesmystik umgibt, er deckt sich endlich mit unserem Gold, das Buch wird verschlungen und der schöpferische Raum der Versammlung bricht an.

*

Kategorien.

Denn wir tragen den Funken des Endes durch den Gang.

Und zuletzt schlägt deshalb auch das Denken gleichnishaft um. Das ist es, was zuerst nur innerlich erschien, was dann als ontologischer Begriff sich und uns selbst, ohne äußere Belege, erleuchtete, was sich allmählich von der chymischen Hochzeit befreite. Hier, wo alles offen ist und solange diese Welt steht, offen bleiben wird, war grundsätzlich das stärkste sachliche Mißtrauen gegen das Recken, Ableiten und Disponieren, gegen einen anderen als den gesprächshaften, dialogischen, innerlich »existenziellen« Formtypus am Platz — es mußte sich letzthin an einem Anderen klären als an der Form, wie denn auch die völlige Antwort der »Frage« gegenüber, das gelungene »Werk«, über einem möglichen Buch liegt und bereits ins apokalyptisch Verwirklichende hinübergriffe. Dafür kommt aber eine gleichnishafte Sprache herauf, in ihren Bildern, in dem Tropus unserer selbst, nur weiter nach oben, wahrhaft über das menschenhafte Ich hinaus geschoben, als das, was in uns zuletzt verborgen treibt, als echtes ontologisches »Symbol«. Man empfindet die Begriffe dieser Art nur deshalb als zum Teil »herangebracht« oder historisch, weil man sie an keinem Punkt des gewöhnlichen, unreligiösen, undefinitiv gewordenen Denkens mehr gegenwärtig hat. Aber wenn auch die inneren Augen noch so dicht geschlossen sind, so behält doch die Seele ihre Fremdheit in dieser und ihren Zug nach jener Welt; und danach müßte es allerdings bei einigem Hinweis ein Leichtes sein, gerade umgekehrt die Steine und Milchstraßen, ja selbst die Blumen und Tiere als etwas Fremdes, Entlegenes, uns von Grund auf Heterogenes, ganz eigentlich erst »Mythologisches« zu empfinden, und die alten oder neuen Götternamen dagegen wie ein Gespräch in der einsamsten Fremde von den fernen Freunden in der Heimat. Daß wir hier unten stecken bleiben und mit diesem da zusammen sind, daß wir Menschen nur mehr den Rükken der Dinge statt der Gesichter der Götter erblicken, ist die erstaunlichste Anomalie. Ihre zunächst denkerische Aufhebung ist demnach keine gleichnishafte Sprache, keine Umschreibung des Erlebten und Einfachen durch weite, abstrakte Allegorien, und ebensowenig das Mythologisieren in einer vom Innerlichen, innerlich Offenen und Problematischen wegführenden Symbolik traditioneller oder auch nur unsubjekthafter Art. Sondern wir sehen hier unsere eigensten verborgenen Triebkräfte, nichts blickt von uns weg, die Weite ist auch die Tiefe, unsere eigene wundersam erleuchtete Tiefe, und der subjektive Gedanke trifft am Ende mit Notwendigkeit auf die direkten Gestalten der Mythologie als seiner obersten, prinzipiellen, das heißt eben apokalyptischen Region.

Denn die Menschen tragen den Funken des Endes durch den Gang. Wir sind es, die von unten an sich alles bewegen lassen. Was wir sind, wissen wir nicht, wir sind noch unruhig und leer, und wie uns selber versteckt gehalten. Wir waren keimhaft, hatten zuerst die Steine um uns, dann nahmen wir die uns gereichten, kaum weniger falschen Kleider des Leibes. Die Augen schlugen sich heller auf, der Tod versuchte sie wieder zu schließen, über uns blitzte der zu frühe Morgen der Sonne, aber die beginnende Seele zog sich liebend, sich fortpflanzend, seelenwanderisch besiegend, über die faulenden Leiber hinweg, und auch der unfruchtbar weite Himmel wurde durchschlagen. Nur wir haben uns derart heraus bewegt, allein von allen, die darin nach unten hin verschlagen geblieben sind. Aber sofern wir das getan haben, treibt das Untere seelenlos weiter, die Scheiben drehen sich fort und ein blindes, leeres Zufallsgeschiebe ist die Regel dieses Lebens. Nicht anders wie von Heraklit die weltbildende Kraft mit einem Kinde verglichen wird, das spielend Steine hin und her setzt und Sandhaufen aufbaut und wieder einwirft. Es kann uns beliebig treffen, Vereitlung, Tod und Unglück bringend; so wirkt das Untere dumm genug, aber oft auch schon wie rachsüchtig im verlorenen Brief, in dem schlechten Arzt, der gerade in der Nähe wohnte, in dem Glas Wein, das der Lokomotivführer vor der Katastrophe zu viel getrunken hat, trotzdem wiederum der Dampf die Maschine treibt, Kraut und Rüben von Dienstbarkeit und Unfall durcheinander — so fremd beliebig ist uns der Kausalnexus dieser Welt. Wir selbst sind mitten darin, ungefähr, tausendfach gestört verflochten und Zufallsaffinitäten preisgegeben, von denen man noch viel sagt, wenn man sie Zufall nennt; wenn man zugibt, daß sie das Gemeine, Mittelmäßige und Absurde nicht liebevoller pflegen als den Sinn; wenn man die Umsatzregel dieser Welt als so unkräftig, so ebenenhaft definiert, daß ihr etwa Bazillenschmutz und sein Nährboden Mensch, also das Sinnfremde und das eminent Sinnhafte gleich weit entfernt liegt. Seit wir und der es schuf, unser erster falscher, irrender Führer, nicht mehr darin sind, rollt das Ganze dahin wie ein ungeheurer Stein, der der Hand entglitten ist, und der nun seine wertfreie Bahn den Abgrund hinunternimmt, mit uns in seinem Wege, vor den machtlosen Augen Gottes, der das alles vorher unter sich »geschaffen« hatte, aber der nun, wo er sich mit uns, durch uns, im Verlauf der menschlichen Geschichte, Geschichtserhellung aus der Natur und dem Bewußtsein der Natur hinwegbegeben hat, dem wertfreien Irrsinn seiner ersten »Schöpfung« machtlos zusehen muß, wie sie immer noch durch die darin versteckt, zahllos verschlagen gebliebenen Individuen, also Intensitäten, sowie vor allem durch unsere Leere, Ziellosigkeit, Zielunkenntnis und Gottes eigene Abgetrenntheit vom sich selber Schaffen real gehalten wird. Denn wenn wir auch frei, wahlfrei geworden sind und uns willkürlich von innen bewegen, so sind wir damit auch böse geworden, anders noch als die Raubtiere, abgetrennt selbstisch. Die Menschen, die zu früh, noch unrein, nach oben wollten, gottähnlich werden wollten, haben den trüben Rückfall der Sprachverwirrung und des Sündenfalls erlitten, im selben Maß als Luzifer, ihr großer Genius, selber aus dem Himmel Gottes verstoßen wurde. Aber wie sich das mit Jesus deutlich heilte und abschwächte, so hat auch Gott seine Schuld und seine Unreinheit an dieser, genau zwischen Biologie und beginnender Geschichtsphilosophie liegenden Szene durcherfahren; freilich, da Jesus mehr des Menschen als Gottes Sohn, mehr Luzifers als Zebaoths Gesandter war, nicht so tief und in sich selbst gezogen, daß nicht noch etwas in dem schweigenden Zebaoth lebte, ein böses Gewissen der Abrechnung und des Endes, das nicht ganz Nein zu dem Verstrickenden und Sinnlosen des alten Materialbestandes und Kausalnexus sagt. Das bloß Trübe, Irrende Gottes, als er noch unter sich schuf, uns als die immer wieder zerschlagenen Steine, sich als Naturgott schuf, hat sich geteilt, als er durch uns und mit uns begann die Natur zu verlassen und nun eigentlich erst »Gott« im werttheoretischen Sinn, Gott der Geschichte geworden ist, als den ihn zuerst Christus und der Geistesmythus gerufen, wenn auch noch nicht völlig, endgültig herbeigerufen hat; und zwar hat sich das Trübe, Irrende des Naturgottes historisch geteilt in die dunklen, verfolgenden Stunden, das heißt in das Walten des Todes-, Zufalls- und reinen Naturdämons, und in die freilich weit schwächere, nur als »Problem«, »Essenz« gegebene Schechinah, oder bekannter gesagt, in den herunterdrückenden, aufhaltenden Satan und die mit den Menschen wandernde, noch heimatlose Gottesglorie Els, des Ziels. Wir ruhen also nicht, immer neu zu bewegen, von unten an sich alles bewegen zu lassen. Wir schlagen um uns, rufen, schaffen, beschleunigen, beten, befehlen, eingedenken, legen die Antwort so nahe als möglich, die Krusten um uns herun aufzulockern und die Masken an uns abzuwerfen. In uns arbeitet am meisten vorne, vertretend für dasjenige, was einzeln noch dumpfer »ist« hinter uns, die Unruhe des *sich suchenden ich bin's oder Jetzt*, sein Wort zu finden, – *das motorische Element des Weltgangs*; es hört ihm aber dann entgegen *das dämmernde Dunkel des sich nicht Habens und das Ortlose des immerdar wesenden, essentiellen Erstaunens*, die noch ungediegene, aber namenlos schwangere Nacht der Selbstbegegnung im Inneren aller Dinge, Menschen und Werke, getrübt, verdeckt von dem satanischen Ritardando dieser krustenhaften Welt, aber bewohnt von der den trotzdem ankommenden Luzifer krönenden Gottesglorie des Ziels — das lösende, kontemplative, substantielle Element des Weltgangs. So sind also nur wir selbst, das Viele und nicht die Welt oder Gott gegeben und von Anfang an das Rätsel. Aber erst gegen das Weitere und nicht gegen das Anfängliche hin wird zu erkennen sein, was wir suchten oder »waren«, bevor wir in die zeitlichen Bewegungen eingingen; durch welchen Akt wir eingingen und Zeit, Welt und Gott als Führer, als »Objektives« setzten. Vielmehr, das waren wir alles noch nicht, denn der Anfang wird tatsächlich erst mit dem Ende fertig geschehen sein, und es ist nicht bedenklich zu sagen, daß er rätselhaft ist, denn da wir es sind, deren Beginnen rätselhaft bleibt, da mithin das uns so nahe Dunkel des gelebten Augenblicks immer noch das Anfangsrätsel, das Weltdaseinsrätsel in größter Stärke enthält, so erklärt ja gerade dieses den ganzen suchenden, das Rätsel lösenwollenden Weltprozeß der Wir-, der Dunkelverdeutlichung, des sich als Antwort gewinnenden Urproblems. Deshalb ist auch die alte Frage, wiefern das Viele aus dem Einen abzuleiten sei, darin schief gestellt, daß nach ihr nicht wir selbst, das Viele, sondern Gott als das schlechthin Eine, als causa sui an den Anfang proponiert wurde, und so nicht nur das Bewegungslose, prinzipiell Rätsellose, der alles besitzende Hort der Logik das größte Rätsel einzuschließen hatte, sondern dieses Rätsel auch gleichsam an Ort und Stelle verbleiben mußte und so von jedem ebensowohl historischen wie metaphysischen sich Selbstbewegen im Weltprozeß ausgeschlossen blieb, der eben gerade als fortlaufende reale Lösung dieses Rätsels sein Ende erreicht hat, wenn das Problem des Anfangs am Ende gestürzt und das tiefere Problem der Subjekte des Anfangs am Ende dieses großen kosmischen Drehungs- und Objektivierungsprozesses entschieden ist. Das Geheimnis der Erscheinung löst sich in ihrer Geschichte; und so wird erst dadurch in diesem Aufrollen, mannigfaltig gestützt durch das, was wir zu frühe wollten und uns versagt wurde, was aber dem Erhalter gefährlich erschien, also durch die positive Gegenerleuchtung zum Sündenfall, diesem Erweis der sprengenden Kraft der Moralität (denn Adam ist nicht Kain, die Schlange ist nicht Satan), überhaupt der Versagungsmythen, des versagten Guts zu erkennen sein, zu was wir auferstehen werden und zu welchem Ende die letzte unserer Verwirklichungen hinausführt, dem jüngsten Tag, dem Tag des Ingesindes, dem siebenten Schöpfungstag entgegen, jenseits all der verschwindenden Nebelrealitäten dieser uneigentlichen, unwahren, der Apokalypse verfallenen Welt.

Darum also tragen wir den Funken des Endes durch den Gang. Wie wir wandern, so will die Welt selber in unserer Wanderschaft zu Ende wandern. Mit uns wachen die Dinge auf, völlig jenseits ihrer gerade zuständlichen Logik, und treiben in der objektiven Phantasie. Wir machen uns aber Licht, um zu sehen, um Licht zu schlagen und nicht um zu zeigen, daß alles gut sei, daß alles unter allen Umständen zur Philosophie komme. Es ist nicht zu verstehen, wie man den Abstand nicht noch furchtbarer sah, wenn man die Idee hatte, wie man durch die Idee nun gar noch zu Idealisten werden konnte, mag unserer Seele auch der Funke ihres Endes noch so unauslöschlich, unbeirrbar zur apokalyptischen und doch erst zur apokalyptischen Seligkeit hingeboren erscheinen. Darum herrscht in allem, was wir gestalten, ewig gestalten, endlich mit Erlebnis, Barock, Musik, Expression, Selbstbegegnung, Reichszeit in der Philosophie, ein Sturm, der aus dem Maßlosen der Menschennatur stammt und zu dem Maßlosen auf Erden, zu der Stichflamme des Worts, zu dem ausgesprochenen individuum ineffabile, zu dem Zerreißen der Vorhänge, zu dem Rauch und Donner der gesprungenen Türen und dem Feuer, in dem sich das Wir und das Unsterbliche Gottes zur Höhe trägt, zu dem über alle Maße und Begriffe hinaus Unbegreiflichen, zu den Füßen des Messias und dem ruhend absoluten Pleroma der Liebeslust hindrängt. Es gibt noch nichts, das dieses einfaßte, wo wir uns unbekannt treiben, im Dunkel versunken. Es gibt noch nicht einmal eine Einsicht in die schweren Vorgänge, die sich fast schon ohne uns in der eigenen Form der Auflösung und Heraufkunft, in dem unruhigen, richterlichen sich Umsetzen der Geschichte und Wiederaufrollen unserer Aktualität abspielen. Aber ihr Gedachtwerden steht vor der Tür; denn nur wir sind es, die wir uns unter allem, was sich bewegt und ballt, dunkel, atomisch, individuell, subjektiv dahinziehen, als Traum, als noch nicht Angekommensein, als beständig umspielendes, unterwühlendes, ungelöstes, utopisches Ferment alles Gestalteten, sowohl dessen, was scheinbar bereits vergangen ist wie vor allem dessen, was scheinbar als objektiver und absoluter Geist bereits alles hinter sich hat und trotz der christlichen Lehre gerade in seiner Ichentferntheit und allgemeinen »Realität« als Gottesort verehrt wurde. Dieses, daß wir uns nicht weiter unterschlagen lassen, unser christlich-messianisches Gedachtwerden in treibender Existenz, im Dunkel, im Urproblem des gelebten, alles verbergenden Augenblicks, das Umgedachtwerden der Welt auf »den Großen Menschen« in ihr steht vor der Tür, auf daß wir uns endlich mit Ernst als das Prinzip erkennen, das alle Umsetzung der Welt leitet, ohne das kein Prozeß und auch keine Hoffnung auf Gott und das Himmelreich wäre. Es gilt einen Begriff zu finden, der sich müht, alles Vergangene neu zu betreiben und das Zukünftige neu zu beraten, von dem Einen den Druck des ungesühnten Vergehens, von dem Anderen den Charakter des friedlosen, unbeherrschten Abenteuers abhebend, ein motorischer und danach erst kontemplativer Begriff, der dazu hilft, ans Ende zu sehen, überall in allen Teilen und Sphären der Welt die Pforten Christi zu öffnen, das Ende der Geschichte zu entdecken, Gott zu rufen, wie er am Ende der Geschichte sein wird, hinter dem ungeheuren Problem einer Kategorienlehre der unfertigen Welt. Gerade dieses, daß wir Menschen nicht entsagen können, gießt ein anderes Gewißsein aus als das erloschene Hinnehmen des Glaubens und schenkt unserer Logik endlich die wohlbesprechbaren Flammen einer Wahrheit, die nicht mehr nimmt, sondern gibt, die nicht mehr begreift, sondern mit Werken und Gebeten ernennt. Denn das Nichtwissen ist der letzte Grund für die Erscheinung dieser Welt, und darum eben konstituiert das Wissen, der in unser Dunkel und die unkonstruierbare Frage genau einschlagende Blitz dereinstiger Erkenntnis auch den unausweichlich ausreichenden Grund für die Erscheinung, für das Angelangtsein in der anderen Welt.

KARL MARX, DER TOD UND DIE APOKALYPSE.

Wie aber? Ist das nicht alles schon viel zu viel? Denn ich muß sterben. Aber vorher will ich essen und trinken, denn morgen bin ich tot.

Der sozialistische Gedanke.

Deshalb wird um uns so leicht betrogen. Von unten bis oben drängt sich die Ausrede ein, um alles zu beschönigen. Wer gerne tanzt, dem ist bald gepfiffen, und der Krieg hat das Seine daran enthüllt. Er wäre nicht da, wenn es kein Geschäft und keine Geschäftseimer gäbe, die am Ende von selber laufen, und um ihn ist alles unecht gewesen.

Dem stellen sich freilich drei Einwände entgegen, die eine eigene ideenhafte Kriegsgesinnung vorzuführen suchen.

Der erste ist mühelos zu entkräften. Er bezieht sich darauf, daß ein Volk an sich kämpfen kann und daß ihm nichts wirtschaftlich bewußt zu werden braucht. Aber ist dies irgendwo und irgendwie in Abrede gestellt worden? Es gibt sehr viel gedrückte und nervöse Menschen, die gerne Ferien machten, und denen es auch nichts bedeutete, frei und im offenen Lauf zu fallen statt weiter die Kette ihrer freudlosen Tage zu schleppen. Es gibt auch noch sehr viel junges und bäuerisches Blut, dessen Rauflust und Abenteuerdrang sich in sich selber bezahlt macht, und das gewiß nicht erst umständlich nach den anderen, das Ganze allein freimachenden und zum Kriege formenden Motiven zu fragen braucht.

Der zweite Einwand geht in eine ernsthaftere Richtung. Er ist von Scheler erhoben worden, der die Wehrhaftigkeit liebt, den Krieg stark und brutal bei seinem Namen nennt und die Kriegsgewichtigkeit von jeder bloß ökonomischen Begründung loslöst. Der Kämpfer wird nach ihm niemals aussterben. So gibt es gewiß einen höchst ursprünglichen Trieb nach Macht. Er sieht gewiß nicht auf seinen Nutzen und kann sämtliche hochgemuten Tugenden im Gefolge haben. Wir wollen hier nicht weiter bemerken, daß auch der Tiger bei jeder anständig geführten Jagd als heldischer Gegner geschätzt wird. Auch läßt sich leicht der geschichtliche und etymologische Beweis dafür erbringen, wie sehr die Haltung des Reiters, des Ritters, des ritterlichen Menschen vom

Pferde erlernt und deshalb genau so gut zoologisch wie ethisch verwurzelt ist. Aber man braucht nicht einmal so weit zu gehen, da auch jeder Schulmeister oder jeder Schurke von einem russischen Katorgadirektor den Trieb nach Macht über Menschen zweifellos adäquat mitfühlen kann. Und was die Kraft anbetrifft, die noch über dem bloßen Adel des Gebietens liegt, so braucht diese hohe Gewalt zwar keine ökonomischen, aber auch keine kriegerischen Hilfsmittel, sondern wird als Ausdruck der inneren Rangordnung am reinsten innerhalb einer ethischen Demokratie blühen. Das alles kommt nun bei Scheler nicht in Frage, weder das Gemeine noch das Geistige, wie sollte sich aber gerade das Machtpathos cäsarischer Art anders als ökonomisch durchsetzen können? Gewiß ist in allem Starken, Strahlenden, sich selbst Verschwendenden etwas, das niederwirft und eine Art von Unterwerfung unter sein sittliches Phänomen erwarten darf. Aber wie soll es sich halten, in dieser höchst gewinnsüchtigen und respektlosen Welt, die ja leider nicht nur in den drei Jahrhunderten englischer Wirtschaftsgeschichte so heftig den ökonomischen Idealtypus als Erklärungsmoment verlangt hat; wie soll sich das Machtpathos halten, wenn es nicht an wirtschaftlichen Sorgen, Interessen, Konflikten und Überlegenheiten die Eintrittstelle seiner langdauernden, eigentlich sozialen Verwirklichung findet? Wie sollen etwa weitere Kriege gegen Rußland entstehen, wenn alles Trennende, alle Gegensätze der östlich-westlichen Volksphänomenologie in der notwendig rein moralischen Sphäre des sich nicht Verstehenkönnens schweben bleiben? Es gäbe keinen Sickingen ohne Bauernkriege, und Bonaparte wäre auf sein gutes Zeugnis von Brienne her angewiesen gewesen, wenn keine französische Revolution losgebrochen wäre; die heldischen Naturen hätten sich auf Zweikämpfe oder Donquichotterien beschränkt gesehen, wenn nicht immer wieder wirtschaftliche Ursachen den breiteren Kriegsfaktor gebildet hätten. Nun gibt es allerdings gegenwärtig eine Atemnot, in der man aufhören muß, wirtschaftlich zu denken. Denn der vorliegende Krieg ist so beschaffen, daß er selbst für die großzügigsten geschäftlichen Zwecke zu kostspielig, zu riskant und verlustreich sein muß. Gewiß sind allein die wirtschaftlichen Interessen daran schuld, daß sich eine Wehrmacht im sozialen Raum ausgebildet hat. Aber es gehört offenbar nicht viel dazu, daß danach die gegeneinander aufgestellten Heere plötzlich von selber losmarschieren. Es ist ein Leichtes, und jede nervöse Furcht liefert Beispiele zu der gefährlichen Möglichkeit, daß die aufgespeicherte Furcht im Begründungsfall endlich als Freude frei wird, daß also auch der Geist der bloßen Schutzrüstung schließlich umschlagen und aggressiv werden kann. Man kann deshalb auch nicht nach den Urhebern des Krieges fragen: keiner hat ihn gewollt, aber jedes Volk war willenlos an die Kapitalbewegungen und dann, was vor allem wichtig ist, an die zwangsläufig gewordene Maschine des stehenden Heerwesens angeschlossen. Das heißt natürlich, daß – jenseits der törichten Frage nach den persönlichen Urhebern des Krieges und dem ganzen reich gemischten Aktenstreit –, daß diejenige Regierung am meisten mitgerissen wurde, die am konsequentesten bislang die Schiedsgerichte ablehnte, gemäß dem frischen, fröhlichen Reitergeist ihres heimischen Militärfeudalismus, bei dem sich, als Einrichtung, die Welt unterdessen so ausführlich für Belgien und den Kriegsausbruch bedankt hat. Darum mögen freilich, wie Lederer aufs Einleuchtendste gezeigt hat, die Fürsprecher der heldischen Ursachen insofern relativ recht haben, als dieser undiskutierbare Krieg nicht einmal die überlieferte ökonomische Vernünftigkeit, also nicht einmal das bisher unumgänglich notwendige Minimum an kapitalistischer Unternehmungslogik aufweisen kann, sondern daß hier der Nutzen selber ideologisch für ein Anderes geworden ist. Es liegt derart durchaus nicht innerhalb der wirtschaftlichen, freilich auch nicht mehr innerhalb der herrscherfreudigen und in das echte Machtpathos verliebten Interessen, wenn der ungeheure, nur scheinbar ministeriell eingeordnete Heeresapparat mitsamt seinem rücksichtslos abstrakt gewordenen Siegeswillen plötzlich von selber zu arbeiten anfängt, sofern das Militär nicht dauernd nur Manuskript bleiben kann. Aber all dieses Sonderbare kann doch nicht darüber hinwegtäuschen, daß es ohne den wirtschaftlichen Geschäftsstreit ein Leichtes wäre, jene dicke, tollwütige Luft zu vertreiben, in der sich nicht lange antechambrieren läßt, daß der kämpferische Wille, sosehr er es überholt, ohne sein wirtschaftliches Gebrauchtwerden bloßer unmerklicher, ungefährlicher Gesinnungsmilitarismus bliebe, und daß es auch keines besonderen Zauberspruches moralischer Art bedürfen würde, um den Golems des europäischen Militarismus ihre Lebenszettel aus dem Munde zu nehmen. Denn der Krieg, dieser Ausbruch des primitivsten Triebs nach Macht, diese Ausschaltung des paradoxeren Triebs nach Liebe, steht und fällt letzthin mit dem privaten und dem syndikalisierten Wirtschaftsleben. Der frühere Kämpfer hatte nicht weit nach seinem Gegner zu suchen. Es gab noch wirtschaftlich ausgelöste Kriege zwischen Theben und Sparta, zwischen den oberitalienischen Stadtrepubliken, zwischen den Städtebünden und den Ritterschaften, ja ganz zuletzt noch zwischen Süddeutschland und Norddeutschland. Jetzt ist das alles zur inneren Hetze und Erbarmungslosigkeit herabgesunken, der Zivilprozeß sichert den Landfrieden, und die Machtmittel des absoluten Zahlungszwangs reichen zur Beschränkung aller Spannungen auf den inneren, privaten Wirtschaftskrieg aus. Wie zudem die europäische Lagerbildung, vor allem die der Mittelmächte, während des Krieges zeigte, neigt schon die kapitalistische Wirtschaftsweise insofern zu einer Vereinfachung und immer schwerer beweglichen Verdichtung dieser Spannungen, als hier die unverkennbare Tendenz zur wirtschaftlichen Interessengemeinschaft koalitionsbildend wirkt. Wenn schon dieses möglich ist, trotz der fortbestehenden inneren Gegensätze kleineren Umfangs, trotz der Ausbeutung und Beherrschung kleinerer Bundesgruppen durch die Bourgeoisie der Herrennation, und mit der Selbsttäuschung eines allein darauf und vielleicht noch auf das Wachstum der Sittlichkeit gestützten bürgerlichen Pazifismus: dann kann nichts selbstverständlicher sein, als daß die wirtschaftlichen Motive zum Krieg und darum der Krieg selbst in der sozialistischen Wirtschaftsform erst recht verschwinden müssen, sofern hier andere als die Erwerbstalente ausschlaggebend sind, sofern das Eigentum und alles, was damit gegeben ist, Verteidigung und Angriff, Unselbständigkeit und Selbständigkeit, Unterdrückung und Imperialisierung aufgehört hat, Kraft und Alternative zu sein, sofern also der Staat selber zur völlig internationalen Verbrauchs- und Produktionsregelung übergegangen ist.

Von hier aus ist auch der dritte, gefährlichste Einwand hoffnungslos gerichtet. Er ist dem ersten verwandt und möchte von der großen Fälschung leben, die die Einmütigkeit und dann die neue, scheinbare Frömmigkeit des Irrationalen ringsum verbreitet hat. Aber wer ist so unbedenklich in die bloße Gebärde verliebt, daß er sich durch das vorübergehende Näherkommen von Menschen, Klassen und Ständen über das letzthin wirtschaftlich Ephemere dieser Not, dieser heilig gesprochenen Not hinwegtäuschen ließ? Der genossenschaftliche Trieb ist noch blind, und so mußte sich gerade die suchende, verzweifelte, liebesverlangende Kraft zur Verbrüderung ein falsches Stichwort geben lassen, das den Haß voraussetzt, und das mit dem echten Aufruf zur Liebesgemeinschaft so wenig gemeinsam hat wie mit der Geburt des neuen Menschen oder den anderen scheinheiligen Christuslästerungen der Kriegsliteraten und Simmels, des Patrioten aus Methodologie. Es ist noch weniger schlimm, daß man unterlag, als daß man mit dieser Begeisterung unterlag. Niemals sonst hätte die Arbeiterschaft, wären nur statt der gewerkschaftlich praktischen auch prinzipielle Begriffe lebendig geblieben, ihre Erstgeburt, ihr internationales Klasseninteresse, das das Menschheitsinteresse ist, derart zu den Hunden gegeben, um sich dafür von ihren regierungssozialistischen Parteivorständen ausliefern zu lassen.

Das alles ist so leicht zu entblättern; es ist falscher Feuerlärm und eine furchtbar gelungene Generalprobe teils der Herdendummheit, teils der sozialistischen Moral gewesen und lief so im ganzen auf einen höchst geschickt gemischten Bluff oder Kassenmagneten hinaus, den die Unternehmerideologie mittelst der usurpierten Ideale der Einmütigkeit und des Brudertums veranstaltet hat. Und die Rechtskraft wird nicht stärker, wenn man den rohen oder auch den heidnisch hochherzigen Menschen heranzieht, wenn der Wille zum Lagerfeuer und ähnliche Atavismen als Ende aller Krämertugenden angepriesen werden, wenn man die verschmutzte Kolumbusnatur im Unternehmer überpointiert, wenn der Sozialismus als bloßes Produkt der Bourgeoisgesinnung verdächtigt wird, wenn man den ungeheuren Prozeß übersieht, den die mittelalterlichen Menschen von ihrer barbarischen zu ihrer »russischen«, irrationalen Natur zurücklegen mußten, und daß die Tugenden der Kriegerkaste, sosehr sie das höchst Erreichbare des natürlichen Gut- und Hochgeartetseins darstellen mögen, doch letzthin vor dem Wachruf, Friedensruf Christi nur wie eine heidnische Farce erscheinen. So gelingt es weder dem Machttrieb, noch der falsch plazierten Einmütigkeit, noch auch der unterschiedslosen Bewunderung des Unkalkulierbaren überhaupt, der Kriegsgesinnung eine Idee zuzutreiben, nachdem hier nichts anderes als unbeherrschte Primitive und die ebenso unbeherrschte, nationalliberale Empirie des sozialen wie des übrigen Daseins triumphierten.

Aber es beginnen langsam die Schuppen von den Augen zu fallen, und kein Zensor wird sie wieder anheften können. All dieses bröckelt ab, und auch die Helden haben es sich anders vorgestellt. Man wird sogar wieder bürgerlich und sieht ein, daß es keinen Sinn hat, sich für das fremde Geschäft, für die eigenen Ausbeuter oder auch für die städtische Wasserleitung totschießen zu lassen, selbst wenn man den Staat als die Summe sämtlicher städtischer Wasserleitungen begriffen hätte. Es war nicht jedem gegeben, so zierlich und dabei so geistreich zu schreiben wie die meisten Zeitungen oder auch wiederum so sangvoll und dabei so tief wie Scheler, der sich nunmehr ebenfalls abwendende Loki dieses Ereignisses, und die anderen Heroen des Gedankens; so sagt man doch nicht umsonst schon im gemeinen Sprichwort: je fauler die Sau, desto größer der Dreck, und man muß gestehen, der Krieg hat es nicht anders gehalten, mag auch sein geistiger Unrat zunächst als schwieriger klassifizierbar erschienen sein. Der Harthörigste, Mittelständigste konnte lernen für die Lüge empfindlich zu werden, als man diesen nackten Unternehmerkrieg und nicht einmal so, als man diesen abstraktesten Militär- und Machtstaatenkrieg zu einem Kampf für die Freiheit der Meere, für Frauenehre und hohe Tugend, für die Menschlichkeit und Zivilisation und wer weiß noch für wie viele Opernphrasen drapierte, als man gar am Schluß auf der anderen Seite den Krieg selber nur als Mittel gegen Krieg und Militarismus zu führen vorgab — die Heuchelei ist, Wilson ausgenommen, der Tribut des Lasters an die Tugend. Aber der Held kämpfte langsam im Lehm, der abgesessene Reitersoldat in den Unterständen, der Säbel verschwand, sogar die Regimentsfahne verschwand, und sollte das alles noch nicht ausreichen, so waren die Granaten dazu da, und diese schnitten vollends ins übertechnische Gefühl; die Artillerie tötete die Mystik. Genau so sanken aber auch die Inhalte und magischen Ziele herunter: und wir freuen uns dessen, der Denkstein ist im Fluß und regt bereits die Flügel, hier ist wahrhaftig Grund zur Freude und ein herrliches Rhodos, um zu tanzen, um die neue Nüchternheit zu begrüßen, diese einzig heilsame von all den übrigen Nüchternheiten des Durchschnitts; vor allem aber, um jedes falsche ideologische Darüber zu entgöttern und so aufs Gründlichste den Abbau des hochkapitalistischen oder auch neufeudalen Kriegs-, Militär- und Staatszaubers von Gottes oder auch eines minderen Geistes Gnaden zu betreiben.

Man kann sich den Staat nicht unfeierlich genug denken. Er ist nichts, wenn er nicht auf günstige Weise wirtschaften läßt und demgemäß verwaltet. Man muß sich diesen Fall österreichisch zurecht legen, wo mehrere Völker wohnen, die durch gemeinsame Wirtschaftsinteressen und vielleicht noch durch die bestimmte Gewohnheit einer Verwaltung zusammengehalten werden, während als die einzig wesentliche Kategorie tieferer Gemeinschaft über diesem apparatlichen Generalnenner die Nationalitäten bestehen. Es dürfte sehr schwer halten, in den übrigen Ländern und im reinen Gedanken, dem Staat an sich höhere Weihen, eigene ideenhafte Werteigentümer zu gewinnen.

Etwa nach dem, was er verbietet? Oder nach dem, zu was er verhilft, hinsichtlich der öffentlichen Rechtspflege? Die Schwachen sind schutzlos, aber die Geriebenen sind gefeit, das Volk mißtraut den Gerichten. Es fehlt der inhaltliche Blick für Menschen und Fälle; das Papier, die Pedanterie regieren, und das gesamte Zivilrecht ist sowohl der Methode wie dem Gegenstand nach vom Horizont des Eigentums umschrieben. Denn da die Juristen nicht anders als rein formal geschult sind, so finden gerade die Fähigkeiten der Ausbeuterklasse, das Rechnen, Mißtrauen und die hinterhältige Kalkulation in diesem Formalismus verwandten Boden, noch ganz abgesehen davon, daß sich die Inhalte jeder beliebigen Wirtschaftsordnung widerspruchslos in die abstrakte Amoral der Jurisprudenz einsetzen lassen. Nicht nur, daß die meisten Anwälte jeden annehmen, der gerade zu ihnen kommt, wie Droschken und anderes mehr, nicht nur, daß der Richter im Zivilprozeß einer schlechten Uhr verglichen wurde, die allein geht, wenn sie von einer der Parteien angestoßen wird — ohne eigenen Ehrgeiz, das Wahre aufzuzeigen; das ganze Recht, zum weitaus überwiegenden Teil auch das Strafrecht, ist ein bloßes Mittel der herrschenden Klassen, die ihre Interessen schützende »Rechtssicherheit« aufrecht zu erhalten. Auch dort, wo nicht nur die Geriebenheit ihre gewohnten Geschäfte fortsetzt und »rechtlich« siegt, wo der Staat die Verfolgung und Untersuchung des Delikts selber in die Hand nimmt, wird die Strafe, weit davon entfernt, mit ihren groben Mitteln das Recht antithetisch wiederherzustellen, als Vergeltungsstrafe zu einer unsittlichen Barbarei und als Schutzstrafe zur verkehrtesten Prophylaxe und mißlungensten Pädagogik, die sich überhaupt nur post festum erdenken läßt. Das ist die majestätische Gleichheit vor dem Gesetz, daß es den Reichen wie den Armen gleichmäßig verbietet, Holz zu stehlen. Oder soll sich der Staat vielleicht umgekehrt in Geschenken bewähren? Soll er sich etwa in der völlig leeren, wenn nicht pharisäischen, so lohnrechtlichen Anmaßung der Gerechtigkeit illuminieren, die doch bestenfalls nichts anderes bedeuten kann, als daß der rechte Mann an die rechte Stelle kommen soll, während sie außerhalb dieses rein technisch Richtigen vor jeder schwierigeren Einschätzung, vor Sokrates, Jesus und vor allem geschichtlich-sozial Transzendenten mit Notwendigkeit versagen mußte? Oder soll uns gar der mörderische Zwang der allgemeinen Wehrpflicht die moralische Substanz der Polis beweisen, sofern wir hier mit dem Staat als Licht eine der schmachvollsten Stunden der Weltgeschichte durchschritten haben, und der Staat glücklich wieder als Sprungbrett zur Natur, zu der von den Menschen wiedergewonnenen, wiederrichteten Logik oder eines Erdbebens benutzt werden konnte? Er ist damit so klug geworden wie das Wetter, das sich auch nicht anders zu helfen weiß, das erst ein Gewitter mit Blitzschlag und Erdrutsch als Mittel braucht, um die Temperatur einige Grade herunter zu bringen.

So leer und roh ist hier also die öffentliche Befehlsgewalt geworden. Das geht so weit, daß der Staat zuletzt sogar aus den unternehmerischen Interessen, als deren geschäftsführenden Ausschuß sich der kapitalistische Staatsgedanke fühlen konnte, herausgefallen ist. Man braucht dazu nicht erst noch zu wiederholen, was von vornherein auf der Hand liegt, nämlich, daß sich ein Krieg auch für den Sieger wirtschaftlich kaum mehr rentieren kann. Aber gerade indem der Staat selbständig geworden ist, verselbständigt bis zum Selbstzweck, indem er positiv fordert, in rücksichtslosester Auspressung der Volkskraft, hat er den ehemals liberal gemeinten Staatsbürgergedanken zur furchtbarsten Knechtschaft unter einer abstrakten Machtstaatsautonomie verwandelt, dergestalt, daß dieser völlig sinnlos gewordenen Mordauslieferung gegenüber selbst die Unternehmerinteressen, der frühere kausale Unterbau und einzige »bewegende« Realitätsgehalt der Geschichte, wie eine Art von Ideologie erscheinen. Daraus läßt sich entnehmen, wie äußerlich diesem neuen, nackten Staat erst das Volkstum zugeeignet werden kann, mit dem er als Nationalstaat seit den Befreiungskriegen seine letzte und oberste Idee vorträgt. Es ist selbstverständlich, daß der ganze, dieses Mal noch wirtschaftlich bedingte Wechsel von 1870: geschlossener Wirtschaftsmarkt, Gretchen, Vollbart und heimischer Herd; bis zu 1890, als aus dem steigenden, nach innen durch Kartelle halb lahmgelegten Konkurrenz- und Expansionsdrang des Kapitals heraus der Zug ins Weite, die Herrschaft über alle anderen Völker, die Mischung von Angelsachsentum und Hohenstaufenromantik, das Alldeutschtum als Nationalgedanke kam, — daß dieser ganze Wechsel mit dem eigentlichen Volksleben nicht das geringste zu tun hat, mag sich auch der Staat aus der Nationalidee noch so viel Gewürz und kümmerliche, »vaterländische« Beschönigung entliehen haben. Wie es aber gegenwärtig steht, so ist nur das Geschäft frei, die Erziehung ist ein ökonomisches Vorrecht, und die Gedanken sind verboten oder, was noch schlimmer ist, gleichgültig und kraftlos, in die bloße Trägheitssphäre der »Bildung« abgeschoben. Was zu kommen hat und als Gedanke des Staats lebt, ist nun nicht nur einfach eine Umkehrung dieses Verhältnisses von Freiheit und Zwang, sondern das Eigentum selber, der Halt alles Zwangs und aller bisherigen Rechts- und Staatshaftigkeit, muß vermindert oder gänzlich getilgt werden; und vielleicht wird die dadurch sehr erleichterte Erledigung der Kriegsschulden, die zunehmende Geldentwertung und die ganze ökonomisch unmögliche, zum mindesten unübersehbar schwierige Finanzsituation der Welt noch fünfzig Jahre hinter dem Friedensschluß — diesen Strich durch die Rechnung, die Expropriation der Expropriateure auch solchen Kreisen empfehlenswert machen, die ihr jetzt noch sehr fern stehen und im kapitalistischen Wirtschaftssystem bislang wohl reüssierten; denn der Krieg mit seinen Folgen ist eine Wasserscheide und ein furchtbarer Gebirgsstock, wohl dazu geschaffen, die Neuzeit mit ihrer Geldwirtschaft und bloß idealen Zweckhaftigkeit abzuschließen. Der Staat verwandelt sich derart, weit entfernt von der tschechischen oder anders bourgeoisen Zollideologie des »Nationalstaats«, in eine abendländische Schweiz, in eine Weltschweiz, in eine völlig internationale Verbrauchs- und Produktionsregelung, in eine große apparatliche Bundesorganisation des Unwesentlichen, die nichts Bedeutsames mehr enthält oder an sich ziehen kann und deren rein verwaltungstechnisches Esperanto unterhalb und quer durch die einzelnen Nationalitäten gelegt ist, als welche die einzig gültige Kategorie und das einzig substanzielle Bathos sozialen Zusammenhangs bilden dürften. Das bedeutet also nicht, daß irgendwie noch stärker als bisher befohlen, erzwungen würde. Nichts könnte falscher sein, als die bloße planmäßige Regelung des Konsums oder auch der Erzeugung mit der sozialisierten Gesellschaft zu verwechseln. Jede solcher Regelungen bleibt Schikane, solange nicht das Eigentum selber abgeschafft ist; und überdies: sowenig von den Krähen zu erwarten ist, daß sie sich selbst das Auge des Gesetzes, des ihnen wohlrentablen Gesetzes aushacken, so wenig besteht eine Gefahr, daß dergestalt ohne weiteres, auf dem Weg halb militaristischer, halb staatssozialistischer Evolution, die schlauen Vorgänge der Reichsgründung wiederholt werden könnten. Daß nämlich gerade so wie das verhaßte und reaktionäre Preußen die Ideale der Achtundvierziger halb als Revanche, halb als Erfüllung aufgreifen konnte, so nun auch der Gegenwartsstaat, wenn ihm das Wasser nicht bereits in den Mund läuft, und die ökonomische Lage für a l l e Klassen unerträglich geworden ist, — aus Gründen notwendiger Produktionsvermehrung oder sonstwie dauernd dazu gelangen könnte, die privatwirtschaftliche Gesellschaft zugunsten planmäßiger, wissenschaftlich besser fundierter Sozialkonstruktionen aufzuheben. Das wurde tatsächlich vielerseits jetzt schon erwartet; »sie parieren ordentlich, die Deutschen«, sagt Frau von Staël, und auch deren Sozialisten gegenüber hat sie Recht behalten. »Sie nehmen philosophische Vernunftgründe zu Hilfe, um das Unphilosophischste auf der Welt zu erklären: den Respekt vor der Macht und die Gewöhnung an Furcht, die den Respekt in Bewunderung verwandelt.« So war es gerade Lensch, einem der gründlichsten deutschen Umlerner und Sozialpatrioten, vorbehalten, im Zwang dieser endlos verfahrenen Staatseingriffe sogar den Vollzug der sozialistischen Revolution zu feiern; jener oberflächlichen Geschichtsklitterung zufolge, daß die Bewegung von 1789 auflockernd war, entsprechend ihren liberalen Ideen, während die »Bewegung« von 1914 (eine wahrhaft schamlose Parallele) zwangshaft sein mußte, entsprechend ihren assoziierenden Ideen. Aber es bedurfte nicht erst des verunzierenden Fortgangs der Hostilitäten von 1914, um die Falschheit dieser Ausgleichungen zu erkennen und die starke Differenz, die immer noch zwischen einer kapitalistisch, aus tausend Erwerbs- und Valutagründen monopolisierten Staatswirtschaft und den ehedem als entschieden wärmer vorgestellten Temperaturgraden sozialistischer Zukunftsgenossenschaft bestehen dürfte. Denn nur der Erwerb wird in dieser gebunden, ja gänzlich ausgetilgt, aber das Ich wird dafür frei, jenseits sämtlicher von außen herangetragener Sorgen, Fragen und Reglementierungen, und sowohl Engels wie Marx sind in diesem Sinn liberal, ja sogar »konservativ«, das heißt vertragsfeindlich, unjuristisch, irrational genug, um mit dem Staatssozialismus absoluter Art nicht verwechselt zu werden können. Oder wie sich Engels ausdrückt, mit gutem Gegengewicht gegen Lassalles wahllosen Spott über den »Nachtwächterstaat«: »an die Stelle der Regierung über Personen tritt die Verwaltung von Sachen und die Leitung von Produktionsprozessen; der erste Akt, worin der Staat wirklich nicht nur als Repräsentant einer Klasse, der Sklavenhalter, des Feudaladels, der Bourgeoisie, sondern der ganzen Gesellschaft auftritt — die Besitzergreifung der Produktionsmittel im Namen der Gesellschaft — ist zugleich sein letzter, selbständiger Akt als Staat.« Wenn endgiltig gesprochen werden soll, so bedeutet der begriffene Staat schlechterdings nichts anderes als einen relativ stillstehenden Ausschnitt aus der Wirtschafts-, gegenwärtig der Militär- und späterhin der Verwaltungsgeschichte, der auf keiner dieser Stufen irgend etwas Selbständiges, Geistiges enthält, sondern der in dem entwirrenden und reibungslosen Funktionieren seiner mitten ins unlogische Leben gesetzten Ordnungsmethode das einzige Recht, die einzige, völlig reflexive, negative Logik, die ewige Notstaatslogik besitzt, unterhalb der Individuen und Nationen, diesen zuliebe und ganz und gar ohne eigene Metaphysik; denn das Andere, der Geiststaat oder Vernunftsaat hat auch andere Mittel, Konnexe und ist dem Problem nach Kirche. Was seit hundert Jahren dagegen geschieht, zuerst nur »restaurierend« und dann in dem allgemeinen sich Verhärten der Mittel zu Zwecken, ist der furchtbarste Hohn auf die Idee der Neuzeit von der Würde des Individuums und dem Allgemeinen, dieses nicht als gegenindividuelle Realität, sondern als ein offenes und durchaus nur in der Verlängerungslinie der Individualität gesetztes Postulat gefaßt. Und noch eine Einschränkung: sowenig sich der Staat an sich schon zum bedingungslos Höheren machen läßt, so wenig ist es selbstverständlich denkbar, das Volkstum, ganz gleich welcher Art, außerhalb seiner jeweiligen Inhalte, absolut zu halten. »Aber wenn er nun doch unweise wäre und fehlgriffe? Ich frage zurück; welches ist denn das Vaterland des wahrhaft ausgebildeten Christlichen Europäers? Im allgemeinen ist es Europa, insbesondere ist es in jedem Zeitalter derjenige Staat in Europa, der auf der Höhe der Kultur steht. Jener Staat, der gefährlich fehlgreift, wird mit der Zeit freilich untergehen, demnach aufhören, auf der Höhe der Kultur zu stehen. Aber eben darum, weil er untergeht, und untergehen muß, kommen andere, und unter diesen einer vorzüglich herauf und dieser steht nunmehro auf der Höhe, auf welcher zuerst jener stand. Mögen dann doch die Erdgeborenen, welche in der Erdscholle, dem Flusse, dem Berge, ihr Vaterland anerkennen, Bürger des gesunkenen Staates bleiben; sie behalten, was sie wollten, und was sie beglückt: der Sonnenverwandte Geist wird unwiderstehlich angezogen werden, und hin sich wenden, wo Licht ist und Recht. Und in diesem Weltbürger-Sinne können wir denn über die Handlungen und Schicksale der Staaten uns beruhigen, für uns selbst und für unsere Nachkommen, bis an das Ende der Tage.« Das sind Fichtes Worte aus den Vorlesungen über die Grundzüge des gegenwärtigen Zeitalters; und sie mögen als das unbedenklichste Argumentum ex auctoritate dafür stehen, daß auch das Volkstum, diese echteste, farbigste und fruchtbarste Kategorie der sozialen Objektivität ebenfalls halb reflexiv und auf Probe gehalten werden muß, sofern auch das Nationalpathos seine konstitutive Kategorienhaftigkeit durchaus nur bedingungsweise und von einer absoluten Idee zu Lehen trägt.

Aber man darf hier nicht allzu lange nüchtern bleiben. Die kurze freidenkerische Gesinnung ist bald zu Ende, und wenn das Falsche fällt, braucht das Echte noch nicht zu werden. Vielleicht muß es taktisch so sein, daß der Arbeiter alles, was über dem Achtstundentag liegt, als private Erholung wertet. Jedoch daher stammt es auch, daß nun alles Obere so gänzlich wüst und ungepflügt daliegt. Die bürgerlichen Menschen lassen hier allzu bequem und scheinheilig verwischen, und nur der Begriff ist klar.

Dieser aber hat entweder sämtliches auf Mark und Pfennig gebracht, oder nach der anderen Seite: du sollst nicht widerstehen dem Übel. Der Kaufmann lacht im Einen, Jesus ist im Anderen der Führer, der schließlich gekreuzigte Heiland mit dem Irrtum der großen Reinheit, die nur zu dem Letzten, Spätesten, leicht verloren Gehenden in den Menschen sprach, und die das Kranke, Rohe, Sinnlose, Unlogische der Welt durch den Kuß und das konstitutive Ignorieren zu heilen glaubte. Das mag manchmal gelingen, das Ignorieren, wie es dem Reiter auf dem Bodensee geglückt ist, aber es steht doch in der Regel so, daß die Seele schuldig werden muß, um das blöde Bestehende zu vernichten, und das alles, was jehovahisch, das heißt von dem unerleuchteten Jehovah, dem bloßen unklaren Demiurgen, geschaffen ist, auch nur mit jehovahischen Waffen, mit »verwandter« Kraft, mit der umgekehrten, genau einschlagenden Gewalt und einer unseelischen, unchristlichen, aber von Christus geführten Homogeneität bekämpft werden kann. Das Herrschen und die Macht an sich sind böse, aber es ist nötig, ihr ebenfalls machtgemäß entgegenzutreten, als kategorischer Imperativ mit dem Revolver in der Hand, wo sie nicht anders vernichtet werden kann; und danach erst des Herrschens, der »Macht« auch des Guten, der Lüge der Vergeltung und des Rechts sich so reinlich als möglich zu entledigen. Man braucht eine genügend komplizierte Gesinnung, um rein wirtschaftlich zu denken mit dem Kaufmann, gegen den Kaufmann, wie der Detektiv homogen ist zum Verbrecher, — wo nichts als Wirtschaftliches zu bedenken ist und danach erst ideologisch zu denken, sobald der Raum und das Freigelassensein der Idee errungen ist, und die maßlosen Lügen, oft sich selbst unbewußten Beschönigungen, Ausreden, Überbauten, Variablen rein ökonomischer Funktionen zugunsten der jeweils und schließlich echten Idee der Gesellschaft vernichtet werden können. Das ist ein getrenntes Verfahren, das nicht mit seelischen Mitteln, mit einem »Bund der Gerechten« wirtschaftliche Verhältnisse bestimmen will, sondern das das Wirtschaftliche aus dem Seelischen heraussetzt und das Seelische aus dem Wirtschaftlichen ableitet, oder wie solches Marx als den dritten synthetischen Weg, kalt, tief, unalternativisch, funktionell, als die eigentliche Maxime des durch ihn gewonnenen wissenschaftlichen Sozialismus definiert: es ist nicht das Bewußtsein der Menschen, das ihr Sein, sondern umgekehrt ihr gesellschaftliches Sein, das das Bewußtsein, den Nährboden, das Akzept der Ideen bestimmt. Freilich kann der nüchterne Blick dadurch allein nicht fruchtbar werden, der Mensch lebt nicht vom Brot allein. Was wirtschaftlich kommen soll, ist bestimmt, aber dem Sittlichen selber ist hier noch nicht die wünschenswerte Selbständigkeit in der endgültigen sozialen Ordnung zugewiesen. Anders gesagt: wenn die primitive Bedarfsdekkung, die feudale und dann die kapitalistische Wirtschaftsweise nacheinander ein bestimmtes moralisches und kulturelles Leben wenigstens der Sphäre nach determinierten, so muß doch auch der Wegfall aller eigenen ökonomischen Komponenten, also die »richtige«, apriorische Wirtschaftsweise des Sozialismus, eine bestimmte moralische und kulturelle Konsequenz, eine ebenfalls »richtige«, apriorische Gesinnungs- und Kulturweise nach sich ziehen, als ihr theoretisches Prius, die nicht nur ohne weiteres, gemäß dem sozialistischerseits übernommenen Haß der Bourgeoisie gegen die feudal-theologische Ideologie, freigeistig und atheistisch schlechthin bestimmt sein kann. Allerdings wäre es nicht möglich gewesen, den Sozialismus zu fundieren, wenn Marx hinnehmend, fromm gewesen wäre, wenn er an dem arkadischen Zustand der Welt festgehalten hätte, die jedem bei vernunftgemäßer Verteilung alles gibt, was er braucht, wenn also Marx nur die Konsumtions- und nicht vor allen Dingen die Produktionswirtschaft organisiert hätte. Indem der große neue soziale Prophet über die Konsumtion hinweggeht, um alle Organisation und Logik an den Produktionsprozeß zu vergeben, wird der fertige und letzthin prinzipiell arkadische, von Gott versorgte Panlogismus der Welt abgelehnt, und ein das Leben selbst in die Hand nehmender und total organisierender Atheismus usque ad finem als sozialistische Arbeitshypothese gefordert. Aber eben gerade dadurch kann in allem Oberen, Endgültigen unangemessenerweise immer noch Stahl verteidigen, wo Marx zu predigen hätte. Ebenso kann es keinem Zweifel unterliegen, daß die von Marx angenommene dialektisch-synthetische Wiederherstellung des Zustands der Freiheit, Gleichheit, Brüderlichkeit, wie er in den alten kommunistischen Gentes herrschte, der aufgewandten sozialkonstruktiven Arbeit nicht als sonderlich klare und gewichtige idealkonstruktive Pointierung gegenübersteht. Und schließlich ist es in diesen Tagen, wo es schon genügend dunkel geworden ist, wo das verzweifelte Abendrot Gottes in allen Dingen steht, und weder Atlas noch Christus ihren Himmel tragen, kein besonderes philosophisches Verdienst, wenn der Marxismus atheistisch konsequent bleibt, um der Menschenseele nichts anderes als einen mehr oder minder eudämonistisch eingerichteten »Himmel« auf Erden ohne die Musik zu geben, die aus diesem mühelos funktionierenden Mechanismus der Ökonomie und des Soziallebens zu ertönen hätte. Man kann darum sagen, daß gerade die scharfe Betonung aller ökonomischen und die vorhandene, aber noch im Geheimnis bleibende Latenz aller transzendentalen Momente den Marxismus in die Nähe einer Kritik der reinen Vernunft rückt, zu der noch keine Kritik der praktischen Vernunft geschrieben worden ist.

Erst dann aber werden die Betrüger ernsthaft zittern, es erscheint das Rechte. »Ich stieß einen Fensterladen auf. Es war Morgen. Jetzt kam auch der Magier aus seiner Betäubung zurück. ›Wo sind wir?‹ rief er aus, als er Tageslicht erblickte. Der russische Offizier stand dicht hinter ihm und sah ihm über die Schulter. ›Taschenspieler‹, sagte er mit schrecklichem Blick zu ihm, ›du wirst keinen Geist mehr rufen‹. Der Sizilianer drehte sich um, sah ihm genauer ins Gesicht, tat einen lauten Schrei und stürzte zu seinen Füßen.« Man kennt diese Stelle aus Schillers Geisterseher, und sie soll ein bedeutendes Paradigma bilden. Nur dieses treibt das falsche sich Verneigen aus, nur dieses ist ein wahrhaftiges Apage male spiritus, so kräftig politisch als metapolitisch gesprochen; die Lüge verschießt, es erwirkt sich die Idee. Nur auf diese

Art und nicht mittelst der flachen, abstrakten, aus der bürgerlichen, ja sogar aristokratischen Ideologie des achtzehnten Jahrhunderts entlehnten Ablehnung jedes Oben ist den Machthabern die ideologische Luft abzuschnüren und der Vorratsraum ihrer ideologischen Draperien zu sperren. Wer aber nicht nur von der Erde, sondern auch vom fälschlich preisgegebenen Himmel dagegen redet, der wird erst das zu nichts berufene Lügenspiel der bürgerlichen, sei es republikanischen, sei es monarchistischen Staatsideologie aus dem Herzen der Tiefe, aus der Allianz mit der Tiefe losreißen können. Dann wird nicht mehr länger die Begeisterung für den gleichheitlichen Genuß, wie es noch Stahl erschien, das einzig Erwärmende an diesen Sozialtheorien sein. Wenn freilich das Genießen die Erfüllung der Bestimmung unseres Daseins ist, dann bleibt nur das noch als Sittlichkeit, vielmehr als Schein der Sittlichkeit übrig, daß des eigenen Genusses unbeschadet der Genuß Sämtlicher angestrebt werden soll. Aber dann ist eben auch alles, was Erfüllung eines höheren Gebots über den Menschen ist oder vielmehr was Stahl als der Inhalt dieser Erfüllung erschien, die Ehe, die Handhabung der Gerechtigkeit, die Sammlung und Erhebung des menschlichen Gemüts zu einem Reich oberhalb der irdischen Zwecke, die Erhaltung der Anstalten der Religion und der Bildung, die darauf hinführen —, dann ist für alle diese Elemente der organisierten Geistigkeit eben nur noch die konservative, so unrein gemischte Stahlsche Rechts- und Staatslehre auf der Grundlage christlicher Weltanschauung der geborene Zeuge und Deduktionsort. Wenigstens solange, als sich die bloße Organisation des Genusses, der total durchgehaltene Materialismus der »rationalistischen« Sozialtheorie von selber jeder Einsprache auf diesem substanziellen Gebiet begeben hat und begeben mußte. Und doch kann nur der Empörer, nicht der blinde, sondern der Empörer aus verlorener Ehre fromm und positiv sein, also jene kalte, freie, wirkliche, unbestechliche Wahrheit im Besitz halten, die anders als Stahl oder auch Hegel verfährt, sofern deren Stab: die bitteren Wasser in süße zu verwandeln, also die bestehende Gesellschaft zu heiligen, nicht der Stab Gottes, sondern das alte, ebenso verruchte als unfromme als ungenaue Werkzeug der Dialektik, mithin, geistig genommen, der unpositivsten Sache von der Welt ist. Man darf dabei dieses sophistische Treiben nicht mit der scholastischen Methode verwechseln, – wie es Stahl, der oft übel frömmelnde, der Verteidiger des Eigentums als einer gottgewollten Institution, dieser – da es überwiegend aus Sittlichem heraus geschieht – ganz absonderlich kraftlose, ja verlegene Widerleger des Sozialismus, dieser Umkehrer der Wissenschaft zum Kinderglauben, aber auch redegewaltige preußisch-protestantische Imitator der Summa theologiae, wohl nahelegen möchte, – wenn anders zwischen der flüchtigen Tatsache des Gegenwartsstaats und der weit langsamer bewegten, aber doch ebenfalls bewegten, weit metaphysischer gesetzten Tatsache des ausgebreiteten Christentums der methodologische Sphärenunterschied nicht verwischt werden soll.

Mithin, es ist noch nichts da, wenn nichts verschwunden ist als die Not. Das heißt, gesellschaftlich ist damit schon vieles gegeben, aber es gehört noch ein anderes dazu, um die Umfänge der echten Kreise ganz zu gewinnen. Gewiß, man wird auch ohne Not arbeiten, ja sehr viel besser und produktiver arbeiten, dafür ist allein schon die Langeweile und Unseligkeit der Menschen eine Garantie, und dafür wird sich, wie jetzt schon beim Lehrer, Beamten, Politiker, Künstler und Forscher, die Dienstfreudigkeit im großen Allgemeinen für den Gewinn als Motiv einsetzen lassen, zumal bei einer ausschließlichen sozialen Bewertung nach diesem Motiv, gemäß der ungeheuren, den Geldreiz vollauf ersetzenden Steigerungsfähigkeit der Ehre und des Ruhms. Die meisten Menschen wären weniger böse, wenn sie weniger zum Erwerb gezwungen wären. Es ist schade um die Menschen; wie den Juden die Uniform, so sitzt ihnen die praktische Sorge schlecht am Leibe, schlecht an der Seele. Gut ist schuldlos leben, dem Menschen nicht mehr als Feind, Ausbeuter, Herr, sondern als Helfer zu leben; was hindert: das Eigentum, das unendliche Verderben der Geldwirtschaft, der Staat als Zwang und Eigentumsschutz ist vor der ethischen Demokratie vergangen; oder wie nicht nur Strindberg, wie auch Sebastian Franck sagt, wenn der Eigennutz nicht wäre, so wäre das Evangelium nicht schwer. Derart kann das Ganze Utopias das Bild einer sich in nichts mehr ökonomisch rentierenden Hierarchie bieten, die unten nur noch Bauern und Handwerker kennt, und die sich nach oben hin vielleicht durch Ehre und Ruhm, durch einen Adel ohne Leibeigene und Krieg, durch von neuem, aber anders ritterliche und fromme Menschen, durch die Autorität einer geistigen Aristokratie, als den alten seelenwanderischen Anspruchsrechten, sonst aber nur noch durch die Erschwerung der Arbeit, durch das Abnehmen des Eudämonismus und das Wachstum der unnatürlichen, vielleicht schon dem Sprung und Paradox benachbarten Energien auszeichnet. So nur also ist das neue, gereinigte Rechts, das so radikal als orthodox gewordene Leben vollständig zu verstehen. So nur mag sich die genaueste wirtschaftstheoretische Ordnung und Nüchternheit mit der politischen Mystik verbinden und von ihr aus legitimieren. Sie nimmt alles erbärmlich Störende hinweg, um es unter Aufhebung der wirtschaftlichen Privatsphäre einer genossenschaftlichen Gütererzeugung, einer Gesamtwirtschaft der menschlichen Sozietät zu übergeben; aber sie läßt dafür das Leid, die Sorge und die ganze sozial unaufhebbare Problematik der Seele stärker als jemals hervortreten, um sie den großen, übermenschlichen, überirdisch eingesetzten Gnadenmitteln der Kirche, der notwendig und a priori nach dem Sozialismus gesetzten Kirche zu verbinden. Denn es gibt letzthin nichts unter allen Dingen zu bedenken als die Seele, das noch verhüllte innere Wesen, das Erste, Letzte und Freieste, einzig Metaphysische und Allerrealste der Welt. Ihr zugunsten ist die Gesellschaft klare Hilfe auf dem Weg, Entlastung und wohlberuhigende Disposition, aber die Kirche ist die Trägerin weithin sichtbarer Ziele; sie lehrt die inneren Zeichen, sie ist, apriori, das Prinzip der lebendig weiterquellenden Tradition und Verbindung mit dem Ende, und keine wie immer gestaltete Ständereihe kann dieses letzten Gliedes in dem ungeheuren Beziehungssystem zwischen dem Wir und dem Überhaupt, zwischen der luziferischen und der apokalyptischen Gemeinde entraten. Dann werden endlich alle Menschen zu jenen einzig praktischen Sorgen und Fragen frei, die sonst nur in, der Todesstunde warten, und in denen sich das Geheimnis der menschlichen Seele als das Geheimnis des mystischen Raums der Liebe entschleiern möchte. Denn es ist so, wie der Baalschem sagt, daß erst dann der Messias kommen kann, wenn sich alle Gäste an den Tisch gesetzt haben; dieser aber ist zunächst der Tisch der Arbeit und dann erst der Tisch des Herrn – die Organisation der Erde besitzt im Geheimnis des Reichs ihre unmittelbar einwirkende, unmittelbar deduzierende Metaphysik.

Tod, Seelenwanderung, Apokalypse oder das Problem der echten sozialen und kulturellen Ideologie.

Wie aber, war zu fragen, ist das alles nicht schon viel zu viel? Denn ich muß sterben, mit kurzem Verzug. Vielleicht brauchen dazu die Leichen keinen so weiten Faltenwurf, den Weg allen Fleisches zu gehen, auch wird das Verwesliche nicht erben das Unverwesliche.

Wir sind, gewiß. Aber danach schlägt alles um.

Ich male voraus, wir spielen uns in dasjenige hinein, was nach uns geschehen mag. Aber kein Blick geht nach oben, ohne den Tod streifen zu müssen, der alles an uns bleicht, allen unseren Erlebnissen und Worten die Schwere entzieht, ohne eine andere zu geben. Nichts scheint mich, wie ich bin und erlebe, über den Einschnitt hinüber zu bringen, hinüber schwingen zu lassen. Wenn es zu sterben geht, werden die guten Wünsche nicht einmal die Väter des Gedankens, wie viel weniger der Dinge, die sind.

Man steht dauernd außen, die sonderbare Sekunde will sich von hier aus nicht erhellen lassen. Manche, die noch zuletzt zurückgekommen sind, schildern das, was den Umstehenden wie Krampf und gräßliche Zuckung erschien, als farbigen, wo nicht glücklichen Traum. Aber eine alte jüdische Wendung beschreibt den Tod in seiner sanftesten Form, als ob uns ein Haar von den Lippen genommen wäre, und in seiner häufigeren, schrecklicheren, als ob uns ein Knoten aus dem Hals gerissen würde.

So spinnt sich nichts herüber als Widerspruch. Dagegen können auch die tröstenden Bilder nicht aufkommen, die sich rings um uns vorfinden, und die doch nicht mehr wie bloß sprichwörtlich anzunähern brauchen. Es ist an sich nicht viel anders, als ob ich sage: alle Höhe ist einsam, wobei gewiß der sich entsprechende Zusammenhang zwischen einer Bergspitze und Goethe nicht weiter verpflichtend ist, oder ob uns Puppe und Schmetterling, Winter und Frühling, zu neuen Ufern lockt ein neuer Tag –, ob uns diese Gleichnisse ein Fortleben bereits naturhaft pränumerando vorzuführen scheinen. Aber bleibt auch das Sterben selber unerfahrbar sprunghaft, so hat es doch den Anschein, als ob die Aussichten des Dauernden, das heißt des diesseits und jenseits des Einschnitts identisch Bleibenden, kontinuierlicher begründbar wären.

Denn wir gehen in uns deutlich fühlbar umher. Das ist uns bewußt, die Schritte sind zu hören, wenn auch derjenige schattenhaft bleibt, welcher umhergeht. Der Eindruck bleibt unabweisbar, daß in uns eine Hand den Handschuh regiert und ihn vielleicht auch ausziehen kann. Daß es daher mit dem Tod schlechtweg zu Ende sei, das bildet noch nicht einmal die Feststellung einer Tatsache, der sich andere, uns unbekannte Tatsachen anschließen könnten. Sondern daß es aus sei, ist ein kleiner Augenschein und im Grunde noch nicht einmal ein vorsichtiges Begrenzen, ein Kapitelschluß aus Mangel an Material, sondern eine bloße Meinung über das folgende Kapitel, der sich zunächst die anderen Meinungen mit dem völlig gleichen sachlichen Gewicht entgegenstellen können. Und zwar nicht nur derart, daß wir es zwar bald erfahren werden, so oder so, daß wir jedoch gleichmäßig über das Drüben nichts wissen könnten. Denn das nichts Erfahrenhaben ist gar kein Beweis, weder für das Nein noch für das Ja, während selbst das geringste, das zu erfahren wäre, eo ipso auf die Rechnung des Ja geschrieben werden müßte. Diesem zufolge stellen also die zahlreichen, wenngleich unbeglaubigten Erfahrungsberichte und vor allem der völlig übereinstimmende Lehrbegriff des persönlichen Fortlebens in allen Religionen immerhin ein gewisses, obzwar nur regulatives Plus dar. Oder wie Chesterton sagt: »Ich weiß gar nicht, wie die allgemeine Ansicht entstand, daß die Skeptiker eine klare und objektive Auffassung des Wunders haben, während die Gläubigen es nur auf Grund eines Dogmas hinnehmen. Nun verhält es sich gerade umgekehrt. Die Gläubigen stellen (mit Recht oder Unrecht) das Wunder nicht in Zweifel, weil sie Beweise dafür haben. Die Skeptiker lehnen es (mit Recht oder Unrecht) ab, weil sie prinzipiell nichts davon wissen wollen. Das Einfache und Selbstverständliche wäre aber, dem Wort des Bauern, wenn er von Gespenstern berichtet, ebensoviel Glauben zu schenken, als wenn er von seinem Gutsherrn spricht.

Da er ein Bauer ist, wird er wahrscheinlich sehr viel gesunden Agnostizismus betreffs beider aufzuweisen haben. Nun könnte man mit bäuerlichen Zeugnissen, die zugunsten der Gespenster sind, ganze Bibliotheken füllen. Wer sie zurückweist, verletzt entweder den demokratischen Grundsatz oder er bejaht den Grundsatz des theoretischen Materialismus: die abstrakte Unmöglichkeit des Wunders, womit er es ist, der sich in diesem Fall als der durch den Glauben Verpflichtete, als der Dogmatiker erweist. Daß die Bauern leichtgläubig sind? — wer will es anders als durch den Zirkel beweisen, ›weil sie an Gespenster glauben‹; oder daß die Geister das Dunkel vorziehen und nicht unter den wissenschaftlich festgesetzten Bedingungen zu kommen belieben? — auch die Verliebten ziehen das Dunkel vor, ohne daß dieses etwas gegen die Existenz der Verliebten beweist. Wenn mir einer sagt: ›Ich werde glauben, daß Fräulein Braun ihren Geliebten ihren Herzkäfer nannte, wenn sie es laut und vernehmbar vor siebzehn Psychologen wiederholen will‹, so werde ich antworten: ›Schön; wenn das Ihre Bedingungen sind, so werden Sie nie die Antwort aus ihr herausbringen; denn unter solchen Bedingungen wird sie es nicht sagen.‹ Es ist ebenso unwissenschaftlich als unphilosophisch, überrascht zu sein, weil in einer unhomogenen Sphäre gewisse außerordentliche Homogeneitäten sich nicht bekunden.« Aber selbst wenn sie es sagte, so stehen wir allerdings, joco intermisso, allen Bemühungen wissenschaftlicher Art, also den Bemühungen einer womöglich experimentellen Erforschung übersinnlich gelagerter Materialisationen ablehnend gegenüber. Es mag sein, daß damit etwas festzustellen ist, übrigens jetzt weniger als früher, da das Hellsehen noch gründlicher zu üben war. Die es jetzt noch haben, die Seherin von Prevorst an der Spitze, und solchergestalt die so gar nicht geistigen, geistreichen, sondern naturgemäß sehr dumpfen, oft schlafenden Seelen erblicken, sind eben aus dem Grunde, weil das Hellsehen nicht mehr die ganzen Zusammenhänge erschöpfen kann, zu wenig eingeweiht, um hier jedesmal die bloß nervösen von den wirklichen Gesichten, die bloßen unanalysierten Sternhaufen von den realen Nebelflecken zu unterscheiden. Noch ganz abgesehen von der beständigen Möglichkeit, auch in der okkult realen Sphäre getäuscht zu werden, sofern sich, wovor schon Agrippa warnt, niedere Elementels, die Gütchen, Kobolde und Klopfgeister der alten deutschen Haussage, als die Seelen der Verstorbenen auszugeben pflegen. Und selbst wenn diese Täuschung nicht zu befürchten wäre, vielleicht weil die Experimentatoren durch ihren wenigstens gegen die Elementels beibehaltenen Agnostizismus diese fernzuhalten verstehen, so ist es doch ein übler Anblick, gruselig zu machen, wo es tief sein sollte, oder alte, bestäubte Grillen zu fangen und jenes obere Reich vernünftiger Wesen, mit dessen Anerkennung Kant die Metaphysik der Sitten geschlossen hat und methodisch schließen mußte, zu einer Sphäre transzendentaler Physiologie herabgewürdigt zu sehen. Mag man ahnen, soviel man will, mögen auch manche Träume noch so überraschend eintreffen, es ist sicher nicht das wirklich verborgene Wesen in uns, das Lotterienummern vorher hellsieht. Ja man kann sogar eine beständige Traumstadt haben, in der man sich aufs Genaueste auskennt, an allen Brunnen, Erkern und Plätzen, und die Denver heißt: so ist dieses doch alles höchst unwichtig im transzendentalen Gebrauch, weil es hier nicht darauf ankommt, das Untere zu verdoppeln, und weil uns vom Jenseits anderes als ein bloßer Pharusplan für Stadtreisende höherer Ordnung zu verlangen bleibt. Das gilt selbst für einen so achtbaren, zu Unrecht vergessenen Mann wie du Prel, der ebenfalls das als Ob, das Aufgegebene und Moralische, den bedeutsam schwierigen Realitätsgrad dieser Gegenstandsreihe mittelst einer groben Magie, einer sogenannten experimentellen Metaphysik bestätigt sah oder sehen wollte — der transzendente Samen kann im Laboratoriumsstaub nicht Wurzel schlagen.

Wir fühlen uns sowieso schon innerhalb unseres Leibes nur wohnen. Daher kann ein Fuß, ein Arm wegfallen, ohne daß unser Ich auch nur das Mindeste an sich dabei verlöre. Man ist derart fähig, das Entfernteste innerlicher zu haben und sich seiner irgendwo schon phänomenologisch zu versichern. So wird es unvollziehbar, uns mit irgend einem der Leibesorgane, weder mit den Geschlechtsteilen, die fast ein eigenes Leben führen, noch auch mit den Stirnmuskeln, dieses geistigsten Kapitels unserer Anatomie, irgendwie nur im entferntesten zusammenfallend zu fühlen. Es mag fraglich sein, ob wir das Sterbenmüssen in uns vorfinden könnten, wenn wir nicht schon ringsum vorher den

Tod gesehen und uns demgemäß empirisch in dieses Ende eingeordnet hätten. Aber es ist gewiß, daß jeder einzelne beziehende Akt von der Beziehung des »ich fühle, will oder denke« nicht nur begleitet, sondern letzthin gehalten wird, so daß das Ich, der synthetische Blickpunkt, stets als Akt- und in der in sich bleibenden oder wieder auf sich zurückgewendeten Inwelt auch als Gegenstandsbegriff von oben her hereinscheint. Hier liegt ein Keim, der unzerstörbar ist, eben das verhüllte Ich, das Dunkel, die Frage, schattenhaft nicht minder als Bewußtseinsakt wie als sich selbst objektivierenwollender Bewußtseinsgegenstand, und doch der allerrealste Halt unserer Persönlichkeit. Denn dieses ist uns durchaus von innen gegeben und phänomenologisch auffindbar; dagegen das Andere, daß sich die seelischen Erscheinungen in einem Körper und Gehirn abspielen, ist empirisch vorgefunden, und zwar nicht einmal so brutal vorgefunden wie der Tod, sondern durchaus nur über der Empirie einer durchgängigen gegenseitigen Abhängigkeit als höchst vorsichtige und kausal zu nichts verpflichtende funktionelle Abhängigkeit konstatiert. Man hat bald die eine, bald die andere Seite mehr betont; aber während das Mindern der seelischen Vorgänge zu einem bloßen Schatten der zugrundeliegenden, allein verknüpfenden Gehirnvorgänge in die unerwünschte Konsequenz ausläuft, daß man dann über das Bewußtsein disputieren könne, selbst wenn es gar keines gäbe, ist die entgegengesetzte Annahme vereinzelter oder gewisser seelischer Vorgänge ohne jedes physiologische Korrelat nicht ohne weiteres absurd. Wenigstens wäre von dieser, der empirischen Seite, wenig dagegen einzuwenden: denn die Seele besteht, sie ist phänomenologisch selbständig gegeben, während der psychophysische Parallelismus eine bloße, von außen herangetragene Arbeitshypothese der Psychiatrie ohne weiteren Ehrgeiz in phänomenologisch konstitutiven Gebieten darstellt; und mit dem Wissen um die letzthinige Unabhängigkeit der Seele vom Leib ist auch zugleich ihre körperliche Unzerstörbarkeit einleuchtend gesichert. Freilich, dieses: was man glaubt und dafür hält, und daß man wüßte, was tugendhaft sei, auch wenn man unter lauter Spitzbuben großgeworden wäre, hat nur unter gewisser Einschränkung einen realitätsanzeigenden Sinn. Denn nicht nur, daß sich auch der Betrunkene für frei und der Euphorische für selig hält, ohne es zu sein, so bezieht sich selbst das phänomenologisch adäquatest Eruierte doch immer nur auf Gegenstände, die den sinnlichen und weltlichen Eingriffen oder Variationen im unzerstörbarsten, prinzipiellen Punkt ihres Seins entrückt sind. Hierauf allerdings gänzlich; pour être heureux ou malheureux il suffit de se croire tel, und was der Wunsch, der feste Glaube keinem äußeren, unseelenhaften Ding gegenüber vermag, nämlich realitätssetzend, in die erwartbaren Zusammenhänge der Realität einfügend zu sein, dafür lassen sich im eigenen, der Wesensanschauung homogenen Gebiet — unter Absehung der äußeren Bedingungen des Intensivwerdens und unter Voraussetzung des Erlebten, innerlich Vorgefundenen, Intensiven der Evidenz — keinerlei objektstheoretische Hindernisse namhaft machen.

So haben wir ein großes Maß mit uns. Es wäre uns nicht möglich, derart am Unzulänglichen zu leiden, wenn nicht in uns etwas weiter triebe und weit über alles Leibliche hinaustreiben wollte. Es wäre uns nicht vergönnt (wie wir es dauernd tun), etwas zu erwarten, gerichtet auf das vor uns, zu dem wir bestimmt sind, wenn wir uns nicht wie Kinder fühlten, aber eines Tages öffnet sich die stets verschlossene Kommode, in der das Geheimnis unserer Herkunft versteckt ist. So zeigt sich hier eine gewaltige und unabgeschlossene Willens- und Apperzeptionsmasse des Tendierens am Werk. Das ist mit daran schuld, daß der Schmerz so stark und die Freude so sehr viel schwächer zu fühlen und so sehr viel schwieriger zu gestalten ist. Das ist aber auch mit ein Grund, weshalb die freudigen und wertvollen, die zum Gewinn gewordenen Elemente unseres Lebens so genau und wesentlich in der Erinnerung, dieser höchst metapsychischen Gabe, festgehalten werden. Freilich, das große Maß zeigt uns nicht weniger wahrhaft furchtbare Lächerlichkeiten, Unzulänglichkeiten und vor allem zuletzt die Blutleere des Definitivums allzu weiter, allzu langsichtiger Zweckreihen. Denn darüber, sosehr man des Gewissesten fühlen mag, beim Anblick der Geliebten: diese Seele kann nicht vergehen, oder bei der Wesensanschauung des inneren Sinns, daß der Mensch nach seinem Innersten zu nicht sterben kann, — darüber, über das Definitive, vermag auch die evidenteste Phänomenologie nichts auszumachen,

Was rings umher liegt, ist, wie es ist. Aber wir sind eingeengt, eingefaßt im sonderbarsten Rahmen. Wir tragen einen Leib, der lächerlich an uns ist, ein noch brennendes Leichenwachs, nur geschlechtlich und so indirekt zu lieben. Wir sind gezwungen, diese erstaunliche Abart unseres Ichs herumzuführen, sie verdauen und sich nähren zu lassen und unentrinnbar, als empfindendes Ich von ganz anderem Tempo, in diesem verletztlichsten, hinfälligsten Gewebe, in diesem einfach nur in unsere Nähe gerückten, dichter mit uns zusammenhängenden Empfindungskomplex zu hausen. Und was soll uns das sich Empfinden und unzerstörbare Sosein dieses Ich selber? Es ist für die wenigsten erfreulich, mit diesem bösen Herzen und diesen festen Begabungsgraden geboren zu sein, wobei zudem dem Selbsthasser das Ressentiment gegen den scheinbar grundlos Bevorzugten noch mehr ein Gift als ein Linderungsmittel zu werden pflegt. Das führt aber weiter zu dem eigentlichen Rätsel, zur Empörung der individuell-sozialen Präformiertheit. Den meisten Kindern, noch bevor sie geboren sind, ist schon ihre Grabschrift aufzusetzen, so genau und unentrinnbar werden sie im Durchschnitt von den Häusern festgehalten, in denen sie scheinbar wahllos aus einem von allem sozialen Wellenschlag unberührten Grund auftauchen. Die Empörung greift hier persönlich ins Leere: weder die Eltern, noch irgendeiner der gestorbenen oder lebenden Vertreter der kapitalistischen Gesellschaftsordnung können in dem jeweils vorliegenden Fall als schuldige Ursache dieser anscheinend beliebigen Streuung in der sozialen Klassenschichtung bezeichnet werden. Aber auch denjenigen, die besser weggekommen sind und diesen erst recht lauert ein bösartiger Zweifel auf, nur vorübergehend noch beschwichtigt durch die Gesundheit und Lebenskraft, genauer gesagt, durch die versetzten Reste einer früheren, gegenwärtig nur noch bei den leicht sterbenden Chinesen vorhandenen transzendenten Sicherheit. Denn eben was rings umher liegt, bleibt, was es war. Aber wir werden nur geduldet und haben Fäulnis zu erwarten. Der Sand bleibt, das Glas bleibt, selbst von mir bleibt noch mein Schädel, warum muß das Gehirn in ihm vergehen? Und wohin fällt die einzelne Arbeit zurück, nachdem es hier keine Gruppenseele mehr gibt? Gewiß zum großen Teil ins Gedächtnis der Menschen, in die der Länge nach gestreckte gesellschaftliche Wirkung, Nachwirkung, Mitwirkung der Tradition. Damit ist also der Tod wenigstens sachlich, was die Werke angeht, besiegt. Aber wir machen dieses Weiterleben nicht selber mit, und der in anderen, ja streng genommen, da diese ja auch sterben, der nur in sich belebte, freischwebende Ruhm- oder Werkimpuls fällt nicht nur bei den meisten Durchschnittsmenschen notgedrungen weg, sondern auch die reiche, gänzlich dem Werk geopferte Seele kann in diesem Objektiven schwerlich ihren Aggregatszustand empfinden. Auch ihr sind die Erdklumpen, die auf uns heruntergeschaufelt werden, der letzte irdische Laut. War dann nicht alles vorher schon viel zu viel, brauchen also, wie wir fragten, die Leichen den weiten Faltenwurf der Fragen, Sorgen, Schwierigkeiten, Staats- und Kulturprobleme, überhaupt der Kulturglanz einer wie immer gearteten Ideologie? Es ist entsetzlich, derart zu leben und zu arbeiten und dahinter wirft man uns in die Grube. Kurze Zeit war es hell, ein rätselhaft verheißender Auftakt mit starken, in ihm unvollendbaren Zweckbeziehungen, und dann wird das Leben so über jedes Maß hinaus zu nichts, als ob auch vorher nichts gewesen wäre, als ob, auch wenn man tausend Auftakte addierte, vor diesem Nichts, vor diesem flachen und unergründlich tiefen Schacht zugleich, überhaupt keine persönliche Geschichte bestanden hätte. Und es ist ein so unvorstellbar Anderes, blind, kalt, faulig zu werden, mit eingefallenen Augen und tief drunten im engen, schwarzen, luftlosen, fest verzinkten Sarg, daß dagegen die schon im Leben bedenklichen reinen Sachlichkeiten nicht gerade vollzählig als die Inhalte und der Ort unseres weiterbestehenden »Bewußtseins« begrüßt werden können. Gewiß, wir bleiben erinnerungsmäßig zurück, aber nicht einmal so wie alte, gute Stöcke, Tische, Häuser auch zurückbleiben, die eben so wie sie gehen und stehen, das Ende ihres bloßen Gebrauchswerts und den Beginn ihres Galerietons erleben. Sondern die Geschlechter ziehen, und selbst wenn man das sentimentale Interesse an unserem kurzen Tag, an der Einsamkeit und gräßlichen Sepsis unseres Aufhörens beiseite läßt, so bleibt doch immer noch dieses objektivere Problem übrig: wer lebt das Weiterleben mit, wer oder was lebt das Leben, als das ganze Leben, als das breite, historische, der »Menschheit« insgesamt zuerteilte Leben? Lohnt es sich bei der erbärmlichen Kürze unseres Daseins, die Arbeit nicht nur für die Kinder und die Familie und das schon gegenwärtig überindividuell bestehende Staatsgebilde, sondern auch für all das Breitere mit zu übernehmen, das von keiner einzigen Seele jemals als Ganzes aktuell zu erfassen ist, und das nur begriffsrealistisch als Geschichte oder Menschheit oder als welche Objektivität immer besteht? Vielleicht könnte das Arbeiten für die Kinder, die eben als meine Kinder und damit als Teile meines Ichs erlebbar sind, noch ein Arbeiten auf langsichtige Strecken hin begründen. Aber das Huhn ist der Umweg des einen Eis zum anderen; und muß man auch sonst nicht jenen müden Übriggebliebenen Recht geben, die Artzibaschew nach der ersten verunglückten russischen Revolution geschildert hat, daß es doch den hellsten Wahnsinn bedeute, sich zum Galgen führen zu lassen, damit die Arbeiter des zweiunddreißigsten Jahrhunderts keinen Mangel an Nahrung und Geschlechtsgenüssen leiden? Wozu sollen sich die Menschen so heftig aufbrauchen und zur Pflicht verwandeln, wozu sollen sie aus dem Wachstum die Moral des Schenkens, aus der Geschlechtsliebe die Moral der Haus- und Gesellschaftsgesinnung, aus dem Sterbenmüssen, dem Todbewußtsein die Moral des Dauernden, Überwölbenden, Überephemeren, zuhöchst des Werks entnehmen, wenn letzthin das alles, im Großen, Endgültigen gesehen und überdies nominalistisch aufgelöst, nur für die Bewohner einer kaum erspähbaren, nur abstrakt zu liebenden, wie gesagt, nur im Gehirn existenten, inhaltlich völlig unvorstellbaren Zukunft geschieht, die überdies auch von uns nichts wissen kann, von unserem Dienen im Ganzen und unserer Heterogonie der Zwecke, und nur noch die allergrößten Helden dieser Gegenwart am Himmel eines objektiven Ahnentums erblicken dürfte. Und was soll nun selbst dieses oberste geschichtliche Dasein bedeuten, nachdem das gesamte Menschenleben auch in der weitesten historischen Breite von der Möglichkeit bedroht ist, daß sich Nietzsches kluge Tiere in irgendeinem abgelegenen Winkel des Universums die Augen reiben, mit allerhand skurrilen Ehren behängen und das Phosphoreszieren ihrer Gehirne für Erkenntnis halten, daß also – und dann ist der Tod alles andere eher denn ein Musaget – auch unsere einleuchtendsten Werke, auch unsere menschlich evidentesten Selbstverdeutlichungen wie Trümmer in einem namenlosen Strom treiben oder sinnlos in den reflexiven ad hoc-Bedeutungen umherstehen, die unser kleiner Lokalpatriotismus von Kultur inmitten eines darum völlig unbekümmerten Universums imaginiert hat.

Auf alle diese Fragen gibt es nur eine Antwort offenbarter Art.

Über Seelenwanderung.

Was wir sterben nennen, bedeutet, daß es uns erlaubt ist aufzusteigen. Und zwar entweder dauernd oder nur so wie Nebel und Wolken, die sich immer wieder entstürzen. Man kann daher entweder annehmen, daß wir gänzlich abgetrennt werden und nie zurückkehren können oder daß uns das junge Leben, das Leben von vorne an, immer wieder von neuem gewährt wird. Das Erstere, Härtere, wie es bereits alles als endgültig setzt, bildet den Inhalt der einfachen Lehre von der unsterblichen Seele.

Das Andere ist nicht eigentlich jüdisch und auch nur bedingtermaßen christlich gegeben. Denn jüdischerseits ist von dem, was drüben geschieht, überhaupt nur selten die Rede; Scheol, das Schattenreich, deckt alle Geheimnisse zu. Aber was verborgener zwischen oder besser in den Zeilen steht, kann allerdings gelegentlich auf dieses Andere, auf seelenwanderische Gedankengänge hindeuten. So in Hiob 1, 21: »ich bin nackend von meiner Mutter Leib genommen, nackend werde ich wieder *dahin* fahren.« Weiterhin 1. Mose 3, 19: »bis daß du *wieder* zur Erde werdest, von der du genommen bist«, 5. Mose 33, 6 (nach der aramäischen Übersetzung des Onkelos): »Ruben lebe und sterbe keines *zweiten* Todes«, Pred. Sal. 1, 4 und 9: »Ein Geschlecht vergeht, das andere kommt – was ist's, das geschehen ist? Eben das, was hernach geschehen wird, was ist's, das man getan hat? Eben das, was man hernach wieder tun wird; und geschieht nichts Neues unter der Sonne.« Es scheint auch, daß sich 2. Mose 20, 5: »denn ich, euer Gott, bin ein eifernder Gott, der die Sünden der Väter heimsucht an den Kindern bis ins dritte und vierte *Glied*« – am besten als für das gleiche Ich geltend ausgelegt wird, vor allem wenn man sich an jenen Jehovah erinnert, der doch Sodom um zehn Gerechter willen nicht vertilgen wollte und als sich diese Zehn nicht fanden, Lot, sein Weib und seine zwei Töchter durch Engel aus der Stadt hinausführen ließ. Freilich, das sind nur wenige Stellen, die durch die Umbetonung des Dahin oder des Wieder oder des Glieds der Seele nicht beweiskräftiger werden, noch ganz abgesehen davon, daß zumeist das Weitere, der Nachsatz dieser üblichen kabbalistischen Auslegung widerspricht. Da Jesus diese Fragen völlig unausgeführt gelassen und nur von einem letzten Auferstehen am jüngsten Tag gesprochen hat, so ist trotz mancher Andeutungen, wie Matth. 11, 14, wonach Johannes der wiedergeborene Elias sein soll, und obwohl sich die Kirche später auf längere Zeitdauer einrichten mußte, auch nach dem Neuen Testament die Unsterblichkeitslehre, diese abgekürzte, bei Jesus mit der unmittelbarsten Nähe des jüngsten Gerichts rechnende Form der Seelenwanderungslehre das wesentliche Dogma der christlichen Kirche geblieben. Aber überall sonst, wo bloß eingeweihte Männer und nicht der freilich alles Geschehen aufhebende Messias sprechen, in allen Geheimlehren der Welt, nicht nur in der buddhistischen, sondern genau so gut im innersten Sudan, im druidischen Irland, bei den Sufis, in der Kabbala, bei den Katharern, im ganzen alten christlichen Rosenkreuzertum bildet das Zweite, Gerechtere, Liebevollere, die Seelenwanderung, diese aufgeteiltere, kompliziertere Form der Unsterblichkeit, wie sie die fünf törichten Jungfrauen auch nach Mitternacht noch das Öl erlangen läßt, wie sie demnach nicht bereits alles, was uns hier betroffen und gehindert hat, so zufällig und unrein es auch sein mochte, als wesentlich setzt für das Schicksal der Seele, — sowohl das letzte Lehrstück der Neophyten als auch das regelmäßige, vergleichend feststellbare Arkanum in den Mysterien selber, unberührt von den Schwankungen des Astraldienstes oder Logosdienstes.

Zudem, das Sterben mag in der Lehre von der persönlichen Fortdauer genügend begriffen sein. Aber wohin soll, um von allem anderen noch zu schweigen, die Geburt verwiesen werden, das Herabsteigen der von Anfang an geschaffenen Seele, wie sich doch selbst das Dogma der Unsterblichkeit ausdrückt? Weshalb soll diese Verkörperung, wenn sie schon ein einziges Mal zugegeben wird, in ihrer Einmaligkeit festgehalten werden, und was zwingt dazu, solcher Einmaligkeit zuliebe an der Konsequenz einer unbekannt fortrollenden Anzahl der Seelen festzuhalten? Wenn es aber nichts gibt, das die Seelen begrenzt, als der jüngste Tag, dann läßt sich freilich schließen: es hört auf, wenn Gott will, oder vielmehr, daß es aufhört, war schon von Anfang an göttlich vorgedacht, so daß es wahrlich zur rechten Stunde aufhört und das Seelische insgesamt verbraucht und verkörpert ist, sobald man es nicht mehr braucht; es läßt sich aber auch umgekehrt und angesichts des Beliebigen in allem Geschaffenen vielleicht mit mehr Recht argumentieren: wenn der jüngste Tag die Seelen begrenzen soll, dann begrenzt die Seelenzahl auch den jüngsten Tag, das heißt dieser ist dann seinem Begriff nach gegeben, wenn die nichts bedeutende, undeduzierte, schlechte Endlichkeit der Seelenzahl durch ihre einmaligen Geburten erschöpft ist, so daß sich hier der rein mathematische Begriff eines erfüllten Quantums an die Stelle des naturphilosophischen Begriffs der Katastrophe oder des metaphysischen Begriffs: das weiß nur der Vater allein, mithin an die Stelle des Sprungs im göttlichen Mysterium gesetzt hat.

Darum, wenn es uns erlaubt ist, die Erde zu verlassen, so bedeutet es ein tieferes Recht, wieder auf diese Erde kommen zu dürfen. Wir gehen zwar nackt und frierend, aber nicht hoffnungslos hinüber. Denn wir nehmen uns mit, wie wir uns geworden und zu eigen sind, als Innerliche, je nachdem, und noch Unfertige, und diese Nachklänge erfüllen den körperlosen Schattenzustand des Drüben. Oft schwingt es sich von hier aus schon soweit zum anderen, daß man, wenn auch ein eigentlicher Vortod nicht zu erleiden ist, doch ein inneres Gepäck für die furchtbare Reise, für das kohlschwarze Gewoge mit ungewissem Segel, überdenken kann. »Die wilde Jagd des Lebens geht zu End' ... Komm! Seh'n wir, ob im Herd ein Feuer brennt«, läßt C. F. Meyer den sterbensmatten Hutten sagen. Es gibt überdies den Ton, der uns Lebende »überrieselt«, und der die Sterbenden sich aufrichten und in die Höhe zu hören zwingt:

»Sie vernahmen's umher und wußten nicht, was sie
vernahmen.
Aber der Seraph ergriff das seelenvolle Gewebe
Seiner Saiten, und noch in den süßen Qualen der Freude
Irrt' er mit wankender Hand die strahlenden Saiten
herunter« –

singt Klopstock im zwölften Gesang des Messias vom Tod der Maria, der Schwester des Lazarus, und sie starb, weil sie nicht die Entzückung ertragen konnte, die die Stimme des Himmlischen in ihr brechendes Herz strömte. Es gibt noch immer den alles überwältigenden Schein, von dem uns so manche Zeugnisse der Bekehrung und Wiedererinnerung berichten, und noch immer zeigt sich jenes delphische Weihgeschenk, bei dessen Anblick Pythagoras halb ohnmächtig: mein Schild! ausrief, und das der Schild des Achilles war, in jedem großen Ereignis aufgehängt. Gewiß, es ist uns versagt, tiefer hineinzusehen oder gar, trotz der fausse reconnaissance, uns als dieselben, als die Wandernden zu rekognoszieren; aber schon das Gedächtnis ist eine höchst sonderbare Gabe, und der Begriff der Seelenwanderung, als der Einheit von Epimetheus und Prometheus, ist imstande, dieser Gabe auch noch die Hoffnung, ein anderes metapsychisches Rätsel, ohne Widerspruch hinzuzufügen. Deshalb rasen uns in Lebensgefahr alle vergangenen Bilder vorbei, deshalb rühmte sich Perikles in der Todesstunde, daß durch ihn keinem Bürger Unrecht geschehen sei, deshalb tritt nach der tiefen kabbalistischen Überlieferung derselbe Engel, der zuerst als Flämmchen auf dem Haupt der Frucht brannte und die Seele während der mütterlichen Schwangerschaft in den oberen Reichen umhergeleitete, dann, wenn es zum Letzten geht, als der Engel des Todes wieder ans Sterbelager, und nun erkennt der Mensch seinen doppelten Hüter, er erkennt an ihm, an diesem furchtbaren Pegel und Standindex von Anfang und Ende, um wieviel er zurückgeworfen, um wieviel er näher gekommen und wie groß die Schuld ist, die ihm sein Leben gegen sein Urbild offen gelassen oder auch getilgt hat. Meine Tat ist mein Besitz, sagt Buddha, meine Tat ist mein Erbteil, meine Tat der Mutterleib, der mich gebiert; meine Tat ist das Geschlecht, dem ich allein verwandt bin, meine Tat ist meine Zuflucht. Nichts anderes ist eben der Inhalt aller alten Einweihungen: ich durchschritt die Pforten des Todes (der scheinbare Sarg, der Sarg des Lazarus), betrat die Schwelle der Proserpina (hier erkennt sich die von der Unterwelt, von Pluto, der Vergangenheit, der Materie geraubte Seele als dieselbe wieder), und nachdem ich durch alle Elemente gefahren war, sah ich in der Mitte der Nacht die Sonne in ihrem hellsten Schein (Armut, Leid, drohendes Erlöschen des Lichts, völlige Dezembernacht der Welt, Geburt des Horos, Mithras, Christus, Messias) – was hier Apulejus von den eleusinischen Mysterien berichtet hat, gibt den Inhalt der gesamten vergleichenden Esoterik, auch der des

Christentums in diesem Punkte wieder. Aber die abgeschiedene Seele will wieder jung und verkörpert werden, wir werden von ihnen drüben gesucht, und die Brüste, der blühende Leib sind ihre Mittel, uns anzuziehen, sich anzukleiden. Die Umarmung der Liebenden ist die Brücke, auf der die Toten wieder ins Leben schreiten, sie sind die Geladenen und auch die Wirte, oder wie dies Empedokles anders als das indische Schauspiel sagt: die Geburt ist eine furchtbare Zerstörung, welche die Lebenden in die Toten übergehen läßt, und die eigentliche Grablegung der Seele; gemäß dem ungeheuren Umschwung des Unteren in das Obere und des Oberen in das Untere, bis der Tag der Reife und auch des metempsychotischen Stillstands in der Apokalypse erreicht ist. Niemand, auch die ganz großen Menschen nicht, sind von diesem Weg nach abwärts befreit, bevor nicht alle ihre Brüder erlöst sind; der Heilige opfert, sagt Buddha, indem er ißt; er übt die große Entsagung, noch hier, noch ein Lehrer zu sein, noch auf den Ebenen des nicht Wissens zu verweilen; aber auch schon die großen Genies treten, gleichsam unzufällig, unsubjektiv geworden, als die Erben ihrer eigenen, in einem einzigen Leben gar nicht zu gewinnenden, ganz und gar diskontinuierlichen Reife auf den geschichtlichen Plan. Nichts anderes meint eben wiederum der Mythus der Göttersöhne: und gerade die Geburt Christi wäre die Verkörperung, die Grabwanderung, die alles durchtränkende Erdenwanderung des dem Menschen zugewandten Göttlichen, des Menschensohns in Gott selber gewesen, wenn nicht Menschen wie Gott bei dieser höchsten Reinkarnation als der Berührung des ganzen Himmels mit der ganzen Erde versagt hätten. So aber sind noch alle Dinge, die ganze Welt, die Steine, die Sonne, die Pflanzen und Tiere mit uns letzterdings nach unten hin verzaubert und verschlagen, – eingemauert, abgeschlossen in ihren Krusten und Leibern; sofern sie stehen geblieben sind, als unser Boden, als Wächter der Nachhut, als Leiber von werdenden Geistern, und ihre Seelenhaftigkeit keine Kraft besitzt, den Körper, den trüben Irrtum der Räume, der Materie und des bloß äußeren physischen Lichts abzuschütteln, durchzubewegen und als Organe jenes *kosmischen Selbsterkenntnisprozesses*, zu gebrauchen, den der verirrte, zerrissene, unbekannte Seelengott oder heilige Geist in der Welt als seinem Zaubergrab und in uns Menschen, zurückgelegt, als den Häuptern der Welt und dem schließlichen Bereitungs-, Auferstehungsort heißem Problemumlauf der noch nicht gefundenen Weltidee.

Derart kehrt das Unzulängliche der körperlichen und sozialen Schicksale neu bewegt zurück. Es handelte sich darum, gefangen zu sein in unserem Körper und innerhalb eines unausweichlichen Charakters. Es handelte sich um die so irritierend zufällige Geburt in einen der vorhandenen Stände hinein, es handelte sich vor allem um die Kürze des Lebens und das unüberblickbare, beziehungslose Fernere seiner Zweckreihen, mit einem Wort um das Problem, wer dieses Leben insgesamt erlebe und ob es möglich sei, über diesem so beschaffenen Leben einen weiter verpflichtenden, versöhnenden oder wohl gar begründenden Subjekts- und Finalkomplex aufzurichten. Dabei mußte sich die Lehre von der Seelenwanderung, dieses hier eingesetzte religionsphilosophische Bogenstück, als kräftigstes Gegenmittel gegen das metaphysisch Undefinitive der körperlichen und sozialen Schicksale höchst konstitutiv empfehlen. Hoffnungen und Konsequenzen.

Wir waren schon da, gewiß, und kommen immer wieder. Zunächst freilich, ist es überhaupt wünschenswert, einem solchen Mittel nachzuspüren? Ist das äußere Leben so reinlich, daß es mit dem Vollzug und nun gar noch mit dem lückenlosen Vollzug von Lohn und Strafe betraut werden kann? Und vor allem: ist das Obere so moralisch, sind wir so weise regiert, wollen wir überhaupt so weise und patriarchalisch regiert werden, daß uns unser Karma wie ein Pensum zudiktiert wird, dessen negative Posten, bei Strafe des Rückfalls und Unheils im späteren Leben, pedantisch und schulmäßig auszugleichen sind? Ist es nicht frömmer, sich an das ungeordnete Leben zu halten als an eine solch erbarmungslose Zuchtmeisterschaft, wie sie die Leides-, Läuterungs- und Glückskausalität undurchbrechlichster Art darstellt? Schließlich, wenn wir schon eine gebrauchte Seele haben und das Individuum genau dort die Fäden seiner Arbeit aufnimmt, wo es sie präexistent liegen gelassen hat, muß daraus nicht für die unten Wohnenden, die doch auch nicht später angefangen haben, eine unendliche Verzweiflung und für die besser arrondierten Naturen, denen alles: Glück, Talent und Auserwähltsein dann wahrhaft als ihr Verdienst erscheint, der schlimmste Pharisäismus die notwendige Folge sein? Sodaß also nur die mittleren Menschen, deren Leben lau und dämmerig dahinfließt, aus Nacht und Tag zugleich gemischt, von der Karmalehre so etwas wie bessere Zeiten und einen Trostgesang vernehmen können? Vieles an all diesen Einwänden ist richtig, aber vielleicht kann der Gedanke zur Lösung dienen, daß uns die Wanderung ja nicht von den äußeren Umständen und einem Gott dazu gesetzt worden ist. Nicht nur, daß wir alle das Sterben, lebendig, einbeziehen können. Wir atmen die Todesluft, in der wir eigentlich erst reifen, von der ersten Stunde an geschichtlich um. Das teilt uns das Leben, gibt Stadien und Farbe und rettet vor dem unbeweglichen Kind oder Jüngling. Sondern das Einbeziehen geht noch weiter: wir, der klopfende Kern in uns hat das Sterbenmüssen auch auf weiteren Bahnen selbständig besiegt. Wir sind lebendig geworden, haben uns in dem unerhörten ersten Sprung zum Atem und zur Freiheit hinbewegt und sind dafür mit dem Tod geschlagen, einem letzten sich Wiederherstellen des anorganischen Zustands. Dieser ist schmutzig genug, aber es gibt nichts, das mir weniger zugehören kann als die entleerte Leiche, und die man deshalb nach dem ungeheuren Stuhlgang des Todes schmerzlos hinwegspülen mag. Wir sind hier nicht nur derart entronnen, daß die zuschlagende Tür nur mehr unseren Mantel faßt, der uns sowieso nicht anders wie eine Hülse oder Erzstufe zugehört; denn es war schon zu spät zur Vernichtung, und der Sprung der Seele, sogar zur individuellen, geschichtlichen Seele, war schon geschehen; sondern wir waren sogar imstande, den gleich der Zeugung unableitbaren, wenigstens rein organisch, einzelwissenschaftlich, kontinuierlich unableitbaren Tod zur weiten, abscheidenden, überdenkungsreichen und wiederkehrenden, also kräftig intermittierenden Streuung unseres Ich über die ganze Geschichte zu rationalisieren. Wir gebrauchen den Tod derart nicht nur, daß wir aus ihm schon in diesem Leben ein Todesorgan gemacht haben, ohne dessen innere Sekretion das Leben nicht vollständig funktionierte, geschichtslos wäre und monströs verfettet, sondern wir haben aus dem Tod auch noch eine Reihe verschiedener Leben, eine Intermittierung zu verschiedenen Ebenenexistenzen der Seele gewonnen, jenseits der festgewurzelten Bäume, mit Stirb und Werde und dem Traum der paradoxesten Reise; wir späte Gäste am tiefen Abend dieser Erde. Darum ist hier alles nur innerlich bestimmbar; darum sind die Wanderungen und das Karma und daß wir selbst die Ursache unseres zukünftigen, wohlverstanden, unseres rein inneren zukünftigen Lebens sind, eine bloße Überlistung des Äußeren und Oberen der feindlich gewordenen Welt und keineswegs, wie es anfangs scheinen mochte, das sinnlos empörende System eines bis zu Desdemonas Taschentuch herunter geschlossenen Panlogismus der realen Zufalls-, Glücks- und Erfolgsmaschinerie. Denn man darf nicht vergessen, soviel auch Gemeinheit und Zufall im Leben reüssieren, so ist doch das abspiegelnde Bewußtsein immer noch die letzte Instanz über das tatsächliche Eigentum, so daß nicht nur, wie Schopenhauer sagt, das was ein Tropf an den Schätzen Ostindiens »besäße«, ein Bettelkram wäre gegen das Besitzgefühl, gegen die eigentlich erst daseiende Welt des Cervantes, als er im Gefängnis den Don Quixote schrieb, sondern alle Früchte, die wir im Leben pflücken, unsere gesamte Umwelt, sind letzthin immer nur von dem her, was uns gehört, nach dem Maß unseres Inwendigen zum Genuß zu bringen, und der Berkeleysche Idealismus reicht hier erstaunlich weit, mit Psychologie Realitäten zu umkleiden und zu besiegen. Darum also zurückkehrend: so bauen wir uns zwar nicht den angeborenen, wohl aber den ausdrucksvollen Körper zurecht, so bleibt uns unser scheinbar unangreifbarer Charakter wie in der Zeit, so in der Ewigkeit historisch sehr wohl zu verändern. So sind wir imstande, gegen das harte, sinnlose Muß des sozialen Schicksals an einer innersten Stelle frei zu bleiben, sofern uns nicht nur aus allem Leid Tiefe zu ziehen freisteht, sondern auch der mit uns mitgeborene Aktionsradius apriorisch weiter reicht als der Ort, den uns die jeweilige soziale Differenzierung angewiesen hat, weshalb eben nur der vererbte Eigentumsbegriff gleich dem materialistischen Mißverständnis des sogenannten Adels zu verschwinden brauchte, um wenigstens hier das Innere auch ins Objektive zu bilden. Wie dem immer sei, nichts ist im Leben einmalig, nichts Zufälliges ist unwiderruflich, der status viae liegt weit über dem Tod hinaus, der keineswegs den steinhart prägenden status termini bildet; und bleibt auch, gemäß dem Ephemeren aller hiesigen Verwirklichungen, der organische und soziale Pessimismus letzterdings unaustilgbar, so ist uns doch das Bildenkönnen an unserem eigenen Geistmenschen als unzerstörbare Enklave von Sinn, fortwirkender Kausalität und wenigstens moralischer Logik sichergestellt. Damit aber wird noch ein Tieferes, teleologisch genug, und Endgültigeres gewonnen. Wir haben die Weichen zu stellen, auf uns liegt die Qual der Richtung, aber wir gehen zugleich mit, wir gehen den guten lebendigen Weg, den Weg des Ziels, zu Ende, da wir selber dieser Weg sind. Wir leben durchaus das Weiterleben mit, wir leben, nicht jederzeit, aber intermittierend und vor allem an seinem Ende das Leben als das ganze Leben, als das breite, historische, der »Menschheit« insgesamt, als einem dereinst sehr konkret vollzähligen, durchaus nicht nur abstrakten Bedeutungsbegriff zuerteilte Leben. Oder anders gesagt, da wir mehrfach in Erscheinung treten, so kann sich unser Dasein weit über die Geschichte ausbreiten, ja es ist uns Menschen möglich geworden, als dieselben Menschen in den verschiedenen Jahrhunderten zu leben, eigene, wenn auch, da wir unser tiefstes Subjekt nie erfahren können, von keiner Erinnerung an unsere Identität begleitete Geschichte zu erleben und insofern, worauf ja auch die Auferstehung aller Toten im einfachen Unsterblichkeitsdogma hinweist, am letzten Ereignis der Geschichte subjektiv existent zu sein. Alles könnte vergehen, aber das Haus der Menschheit muß vollzählig erhalten bleiben und erleuchtet stehen, damit dereinst, wenn draußen der Untergang rast, Gott darin wohnen und uns helfen kann — und solches führt aus der Seelenwanderung heraus auf den Sinn der echten sozialen, historischen und kulturellen Ideologie. Es wäre schon gar nicht denkbar, vergangene Zeiten zu verstehen oder gar die geschichtlichrhythmische Wiederkehr lebendiger, also individualistischer und »abstrakter«, also theologischer Zeiten zu deduzieren, wenn es nicht ein wechselndes Eintreten, gleichsam einen Polwechsel zweier dergestalt verschiedener Geistigkeiten in der Geschichte gäbe, der uns jetzt etwa Griechenland und die Renaissance wie die Arbeit der fremderen und die Primitive, Ägypten, die Gotik, dieses christlich erleuchtete Ägypten, und vor allem das nur unfähig unterbrochene Barock wie die Arbeit der Brüder, ja des eigenen Selbst, wie die Lücken der eigenen Erinnerung, wie nur uneigentliche Vergeßlichkeiten, wie bloße Maimonsche Differentialien des Bewußtseins verstehen ließe. So wird schon die Geschichte in zwei Räume geteilt; in einen unteren, irdischen und einen oberen, unsichtbaren, zwischen denen sich dieser Rotationswechsel der zwei Gruppen und Zeiten vollzieht, sofern in dem oberen Raum als dem Raum der Abgeschiedenen, als dem Zwischenreich zwischen Hier und Dort, die Geschichte oder die Typologie des nächsten Zeitraums jeweils ihre wesentliche kausale Prägung erhält; aber darüber, über der Kausalität der Abgeschiedenen und ihrer Seelenwanderung, herrscht noch die die großen, letzten, sprunghaften Ereignisse regelnde Bewegung des überbleibenden menschlichen Zentralichs überhaupt, dessen letzte Selbstbegegnung, dereinstige noch nicht erlangte Selbstinvention die Hoffnung Gottes, die Geburt und Einsetzung aller Dinge und Wesen in ihr Eigentum, das absolute Zentrum der Realität darstellt. Was die Menschen treiben, ist das Mannesalter der Welt, und ihre Zeit, die Zeit des Seelenumlaufs, die historische Zeit, mit ihren weiten, mindestens im Subjekt, im cogito ergo sum wohl und tief fundierten Zweckreihen, ist die wahrhafte, konstitutive Mysterienbühne: das Wasser rinnt, der Feuerfluß der Erde ist erloschen und auch die großen Mutationen der organischen Welt sind seit langem entkräftet, aber die Menschen sind am Werk geblieben und diese führen nun die breite, historische, subjektive Metaphysik zu Ende, das Leben der alles überholenden, gegen den Himmel donnernden Durchbruchsgeschichte in die Geistes- und Persönlichkeitssphäre und ihres ruhelosen Exempels auf den Namen Gottes. –

Gestalten der universalen Selbstbegegnung oder Eschatologie.

Nun aber, letzthin, wir sind dieses noch nicht. Sondern wir gehen und träumen, das Unterwegs ist dunkel.

Manches geschieht hier zwar, zu beenden, überhaupt zu werden. Jedoch wir sind nicht nur selber sterblich, auch in dem unter uns liegenden, uns tragenden Gebiet zeigen sich geheimnisvolle, gefährliche Vorgänge am Werk.

Wir sind ihnen scheinbar völlig entronnen. Nichts mehr von dort reicht noch zu uns herauf, wir haben uns längst auf einen anderen Weg begeben und ein eigenes Reich gebaut. Vielerlei trug dazu bei, frei zu werden, gegen den Störenden, jetzt irgendwie mehr als je, und die Gesichter sind, ob sie es wissen oder nicht, in allen diesen Veranstaltungen der Freiheit nach einer einzigen Richtung gewendet.

So wünschen wir, zweckhaft, zu ersparen, zu erleichtern, zu vereinheitlichen. Freilich die Menschen arbeiten, ohne zu wissen, was sie tun und mit versiegelter Ordre an der Wohnlichmachung dieser Erde. Man bleibt entweder hier und überläßt nach dem ebenso kapitalistischen wie kommunistischen Wortlaut den Himmel den Engeln und den Spatzen, oder weist unkräftig, weltflüchtig, zusammenhanglos, doch ohne alles alte Feuer hinüber, wo unsere irdisch finale Arbeit nichts mehr zu bedeuten gewohnt ist. So liegt unserem heftigen gemeinsamen Mühen kein anderer als der geldwirtschaftliche Zielgedanke zugrunde, ein magerer barbarischer Inhalt, der sich bald genug an seiner eigenen Unfruchtbarkeit totläuft. Es nützt demgegenüber wenig, daß sich auch noch andere, idealischere Bestrebungen zeigen; denn solange ihnen nicht die Kraft zugebilligt wird, entscheidend verändern zu können, entscheidend eingeordnet zu sein, bleibt, wie das Geschäftliche sinnloser Rekordbruch, so das Genossenschaftliche, das Geistige beliebig, das eine eine bloße Magenfrage, das andere eine Lüge um das Geschäftliche herum oder aber, nachdem der Hunger gestillt und der Luxus frei wird, ein Sport, ein Possenreißen, ein Spaß und eine Unterhaltung, eine beschäftigungslose Wahrheit an sich, Erforschung der Mückenseele oder (worüber nicht nur die Amerikaner, sondern auch Dostojewski spottet) eine Abhandlung über die hanseatische Bedeutung Hanaus und über die besonderen und unklaren Gründe, weshalb Hanau zu einer derartigen Bedeutung seinerzeit überhaupt nicht gekommen sei – mithin, der Geist wird zu einer bodenlosen und im Grund ruchlosen Phrase.

Aber unsere Mühlen mahlen trotzdem langsam und sicher. Es kam das rastlose um sich Greifen, das für sich Arbeitenlassen und Ersetzen durch mechanische Kräfte. Es wird noch kommen die dadurch geschehene Entlastung der Menschen mittelst der Technik, und ihre nicht mehr aufzuhaltende Segnung des Lebens, nämlich die mögliche Abschaffung der Armut und die durch das revolutionäre Proletariat erzwungene Entlastung der Menschen von den Fragen der Ökonomik. Es kommt weiterhin die fortschreitende und nicht nur kolonialpolitisch festgelegte Einbeziehung fremder Gesittungen und Phänomenologien in einen gemeinsamen Blickpunkt, gemäß den alten Absichten des Missionsgedankens. Es kommt die nicht mehr zu vereitelnde föderative Annäherung der Staaten selbst, damit die Verschwendung der abgeschlossenen Kulturen aufhöre und der heilige Mitmensch, der universelle Christus geboren werde. Es kommt schließlich der alles Innerliche, Stille, Irrationale des Menschenlebens neu pointierende Wiederaufbau der Kirche als der Erziehungs- und metaphysisch zentralisierenden Heilsanstalt überhaupt. So geht das zu sich Freiwerden, wie bereits zu sehen war, nicht dahin, leichter einzuschlafen oder die genußhafte Bequemlichkeit der jeweiligen oberen Klassen allgemein zu machen; es wird nicht erstrebt, bestenfalls noch Dickens oder die Kaminwärme des viktorianischen Englands zu erwerben, sondern das ist das Ziel, das eminent praktische Ziel, ein Moment sozialistischer Ideologie: jedem Menschen außer der Arbeit Zeit, seine eigene Not, Langeweile, Armseligkeit, Bedürftigkeit und Finsternis, ein Leben im Dostojewskischen zu schenken, damit er vorab mit sich, mit seiner moralischen Parteiangehörigkeit im reinen sei, wenn die Mauern des Körpers, des Weltkörpers fallen, der uns vor den Dämonen schützte, wenn also die Befestigungen des irdisch eingerichteten Reiches abgebrochen werden. Und nun, zu allem, der wahrhaft schöpferische Gedanke erwacht. Sein fernes Wehen geht voraus, der Morgen einer neuen Parusie will erscheinen. Was sich aber hier berufen zeigt, tätig einzugreifen, das kommt gewiß *εἰκαίρως*, geschichtsphilosophisch zurecht, zu Recht, auch wenn nicht die gerade lebenden Menschen, sondern nur das, was der Zeit voransteht, sein aufnehmender Zeuge sein sollte. Wie es sich in diesem Buche regt, zu wissen, was zu tun sei und die Ichwelt aufzuschließen, so sind bereits diese ersten Skizzen aus dem System nicht für das Publikum, sondern, geschichtsphilosophisch diktiert, für den Menschengeist in uns, für den Gottgeist im Zustand dieser Epoche, als Anzeiger seines Standindexes geschrieben; und jedes Buch in seinem Gesolltsein, in seinem Apriori, die Kraft dieses Utopiebuchs möchte zuletzt wie zwei Hände sein, die eine Schale umspannen, wie zwei politische Hände, die die gewonnene Schale zum Ende tragen, gefüllt mit dem Trank der Selbstbegegnungen und der Musik, als den Sprengpulvern der Welt und den tropischen Essenzen des Ziels, hoch emporgehoben zu Gott. Nur derart ist das an sich Nutzlose, Anarchische und allzu Objektivhafte, Literaturhafte der geistigen Gebilde überhaupt in den Rahmen, ins Relief zu bringen, vermittelst eines geschichtlich-teleologischen Hintergrunds, der allem, was die Menschen über sich an Werken erschaffen, Fluß, Strom, Richtung, Heilswert und metaphysischen Ort zuweisen läßt, den Ort einer anderen Probe, einer ruhelosen Mobilmachung, den Ort der echten sozialistischen Ideologie, den Ort des großen Feldzugsplans der Zivilisation und Kultur, gerichtet gegen die menschliche Gemeinheit, gegen die alles durcheinanderschleifende Unordnung der Welt, gegen die kalte Teufelsfaust des Mißlingens, des Zerstörungsdämons und derart gegen, zugunsten des drohenden Problems der Apokalypse. Hier fließt allen Nebenflüssen ihr letzthiniges Hauptsystem: die Seele, der Messias, die Apokalypse sind das Apriori aller Politik und Kultur.

Nichts kann uns hier außerhalb der gewöhnlichen Todesmittel dauernd in den Arm fallen. Aber gerade deshalb, weil uns innerlich, im Schatten der von uns erbauten Türme, nichts mehr bedrohen kann, sucht seit den vierhundert Jahren unserer völligen Wanderschaft und Emanzipation das böse Gewissen des Endes den Prozeß zu verlangsamen. So kommt uns das Böse nicht mehr als Hoffart nahe, sondern ganz im Gegenteil als Schlaf, Ermattung, Verschleierung des Ich und Verzerrung des Jenseitigen, in unendlich viel furchtbarerer Weise: denn daß man nicht mehr an ihn glaubt, umgekehrt wie bei Gott, daß man den Blick für das kassierte Transzendente verliert, dieses macht den eigentlichsten Triumph des Widersachers aus und erleichtert sein rachsüchtiges Beginnen. Es sind derart vor allem zwei Punkte, und zwar gerade gegen die beiden Kriterien der philosophischen Objektivität als des letzten Kulturbegriffs überhaupt, an denen sich die Bösartigkeit des uns hassenden, rachsüchtig gewordenen, von uns überholten Moments in Gott, Satans in Gott entfaltet. Es kann einmal die Herzen verhärten und vor dem Nächsten sich verschließen lassen. Es kann sich noch weiter einmischen und unser luziferisches Wesen selber, nachdem es das bloß Scheinbare des ersten Sündenfalls, des Seinwollens wie Gott, durch die Propheten und Christus durchschaut hat, verblenden, falsch selbständig, unsubstanzial machen, und so das Schaffenwollen oder Wissenwollen oder Seinwollen wie Gott so kurz abstecken, daß die Schöpfung des wahren letzten Gottes darin ermattet und das Feuer des Wir und des Überhaupt erlischt. Aber keines unserer Gebilde darf mehr selbständig werden, die Seele darf sich nicht weiter von den Mitteln und falschen Versachlichungen ihrer selbst aufsaugen lassen. Es ist sowohl notwendig, daß die äußerlichen apparatlichen Hilfsmittel von Maschine und Staat unten gehalten werden, im Zustand der bloßen Entlastung, als auch, daß die künstlerisch, religiös und philosophisch errichteten Werke als bloße Aufsparmittel oder Herstellungsmittel von Seele, unter dem Druck der möglichen Zurückwandelbarkeit, Zurückverwandelbarkeit, gedacht und begriffen werden. Alles menschlich Entfremdete ist letzthin wertlos, sofern Gott, dem wir unsere Reinheit schulden wie er uns die Erlösung schuldet, am jüngsten Tage nur die Ethik als Goldwert anerkennt, während das gesamte formhaft Entäußerte, Abgezogene, scheinbar für sich Objektive nur als Hilfe und Anweisung darauf, nur als Erziehungszoll und Assignate zu gelten vermag. Und es scheint, daß der giftige, dem Atmen feindliche Nebel der Kälte nicht nur die Herzen soweit verhärten kann, daß in ihnen Neid, Verstocktheit, Ressentiment, hämische Ablehnung des Oberen, weil es ein Oberes ist, wohnen, womit die zweite, allein echte Erbsünde, das nicht-Seinwollen wie Jesus, begangen wird, sondern auch den Geist soweit zu erschlaffen, zu verhärten vermag, daß sich hier der weitere Teil dieser Erbsünde, nämlich Blendwerk, Weltzufriedenheit, Staat als Selbstzweck, Bildzufriedenheit und antichristlicher Panlogismus inszeniert und derart das Ertragen des Abstands, das nicht-Seinwollen wie Gott als die eigentliche und bewußte Formel des Antichristentums eingräbt. Aber das alles ist noch nicht der eigentlichste Trumpf des Gegengotts: dazu ist das Seelische noch zu zart, auch zu sehr mit Gegenkräften gemischt; und nun zeigt es sich, welch andere, längst nicht mehr beachtete Pferde uns noch auszuspannen sind, welch eine Kraft des Störens und des Vereitelns in der Dummheit des einfach wertfreien, gottverlassenen Kausalnexus noch zu wirken vermag, wie kräftig sich der am Anderen rachsüchtig entbrannte Schöpfergott noch auf sein eigentlichstes mächtig-nichtiges Machwerk, immer noch unseren Raum, zurückzuziehen versteht, und welch eine furchtbare andere, absolutere Art des Sterbens und Todesmittel in der physischen Natur noch bereit liegt.

Leise beginnt hier der Boden zu wanken. Wir sind ihnen durchaus nicht völlig entronnen, den geheimnisvollen Vorgängen, die in dem unter uns liegenden, uns tragenden Gebiet allem Anschein nach am Werk sind. Diese aber lösen das Dichte in immer einförmigere Bruchstücke auf. Was vom Helium bis zum Blei geschieht, dieser Gewichtsverlust und diese abwärts gleitende Explosion bis zu den einfacheren Zusammenlagerungen der elektrischen Ladungen, das ist eine genaue Aufrollung, ein Desintegrieren des ehemaligen Geballtseins, und im ganzen das erste chemisch faßbare Anzeichen jener physikalisch schon längst wirksamen Entropie, die sich anschickt, den alten, kräftig gewölbten physischen Bau abzudecken und zu nivellieren. Hier läßt sich bereits ein warnendes Läuten des Endes vernehmen, ein leises, fernes Zittern; eine kleine, sonderbare, noch nie gesehene Wolke verkündigt den nahenden Sturm, und so bricht hinter uns irgendwie, in den unterirdischen Vorgängen der Radioaktivität und des zweiten Hauptsatzes der Wärmelehre, die physische Natur zusammen. Nun sieht man das alles freilich ruhig und beziehungslos genug fortschreiten: sollte aber nicht, in diesem so sehr dem Ende zugewendeten Vorgang, der Sprung eine Stätte haben? Gewiß könnte die entropische Erkaltung nicht allein zu dem physischen Ende beitragen. Hier fällt das Uhrgewicht nur sehr allmählich herunter, es ist ein äußerst langsames Sinken des Potentials, noch ganz in den Maßen der endlosen physischen Zeit, und überdies an sich, als bloße Demokratisierung des Universums von aller explosiven Sprunghaftigkeit entfernt. Aber ganz abgesehen davon, daß die radioaktive Entladung erst jetzt eingetreten, also geschichtlich geordnet ist, vielleicht sogar in einem funktionellen Zusammenhang mit der Geschichtsstelle der derzeitigen menschlichen Arbeit steht: ist es nicht gerade dann, wenn das Wanken des Bodens so völlig beziehungslos zu unserer andersartigen Zeit geschehen sollte, dieses Diskontinuierliche, das grundlos macht, das die beiden Zeitpunkte der entschwindenden Materie und des religiösen Reifetags aufs Gefährlichste auseinanderfallen läßt und derart zugleich die Natur, diese kaum noch gehaltene, diesen mühseligen, tödlich klaren Trümmerhaufen von Welten, die Gott zerschlagen hat, verlassen mußte, weil in ihnen der Mensch nicht vorkam, dieses nur fälschlich wirkliche, abgesprengt intensive Schalenwerk, — jedem bösartigen metaphysischen Eingriff ohne möglichen Widerstand vom Himmel her zugänglich macht? Man weiß, man kann definitorisch wissen, die Welt hat als Prozeß wie einen Anfang, so ein Ende in der Zeit. Dagegen besitzt weder der Einwand, daß es keine uranfängliche Bewegung geben könne, da nur Bewegung wieder Bewegung erzeugen kann, noch das andere, weitaus scharfsinnigere Argument des Aristoteles gegen die Zeitlichkeit der Welt, daß nämlich das Bestehende ewig sein müsse, weil es notwendig und darum dauernd, unnachlaßlich, kategorisch aus der Gottheit folge, irgendwelche Durchschlagskraft. Denn beides setzt sprunglose Verhältnisse voraus und schließt vom innerweltlich Gültigen auf das, was sich an den Rändern des Weltseins und darüber hinaus zuträgt. Das würde freilich auch für die entgegengesetzte Behauptung ein non liquet erzwingen, wenn nicht die Annahme einer Endlosigkeit der Welt auch aus der diesseitigen, aber falsch erfaßten Rationalität des Schöpfungsaktes ihre Konstituierung gewinnen wollte. Denn es gibt nicht nur auch schon innerlich plötzliche, ursachlose, das heißt nicht von außen angestoßene, sondern schöpferische Bewegungen, wie diejenigen organischer Art, womit sich der Einwand gegen die uranfängliche Bewegung erledigt; sondern, wie schon Maimonides gegen Aristoteles anmerkt, auch die tiefere Deutung des causa aequat effectum, die der zweite aristotelische Beweis für die Endlosigkeit der Welt unternimmt, mit dem Regressus auf die Ewigkeit der göttlichen Natur und dem Schöpfungsakt als einem notwendig inhärierenden Bestandstück dieser göttlichen Natur, gilt nur unter der Voraussetzung, daß die Welt wie im Einzelnen so im Ganzen ihrer Geschaffenheit nichts Zufälliges enthalte. Sie stürzt überdies vollkommen zusammen, wenn man aus diesen alten, sprunglosen Begriffsbildungen von göttlicher Absolutheit heraustritt und Gott so wenig als Ort des eigentlich Seinshaften betrachtet, daß man vielmehr den Individuen überwiegend die Neigungen oder realisierenden Intensitäten und Gott, dem Führer, überwiegend nur die Schöpfung, das inhaltliche Quale, die subsistierenden Logizitäten, die projektiert moralische Weltordnung zuerkennt, wonach dann ersichtlich nicht nur Gott selber in den Prozeß eingeht, sondern auch jede Ableitung des weltlich Seienden, wie es einfach ist, intensiv ist, aus dem göttlich Logischen gemäß dem Zweiseitencharakter des Kategorialsystems unhaltbar wird. Wir sagten, man kann das definitorisch wissen, daß die Welt zeitlich begrenzt ist, trotz der Advokatenbeweise, die Kant dafür und dagegen zugleich ausgeführt hat, und die sämtlich mit unreinen Begriffen der Sache spielen. Denn es gibt auch auftreffende, wesentliche Begriffe und diesen zufolge, wie sich schon bei der Setzung der Seele als eines dauernden Gegenstands zeigte und womit sich der zuhöchst wesentliche Gebrauch der phänomenologischen Methode in Ansehung ontologischer Objekte sichtbar macht, — gibt es auch eine postulierte, realitätshaltige, nur selbst wieder ontologisch, das heißt mittelst der Kräfte aus den höchsten metaphysischen Regionen durchkreuzbare Realsetzung als notwendig erkannter Definitionen, bei denen sich der nervus probandi zugleich als der nervus essendi herausstellt; das Esse gemäß der recht verstandenen Kritik der praktischen Vernunft, die ja mit ihrer neu einsetzenden transzendentalen Beziehung alle Antithetik der reinen Vernunft aufhebt, im Sinn einer postulierten, utopischen Realität genommen. So hat also die Welt wie einen Anfang so ein Ende in der Zeit, weil sie nur als Prozeß begreifbar ist, weil allein Geschichte die auftreffende, wesentliche Methode der Welterkenntnis bildet, und die Geschichte, der Prozeß nur auf einer Strecke, aber nicht auf einer endlosen Geraden konstruierbar wird, gemäß der einfachen und notwendigen Übertragung des Relativitätsprinzips auf Bewegung und Zeit überhaupt. — Und darum greift also das Böse nicht nur in das seelische, geistige Getriebe mit Neid und Mattigkeit herein. Sondern dünn und schmal wird alles, was uns über den brennenden Dunst nicht hinaushilft, der Schrecken des Jahres Tausend ist uns nicht geschenkt, und die vielen unterdes aufgetauchten, stets wieder enttäuschten Prediger des Untergangs können die Stichflamme des Endes, die Worte Jesu vom jüngsten Tag nicht kompromittieren. Der Hauptschlag steht noch aus, und wenn uns auch am Helium und den Entropien noch wenig lag, so bereitet sich uns doch darin, die wir hier wohnen, die wir uns auf dem Rücken dieser Dinge angesiedelt haben, die wir zum Teil noch Wurzel in diesem Boden geschlagen haben, wonach der Riß zwischen Natur und Geist mitten durch uns, durch unsere Arbeit hindurch geht, oft dadurch nur undeutlich erkennbar, daß es eben *unsere* Wurzeln sind, die in diesem fremden Erdreich haften, und daß wir uns schließlich gezwungen sehen, in diese gegebene Welt hineinzubauen, in diesem wrackartigen demiurgischen Werk die Räume für ganz andere Werke auszusuchen, — so bereitet sich uns also in der Entropie eine höchst seltsame und schließlich nicht mehr in unschädliche Rationen aufteilbare Gegenbewegung zum Ziel. Damit zeigt es sich, gerade also durch unsere Werkfreude, durch unser auch der Seele nur halb lösbares Eingebautsein in den Kompromiß dieser Welt: daß wir ihnen durchaus nicht völlig entronnen sind, den geheimnisvollen Vorgängen, die sich in dem unter uns liegenden, uns tragenden Gebiet allem Anschein nach am Werk zeigen, und welche furchtbare Einbruchsstelle in dem möglichen Sterben des Stoffs, wie er zum mindesten noch hinter sich elementarisch zurückfallen kann, in der Krankheit der Materie, in der menschenleeren, vom wahren Gott verlassenen Natur für alle Vergiftung und Sprengung für den eigentlichen unteren, mit dem Reifetag prinzipiell diskonformen Naturakt, Weltuntergangsakt der Apokalypse offen geblieben ist.

Denn wenn wir sterben, auch wenn wir, wie stets, als solche sterben, die noch viel Leben brauchten, um »fertig« zu werden, so bleibt doch die Erde, und die Waffen lassen sich weitergeben. Aber wenn man uns erwürgt und wir ersticken, die Berge und Inseln bewegen sich aus ihren Örtern und der Himmel entweicht wie ein zusammengerolltes Tuch; wenn uns Luft und Boden entzogen werden und alle Räume des physischen Vorbei, wie es doch Erde, freundlich gewohnte Umschließung, versinnlichtes Material der Pflicht geworden war, in den rasenden, vom Teufel selber angeführten Gewitterstürmen der Weltmitternachtszeit zusammenstürzen: dann stehen wir nackt vor Gott, halb, lau, unklar und doch »vollendet«, im Sinn der tragischen Situation vollendet, wenngleich aus ganz anderen Wünschen, Zusammenhängen und Zeitmaßen zerschlagen als aus denen unseres Werks und seiner dem Satan mühevoll abgerungenen Zeit; vielmehr jetzt herrscht

Satans apokalyptischer Zeitpunkt, und nichts fällt bei diesem verfrühten, satanisch beliebigen, aber unwiderruflichen Werkschluß vor Gott ins Gewicht als die Fülle unseres erlangten Reinseins und Gerüstetseins, unseres seelischen Besitzes und geistlichen Eingedenkens, unseres überhaupt Gewordenseins, die Ahnung, die rufende Kenntnis unseres Namens als des endlich gefundenen Namens Gottes, damit nicht alles verloren sei, damit nicht der Gang um sein Ziel betrogen werde, und alle seine Genesungen: Leben, Seelen, Werke, Liebeswelten zugrunde gehen müssen, ohne daß auch nur ein Keim davon im Staub des kosmischen Vertanseins übrig bleibt. Nur der gute Mensch kann in dieser Nacht der Vernichtung den Morgen herbeiziehen, wenn anders die unrein Gebliebenen ihn nicht hinabreißen und wenn anders sein Rufen nach dem Messias stark genug ist, um die errettenden Hände zu erregen, um in Gott die uns und ihn selber herüberziehenden Kräfte, die atembringenden, gnadenreichen Kräfte des Sabbathreiches zu erwecken.

Hier handelt es sich aber durchaus nicht darum, ob wir eingelassen werden oder nicht. Wer soll uns einlassen oder nicht, wer soll uns richten, nil inultum remanebit, damit er nicht gerichtet werde? Daß wir und Gott vereitelt werden, ist das einzige Gericht, über uns und ihn, und dieses ist grauenvoll genug. Darum, so bedürftig sich auch der Blick zur Offenbarung wendet, das Tribunal in der Apokalypse des St. Johannes fordert zur Gegenseitigkeit auf, um gerecht zu sein. Auch wir wollen mit Iwan Karamasow lieber bei unseren ungerächten Leiden und unserem heißen unstillbaren Zorn bleiben, als mit ansehen, wie alle, und die völlig unschuldigen Kinder mit, leiden mußten, damit die ewige Harmonie erkauft werde. Warum sind auch sie, fragt Iwan Karamasow, die doch mit dem ganzen Komplex der Erwachsenen, mit Sünde, Vergeltung, Versöhnung, nichts gemeinsam haben können, zu Material gemacht, um für irgend jemanden die zukünftige Harmonie zu düngen? »Ich gebe zu, daß ich nicht begreifen kann, wozu das alles so eingerichtet ist. O Aljoscha, ich will nicht lästern! Ich begreife doch, wie groß die Erschütterung des Weltalls sein wird, wenn alles im Himmel, auf der Erde und unter der Erde in einen einzigen Lobgesang zusammenfließt, wenn alles, was lebt und was gelebt hat, ausruft: ›Gerecht bist du, o Herr, denn offenbar sind jetzt deine Wege!‹ Wenn selbst die Mutter den Peiniger, der ihren Sohn von Hunden hat zerreißen lassen, umarmt und alle drei mit Tränen singen: ›Gerecht bist du, o Herr!‹ – dann, ja dann ist die Krone alles Wissens und Erkennens erreicht, dann wird alles seine Erklärung finden.« Aber wir wollen das nicht ausrufen, die Kindertränen sind unausgekauft geblieben, sie sind gar nicht auszukaufen, weder durch Rache noch durch Verzeihen, es gibt gar kein Wesen, das das Recht hätte, in seiner Welt dieses zu verzeihen, und wenn die Leiden der Kinder zur Ergänzung jener Summe von Leid, die zum Kauf der Wahrheit miterforderlich ist, hinzugerechnet werden müssen, so ist die Wahrheit diesen Preis nicht wert, und Iwan Karamasow lehnt als Mann von Ehre die Eintrittskarte zur letzten Harmonie ab; das heißt, man kann alles sehen müssen und selbst dabei sein, wie es geschieht, jenes Kostbare des Weltfinales im Moment der ewigen Harmonie, das für alle Herzen ausreicht, zur Stillung alles Unwillens, zur Sühne aller von Menschen begangenen Greuel, zur Sühne alles durch sie vergossenen Blutes, zur Möglichkeit nicht nur der Vergebung, sondern auch der Rechtfertigung alles dessen, was mit den Menschen geschehen ist – und doch lebt in ihm und uns eine Kraft, nicht so sehr die Kraft der Empörung als die der Liebe, die das nicht akzeptiert, die nach Dostojewskis unerhört tiefsinnigem Satz an Gott glaubt, aber seine Welt ablehnt und das Endresultat, den panlogistischen Gerichts- oder Versöhnungstag nicht minder. Darum wollen auch wir nicht an den glauben, der ist, den Zersetzten, sondern an den, der gilt. Man kann nicht die Welt, den Herrn der Welt und den Herrn des Himmels zugleich wollen oder verehren. Sie fallen unvereinbar auseinander: der Herr der Welt, der erste, uns bald verlassende Führer, der Schöpfer, der erste gemischte Judengott und spätere klare Satan der Schädelstätte, dieses böse Gewissen des Endes; und der letzte Gott, der mit uns und Luzifer weiterziehende, der Erretter, der zweite reiner gewordene, sich heraussetzende Judengott der Liebe, der Geist der dereinstigen Himmelfahrt, die verscheuchte, von sich abgetrennte, mit allen ihren Gottesstreitern nach Hause verlangende Schechina oder Gottesglorie. Was uns hier in seiner stümperhaften und dann rachsüchtigen Hand hat: hemmend, verfolgend, verblendend, die Spinne, das Fressen und Gefressenwerden, der Giftskorpion, der Würgeengel, der Zufalls-, Unfalls-, Todesdämon, die Heimatlosigkeit alles Sinnvollen, der Mordgestank der Menschheit, das dicke, banale, zu durchschlagende Trennungsgebirge vor aller Vorsehung, der Zauberer des »frommen« Panlogismus — das alles kann nicht dasselbe Prinzip sein, das einst Gericht halten will und dann vorgibt, uns schon längst auf unerforschlichen, übervernünftigen Wegen behütet und uns, unerachtet des Sündenfalls der Welt durch unsere Hoffart, im Herzen getragen zu haben. Es gibt hier ein Doppelich in Gott, zuerst vermischt, unklar, ungeschieden, aber dann völlig klar aufgewacht und herausgesetzt; und zwar in dem Maße, als sich die Menschen auf den Weg des besser Wissenwollens begeben haben, als die Schlange in Christus wiederkehrte und, obwohl wieder zertreten: Asklepios, die weiße Schlange, dennoch die wahre Offenbarung näher hörbar machte, gegen den Zorn des Demiurgen, — als mithin unser luziferisches Wesen im Turmbau von Babel real und im Sündenfall und Engelssturz ideal gegen den Gott des irrenden, menschenlosen, physischen Anfangs der Welt rebellierte, und gar noch die Propheten, Christus und der Vater in Gott selber das Schaffenwollen oder Wissenwollen oder Seinwollen wie Gott, die ehemalige »Erbsünde«, als oberstes Postulat verkündigten. Dieses aber stammt durchaus von dem Heldenhaften in uns, von Luzifer, dem Aufständischen und endlich Heimkehrenden, dem Besserwissenwollen des Subjekts, dem Rebell zum Ziel hin, dem Herzog des verborgenen Subjektivismus, nicht mehr als M i t t l e r, sondern als Ü b e r w i n d e r, als Keim des Parakleten erkannt, von dem Banner Michaels und Heiligenschein Christi; wie sich in ihm zugleich der schwache, weit entfernte letzte Gott, die utopische Idee, die Idee des Guten, bewährt, die nicht mehr wie die geschwärzte Sonne, die wahrhaft und allein gefallene Nachtgestalt des Demiurgen gegen Luzifer kämpft und diesen statt seiner als Satan ausgibt. Aber das Ziel dieses Kampfes ist allerdings, daß der Wegnahme der physischen Welt dereinst mit reingewordenen Seelen, mit dem endlich gefundenen Ü b e r h a u p t der Seelen, mit dem unzerrissenen parakletischen Genius des Innersten, des Ingesindes, mit dem Wort aus dem Wesen, mit dem Stichwort jenes heiligen Geistes begegnet werde, der an sich schon dieses beständig ins Physische sinkende Sechstagewerk so völlig verschwinden lassen möchte, daß man für die Bösen wie für Satan nicht einmal einen Leichenstein, geschweige denn eine Hölle brauchte. Das seelische Leben schwingt zwar über den Leib hinaus, es gibt ein seelisches Keimplasma und die transphysiologische Unsterblichkeit wird vom Verlust des Leibes nicht betroffen. Aber daß das seelische Leben auch über die Vernichtung der Welt hinausschwinge, dazu muß es im tiefsten Sinn »fertig« geworden sein und seine Taue mit Glück um die Pfosten der jenseitigen Landungsstelle geworfen haben, soll nicht auch das seelische Keimplasma in den Abgrund des ewigen Todes gerissen, und das Ziel, auf das es bei der Organisierung des Erdenlebens vor allem ankommt, das ewige Leben, die auch transkosmologische Unsterblichkeit, die alleinige Realität des Seelenreichs, die Restitutio in integrum aus dem Labyrinth der Welt — durch Satans Erbarmen verfehlt werden.

Wie also? Darf hier überhaupt etwas viel zu viel an uns werden? Zwar wir leben und wissen nicht wozu. Wir sterben und wissen nicht wohin. Ich kann leichthin sagen, was ich jetzt und nachher will, aber niemand kann angeben, was er überhaupt will, in diesem doch so sehr zweckhaften Leben. Mich wundert, daß ich fröhlich bin! sagt ein alter Türspruch. Und doch, es bleibt uns hier, die wir leiden und dunkel sind, weit hinaus zu hoffen. Wenn sie stark genug bleibt, rein wird, sich selbst unabgelenkt inne hat, läßt sie nicht zuschanden werden — die Hoffnung läßt uns nicht zuschanden werden. Denn die menschliche Seele umspannt alles, auch das Drüben, das noch nicht ist. Und das Denken ist ihr Diener; es will nichts als die Seele, sie ist sein einziger Raum, sein Sprachinhalt und Gegenstand, verstreut in allen Teilen der Welt, verborgen im Dunkel des gelebten Augenblicks, verheißen in der Gestalt der unkonstruierbaren Frage. Und darum, weil das, was ist, nicht mehr zu denken, sondern nur noch umzudenken, auf Seelisches hin gebracht werden kann, weil die guten Wünsche wie die Väter des Gedankens, so auch der Dinge werden können, die allein wahrhaft sind, in erneuerter ontologischer, dogmatischer Beweisführung, aus der Natur, aus dem evident eingesehenen Begriff der Sache; — wegen dieser schließlichen tatsachenfremden, weltfeindlichen, weltaufteilenden Homogeneität des Denkens und des nicht-Seins, noch nicht-Seins, zeigt sich dem schöpferischen Begriff nur mehr das empirisch Tatsächliche und seine Logik, aber nicht mehr das utopisch Tatsächliche, das phantastisch Konstitutive als unzulänglich oder transzendent, als die von Kant verbotene »Metaphysik«. Das ist nicht so zu verstehen, als ob sich das Drüben bloß als »möglich« erweisen ließe; denn daß ein Fluß zufrieren kann, ist möglich, bedingt möglich, oder daß die Pflanzen empfinden können, ist hypothetisch bedingt möglich, unter Voraussetzung gewisser noch nicht bestätigter Vordersätze, oder daß es Wüstengeister geben kann, ist problematisch bedingt möglich, unter Voraussetzung noch unbekannter Vordersätze, vielleicht gänzlich außerhalb des Umkreises gegenwärtiger Erfahrbarkeit überhaupt; aber daß wir selig werden, daß es das Himmelreich geben kann, daß sich der evident eingesehene Trauminhalt der menschlichen Seele auch setzt, daß ihm eine Sphäre wie immer bestimmter Realität korrelativ gegenübersteht, das ist nicht nur denkbar, das heißt formal möglich, oder erfüllbar, das heißt objektiv möglich, sondern schlechterdings notwendig, weit entfernt von allen formalen oder realen Belegen, Beweisen, Erlaubnissen, Prämissen seines Daseins, aus der Natur der Sache a priori postuliert und demnach auch wirklich, das heißt von utopischer, intensiver Neigung genau gegebener, essentieller Realität. Der Gedanke kann so zum Stichwort werden, mit dem sich die gottesträgerische Seele ihren Traum, den Traum der Ahnung aufschließt, als welcher zuletzt die Wahrheit der ganzen Welt sein wird. Darum zum Ende, wir selber schreiten derart, indem wir das Leid und die Sehnsucht denken, in unseren inneren Spiegel hinein. Wir verschwinden in der kleinen, gemalten Tür des fabelhaften Palastes, den Messias zu rufen, und in Explosion fliegt auf das Draußen, in den Weg Gestelltes, Satan der Todesdämon, das krustenhafte Ritardando der Welt, alles, was nicht von uns, von dem vielen Einzelnen, sich Erhoffenden, von unserer himmlischen Herrlichkeit ist oder sie gar hindert; indes drinnen, in der gotischen Stube der Selbstbegegnung, diese ganze weite und scheinbar so sehr reale Welt dereinst nur selber wie ein Bild unschädlicher Erinnerung an den Wänden hängt. »Wisse«, sagt ein altes Manuskript des

Sohar, »wisse, daß es einen doppelten Blick für alle Welten gibt. Der eine zeigt ihr Äußeres, nämlich die allgemeinen Gesetze der Welten nach ihrer äußeren Form. Der andere zeigt das innere Wesen der Welten, nämlich den Inbegriff der Menschenseelen. Demzufolge gibt es auch zwei Grade des Tuns, die Werke und die Ordnungen des Gebets; die Werke sind, um die Welten zu vervollkommen in Hinsicht ihres Äußeren, die Gebete aber, um die eine Welt in der anderen enthalten zu machen und sie zu erheben nach oben.« Dorthin geht es, alles mit uns zu färben, zu beschleunigen, zu entscheiden: bunt, abenteuerlich und heimkehrend, nichts ist fertig, nichts ist bereits geschlossen, nichts ist innen gediegen; — die abgesprengten unteren Teile zu sammeln, unser Haupt aus der Geschichte weiter wachsen zu lassen, den Staat zur Begleitung der Brüdergemeinde zu zwingen und zuletzt das Korn der Selbstbegegnung zu dem furchtbaren Erntefest der Apokalypse zu bringen — nun aber spiegelt sich in uns allen des Herrn Klarheit, mit aufgedecktem Angesicht, und wir werden verklärt in dasselbe Bild, von einer Klarheit zu der anderen, als vom Geist des Herrn. Denn wir sind mächtig; nur die Bösen bestehen durch ihren Gott, aber die Gerechten — da besteht Gott durch sie, und in ihre Hände ist die Heiligung des Namens, ist Gottes Ernennung selber gegeben, der in uns rührt und treibt, geahntes Tor, dunkelste Frage, überschwängliches Innen, der kein Faktum ist, sondern ein Problem, in die Hände unserer gottbeschwörenden Philosophie und der Wahrheit als Gebet.